Adolph Wagner

Die Geld und Kredittheorie der Peel'schen Bankakte

Adolph Wagner

Die Geld und Kredittheorie der Peel'schen Bankakte

ISBN/EAN: 9783743308435

Hergestellt in Europa, USA, Kanada, Australien, Japan

Cover: Foto ©Paul-Georg Meister /pixelio.de

Manufactured and distributed by brebook publishing software
(www.brebook.com)

Adolph Wagner

Die Geld und Kredittheorie der Peel'schen Bankakte

Die

Geld- und Credittheorie

der

Peel'schen Bankacte.

Von

Dr. Adolph Wagner

Professor der Nationalökonomie an der Wiener Handels-Akademie, Mitglied der k. k. staatswissenschaftlichen Staatsprüfungscommission.

---- --- ----

Wien, 1862.

Wilhelm Braumüller

k. k. Hofbuchhändler.

Vorwort.

Der Inhalt der folgenden Schrift ergibt sich aus dem Titel, welchen ich ihr gab, möglichst genau. Die äussere Veranlassung, sie auszuarbeiten, lag in dem Bekanntwerden der Nachricht, dass das österreichische Finanzministerium beabsichtige, die Regulirung der Banknotencirculation und die Reorganisation der Bank, wenn auch mit diesen oder jenen Modificationen, doch im Allgemeinen nach der Richtschnur der dem Peel'schen Bankgesetze zu Grunde liegenden Principien vorzunehmen. Unter solchen Umständen schien eine Erörterung der Grundsätze jener Bankacte nicht müssig, zunächst ohne weitere Rücksicht auf die Anwendbarkeit derselben in den österreichischen Verhältnissen, sondern rein vom Standpuncte des Theoretikers aus, welcher objectiv den wissenschaftlichen Werth der Geld- und Credittheorie der Acte von 1844 prüfen und sich über die practische Wirksamkeit der letzteren in England, speciell in der Leitung der Bank von England ein Urtheil bilden will. Dies ist im ganzen Verlaufe meiner Arbeit mein Standpunct gewesen. Ich bin daher auch auf die Vorschläge, welche die Reform der österreichischen Nationalbank mittelst der Durchführung einer Art Peel'schen Acte bewerkstelligen wollen, nur insoferne eingegangen, als darin die Autorität des englischen Gesetzes als Stützpunct dient. Die Nutzanwendungen ergeben sich von selbst für denjenigen, welcher überhaupt nationalöconomischen Deductionen und deren Ergebnissen zugänglich ist.

Gegner der Peel'schen Acte bin ich auch in der vorliegenden Arbeit geblieben, obgleich ich in einigen Puncten meine früheren Ansichten etwas modificiren zu müssen glaubte. Dies wird namentlich in dem Abschnitte über die Creditcrisis des Jahres 1857 hervortreten, indem ich mich gerade aus den Erfahrungen in jener Periode überzeugt habe, dass ich den Werth einer grossen Centralbank in den Höhepuncten solcher Crisen früher zu gering anschlug.

Mag im Uebrigen meine Auffassung der Acte von 1844 von den Fachgenossen als berechtigt oder nicht berechtigt anerkannt werden: dafür liefert meine Darstellung wohl wenigstens den abermaligen Beweis, dass man nur im Widerspruche mit der Wahrheit die Peel'sche Acte als ein von allen wissenschaftlichen und practischen Autoritäten Englands gleichmässig hoch gehaltenes Gesetz bezeichnen kann, wie es neuerdings von denjenigen, welche der Adoption dieses Gesetzes in Oesterreich das Wort reden, geschehen ist. In einem besonderen Abschnitte meiner Schrift bin ich ausführlicher auf die Autoritäten für und wider die Bankacte eingegangen, wesentlich um jene erwähnte Behauptung zu widerlegen, durch welche die öffentliche Meinung präoccupirt werden soll. Der betreffende Abschnitt dient gleichzeitig als Einleitung und zum Zwecke der Orientirung in dem Haupttheile meiner Schrift über die Theorie des Peel'schen Gesetzes selbst.

Meine Aufgabe bestand in der Darlegung und Prüfung der Grundsätze, auf welchen Sir Robert Peel's Bankacte vom Jahre 1844 beruht, oder mit anderen Worten in der Auseinandersetzung und Critik der sogenannten Currencytheorie, wie man die theoretische Grundlage des Peel'schen Gesetzes

nach dem bekannten Schlagworte der Anhänger desselben ja
auch in Deutschland zu nennen pflegt.

Zum Behufe der richtigen Darlegung jener Theorie hielt
ich es für zweckmässig, wie bereits theilweise in meinen früheren
„Beiträgen zur Lehre von den Banken (Leipzig 1857)", die
Methode der dogmengeschichtlichen Entwicklung anzuwenden.
Dieser Weg führt nicht am Raschesten, aber am Sichersten
zum Ziele, indem man dabei den inneren Zusammenhang der
ganzen Doctrin richtig erkennen und hierdurch den besten
Einblick in den Kern und den leichtesten Ueberblick über
alle Haupt- und Nebenbestimmungen, sowie über deren Verhältniss zu einander gewinnen lernt. Unter dogmengeschicht-
licher Entwicklung verstehe ich aber nicht das blosse Auf-
zählen der Ansichten und Aussprüche vieler nach einander
lebender Schriftsteller und sonstiger Autoritäten der Theorie
und Praxis über eine bestimmte volkswirthschaftliche Erscheinung oder Einrichtung, was mehr die Arbeit des national-
öconomischen Literarhistorikers oder allenfalls des Statistikers,
als des Nationalöconomen ist. Vielmehr soll meiner Ansicht
nach die Dogmengeschichte auch auf dem Gebiete der Volkswirthschaftslehre den Nachweis liefern, wie sich die einmal
aufgestellte Lehre eines Theoretikers oder die einmal verbreitete
Auffassung des Practikers und des grossen Publicums nach
und nach durch die einseitige Hervorhebung einzelner Puncte
in dem alten „Dogma" oder durch die Beiseitesetzung anderer
Puncte in demselben zu einem neuen Dogma umgebildet, wie
sich alsdann letzteres wieder mit der Zeit modificirt hat
u. s. w. In unserem Fache, und nirgends mehr wie in der Theorie
des Geld- und Creditwesens, herrscht die Neigung stark vor,
relative Wahrheiten zum Range von absoluten zu erheben;
da, wo man von der Tendenz der Entwicklung eines Verhältnisses unter der Einwirkung eines bestimmten einzelnen

Factors und unter der jedesmaligen Voraussetzung, dass andere Factoren nicht in einer entgegengesetzten Richtung wirken, sprechen sollte, nimmt man ohne Weiteres in Folge der schiefen Auffassung eines Lehrsatzes an, dass sich die Entwicklung stets sofort und mit absoluter Nothwendigkeit so vollziehe, wie es in der Tendenz der Erscheinung liegen mag. Die Dogmengeschichte zeigt, dass hier oftmals bloss ältere, bedingt richtige Sätze falsch und einseitig weiter gebildet wurden, oder dass neue Dogmen und Doctrinen nur consequente Schlüsse aus unrichtigen früheren Lehren sind. Daraus folgt denn auch die Wichtigkeit der dogmengeschichtlichen Entwicklung für manche practische Fragen, weil dadurch die Unhaltbarkeit populärer Auffassungen und feststehender Axiome oft am Einfachsten nachzuweisen ist. Der einschneidendsten, weil logisch richtigsten Critik einer Theorie wird dadurch der Weg gebahnt. Mit den falschen ersten Prämissen oder, wenn diese richtig, mit dem Nachweis falscher Consequenzen fällt die Theorie zusammen.

Hierin liegt der Grund, warum ich der Entwicklungsgeschichte der Currencytheorie ziemlich viel Raum widmete und später in der Darlegung und Prüfung dieser Theorie stets die einzelnen Lehrsätze, gegen welche ich polemisirte, auf ältere falsche Lehren zurückzuführen, sie als deren folgerichtige Fortbildung hinzustellen suchte. Einzelne Partien hätte ich im Interesse meiner Arbeit gern noch eingehender behandelt, so namentlich das Verhältniss Rikardo's und der Geld- und Creditlehre dieses schärfsten aber auch einseitigsten englischen Oekonomisten zur Currencytheorie. Die Rücksicht auf den Umfang meiner ohnehin schon zu umfangreich gewordenen Schrift und die Befürchtung, deren vielleicht schon allzu streng theoretischen Character noch mehr hervortreten zu lassen, bewogen mich, davon abzustehen.

In der Exposition wie in der Critik der Currencytheorie habe ich mich wesentlich an Lord Overstone's, des Hauptvertreters dieser Doctrin, Schriften und Aussagen vor den Parlamentscommissionen gehalten. Darüber sprach ich mich an betreffender Stelle selbst aus. Der erste und wichtigste Zweck der Bankacte muss auf Grund der Schriften des Lords, des geistigen Autors des Gesetzes, erst richtig festgestellt werden, wenn eine principielle Critik möglich sein soll. Häufig sind die Nebenzwecke der Acte fälschlich als deren Hauptzwecke hingestellt. Das Gesetz von 1844 ist weiter nichts als ein Versuch, die Currencytheorie in der Praxis, d. h. in der Regulirung des Notenumlaufs des Vereinigten Königreiches Grossbritannien und Irland, zur Geltung zu bringen. Der Beweis gegen die Currencytheorie muss deshalb meiner Ansicht nach auch ein Beweis gegen die Bankacte sein. Von diesem Gesichtspuncte aus habe ich die Currencytheorie geprüft.

Bei dem näheren Eingehen, welches ich für meinen Zweck für nothwendig hielt, mussten viele, fast die meisten und sublimsten Fragen der Geld- und Credittheorie überhaupt berührt werden. Von selbst wird daher eine Abhandlung, wie die vorliegende, zu einer Schrift über Geld- und Creditwesen im Allgemeinen. Von vorneherein wollte ich nur eine streng wissenschaftliche Arbeit liefern. Die populäre Behandlung, welche dieses Thema ohnedem schwer zulässt, war hier nicht meine Absicht. Meine Methode des Raisonnements war auch fast durchweg die der logischen Deduction, welche hier allein zum Ziele führt. Sie erfordert aber freilich von Seite des Schreibenden wie des Lesenden etwas Gedankenarbeit und strenge Aufmerksamkeit und ermüdet wegen der Ausführlichkeit und des mitunter etwas langsamen Fortgangs. Auch ist dabei, um stets im Zusammenhange zu bleiben, öfters etwas Wiederholung nothwendig, die ich absichtlich nicht scheute, worin ich aber vielleicht Manchem zu weit gegangen bin. Eine besondere Rechtfertigung bedarf möglicher Weise noch der letzte Abschnitt meiner Schrift über die Creditcrisis des Jahres 1857 und die Wirksamkeit des Credit- und Banksystems von Newyork, Hamburg und England während derselben. Ich wollte hier den Nachweis liefern, dass einmal unter ganz verschiedenartigen Creditsystemen dieselben Uebelstände hervorgetreten sind, wodurch die der Currencyschule stets vorschwebende Idee, dass wesentlich nur die Zettelausgabe Gefahren bringe und regulirt werden müsse, als falsch hingestellt wird; und dass ferner in den Höhepuncten der Crisen überall eine solche Bankpolitik sich als nothwendig gezeigt hat, welche die Currencyschule principiell verdammen muss. Die Verhältnisse in Hamburgs „rein metallischem" Geldwesen und die Function der Girobank, auf welche letztere man bei consequenter Fortbildung der Theorie der Peel'schen Acte kommt, sind für die Fragen über das Gesetz von 1844 sehr interessant. Unvermeidlich musste in diesem Abschnitte des Zusammenhangs und der Abrundung wegen eine förmliche historische Skizze der Crisis von 1857 in Newyork, Hamburg und England gegeben werden. Ich habe mich bemüht, dabei überall die für meine Zwecke in Betracht kommenden Analogien zu ziehen.

Die Inhaltsübersicht habe ich zu einer förmlichen, sehr genauen Inhaltsanalyse erweitert, welche meiner Erfahrung nach zur Orientirung in derartigen Schriften wie die meine, die wesentlich logische Raisonnements enthalten, gute Dienste leistet.

Wien, 25. October 1861.

Dr. **Adolph Wagner.**

Uebersicht des Inhalts.

XVIII

.

I. Zettelbanksysteme.

1. Zwei Hauptsysteme.

Zwei Hauptsysteme des Zettelbankwesens stehen sich heute zu Tage gegenüber, nemlich die Theorie der bankmässigen Deckung der Noten und das Princip der sogenannten Peel'-schen Bankacte vom Jahre 1844.

2. Wesen der bankmässigen Deckung.

Der erste Grundsatz der bankmässigen Deckung besteht in der Anlage der durch die Notenemission erhaltenen Capitalien in leicht und sicher realisirbaren Forderungen. Hierdurch allein kann die stete Einlösbarkeit der Banknoten mit einer der absoluten möglichst gleich kommenden Gewissheit verbürgt werden. Die absolute Gewissheit selbst würde nur durch einen Baarvorrath erzielt, welcher dem ganzen Notenumlauf gleich wäre. Allein ein Baarbestand von solcher Höhe würde einen der Hauptzwecke jeder Banknotenausgabe, nemlich die Möglichkeit eines Gewinnes aus dem Geschäftszweige und die Verfügbarmachung eines Theiles der in der circulirenden Metallgeldmenge steckenden Capitalien für allgemeine volkswirthschaftliche Zwecke, vereiteln. Auch beruht die Forderung eines solchen Baarfonds bei genauerem Eingehen auf der Fiction, dass alle Noten, deren jede einzelne zwar stets auf Verlangen einlösbar sein soll, wirklich gleichzeitig zur Bank zur Umwechslung kämen, was erfahrungsgemäss nicht der Fall ist und in der Regel selbst physisch nicht einmal der Fall sein kann [1]).

Jede practische Bankpolitik muss daher von vorneherein auf jene absolute Sicherheit der Noten verzichten und sich damit zufrieden geben, wenn der Baarvorrath nur gross genug ist, um jede einlaufende, nicht jede umlaufende Note einlösen zu können.

Wäre es hier möglich, a priori für alle denkbaren Fälle festzustellen, welche oder wie viel Noten einlaufen werden, oder liesse sich auf Grund der bisherigen Erfahrung eine für die Zukunft brauchbare Ziffer gewinnen, so würde allerdings das Problem, die Einlösbarkeit der Noten unter allen Umständen zu verbürgen, nicht so ausserordentlich schwer zu lösen sein. Allein die einfache Betrachtung der Sachlage zeigt, dass auf keine von beiden Weisen ein zuverlässiges Resultat zu erzielen ist, um auf Grund desselben dem Baarfonds eine bestimmte Höhe zu geben. Man kann wohl zu einigen allgemeinen Principien gelangen, welche für die nothwendige Grösse des Baarfonds massgebend sind, aber bei der unendlichen Menge und Verschiedenartigkeit der einwirkenden Momente, welche der menschliche Verstand nun und nimmer klar zu übersehen vermag, ist es schlechterdings unmöglich, irgend eine absolute Zahl, oder irgend ein Verhältniss in einem gewissen Procentsatz des Notenumlaufs für den Baarfonds zu finden, bei dem die stete Einlösbarkeit der Noten gesichert wäre.

Durchdrungen von dieser Einsicht, dass nothwendig eine jede Festsetzung des Baarfonds auf mehr oder weniger willkürlichen Hypothesen beruhen muss, bescheiden sich die Anhänger der bankmässigen Deckung vollkommen damit, dass selbst das scharfsinnigste Raisonnement niemals alle einwirkenden Factoren auffinden und noch weniger die Art und den Grad ihrer Einwirkung im Voraus bestimmen kann. Desshalb hüten sie sich aber auch vor dem Fehler, den Baarvorrath,

---

[1]) Vergl. meine Schrift: „Das neue Lotterie-Anlehen und die Reform der Nationalbank" (Wien, 1860), s. S. 21 ff. Die Theorie der bankmässigen Deckung ist darin eingehend entwickelt und begründet.

wie es sehr gebräuchlich ist, zu isoliren und ihn ausser Zusammenhang mit den übrigen die Deckung der Noten bildenden Activis aufzufassen. Da vielmehr der Baarbestand nun einmal nicht genau fixirt werden kann, so soll nach der Theorie der bankmässigen Deckung in der leichten Realisirbarkeit der die Deckung der Noten bildenden Activa gewissermassen eine Assecuranz aller der Fehler liegen, welche bei der Feststellung einer so incommensurablen Grösse, wie der Baarfonds es ist, unvermeidlich gemacht werden. Wenn der Baarbestand sich als ungenügend erweisen sollte, so kann derselbe durch Einziehung von Forderungen verstärkt oder der Notenumlauf entsprechend eingeschränkt werden. In beiden Fällen ist es die leichte und sichere Realisirbarkeit der Activa, wodurch die Hauptaufgabe des Zettelbankwesens gelöst, d. h. die Aufrechthaltung der Einlösbarkeit der Noten garantirt wird.

Die Theorie der bankmässigen Deckung erheischt demnach vor Allem nur, dass, wenn der Baarfonds eventuell zu gering erscheinen sollte, die Passiva der Anstalt, als welche sie die Banknoten consequent auffasst, durch Einziehung und Veräusserung leicht realisirbarer Werthe rasch und bequem vermindert werden können. Von der alleinigen Berücksichtigung des Baarfonds, als des ausschliesslich die Einlösbarkeit der Noten verbürgenden Factors, von der Festsetzung eines Baarbestands in dieser oder jener bestimmten Höhe, von all den Willkürlichkeiten mancher Zettelbanksysteme und darunter auch desjenigen der Peel'schen Acte hält sich daher die Theorie der bankmässigen Deckung ganz frei. Gerade desshalb scheint sie uns auf einem sehr vernünftigen Principe zu beruhen: sie allein hat keine willkürliche Voraussetzung zur Basis. [1]).

3. Die Dritteldeckung.

Die angeführte Theorie ist auch weniger das Ziel von Angriffen gewesen, wie die Carricatur derselben, die sogenannte Dritteldeckung. Der letzteren zu Folge soll der Baar-

---

[1]) Die weitere Erörterung der Grundsätze der Theorie der bankmässigen Deckung und die Analyse der Ideen und Vordersätze,

vorrath stets den dritten Theil der im Umlauf befindlichen
Banknoten betragen. Durch diese Vorschrift hat man geglaubt,
die Einlösbarkeit der Noten stets erhalten zu können.
Das Irrationelle und vollkommen Willkürliche eines solchen
Princips liegt auf der Hand. Kein vernünftiger Theoretiker
und Practiker wird diess Princip, wenigstens in der ihm
meistens gegebenen Fassung in Schutz nehmen. Allein die
Polemik macht sich hier die Sache häufig leichter, als recht
ist, wenn sie die Dritteldeckung und die bankmässige Deckung
als identisch ansieht, oder wenigstens die erstere als ein ganz
selbstständiges System des Zettelbankwesens betrachtet.
Nirgends wird die Dritteldeckung allein als genügende
Bürgschaft für die stete Einlösbarkeit der Noten angesehen,
sondern es ist von ihr immer nur innerhalb der Grundsätze
der bankmässigen Deckung die Rede. Der ganz willkürliche
Griff des Drittels, welches sich in so vielen Bankstatuten
vorgeschrieben findet, erklärt sich aus der bevormundenden
Regierungspolitik, welche namentlich im Zettelbankwesen einer
besonderen weiteren Fürsorge für die Noteninhaber sich nicht
entschlagen zu dürfen glaubte. Die betreffenden statutarischen
Bestimmungen fordern auch ausdrücklich, dass der Baarfonds
wenigstens ein Drittel des Notenumlaufes betrage, und
setzen dabei die Anlage der übrigen Notencapitalien in leicht
und sicher realisirbaren Werthen, meistens Forderungen, voraus oder verlangen sie noch besonders. Die Polemik kann
sich daher mit Recht gegen die willkürliche Wahl eines
Drittels wenden, aber es verräth Irrthum und Unwissenheit
oder absichtliches Verkennen, wenn der siegreiche Angriff
gegen die Dritteldeckung auch als ein gegen das System
der bankmässigen Deckung geführter vollgiltiger Beweis gelten soll.
Eine solche Zumuthung ist von den Anhängern der
Peel'schen Bankacte öfters gemacht worden. Sie tritt u. A.
auch in der neuerdings in Oesterreich ausgesprochenen Be-

---

auf welchen diese Theorie beruht, ist hier nicht nothwendig.
Ich wüsste der Entwicklung darüber in meiner oben genannten
Schrift nichts Wesentliches beizufügen.

huaptung hervor, dass das Peel'sche System im Gegensatz
zu allen anderen Systemen des Zettelbankwesens nicht nur auf
einem richtigeren, sondern überhaupt allein auf einem Principe beruhe! Denn alle anderen Systeme, welche nicht einen
dem Notenumlauf ganz gleichen Betrag Metallgeldes ver-
langten, bewegten sich auf der Stufenleiter einer mehr oder
minder vollständigen, aber immer nur theilweisen Bedeckung
der Noten durch Edelmetall, und gingen somit bezüglich des
richtigen Verhältnisses zwischen Notenumlauf und Baarschatz
von rein willkürlichen Hypothesen aus. Dieser Vorwurf trifft
mit Recht das Princip der Dritteldeckung, welches auf einer
eben so willkürlichen Hypothese, wie das der Peel'schen
Acte beruht, aber er trifft keineswegs das Princip der bankmässigen Deckung.

4. Die drei Hauptfragen beim Wechsel des Zettelbanksystems.

Wie in allen ähnlichen Fällen, so scheint uns auch in
der Frage, ob das eine System des Zettelbankwesens durch
das andere ersetzt werden soll, die Antwort nothwendig auf
das Folgende hinauslaufen zu müssen. Zunächst sollte die
Controverse über die absoluten und die relativen Vorzüge des
einen und anderen Systems durch theoretische Analyse und
Hinweis auf practische Erprobung möglichst zu entscheiden
gesucht werden. Sodann wird Alles auf den Nachweis ankommen, ob das in Wirksamkeit stehende System zu viele
Unzukömmlichkeiten mit sich bringe und namentlich in dem
Hauptpuncte, nemlich in der Sicherung der steten Noteneinlösbarkeit, zu wünschen übrig lasse. Denn nur wenn dies
bestimmt erwiesen ist und anderseits das beantragte neue
System mit hinlänglicher Wahrscheinlichkeit eine wesentliche
Besserung erwarten lässt, wird man den Uebergang von einem
zum andern Systeme rechtfertigen können.

Wie steht es in dieser Hinsicht mit der neuerdings so
lebhaft empfohlenen Einführung der Grundsätze der Peel'-
schen Bankacte in Oesterreich? Ist hier der Beweis wirklich.
geliefert worden, dass die Principien der Peel'schen Acte den

Vorzug vor denen der bankmässigen Deckung der Noten verdienen? Hat man hier dargethan, dass die bankmässige Deckung
speciell in Oesterreich, in der Leitung der österreichischen
Nationalbank sich nicht erprobt hat, dass diese Principien
an der gegenwärtigen misslichen Lage dieses Instituts und an
der Uneinlösbarkeit der Banknoten Schuld sind? Ward hier
zur Evidenz erwiesen, dass das Heil in der Adoption der Peel'-
schen Grundsätze liege und davon die Aufrechthaltung der
Noteneinlösbarkeit in Zukunft mit Sicherheit zu hoffen sei?

Vergebens suchen wir in den Vorschlägen für die Einführung der Peel'schen Acte in Oesterreich eine Antwort auf
diese drei Hauptfragen, welche uns beim Eingange jeder Erörterung über diese Angelegenheit gleich ganz deutlich ent-
gegentreten. Wir finden eine solche Antwort auch nicht in
den als Manuscript gedruckten, aber der öffentlichen Prüfung
unterstellten Grundzügen für die Herstellung und
Erhaltung einer convertiblen Papierwährung in
Oesterreich, welche mit besonderer Rücksicht auf die englische Bankacte vom Jahre 1844 entworfen sind und deren
Anwendbarkeit auf die österreichischen Verhältnisse nachweisen wollen.

Die Vortrefflichkeit mancher Entwicklungen dieser Denkschrift darf man vollkommen anerkennen und gewiss werden
viele Leser dem Verfasser in seiner geistreichen, oft nur zu
blendenden Analyse mit Vergnügen folgen. Allein darum darf
man wohl die Mängel dieser Schrift auch offen nennen, welche
unseres Bedünkens unbestreitbar in der Umgehung der
Principienfragen und in den sehr kategorischen Behauptungen liegen, wo wir Beweise für die vorgebrachten Ansichten suchen.

5. Nichtbeantwortung der ersten Frage in Oesterreich.

Eine Umgehung der Principienfragen ist es, wenn einmal
die Widerlegung des Systems der bankmässigen Deckung hauptsächlich nur durch die Polemik gegen die Dritteldeckung
versucht wird, und wenn die Grundsätze der Peel'schen

Bankacte ohne eingehenden Beweis und ohne Rücksicht auf die Argumente der Gegner dieses Gesetzes und der ihm zu Grunde liegenden Theorie des Geld- und Creditwesens ohne Weiteres als richtig hingestellt werden. Die gerade in England so häufig ventilirten Fragen und Controversen, welche sich seit dem Jahre 1844 an das Peel'sche Gesetz angeknüpft haben, sind grossentheils gar nicht berührt. Die Denkschrift stellt sich vielmehr sofort auf den Boden der Theorie jener Acte, setzt die Richtigkeit der Prämissen, welche sie erst zu beweisen hätte, als zugegeben voraus und zieht alsbald ihre Consequenzen. So ist, beispielshalber, die irrige Definition von Geld, das Zusammenwerfen von Papiergeld und Banknoten, die Vorstellung vom „rein metallischen" und „gemischten Geldwesen", und manche andere Puncte, um welche unter Theoretikern und Practikern Englands der Streit entbrannt ist, in der Denkschrift wörtlich ebenso, wie bei den Freunden des Peel'schen Gesetzes, den Herren Torrens, Normann, Lord Overstone, M'Culloch, Sir Robert Peel selbst und vielen Anderen zu finden, ohne dass auf die entgegengesetzten Ansichten die geringste Rücksicht genommen wäre. Die Denkschrift kennzeichnet sich durch diese Einseitigkeit von selbst als Tendenzschrift. Hierin liegt noch kein Vorwurf, sondern nur die Constatirung einer Thatsache, über welche man sich beim Urtheil über den vorgeschlagenen Plan klar sein muss.

Bedenklicher dagegen erscheint es auch in einer Tendenzschrift, wenn die Darstellung der für und wider das Peel'sche Gesetz zeugenden Theorien weder immer mit völliger Unparteilichkeit geschieht, noch auch nur das Wesen beider Theorien ganz richtig auseinandergesetzt wird. Die Denkschrift macht der Credittheorie (Banking principle) im Gegensatze zur Geldtheorie (Currency principle), wie sie sie nennt, einige Vorwürfe, welche man gegen die letztere, die bekanntlich der Peel'schen Acte zur Basis dient, mit mehr Recht erheben kann, z. B. in dem „Resumé des Plans" in §. 26. Unsere Auseinandersetzung wird dies ergeben. Vollends aber ist es nicht fair play, wenn in einer Frage, wie der in Rede

stehenden, in welcher ohnehin weite Kreise mehr für den Beweis mit Autoritäten, als für den mit Argumenten zugänglich
sind, etwa eine so unbegründete Behauptung, wie die folgende
ausgesprochen wird, dass nemlich die Credittheorie in England ihre meisten Anhänger unter den empirischen Geschäftsleuten zähle, welche sich, wie überall, selten die Mühe geben,
den letzten Grund der Dinge zu erforschen; die Geldtheorie
sich dagegen der Zustimmung der Elite der Finanzwelt, sowie
der Männer der Wissenschaft erfreue, welche letztere die
Schwierigkeiten des Bankproblem's besser kennten.

II. Die Autoritäten für und gegen die Peel'sche Acte.

Um diese „Frage der Autoritäten" ein für allemal zu
entscheiden, genügt wohl folgende Gegenübersetznng, mit
welcher wir gleichzeitig über die Geschichte der Acte einen
nothwendigen Ueberblick geben.

A. Die Anhänger.

1. Lord Overstone.

Der geistige Autor der sogenannten Currencytheorie, worauf die Acte von 1844 beruht, ist Lord Overstone, früher
unter dem bürgerlichen Namen Samuel Jones Loyd, Chef
eines der ersten Disconthäuser in London und Manchester.
Er ist sicher der bedeutendste Vertreter jener Theorie und
verbindet mit grosser practischer Erfahrung hinlängliche theore-
tisch-national-öconomische Durchbildung. Seine Broschüren
über brennende Tagesfragen im Geld-, Credit- und Bankwesen,
seine oft erwähnten Briefe an die Times unter dem Pseudonym
Mercator, und namentlich seine Zeugenaussagen vor den
parlamentarischen Untersuchungs-Commissionen, und zwar bereits 1832 in der Bankkarte-, 1840—1841 in der Zettelbank-
Commission, 1848 in derjenigen über die Handelskrisis von
1847 und 1857 in der über die Wirksamkeit der Peel'schen

Acten, alle diese schriftlichen und mündlichen Aeusserungen
von Lord Overstone enthalten die eingehende Entwicklung
seiner Theorien und sind von den Anhängern des Peel'schen
Gesetzes · nach Kräften ausgebeutet worden. Die schwache
Seite des Lords ist aber nur ebenfalls seine Beweisführung für
die Richtigkeit der Prämissen, von welchen er ausgeht. Ja,
hier fehlt in der Regel selbst der Versuch eines Beweises.
Lord Overstone operirt mit Axiomen, die er, wie die
einfachen Grundwahrheiten am Eingange der mathematischen
Wissenschaften, für keines Beweises bedürftig und daher
für vollkommen geeignet hält, zum Ausgangspuncte für das
weitere Raisonnement zu dienen. Das hätte noch eher hin-
gehen dürfen, bevor eben jene Axiome in ihrer Richtigkeit
angegriffen und, unseres Bedünkens, als durchaus unhaltbar
erwiesen worden sind. Wenn Lord Overstone sich auch
jetzt noch nicht einmal die Mühe gibt, Beweise beizubringen, so liegt darin so viel Unkenntniss oder, was man
nach dem ganzen Tone seiner letzten Zeugenaussagen eher annehmen darf, so viel Selbstüberschätzung, dass man schwer
begreift, warum auf seine Ansichten noch dasselbe Gewicht,
wie früher gelegt wird. Gibt man dem Lord aber einmal die
Richtigkeit seiner Prämissen oder Voraussetzungen zu, so
wird man ihm Schärfe der Entwicklung und strenge Logik
nicht absprechen können. Der Geschäftsmann und Practiker
erweist sich auf seinem Terrain in seinen Entwicklungen von
so rücksichtsloser Consequenz und als solch sattelfester Prin-
cipienreiter und Doctrinär, dass mancher Theoretiker neidisch
auf ihn werden könnte, aber auch von Neuem der Beweis
geführt wird, wie die „Practiker" mehr Anlage wie irgend
sonst Jemand zum Doctrinär haben. Lord Overstone weiss
seine Axiome, seine zum Ausgangspuncte dienenden Definitionen,
seine gewissen Lehrsätze und präjudicirenden Schlagworte und
„Schlagsätze" mit seltener Fertigkeit eines geschulten Dialecti-
kers zu gebrauchen und legt dabei mitunter eine souveraine
Geringschätzung ihm entgegengehaltenen Thatsachen und Erfahrungen an den Tag, wie man sie bei den geschmähten Theoretikern nicht häufig findet.

Die Anschauungen vom Geld-, Credit- und Bankwesen, auf welchen das Peel'sche Gesetz beruht, sind nirgends anderswo so klar und vollständig entwickelt, wie in Lord Overstone's Schriften. Desshalb lässt sich daraus der Kern der Geldtheorie, oder wie man sie, um nicht durch diese Bezeichnung von vorneherein zu verwirren, besser mit dem englischen Namen nennen wird, der Currencytheorie, gut entwickeln und daran die Prüfung der letzteren anknüpfen, wie ich und Andere diess auch mehrfach zu thun versuchten. Soweit sich die folgenden Blätter mit der Currencytheorie beschäftigen, ist dieselbe in der Regel nach Lord Overstone's Doctrin, als der massgebenden Lehre, wiedergegeben worden [1].

---

[1] Von Lord Overstone rühren folgende Flugschriften her, welche mehr oder minder klar die Grundsätze der Currencytheorie verkünden: Reflections suggested by a perusal of Mr. J. Horsley Palmers pamphlet on the causes and consequences of the pressure on the money market, Lond. 1837; ferner Remarks on the management of the circulation and on the condition and conduct of the Bank of England and of the country issuers during the year 1839. Lond. 1840; ferner: A letter to J. B. Smith, Esq. president of the Manchester Chamber of Commerce, Lond. 1840 und Second letter to the same, ebenf. Lond. 1840, ferner: Thoughts on the separation of the departments of the Bank of England (geschrieben 1840), Lond. 1844; ferner: The petition of the merchants, bankers and traders of London against the Bank charter act, with comments on each clause, Lond. 1847; endlich: Letters to the editor of the Times on the Bank Charter Act of 1844 and on the state of the currency in 1855, 1856 a. 1857. Alle diese Schriften nebst den Zeugenverhören des Lords sind von M'Culloch gesammelt und herausgegeben unter dem Titel: Tracts and other publications on metallic and paper currency, by the Right Hon. Lord Overstone. Lond. 1858. Eine Uebersetzung dieses Werkes oder grösserer Partien von Overstone's Schriften in's Deutsche existirt unseres Wissens nicht. Doch hat Asher in seiner Uebersetzung der Tooke'schen Geschichte der Preise u. A. im Anhange zu Band 1. S. 753 ff. Auszüge aus den Briefen an die Times gegeben, und im Bd. 2. S. 304 bis 317 aus des Lords letztem Zeugenverhöre im Jahre 1857 Einiges mitgetheilt. Vor der Bankkartecommission im Jahre 1832 entwickelt Overstone noch nicht die Grundsätze

2. Normann.

Neben Lord Overstone ist als Mann von ähnlicher
Borufsstellung der Bankdirector Normann zu nennen, welcher
ebenfalls wiederholt vor den parlamentarischen Untersuchungs-
Commissionen über Bankwesen vernommen wurde. Bei ihm
erscheinen Anklänge an die Geld- und Credittheorie des
Peel'schen Gesetzes noch früher, wie bei Lord Overstone.
Später hat er indessen diese Theorie nicht so consequent,
desshalb freilich auch weniger einseitig ausgebildet. Er ver-
schliesst sich den Thatsachen nicht so sehr, wie sein Mit-
streiter. Seine Aussagen verrathen weniger wissenschaftlich
national-öconomische Durchbildung, bieten aber für practische
Fragen mehr Ausbeute wie die des Lords [1]).

3. Torrens.

Unter den reinen Theoretikern, welche in England auf
Seiten der Acte von 1844 stehen, sind besonders Oberst
R. Torrens und M'Culloch zu nennen. Der erste, ein
mannichfach verdienstvoller, aber zur Sophistik und Spinti-
sirerei auffallend geneigter Nationalöconom, hat zu der
practisch wichtigsten Massregel, nämlich der Trennung der
Notenausgabe von den übrigen Bankgeschäften und der

der Currencytheorie, dagegen treten dieselben präcis und deutlich in seinem Verhöre im Jahre 1840 hervor; seine damaligen
Aussagen können als das Fundament jener Lehre gelten. In
dem Verhöre von 1848 und 1857 handelte es sich dann mehr
um die Prüfung und Vertheidigung der practischen Resultate
der Peel'schen Bankacte. Die diesem Gesetze zu Grunde
liegenden theoretischen Anschauungen habe ich nach Lord
Overstone's Aussagen vor der Commission on Banks of Issue
1840 in ihren Hauptpuncten zu entwickeln gesucht in meiner
Schrift „Beiträge zur Lehre von den Banken" (Lpzg. 1857), bes.
S. 104 bis 109 und ff. Meine damalige Darstellung lässt sich jetzt
nach neueren Aeusserungen Lord Overstone's in einigen
Puncten noch vervollständigen und berichtigen.
[1]) Vgl. über Norman u. A. meine eben genannte Schrift, Seite
102 u. ff.

Theilung der Bank von England in zwei Departements die
erste Anregung gegeben, worauf dann der eben erwähnte
Normann diesen Vorschlag in einer eigenen Schrift (1837)
aufnahm und seine practische Durchführbarkeit und Nützlichkeit zu zeigen suchte. Torrens polemisirt weit mehr, wie
Lord Overstone, mit den Gegnern seiner Theorie und sucht
dadurch die fremden Ansichten zu widerlegen und seine
eigenen zu erhärten. Dabei aber lässt er sich leicht verleiten, in etwas sophistisch-tendenziöser Weise den Gegnern
falsche Behauptungen unterzuschieben, was ihm namentlich in
seiner Polemik gegen Tooke nachzusagen ist. Von der Gegenseite wird ihm dafür der Vorwurf gemacht, er kenne die Verhältnisse zu wenig aus eigener Erfahrung, um in diesen
Fragen mitsprechen zu können, — ein von Tooke offen ausgesprochener Tadel, welcher etwas zu sehr nach der beliebten
Weise der Practiker ausgefallen ist. Torrens ist nicht mehr
Doctrinär, wie Lord Overstone. Die grössere theoretische
Durchbildung, welche er besitzt, verleiht seinen Schriften
unter denen der Currencytheorie den meisten rein wissenschaftlichen Werth. Er hat der Peel'schen Acte eine besondere giössere Schrift gewidmet, in welcher er die Grundsätze
und die practische Wirksamkeit dieses Gesetzes prüft und
vertheidigt und in einem eigenen Abschnitte J. St. Mill's
Capitel über die Regulirung eines einlösbaren Papiergeldes
kritisirt [1]).

4. M' Culloch.

M'Culloch hat hier wie in anderen Fragen der Theorie
und Praxis weniger selbstständige Bedeutung. Wie er sich
sonst als einseitigster Schüler Rikardo's zeigt, so hier als
blinder Anhänger Lord Overstone's und Sir Robert Peel's.

---

[1]) Torrens, the principles and practical operation of Sir Robert
Peel's act of 1844 explained and defended, 2. ed. with addi-
tional chapters on money, the gold discoveries, and international
exchanges, and a critical examination of the chapter „on the
regulation of a convertible paper currency" in Mr. J. S. Mill's
principles of political economy. Lond. 1857.

Seine Schriften enthalten daher auch nur eine orientirende Uebersicht der Doctrin der Currencytheoretiker, ohne diese Lehre selbst wissenschaftlich weiter auszubauen. In der Polemik gegen Tooke und Andere hat M'Culloch auch nichts Wesentliches geleistet. Seine leichte und gefällige Behandlungsweise macht seine Arbeiten aber lesbar und zur Einführung in die von ihm vertretenen Lehren ganz gut geeignet[1]).

5. Die Bankgouverneure.

Von geschäftsmännischen und staatsmännischen Autoritäten, welche sich nicht so sehr um die Theorie, als um die practische Wirksamkeit des Gesetzes von 1844 bekümmert haben, sprechen sich allerdings ebenfalls manche zu Gunsten der Acte aus, deren Stimme Gewicht beanspruchen darf.

So sind die Bankgouverneure Morris und Prescott vor der 1848er Commission, wie die Gouverneure Weguelin und Neave vor der von 1857 und 1858 als entschiedene Anhänger der Bankacte aufgetreten und auch bei ihren Ansichten trotz der Kreutzverhöre, in welchen namentlich James Wilson sie zum Zugeständniss der Widersprüche ihrer Theorie zwang, geblieben. Diese Männer bewegen sich in ihren Aussagen innerhalb des Gesichtskreises der Overstone'schen Lehre und geben bei theoretischen Erörterungen meistens die dieser Lehre charakteristischen Definitionen und volkswirthschaftlichen Auffassungen fast wörtlich in der üblichen Ausdrucksweise und mit den gebräuchlichen Schlagworten der Currencytheoretiker wieder. Die Richtigkeit dieser Doctrin zu beweisen und sie gegen die Anfechtungen der Fragsteller festzuhalten, ist aber nicht ihr Zweck. Die practische Wirksamkeit der Acte vertheidigen sie auch nicht, wie

---

[1]) Vgl. die Abhandlung M'Culloch's on money in dessen Ausgabe von A. Smith, wealth of nations, z. B. 4. ed. Edinb. 1850. p. 480—511, über die Peel'sche Acte S. 504 ff. Dann M'Culloch's treatise on metallic and paper money and banks, in der Encyclopaedia Britannica, 8. ed. Edinb. 1858. Von letzterer Arbeit existirt eine deutsche Uebersetzung (nebst Zusätzen) von Bergius und Tellkampf, Lpzg. 1859.

Lord Overstone, weil sie das Gesetz als den Ausfluss einer
Lieblingstheorie betrachten, sondern weil einige Bestimmungen,
welche für die Currencytheoretiker von vergleichsweise nur
untergeordneter Bedeutung, mehr Mittel zum Zwecke sind,
ihnen eine bequeme, sie der eigenen Verantwortung ziemlich
enthebende Richtschnur bei der Verwaltung der Bank an die
Hand geben. Was sie zur Vertheidigung der Bankacte anführen,
hat zum Theil seinen Grund, nur haben die Gegner des Gesetzes, welche dessen bedingungsweise günstiges Wirken in
gewissen einzelnen Fällen zugestehen, wie z. B. John Stuart
Mill mit Recht bemerkt, dass dasselbe Resultat, ohne die
Bankacte, nur durch die Aufmerksamkeit und Vorsicht der
Bankverwaltung, zumal bei den jetzt gewonnenen Erfahrungen
zu erreichen ist und nicht durch die sonstigen der Peel'schen
Acte anklebenden unheilvollen Wirkungen erst erkauft zu
werden braucht. Wer insbesondere den Verhören der Bankgouverneure und anderer Anhänger des Peel'schen Gesetzes
gefolgt ist, welche einer der scharfsinnigsten Gegner, James
Wilson, angestellt hat, der wird schwerlich die für die
Bankacte von 1844 angeführten Gründe für gewichtiger, wie
die Gegengründe halten, trotzdem die ausgefragten Männer,
wie das in solchen Verhören die Regel ist, sich nicht selbst
für widerlegt und überführt ansehen.

6. Schatzkanzler.

Von den englischen Staatsmännern, welche unmittelbar
mit dem Gesetze von 1844 durch ihre Stellung in Berührung
kamen, sind die beiden Schatzkanzler Sir Charles Wood und
Sir Cornwall Lewis Anhänger der Bankacte geblieben.
Beide kamen in die Verlegenheit, wider ihre eigenen Grundsätze, der Nothwendigkeit weichend, in den Handelskrisen
von 1847 und 1857 die Acte zeitweilig auf eigene Verantwortung suspendiren zu müssen und später dafür Indemnitäts-
bills beim Parlamente einzuholen. Beide präsidirten mehrfach
den Commissionssitzungen über die Bankacten und betheiligten sich als Fragsteller am Verhöre. In ihren theore-

tischen Ideen schliessen sie sich unmittelbar an die Currencytheoretiker an, ohne eigene Ansichten zu entwickeln. Die
practische Wirksamkeit der Acte nehmen sie auf die Autorität
Sir Robert Peel's und der Bankgouverneure hin in Schutz.
Bei beiden kommt wohl auch der politische Parteistandpunct
in Betracht, welcher z. B. Disraeli im Allgemeinen zu
einem Gegner der Acte macht. Dieser grosse Einfluss des
politischen Parteistandpuncts auf den Standpunct in volkswirthschaftlichen Fragen und reinen Fachsachen ist bei den
Engländern ein bekanntes Factum. Dies sollte zur Vorsicht
mahnen, auf das Urtheil hervorragender englischer Politiker
in solchen Materien ein zu grosses Gewicht zu legen, wie
das auf dem Festlande öfters geschieht. Wenn speciell
die Schatzkanzler einer Aenderung der Peel'schen Acte abge-
neigt sind, so erklärt sich dies wohl ebenfalls mit aus allgemeinen politischen Rücksichten und dem in England besonders
begreiflichen Wunsche, nicht ohne dringende Noth Fragen
von grosser wirthschaftlicher Tragweite bei jeder Gelegenheit
wieder zum Spielball der politischen Parteien zu machen.

7. Sir Robert Peel.

Als erste Autorität für das Gesetz von 1844 gilt nun
wohl vielfach der Bannerträger desselben, Sir Robert Peel
selbst. Dieser grosse englische Staatsmann hat die Bankacte
von 1844 auch immer als eine seiner wichtigsten und heilsamsten Schöpfungen betrachtet und selbst nach dem kaum
bestreitbaren Fiasco des Gesetzes im Jahre 1847 nur zugeben
wollen, dass seine Zwecke bloss in nebensächlichen Puncten
nicht erfüllt worden seien. Sir Robert Peel bezeichnete die
Acte von Anfang an und bis an sein Lebensende als die nothwendige Vervollständigung seiner bekannten ersten Bankacte
vom Jahre 1819, durch welche nach 22jähriger Pause die
Wiederaufnahme der Baarzahlungen der Bank von England
verfügt worden war. Wie das Gesetz von 1819 das grosse
Princip der steten Einlösbarkeit der Banknoten wieder zur
Geltung gebracht habe, so solle das Gesetz von 1844 durch

seine verschiedenen mechanischen Bestimmungen dem Lande
die feste Bürgschaft bieten, dass die Einlösbarkeit auch unter
allen Umständen gesichert sei. Dies war der Standpunct
Peel's gegenüber seiner neuen Massregel. Man muss ihn festhalten, um manche Einzelheiten in Peel's Reden in den Jahren
1844 und 1845 und später richtig zu würdigen.

Die Gründe, welche Sir Robert zu der Ansicht von der
Unzulänglichkeit seiner Acte von 1819 bewogen, lagen wohl
wesentlich in den Erfahrungen zur Zeit der Handelskrisen
und des Metallabflusses in den Jahren 1825, 1837 und 1839.
Damals war unter einer Reihe zusammenwirkender Einflüsse
und in Folge von Fehlern in der Verwaltung der Bank von
England, welche nicht erst nach dem Jahre 1844 hätten vermieden werden können und thatsächlich in früheren Perioden
von dieser Bank wie von anderen grossen Banken in ähnlicher
Lage vermieden worden sind, der Baarbestand der Bank auf
einen so geringen Betrag zusammengeschwunden, dass in der
That die Convertibilität der Noten gefährdet zu sein schien.
Von Misstrauen gegen die Noten der Bank von England war
freilich auch damals nicht die Rede gewesen, aber die Bank
hatte sich noch im letzten Momente zu starken Contractionen
ihrer Passiva gezwungen gesehen und einmal sogar bei der
Bank von Frankreich und in Hamburg ein Darlehen von
2—3 Mill. Pf. St. aufgenommen, wodurch in einem Falle die
Geschäftswelt gegen die Bank erbittert, im andern der englische Nationalstolz verletzt worden war. Die Ereignisse in
den dreissiger Jahren führten insbesondere zu den lebhaftesten
Erörterungen über die Vorgänge auf dem Geldmarkte in der
englischen periodischen Presse und in Flugschriften, in welchen
u. A. Palmer, Normann, Lord Overstone für oder gegen
die bestehende Gesetzgebung und Praxis in Zettelbanksachen
auftraten. Sir Robert Peel scheint damals übrigens an den
öffentlichen Debatten über diese Fragen keinen oder wenigstens
keinen hervorragenden Antheil genommen zu haben.

Nach der vortrefflichen Gewohnheit des englischen parlamentarischen Lebens gaben die vielbesprochenen Vorfälle auf
dem Geldmarkte aber auch im Parlamente Anlass zu Inter-

pellationen und sonstigen Berührungen der Fragen des Zettelbankwesens. Die Folge davon war die Niedersetzung einer
Untersuchungscommission speciell über die Verhältnisse der
Zettelbanken (Banks of Issue). Diese Commission nahm ihre
1840 begonnenen weitläufigen Zeugenverhöre im Jahre 1841
wieder auf, ohne indessen zu einem entscheidenden Urtheil
und brauchbaren positiven Vorschlägen zu gelangen. Vor
dieser Commission ward insbesondere auch Lord Overstone
(damals noch als S. J. Loyd) vernommen, welcher seine
Theorie hier näher entwickelte und begründete, nachdem er
sie an den Ereignissen der Jahre 1837 und 1839 geprüft hatte.
Auch unter den übrigen verhörten Personen schlossen sich
einige den Ansichten der entstehenden Currencytheorie an.
Sir Robert Peel betheiligte sich an den Arbeiten und Vernehmungen der Commission gleichfalls und scheint hier zuerst
mit den Vorschlägen Lord Overstone's und seiner Anhänger
in Betreff der Trennung der Bank von England in zwei Departements u. s. w. bekannt geworden zu sein. Er stellte u. a.
an den Lord einige Fragen, welche diesem Gelegenheit gaben,
seine sich auf die Emission von Banknoten gegen Staats-
sicherheiten bis zu einem bestimmten Betrage und darüber
hinaus nur gegen Gold beziehenden Ideen zu entwickeln. [1]
Es ist nicht unwichtig, dies besonders hervorzuheben, weil
man neuerdings Gewicht darauf gelegt hat, dass Overstone
und Peel selbstständig und ganz unabhängig von einander
auf die Idee der Peel'schen Acte gekommen seien. Diese
Ansicht wurde noch durch eine bereits mehrfach angeführte
Aeusserung des Lords über sein Verhältniss zu Peel vor der
Commission des Jahres 1857 scheinbar bestärkt, worin
Overstone mittheilt, er habe vor dem Jahre 1844 mit
Peel keinerlei politische oder gesellschaftliche Verbindung
gehabt und sei nicht früher von Peel's Vorhaben unterrichtet
gewesen, als bis dessen Bill vor dem Parlamente gelegen. [2]

---

[1] Common's Report on Banks of Issue, 1840. Evidences. Quest.
2761—2763.
[2] Report on Bank Acts, 1857. Evid. Quest. 4019—4021.

Wagner, Theorie d. Peel'schen Acte.   2

Peel hat aber eben seinen Plan ganz auf Grund des Zeugen-
verhöres der 1840er Commission, welchem er beigewohnt
hatte, ausgebildet, wie dies O v e r s t o n e auch zugeben
musste. [1])
Die Dinge blieben dann wieder längere Zeit ruhig liegen.
England erholte sich langsam von den Wirkungen der Crisen
der Jahre 1837 und 1839. Andere Fragen von grösster volks-
wirthschaftlicher Bedeutung, wie die Reform des Zolltarifs,
die Angelegenheit der Korngesetzgebung traten zunächst mehr
in den Vordergrund. Die Periode von 1841—44 kennzeichnet
sich durch eine langsame und stetige Zunahme des Baarfonds der Bank von England, welcher schon 1842 und 1843
eine seltene Höhe erreichte. Für die Einführung des Peel'schen
Gesetzes in die Verwaltung der Bank war dieser Umstand
von Bedeutung. Als Peel seine Bill einbrachte, betrug der
Baarvorrath fast 16 Mill. Pf., eine Ziffer, welche niemals
früher auch nur entfernt erreicht worden war.
Zu damaliger Zeit stand Sir Robert P e e l auf dem
Gipfelpunct seiner Macht und seines politischen Einflusses.
Der Sturz des Ministeriums M e l b o u r n e hatte ihn zum
Premierminister Englands erhoben und seinen bisherigen poli-
tischen und national-öconomischen Anschauungen untreu begann
Peel an die Spitze der freihändlerischen Bewegung zu treten,
wodurch sein Anhang im Lande und Parlamente nur wuchs.
Wie er seine Pläne zur Tarifreform auf die Aussagen vor der
berühmten Commission über die Einfuhrzölle baute, so seine
Vorschläge zur Bankreform auf die Aussagen der Currencytheoretiker vor der Zettelbankcommission. Was ihm aber die
Durchbringung seiner Bankacte durch das Parlament so leicht
machte, das war seine politische Stellung, nicht die Kraft
seiner sachlichen Argumente.
Eigenthümlich genug zogen die Bankpläne des Ministers
im Jahre 1844 die öffentliche Aufmerksamkeit in England
lange nicht in dem Masse auf sich, wie dies sonst bei dergleichen Gesetzentwürfen der Fall zu sein pflegt und wie die

---

[1]) Report on Bank Acts, 1857. Evid. Quest. 4120—4124.

Wichtigkeit der Sache es geboten hätte. Im Parlamente
entspannen sich keine so lebhaften Debatten, wie sonst bei
viel minder wichtigen Fragen und principielle sachliche Opposition fand die Bill im Oberhause mehr wie bei den Gemeinen.
Dass daran nicht die grundsätzliche Uebereinstimmung der
öffentlichen Meinung und der grossen Mehrzahl der Parlaments-
mitglieder Schuld war, ergibt sich aus den Berichten aus jener
Zeit, unter anderem auch aus der kleinen Zahl von Mitgliedern,
welche den betreffenden Unterhaussitzungen beiwohnten. Eine
Haupterklärung liegt darin, dass das Publikum sich damals
mehr mit anderen, brennenderen Tagesfragen beschäftigte und
insbesondere, dass die ganze englische Volkswirthschaft in
einer „Aufschwungperiode" sich befand, in welcher aller
historischen Erfahrungen gemäss die Geld- und Bankfragen
in England wie überall sehr in den Hintergrund des öffentlichen Interesses treten. Es war die Zeit der Anticornlawleague
und — der Baarfonds der Bank betrug 16 Mill., der Disconto
in der Lombardstreet stand auf zwei Procent. Das erklärt
sehr Vieles. Bei so niedrigem Zinsfusse und leicht zu erlan-
gendem Credite ist die Bank von England für das geschäftstreibende Publikum stets von relativ untergeordnetem Interesse,
zumal in der Zeit vor 1844, wo die Bank principiell nicht
unter vier Procent discontirte. Die damals mit der Bank
vorgenommene Aenderung blieb desshalb zunächst ohne practisch nachtheiligen Einfluss für die Geschäftswelt. Die Beschränkung der Creditgewährung, welche in letzter Linie für
Zeiten der Geldklemme die Folge der Peel'schen Acte ist,
kam damals gar nicht in Frage. Ja, von manchen Seiten
wurde eine grössere Restriction der Machtfülle der Bank
wohl gar nicht ungern gesehen, weil die Bank, wie Tooke
bemerkt, seit jeher unpopulär war, ein Geschick, welches
sie mit den meisten eines ungewöhnlichen Monopol's geniess-
senden Gesellschaften theilen wird. Hierzu kam endlich noch
der Umstand, dass die damaligen Bankdirectoren seit 1840
Anhänger der Overstone'schen Lehre geworden waren,
wodurch von der Seite aus, von welcher dieselbe naturgemäss
am Ehesten zu erwarten war, die Opposition unterblieb. Die

Zustimmung der Bankdirectoren hatte aber darum weder für
Peel noch das Publicum das Gewicht einer Autorität für
die Massregel, sondern sie erleichterte nur die Erhebung der
Bankbill zum Gesetze. Im Gegentheil war es gerade das
Misstrauen gegen die Fähigkeiten der Bankdirection, welches
Peel und Andere bewog, an Stelle der bisher als Regulator
dienenden discretionären Befugnisse einen Mechanismus zu
setzen. Peel hatte 1819 die Bankdirectoren als Gegner der
stricten Convertibilität der Noten kennen gelernt, er hatte
später ihre Fehler bei der Verwaltung der Bank in kritischen
Momenten erkannt — ein Benehmen, welches nicht geeignet
war, ihm von der Urtheilsfähigkeit dieser Practiker einen
besonders hohen Begriff zu geben.

Die Hauptsache bleibt stets die günstige Lage des Geld-
marktes und die Höhe des Baarfonds der Bank, ohne welche
Umstände Peel schwerlich je an die Durchführung der Trennung der Bank in zwei Departements und die Zweitheilung
ihres Baarbestandes hätte denken können. Tooke, die vornehmste englische Autorität in Geld- und Banksachen, und
der erste Gegner der Acte von 1844, erachtet es für ganz
unmöglich, dass ein englischer Minister die Theilung bei einem
so niedrigen Baarbestand, wie er 1840 und 1841 war, gewagt hätte.

Man muss diese Verhältnisse in Betracht ziehen, um den
leichten Durchgang der Bill durch das Parlament zu begreifen,
und einem englischen Vorgange kein so grosses Gewicht beizulegen,
welcher nicht das Resultat eingehender sachlicher Berathung,
sondern politischer Parteirücksichten war und durch ungewöhnliche Zeitumstände begünstigt wurde. Das Parlament folgte
seinem damaligen Leitstern, wie damals in den meisten Fragen,
so auch hier, nicht weil ihm Peel durch seine sachlichen
Erörterungen die Ueberzeugung von der Heilsamkeit und
Nothwendigkeit seiner Vorschläge beigebracht oder weil der Bill,
wie sonst in so vielen Fällen der englischen Gesetzgebung, die
Autorität eines auf genaues sachliches Studium basirten
Berichtes zur Seite gestanden hätte, es folgte nicht dem
practischen Volkswirthe, sondern dem Politiker und Partei-

führer Peel. Die Reden zur Einführung der Acte im Mai 1844 und später zur Beurtheilung und Vertheidigung der Wirksamkeit des Gesetzes enthalten nur die noch dazu mit neuen Irrthümern ausgestattete Currencytheorie und verrathen nicht die Durchdringung und Beherrschung des Gegenstandes, wodurch sich Peel's Reden sonst auszuzeichnen pflegen. Dies wird zum Theil selbst von seinen Anhängern zugegeben. Leitende Organe, wie die Times, die später eine Verehrerin des Gesetzes wurden, und der Economist, wiesen bereits 1844 Peel seine logischen und thatsächlichen Irrthümer nach, welche in seiner Theorie des Geld- und Creditwesens offen hervortraten, trotzdem diese Theorie das Fundament einer so wichtigen Reformmassregel werden sollte. Als fachmännische Autorität in dieser Materie kann Peel gerade nach seinen damaligen Reden entschieden nicht betrachtet werden. [1]) Ebensowenig sind der Einführung der Acte solche umfassende und wissenschaftlich gründliche commissionelle Erörterungen vorangegangen, welche sonst wohl mit Recht einem Majoritäts-votum des englischen Parlaments in wirthschaftlichen An-gelegenheiten das Gewicht einer grossen Autorität geben. Die Zettelbankcommission des Jahres 1840 war weit davon entfernt, sich der Overstone'schen Doctrin unmittelbar anzuschliessen und dadurch erst den Theorien einzelner Männer eine all-gemeine Geltung zu verschaffen. Sie hatte zu keinem positiven Endurtheil gelangen können und deshalb, wie das in solchen Fällen Brauch der englichen Parlamentscommissionen ist, keinen eigenen Bericht auf Grund des Zeugenverhörs aus-gearbeitet, sondern statt dessen nur dieses Verhör selbst dem

---

¹) Zu seinen in der That schwer begreiflichen Irrthümern, welche man nicht einmal als der Currencytheorie überhaupt gemein-sam eigenthümliche Fehler bezeichnen kann, gehört Peel's Be-hauptung von der Möglichkeit der Entwerthung (depreciation) strict einlösbarer Banknoten (vgl. meine Beiträge zur Lehre v. d. Banken, S. 96 und 97) und sein Missverständniss des Ausdruckes „eine Unze Gold kostet 3 Pf. 17 Sh. 10½ D.", worin er das Verhältniss von Gold zu Silber angezeigt glaubt. (Eben-das. S. 9. Anm. 3.)

Hause zur Einsicht überliefert. Auf einen eigenen Bericht konnte sich Peel daher auch nicht stützen. Mit Recht wurde bei der zweiten Lesung seiner Bill am 13. Juni 1844 der Einwurf geltend gemacht, dass der Bankacte keine gehörige Untersuchung vorhergegangen sei. Allein der geschlossene Phalanx der Peeliten gegenüber gewannen die Gegenanträge nur eine kleine Anzahl Stimmen für sich.

Fasst man das Gesagte zusammen, so zeigt sich, dass die Peel'sche Bankacte in letzter Linie doch nur auf der Autorität eines Mannes, des Lord Overstone beruht. Die grosse Mehrzahl der sonstigen theoretischen und practischen Anhänger dieses Gesetzes sind diesem Manne nur gefolgt, ohne irgend Wesentliches seiner Theorie hinzugefügt zu haben. Sir Robert Peel selbst bildet keine Ausnahme, seine theoretischen Grundansichten sind genau die der stricten Currency-schule, seine practischen Gesichtspuncte unterscheiden sich von denen des Lord Overstone ebenfalls nicht. Eine selbstständige Autorität kann die Peel'sche Acte an sich, als ein englisches Gesetz und eine Massregel der Nation, welcher der practische Blick in volkswirthschaftlichen Fragen mit Recht in vielen Fällen nachgerühmt wird, vollends nicht beanspruchen, da sie wesentlich nur politischen Einflüssen und ungewöhnlich günstigen Zeitverhältnissen ihre Entstehung verdankt. Die Polemik gegen das Peel'sche Gesetz wird sich demnach am Besten wider die einzige Autorität auf dieser Seite wenden. Wenn dem Lord Overstone die Irrigkeit der Prämissen seiner Theorie und die Schiefheit seiner practischen Vorschläge nachgewiesen werden kann, so scheint uns die Aufgabe einer Widerlegung des Peel'schen Gesetzes und der Voraussetzungen, auf welchen es beruht, gelöst zu sein.

So viel über die Frage der Autoritäten, welche dem Peel'schen Gesetze von Anfang an principiell zur Seite gestanden haben. Immerhin ein Anderes ist es noch in Betreff jener Autoritäten, welche sich jetzt für die unveränderte Beibehaltung der Acte aussprachen. Die Würdigung des Gewichtes dieser Stimmen behalten wir der späteren critischen Besprechung der Principien der Peel'schen Acte vor.

B. Die Gegner.

In der Zurückweisung der Ansicht, dass sich die Peel'-
sche Bankacte der Zustimmung so vieler gewichtiger Autoritäten erfreue, stehen wir durchaus nicht allein. Es ist vielmehr von englischen Schriftstellern selbst der Nachweis
geführt worden, wie ungewöhnlich die Umstände waren, welche
der Bankbill durch das Parlament den Weg so leicht machten
und wie wenig das Gewicht der einzelnen Stimmen wog,
welche sich für das Gesetz erklärten. Auch Sir Robert Peel
selbst, dem gefeierten wirthschaftlichen Reformator, haben
Männer, welche sonst in den meisten Fragen mit ihm zu-
sammengehen, vorgeworfen, er habe in dieser Materie weder
besondere Kenntnisse und Scharfblick entwickelt, noch die
Angelegenheit mit einer ihrer Wichtigkeit entsprechenden
Sorgfalt und Vorsicht behandelt. Alle Gegner sehen in der
Bankacte nur die Einführung einer einseitigen Theorie in die
Praxis, — einer Theorie, welche im Grunde nur eine
einzige bedeutende Autorität auf ihrer Seite hatte und von
dieser selbst erst in der jüngsten Zeit in der Weise, wie sie
der Acte zur Basis diente, formulirt worden war. Die Gegner
des Gesetzes gehören zu den ersten Notabilitäten Englands
in der Theorie und Praxis des Geld-, Credit- und Bankwesens.

1. Thomas Tooke.

Die wissenschaftliche Durchbildung des Theoretikers und
die Beherrschung des thatsächlichen Stoffes, welcher der
Practiker sich oftmals vorzugsweise rühmen kann, findet sich
vereint in dem berühmten Verfasser der Geschichte der Preise,
Thomas Tooke, den kein Geringerer wie John Stuart Mill
als das head of the monetary science bezeichnet. Tooke
hat noch lange, ehe Jemand ernstlich an die Adoption
der Currencygrundsätze in der Praxis dachte, sein Verdikt
über diese Pläne ausgesprochen. Je bestimmtere Gestalt die
letzteren annahmen, um so entschiedener trat er dagegen
auf, und als die Currencytheorie im Begriffe stand, in der

Peel'schen Acte ihre practische Verkörperung zu empfangen,
war er der erste, welcher seine gewichtige, auf seltener
Kenntniss der Verhältnisse fussende Stimme dagegen erhob
und fast ziffernmässig genau die Unzukömmlichkeiten in der
Lage der Bank vorhersagte, welche aus der Trennung der
letzteren in zwei Abtheilungen und der mechanischen Regulirung der Notenausgabe hervorgehen würden. Es wird schwerlich einen Punct in seiner bekannten, schon im März 1844
geschriebenen Schrift gegen die Acte geben, welcher nicht
durch die nachfolgenden Ereignisse vollkommen erfahrungsgemäss bewahrheitet worden wäre.

Tooke's Stärke beruht bekanntlich in seiner Critik. Er
prüft die herrschenden theoretischen Ansichten an den thatsächlichen Verhältnissen und hat auf diese Weise mehr als
einmal die Unrichtigkeit oder Uebertriebenheit gewisser weit-
verbreiteter Lehren nachgewiesen, welche von hochangesehenen
Autoritäten verkündet worden waren. Seine anhaltende, sich
über den Zeitraum von mehr als sechzig Jahren erstreckende
Beschäftigung mit den Problemen des Geld- und Kreditwesens
Gross - Britanniens gab ihm schon um deswillen vor allen
seinen Zeitgenossen einen Vortheil voraus : er hatte persönlich
mit erlebt, wo die anderen nur von Hörensagen unterrichtet
waren. Vom Ende des vorigen Jahrhunderts bis zur Handelscrisis von 1857, von der Suspension der Baarzahlungen der
Bank im Jahre 1797 bis zur Suspension der Peel'schen Acte
im Jahre 1857 nahm er den lebendigsten Antheil an den
grossen wirthschaftlichen Bewegungen seines Vaterlandes. Er
hat die Ansichten Rikardo's und der Bullioncommission des
Jahres 1810 berichtigt und die Irrigkeit des Dogma's widerlegt, wornach der Stand der Wechselcurse, des Goldpreises
und der Waarenpreise unmittelbar von den Bewegungen der
Menge der uneinlösbaren Bank-von-England-Noten abhänge.
Er hat, als man später dies Dogma ohne Weiteres auf die Zeit
nach Wiederaufnahme der Baarzahlungen (1819) übertrug und
den Banken, den Provinzialbanken sowohl wie der Bank von
England selbst, die Macht zuschrieb, durch beliebige Ausdehnung und Zusammenziehung des Notenumlaufs die will-

kürlichsten Aenderungen im Stande der Wechselcurse und
Waarenpreise bewirken zu können, — er hat damals gezeigt,
dass diese Behauptung vor den Thatsachen nicht bestehen
könne und darin gerade eine Umdrehung des Verhältnisses
liege. Im Allgemeinen gingen nemlich die Schwankungen
des Notenbetrags den Bewegungen der Waarenpreise nicht
voraus, könnten also nicht deren Ursache sein, sondern
umgekehrt, es folgten die entsprechenden Aenderungen im
Notenumlauf als Wirkung, den Aenderungen der Preise, als
Ursache, nach. Dieser Tooke'sche Fundamentalsatz, welcher
durch die Aussagen vieler Banquiers aus den Provinzen erhärtet wurde, zerstört namentlich auch die Currencytheorie in
ihrem innersten Kerne.

Tooke setzt hier stets allgemeinen, ziemlich vagen Behauptungen seiner Gegner concludente Facta gegenüber und
übt damit ohne Zweifel die unwiderleglichste Critik aus.
Indessen begnügt er sich damit nicht allein, sondern er sucht
durch Analysirung der concreten volkswirthschaftlichen Zustände auch die Erklärung zu liefern, warum gewisse Erscheinungen im Notenumlauf u. s. w. sich so und so zutragen
müssen, und warum Diejenigen, welche z. B. gegen gewisse
Bewegungen des Notenumlaufs polemisiren, im Unrecht sind.
So nimmt Tooke besonders die Landbanken und theilweise
auch die Bank von England gegen manche der Anklagen in
Schutz, welche Overstone u. A. m. wider die Regulirung
der Banknotenemission dieser Institute erhoben hatten.

Tooke's geharnischte Polemik gegen die Peel'sche Acte
und die ihr zu Grunde liegende Theorie des Geld- und
Creditwesens steht im engen Zusammenhang mit seiner wissenschaftlichen Auffassung all der einschlagenden Fragen. Er
erblickt darin nur die weitere Ausbildung gewisser, besonders
unter Practikern verbreiteter Dogmen, welche er seit langer
Zeit bekämpft hat. Einer der wichtigsten practischen Schlüsse
aus Tooke's Untersuchungen, welcher aus dem vorher
erwähnten Fundamentalsatze indirect hervorgeht, besteht in
der Ansicht, dass man im Allgemeinen der einen Creditform, der Banknote, vor den übrigen Creditformen eine

ganz übertriebene, mit der Sachlage im Widerspruch befindliche Bedeutung beilege und den Einfluss der Banknotenemission auf bestimmte Vorgänge im Geldmarkte weit überschätze. Im directen Widerspruche mit dieser, durch die sorgfältigsten Untersuchungen festgestellten Ansicht befindet sich die Currencytheorie, welche, zumal in der ursprünglichen Formulirung, worin sie der Acte von 1844 zur Grundlage dient, ganz einseitig das Gewicht auf den Notenumlauf legt und die Bewegungen des letzteren ohne Grund als bewirkende Ursache der bedeutsamsten Vorgänge auf dem Geld- und Waarenmarkte auffasst. Eben in dieser Auffassung befangen stellt die Currencytheorie die Vorschläge zur Regulirung des Notenumlaufs auf, welche sich in der Peel'schen Acte ausgeführt finden.

In seiner Widerlegung der Currencytheorie und der Bankacte musste Tooke natürlich vor und nach dem Jahre 1844 eine etwas verschiedene Methode befolgen. Anfangs sucht er zu zeigen, wie die Anforderungen jener Theorie in Betreff der Regulirung der Notenemission in den Verhältnissen nicht begründet wären und durchaus auf falschen Prämissen beruhten. An fingirten Beispielen weist er nach, in welche prekäre Lage die Bank und mittelbar das Land in gewissen möglichen Fällen gelangen würde, sobald die neuen Principien ihre gesetzliche Sanction erhalten haben sollten. Tooke hat hier eine ungewöhnliche Sehergabe entwickelt, was seinem Votum sicher nur um so grösseres Gewicht giebt. Gleichzeitig analysirt Tooke diejenigen Perioden der englischen Handelsgeschichte, also besonders die Speculationszeiten, Handelscrisen und Jahre einer starken Metallausfuhr näher, wo Overstone und die Seinigen von einer Missverwaltung der Notencirculation reden und alle schlimmen Ereignisse auf dem Geldmarkte und im Zustande des Credits, sei es einmal die Ueberspeculation, das andere Mal die Rückschläge davon, die Bankerottepidemie, die Gefahr einer Einstellung der Baarzahlung u. s. w. ausschliesslich auf die unrichtige Regulirung der Notencirculation zurückführen wollen. Tooke kommt zu dem aus seinen sonstigen Untersuchungen sich schon erge-

benden Schlusse, dass die Notencirculation an all diesen
Uebelständen ziemlich unschuldig ist. Er geht dann weiter
und weist nach, wie durch die Pläne der Currencyschule
sicher keine Besserung erzielt, sondern aller Wahrscheinlichkeit nach der etwaige schädliche Einfluss der Zettelbanken
auf Beförderung von Ueberspeculation und hierdurch indirect
von Handelscrisen nur verstärkt werden würde.

Als später die Peel'sche Acte längere Zeit in Wirksamkeit gewesen war und man Erfahrungen genug über sie
gesammelt hatte, musste es natürlich Tooke's Bestreben
sein, die Richtigkeit seiner Voraussagen an den Thatsachen
zu erhärten. Dies ist ihm auch in seltenem Masse gelungen.
Seine Schriften über den Zeitraum von 1844—1857 liefern
den unzweifelhaften Beweis, dass die Erwartungen der Overstonianer nicht erfüllt worden sind; dass die vorausgesagten
schlimmen Folgen der Acte sich in der That herausgestellt
haben; und dass nur ganz unvorhergesehene Umstände, wie
z. B. die grossen neuen Goldentdeckungen in Californien und
Australien, bisher die Aufrechthaltung des Gesetzes, und auch
da nicht in den beiden kritischsten Momenten, möglich
machten.

Der Werth der Tooke'schen Polemik wider die Acte
ist für Wissenschaft und Praxis um so grösser, weil Tooke
diese Fragen so recht im Zusammenhange mit einer Reihe
der grossen wirthschaftlichen Probleme der Gegenwart behandelt und in der lebendigsten Weise mitten aus dem Leben
heraus nach allen Seiten Schlaglichter wirft. Der Vorrang,
welchen Tooke, als erster Vertreter der Credittheorie
(Banking principle), vor Lord Overstone behauptet,
beruht einmal hierauf und sodann auf der weit wissenschaft-
licheren Methode, sich auf jede Behauptung des Gegners ein-
zulassen und namentlich dessen Prämissen zu prüfen, nicht
einfach Behauptung gegen Behauptung zu setzen und von
Glaubenssätzen, statt von wissenschaftlich erwiesenen Puncten
auszugehen [1]).

---

[1]) Tooke's Ansichten sind in manchen Flugschriften und in den
wiederholten palamentarischen Zeugenverhören niedergelegt.

2. Die Bedeutung der übrigen Gegner.

Tooke nimmt allerdings, wie Overstone unter den Anhängern, so er unter den Gegnern des Gesetzes von 1844 die erste Stelle ein. Seine Schriften enthalten die vollständigste Widerlegung der Currencytheorie. Neben ihm stehen aber Männer von weit grösserer wissenschaftlicher und fachmännischer Bedeutung, wie neben Lord Overstone, — Männer, welche nicht blind sich der Autorität ihres Hauptes gefügt, sondern ihrerseits dessen Ansichten genau geprüft und überhaupt die vertretene Theorie selbstständig weiter ausgebildet haben. Tooke selbst entlehnt auch den von Andern gegen die Bankacte vorgebrachten Argumenten mancherlei. Einzelne Lehren sind ganz ausschliesslich von anderen Anhängern der Credittheorie ausgebildet und von Tooke nur in dieser Gestalt recipirt. Mann kann daher hier vielmehr von einer Reihe Autoritäten gegen das Gesetz von 1844 reden, während sich die Stimmen für die Acte auf eine gemeinsame Autorität zurückführen lassen.

Die Gegner der Currencytheorie haben nicht alle denselben Fragen ihre Aufmerksamkeit gewidmet. Ein Theil von ihnen wendet sich namentlich gegen die Gesetzgebung über die sogenannten Landbanken (Country Banks) in England und Wales, dann über die schottischen und irischen Banken. Die Controverse hierüber hat zwar nicht dasselbe Interesse für uns auf dem Festlande, wie der Streit über die die Bank von England allein betreffende Bankacte, weil die Entwicklung der Provinzialbanken eine England specifisch

---

Alles aber findet sich zusammengefasst in der grossen History of prires, bes. vol. III am Schlusse (Lond. 1839), dann vol. IV. (Lond. 1848), welcher grösstentheils der Critik der Geldtheorien und der Peel'schen Acte gewidmet ist, endlich in vol. V., p. 485—640 und in den Anhängen zu vol. VI. (Lond. 1857); letztere zwei Bände bekanntlich in Gemeinschaft mit Newmarch herausgegeben. Die deutsche Uebersetzung von Asher, in zwei starke Bände zusammengezogen, erschien 1858 und 1859 in Dresden.

eigenthümliche Erscheinung ist. Aber es werden bei der Frage hierüber manche reine Principienfragen berührt, welche mit der Currencytheorie auf das Engste zusammenhängen und zur Aufklärung über diese das Ihrige beitragen. Deshalb ist in der Streitfrage über die Peel'sche Bankacte von 1844 der Theil derselben, welcher sich auf die Bank von England allein von dem, welcher sich auf die Landbanken bezieht, nicht ganz zu trennen.

Die bedeutendsten Autoritäten, welche sich der Tooke'-schen Polemik anschlossen, sind J. Fullarton, J. Wilson, dann theilweise J. W. Gilbart und John Stuart Mill, wozu noch Tooke's jüngerer Mitarbeiter an der Geschichte der Preise, W. Newmarch, kommt.

3. Fullarton.

Fullarton trat schon 1844 mit gegen die Bankacte auf. Er ist einer der klarsten und schärfsten Schriftsteller auf dem Gebiete des Geld-. und Creditwesens. In seiner Polemik wendet er sich ebenfalls besonders gegen die Prämissen der Currencytheorie und sucht deren Unhaltbarkeit nachzuweisen. Um die Klärung einiger Lehren hat er sich ein hervorragendes Verdienst erworben, so hat er z. B. den wichtigen Gegensatz zwischen Staatspapiergeld und Banknoten besonders deutlich gemacht, welcher auch abgesehen von der steten Einlösbarkeit der letzteren in der Art der Ausgabe und in der hierdurch bedingten regelmässigen Rückströmung der Noten zur Bank liege. Noch wichtiger, weil dadurch ein principieller Irrthum der Currencytheorie aufgedeckt wird, ist Fullarton's Lehre von den sogenannten hoards, d. h. disponiblen Geldvorräthen, welche durchaus keinen Bestandtheil der „Circulation" bilden und zunächst die Mittel zu einer plötzlichen starken Metallausfuhr bieten. Die Currencyschule lässt jede Metallein- und Ausfuhr unmittelbar auf die Menge des in Circulation befindlichen Geldes wirken und hat auf diese, mit den Thatsachen in Widerspruch stehende Ansicht einige ihrer wichtigsten

Behauptungen für die Regulirung der Banknotencirculation
gebaut. Tooke wie Mill legen mit Recht auf die betreffenden Auseinandersetzungen Fullarton's grosses Gewicht
und ziehen weitere Folgerungen daraus [1]).

4. Wilson.

James Wilson's Name ist weit bekannt. Er war lange
Jahre Herausgeber des „Economist", dieser mit Recht renom-
mirten ersten volkswirthschaftlichen Zeitschrift Englands, kam
später in's Unterhaus und betheiligte sich in der ausgezeich-
netsten Weise an den Untersuchungscommissionen über die
Bankverhältnisse in den Jahren 1848 und 1857, wo er durch
seine eminenten Kreutzverhöre die Anhänger der Bankacte
in die augenfälligsten Widersprüche verwickelte. Dass er
zuletzt als Finanzminister nach Indien gesendet wurde, um
hier nach Bewältigung des Aufstandes der Sepoys die Steuer-
verhältnisse zu reguliren und inmitten seiner grossartigen
Pläne für die Einführung eines Systems einlösbarer Noten in
jenem gewaltigen Reiche durch einen frühen Tod abberufen
ward, darf ebenfalls als ziemlich allgemein bekannt vorausgesetzt werden. Der Ueberblick über diese seine Lebens-
stellung zeigt, dass Wilson reiche Gelegenheit hatte, die
Theorie und Praxis der Fragen über Geldwesen zu studiren.
Er schrieb schon 1844 einzelne polemische Artikel gegen die
Peel'sche Acte und deren Principien im Economist. Später
wurden diese Aufsätze systematischer. In allen tritt der
practische Gesichtspunct besonders hervor. Die Serie von
Artikeln aus dem Jahre 1845 und 1847 ist später von ihm
gesammelt herausgegeben worden. So wichtig diese Aufsätze
für manche Puncte der Polemik gegen die Acte sind, so ver-

---

[1]) F.'s Schrift heisst: on the regulation of Currencies, being an
examination of the principles on which it is proposed to restrict,
within a certain fixed limit the future issues on credit of the Bank of
England and of the other banking establishments throughout the
country. Lond. 1844. Vgl. z. B. J. St. Mill, principles (2. ed.
1849), vol. II. p. 205 u. ff.

dienen die Verhöre, welche Wilson in den erwähnten Commissionen anstellte, doch noch mehr Beachtung, weil darin
die Currencytheoretiker unerbittlich bis zur letzten Consequenz
ihrer Theorie getrieben und eben dadurch die Unhaltbarkeit der
letzteren aufgedeckt ward. Besonders beachtenswerth sind die
Verhöre der Bankgouverneure in 1848 und Lord Overstone's
in 1857. Ebenso gut verstand es Wilson in den Verhören
den Gegnern der Acte Gelegenheit zur klaren und präcisen,
mit den Ansichten des Fragstellers übereinstimmenden Darlegung ihrer Ansichten zu geben und bei der Stellung der
Fragen sein eigenes System gut zu exponiren. Die Wilson'-
schen Verhöre werden hierdurch zur besten Quelle der Belehrung über eine Menge Feinheiten der Theorie, worüber
man sonst wenig findet und wodurch doch oft auf Principienfragen am meisten Licht geworfen wird [1]).

5. Gilbart.

Gilbart, der wissenschaftlich hochgebildete Director der
London und Westminster Bank, der grössten Londoner Depositenbank, ist in manchen bekannten Werken über Bankwesen auf viele der hier einschlagenden Fragen eingegangen.
Er vor Allen aber hat durch theoretische Erörterungen und
auf Grund practischer Erfahrung einige wichtige Principien
über die Ursachen der Bewegung des Notenumlaufs und über
die Wirkungen davon festgestellt, wodurch der Currencytheorie der Boden unter den Füssen weggezogen wird. Die
stets behauptete Macht der Zettelbanken, insbesondere der
Landbanken, willkürlich ihren Notenumlauf einzuziehen und
auszudehnen und dadurch ganz nach Belieben die entsprechenden Aenderungen in den Preisen u. s. w. bewirken zu
können, ist nach Gilbarts Untersuchungen ebensowenig, wie

---

[1]) On capital, currency and banking, Lond. 1847. Eine neuere Auf-
lage erschien 1860. Die Verhöre in den parlamentarischen Reports.
Einige Auszüge z. B. aus dem mit den Bankgouverneuren i. J.
1848 angestellten Verhöre s. Tooke a. Newmarch, hist. of
pric. vol. VI. p. 621—634. (Asher B. 2. S. 607—620.)

nach denen Tooke's vorhanden. Im Gegentheil ergeben sich
aus der von Gilbárt im Vereine mit anderen Autoritäten der
Praxis aufgefundenen Gesetzmässigkeit in der Bewegung
der Menge der circulirenden Noten einige Schlüsse, welche
mit einem Hauptprincipe der Currencytheorie schlechterdings
unvereinbar sind [1]).

6. Newmarch.

Aehnlich wie Gilbart hat Newmarch durch seine statistischen Specialuntersuchungen wichtige Principienfragen zu
Ungunsten der Theorie der Peel'schen Acte beantwortet und
hierdurch zum Ausbau uuserer heutigen Theorie des Geld- und
Creditwesens nicht unwesentlich beigetragen. Er schliesst sich
im Uebrigen ganz an Tooke an, mit dessen positiven Vorschlägen in Betreff der Bank von England er auch übereinstimmt. Vor der Commission des Jahres 1857 entwickelte
Newmarch ein gutes Exposé der für die Tooke'schen und
gegen die Overstone'schen Ansichten sprechenden Facta
und Argumente. Er wurde darüber von den Anhängern der
Peel'schen Acte zwar verunglimpft, aber nicht widerlegt [2]).

7. Mill.

Dürfte man überhaupt nur auf Namen hinweisen zum
Belege für und wider die vertretenen Lehren, so würde vielleicht der Name Mill's doch von Allen das grösste Gewicht
beanspruchen können. Mill gilt mit Recht jetzt als der
erste englische national-öconomische Theoretiker und überhaupt als ein philosophischer Analytiker ersten Ranges. Keiner
erfreut sich eines grösseren Rufes als unparteiischer Critiker

---

[1]) Die hiehergehörigen Arbeiten Gilbarts sind enthalten in verschiedenen Aufsätzen über Notencirculation im vol. 15, 17, 19
des Journal of the Statist. Soc. in London (darnach in Tooke a.
Newmarch, vol. VI., p. 566—583), dann in den Aussagen im
Commons Report, Banks of Issue, 1841. — Vgl. meine Beiträge
z. Lehre v. d. Banken, S. 137—142 und die beigefügte Curvenskizze.
[2]) Newmarch's wichtige Arbeiten über den Betrag der Wechselcirculation u. s. w. s. Hist. of pric. vol. VI. p. 584 ff.

und die Gründe für und wider wog Niemand mit strengerer
Sorgfalt ab. Mill stimmt nun gleichfalls in der Verurtheilung
der Principien der Currencyschule vollkommen mit Tooke
und Fullarton überein und wenn er auch glaubt, dass trotz
der unrichtigen theoretischen Grundlage die Bankacte von 1844
einige der beabsichtigten wohlthätigen Folgen gehabt habe,
so ist er doch der Ansicht, dass diese letzteren mehr als
theuer durch die üblen Wirkungen des Gesetzes erkauft seien
und heute zu Tage durchaus auch auf andere Weise besser
und sicherer erzielt würden [1].

8. Geschäftsmänner, Ashburton.

Wir hoben bisher von der grossen Zahl der Gegner der Bankacte absichtlich nur diejenigen hervor, welche in keinerlei Art
als persönlich bei ihrem Urtheil interessirt verdächtigt werden
können. Zu letzteren gehören die vielen hervorragenden Geschäftsmänner, wie Gurney u. A., welche vor den Commissionen
vernommen wurden. Obgleich diese Männer oft vollkommen
unparteiisch, ganz ähnlich wie die ihnen fernestehenden
Theoretiker, die Mängel der Peel'schen Gesetzgebung enthüllen, bezeichnet sie die Gegenpartei doch stets als Interessirte,
weil allerdings die peinlichen Wirkungen der Bankacte auf die
Classe der Geschäftreibenden mit vollster Schwere fallen und
diese Personen insoferne naturgemässe Gegner der Acte sein
werden. Im Zusammenhange mit den übrigen Argumenten
wider dies Gesetz darf man aber auf die Stimme solch' aus-
gezeichneter Practiker doch immer wenigstens ebensoviel geben,
wie auf die der Bankverwaltung und anderer Geschäftsmänner
auf der Gegenseite. Unter den Gegnern der Acte befindet
sich auch noch eine bekannte Finanznotabilität von ähnlicher
Lebenstellung wie Lord Overstone, nemlich Lord Ashburton,
aus dem grossen Bankhause Baring. Er ist auch in einer
eigenen Flugschrift gegen die Acte aufgetreten. Von ihm rührt

---

[1] Vgl. Mill's principles of polit. economy, vol. II. book III. ch. 24.
on the regulation of a convertible paper currency. — Auch vor
der Commission von 1857 legte Mill ein vortreffliches Zeugniss ab·

ein öfters angeführter Ausspruch über die Tendenzen jenes
Gesetzes her, dass es nemlich nichts Absurderes und Ver-
wegeneres geben könne, als den menschlichen Verstand in
solchen Fällen durch einen todten Mechanismus ersetzen zu
wollen.

9. Continentale Nationalöconomen.

Die wissenschaftliche Nationalöconomie des Continentes
hat sich fast ausschliesslich der Tooke'schen Auffassung
angeschlossen und über die Principien der Bankacte das
Verdict gesprochen. Das ist sicher um so beachtenswerther,
weil hier keinerlei Nebenabsichten mit im Spiele gewesen sind,
welche in England hie und da Zweifel an der Unparteilichkeit
eines Urtheiles erwecken könnten.

C. Ungiltigkeit des Autoritätenbeweises für die Bankacte.

Die vorangehende ausführliche Skizze des über die
Peel'sche Acte entbrannten Streites haben wir nicht gegeben,
um uns dadurch des eigenen Beweises der Unrichtigkeit der
Currencytheorie entschlagen zu können. Es sollte dadurch nur
die Frage mindestens als eine offene und eher noch als eine
solche hingestellt werden, welche zu Ungunsten der Peel'schen
Principien zu entscheiden wäre, sobald man sich allein auf
Namen und Autoritäten stützt. Heute zu Tage gilt aber ein
solcher Hinweis auf Autoritäten in allen empirischen Wissenschaften nicht mehr als Beweis. Wenn daher von denjenigen,
welche der Einführung der Peel'schen Principien in Oesterreich das Wort reden, der Beweis der Richtigkeit derselben
nicht geführt, kaum versucht wird und wenn der ohnehin
ungenügende Hinweis auf Autoritäten sogar der thatsächlichen
Richtigkeit entbehrt, so folgt daraus doch gewiss, dass die
erste Vorfrage für die Einführung eines neuen Banksystemes
durchaus nicht beantwortet ist. Diese erste Frage, wie früher
hervorgehoben wurde, ging darauf hinaus, ob die Principien
der Peel'schen Bankacte denn wirklich den Vorzug vor denen
der bankmässigen Deckung verdienen. Auch die erwähnte

Denkschrift behauptet dies, ohne es zu beweisen, und die Autoritäten, welche sie anführt, beweisen es ebenfalls nicht. Die Vorbedingung für den Systemwechsel ist demnach nicht erfüllt, soweit dies durch den Beweis des Vorzugs des neuen vor dem alten Systeme möglich gewesen wäre. Es wird trotzdem im weiteren Verlaufe unsere Aufgabe sein, die Unhaltbarkeit der Currencytheorie darzulegen, obgleich von der anderen Seite der Beweis für die letztere und der gegen die Theorie der bankmässigen Deckung nicht geliefert worden ist. Es war wichtig genug, letzteres zu constatiren und zu diesem Zwecke selbst jenen längeren Excurs über die Autoritäten für und gegen die Currencytheorie nicht zu scheuen, welcher uns auch für die dogmatische Darstellung noch von Werth sein wird und uns gleichzeitig in die ganze Streitfrage passend einführt.

III. Die Entwicklungsgeschichte der Currencytheorie.

A. Aufgabe und Methode.

1. Methode der Darlegung und Prüfung.

Der Prüfung der Peel'schen Bankacte und der ihr zu Grunde liegenden Principien muss nothwendig die Darstellung dieser letzteren, d. h. mithin die Exposition der Currency-theorie vorangehen. Dies ist unvermeidlich, weil die genannte Theorie durchaus nicht als so allgemein bekannt vorausgesetzt werden kann und namentlich die Vertheidiger der Bankacte selbst öfters das Wesen dieses Gesetzes in anderen, mehr untergeordneten Bestimmungen suchen, als worin dasselbe nach den deutlichen Aussprüchen der ersten Autoritäten der Currency-theorie liegt. Hierdurch wird natürlich die Polemik gegen die Acte sehr erschwert und fast unmöglich gemacht, indem die Anhänger des Gesetzes stets wieder irgend einen neuen Zweck als Hauptzweck hinstellen. Man muss sie daher vor Allem zwingen, offen Farbe zu bekennen.

3 *

Der beste Weg, um zu einer klaren Festsetzung der Principien der Currencytheorie zu gelangen, schien uns stets der folgende zu sein. Man muss diese Theorie bis zum ersten Ursprung ihrer Entstehung zurückverfolgen und untersuchen, welche ältere Lehrsätze und unter welchen Umständen dieselben sich allmälig zu den späteren Dogmen umgebildet haben. Diese dogmengeschichtliche Entwicklung zeigt den inneren Zusammenhang der ganzen Doctrin und gestattet hierdurch den besten Einblick in den Kern und den leichtesten Ueberblick über alle Haupt- und Nebenbestimmungen und das Verhältnis derselben zu einander. Zugleich gewinnt man aber auf diese Weise den richtigen Standpunct zur Critik der Theorie, indem man nur die Unhaltbarkeit der ersten Prämissen oder wenn diese richtig sind, die Falschheit der Consequenzen zu erweisen hat, um die Irrigkeit der ganzen Theorie klar durchschauen zu lassen. Endlich bringt diese Methode den weiteren Vortheil mit sich, dass sich dabei die Entstehung mancher Theoreme und practischen Vorschläge aus specifisch englischen Verhältnissen erklären lässt, wodurch die Herübernahme solcher Puncte in ein ganz fremdes Gebiet sich gleich von vorneherein als unthunlich darstellt.

2. Ursprung der Theorie.

Der nachweisbare Ursprung der Currencytheorie liegt in den theoretischen Ansichten des berühmten englischen Oeconomisten David Rikardo und seiner Schule über uneinlösbare Banknoten mit Zwangscurs, also über eigentliches Papiergeld. Diese Ansichten bedürfen schon für das Gebiet, für welches sie anfangs aufgestellt wurden, der Modification, welche ihnen auch besonders durch Tooke zu Theil geworden ist. Die stricte Rikardo'sche Theorie bildet mithin keine unanfechtbare Grundlage und ihre Lehrsätze sind nicht unumstössliche Prämissen, aus denen man nur die Consequenzen zu ziehen brauchte.

Der Grundfehler der Currencytheorie besteht in der Uebertragung der Rikardo'schen Doctrin in ihrer einseitigsten Formulirung auf ein ganz fremdes Feld, für welches sie ausgesprochener Massen niemals berechnet war, nemlich auf die Verhältnisse der einlösbaren Banknoten. Dieser Fehler präjudicirte allen weiteren Folgerungen der Theorie, denn der Ausgangspunct war jetzt vom Anfang an falsch. Sobald die Theorie nur die richtigen Consequenzen zog, musste sie nothwendig zu einem falschen Endergebniss gelangen.

3. Dreifache Aufgabe.

Die Aufgabe des Folgenden besteht also darin, die ursprünglichen Lehren als unrichtig, ihre Uebertragung auf Banknoten als unthunlich und die Weiterbildung der Doctrin nebst der Ausbildung derselben zur Currencytheorie als ungerechtfertigt nachzuweisen [1]).

B. Die Lehren vom Papiergelde der Bankrestrictionszeit.

1. Die Bankrestriction und ihre Folgen.

Bekanntlich hatte die Bank von England am 27. Februar 1797 die Erlaubniss des Ministeriums erhalten, einstweilen die Baarzahlung für ihre Banknoten einzustellen. Das Parlament bestätigte durch die sogenannte Restrictionsacte vom 3. Mai 1797 diese Zahlungssuspension zunächst für kürzere Zeit, später unter dem Druck der grossen französischen Kriege

---

[1]) Ich schliesse mich in der folgenden Darstellung und in meiner ganzen Polemik gegen die Grundsätze der Acte von 1844 durchaus meiner früher erwähnten Schrift „Beiträge zur Lehre von den Banken" an, worin ich besonders im 4. bis 6. und im 8. Capitel die Currencytheorie dogmengeschichtlich entwickelt und die practischen Anstände hervorgehoben habe. Diese Arbeit schöpft aus den Quellen und nimmt auf die Literatur des Streites genaueste Rücksicht. Natürlich habe ich aber für den jetzigen Zweck alle meine Aufstellungen einer sorgfältigen Critik wieder unterzogen. Eine kürzere Deduction der Grundsätze der Currencytheorie gibt mein Aufsatz „über die Geld- und Credittheorie der Peel'schen Bankacte", im Programme der Wiener Handels-Akademie f. 1861, von welchem die gegenwärtige Arbeit die Ausführung ist.

wiederholt von Neuem, in der Regel bis auf einige Monate nach definitivem Friedensschlusse. Erst die Peel'sche erste Bankacte von 1819 hob jene Suspension wieder auf. Nach dem gebrauchten technischen Ausdrucke heisst die Periode von 1797 bis 1819 allgemein die Zeit der Bankrestriction. Neben der Bank von England existirte damals eine grosse Anzahl sogenannter Privatbanken, d. h. Banken von höchstens sechs Theilhabern, welche meistens die Banknotenausgabe als eigenen Geschäftszweig betrieben, und in Schottland und Irland gab es auch Zettelbanken nach dem Princip der beschränkten Haftbarkeit (chartered banks).

Die Noten der Bank von England genossen allgemeinen Zwangscurs unter Privaten, vereinigten somit diejenigen Elemente in sich, welche das Wesen des eigentlichen Papiergeldes ausmachen: sie waren nicht einlösbar gegen ein anderes Geld und dienten als gesetzliches Zahlungsmittel. Die übrigen Zettelbanken unterlagen natürlich der Verpflichtung, ihre Noten jederzeit auf Verlangen des Ueberbringers, wie früher mit Münze, so jetzt mit Noten der Bank von England einzulösen. Insoferne waren die Landbanknoten also durchaus nicht Papiergeld im wissenschaftlichen Sinne des Wortes, sondern ein Creditpapier, wie andere Schuldverschreibungen, welches auf das damalige „Geld" des Landes, auf die Noten der Bank von England lautete. Der principielle Unterschied zwischen letzteren und den Noten der Landbanken wurde in der Zeit der Bankrestriction auch stets scharf aufrecht erhalten, so in Rikardo's Schriften. Bloss der späteren Zeit blieb es vorbehalten, diesen Unterschied zwischen Papiergeld und Banknoten zu übersehen.

In den ersten Jahren nach der Suspension der Baarzahlung verloren die Noten der Bank, trotzdem sie nicht mehr auf Verlangen eingelöst werden konnten, nichts an ihrem Nennwerthe gegenüber dem Edelmetall. Tooke hat hiervon, wie von allen späteren Curs- und Preisbewegungen die Ursachen im Einzelnen nachgewiesen. Später dehnte die Bank ihren Notenumlauf mehr und mehr aus, theils in Folge grösserer Vorschüsse an die Regierung, theils in Folge stärkerer Dis-

contirung bankfähiger Wechsel, welch' letzteres Moment zu
wiederholten Malen, wenn auch meist nur auf kurze Zeit,
dafür massgebend war. Diese Notenvermehrung traf lange Jahre
hindurch hauptsächlich auf die Noten unter fünf Pfund Sterling, welche die Bank erst nach der Zahlungseinstellung
emittirte. Die Ansichten der verschiedenen Parteien begegnen
sich darin, diese kleineren Noten nur als Ersatz für die
früherhin in Circulation befindlichen Sovereigns anzusehen
und daher dieser Notencategorie nur eine bedingte Bedeutung
für die Fragen über den Einfluss der Notenmenge auf den
Tauschwerth dieser Noten gegen Gold und Waaren einzuräumen.
Das erste Dispari zwischen Noten und Gold, oder, was
dasselbe heisst, der erste bedeutende Fall der Wechselcurse
zu Ungunsten Englands trat im Jahre 1800 ein und dauerte
bis gegen 1802. Alsdann erholten sich die Curse ansehnlich
und wiesen bis Ende 1808 nur eine geringfügige Differenz
zwischen Gold und Noten auf. Um diese Zeit aber und besonders zu Beginn des Jahres 1809 erfolgte plötzlich eine
starke Entwerthung der Noten, soweit darauf aus dem Stande
der Wechselcurse und des Goldpreises zu schliessen ist. In
wenigen Monaten stieg das Disagio von 2½—3 auf 13—14
Procent. Damals entbrannte denn auch sofort lebhaft der
Streit über die Ursachen dieser bedauerlichen Erscheinung,
was bei dem unerwartet raschen Eintritte derselben, der
Wichtigkeit der Sache für die Praxis und der bekannten
Vorliebe des englischen Volkes für derartige Untersuchungen
nicht überraschen kann. Im Jahre 1800, wo das Dispari nicht
so gross gewesen und bald wieder erheblich geringer geworden,
war die Controverse noch nicht zum Gegenstande der Beschäftigung der Tagesliteratur geworden.

2. Die Rikardo'schen Lehren.

Unter den Ansichten über die Ursachen des grossen Disagio der Noten gewann allmälig diejenige David Rikardo's
die meiste Anerkennung. Rikardo war im December 1809
mit einer kleinen Schrift vor das Publikum getreten, welche

den Titel führte: „Der hohe Preis des Barrenmetalls ein
Beweis für die Entwerthung der Banknoten." In dieser Schrift
verfocht der später so berühmte Nationalökonom die bereits
früher von Anderen aufgestellte Meinung, dass an der Entwerthung der Banknoten die übermässige Vermehrung
der letzteren Schuld sei und bekannte sich zugleich mehr
oder minder offen und uneingeschränkt zu der Ansicht, dass
der wechselnde Grad der Entwerthung dieser Noten,
das heisst also das Fallen und Steigen des Metallpreises und
der Wechselcurse, von den Bewegungen der Menge, der
Ab- und Zunahme des Notenumlaufes abhänge. Rikardo suchte diese Lehre durch scharfsinnige Analyse und
theilweise auch durch den Hinweis auf die seine Ansicht
vermeintlich unterstützenden Thatsachen zu begründen.

Von Nebenpuncten abgesehen bestand das eigentliche
Princip der neuen Doctrin über die uneinlösbaren
Zwangscursnoten in den folgenden Sätzen. Der Werth dieses
eigentlichen Papiergeldes hängt von seiner Quantität (Menge)
ab. Die Vermehrung oder Verminderung der Papiergeldmenge
ist mithin die vorausgehende Ursache eines nachfolgenden Steigens und Sinkens der Edelmetall- und Waarenpreise und der entsprechenden Veränderungen der auswärtigen
Wechselcurse. Die Bank vermag, weil sie von der Pflicht
der Baarzahlung entbunden ist, beliebig ihren Notenumlauf zusammen zu ziehen und auszudehnen, und kann also
wegen des vorausgesetzten grossen Einflusses der Papiergeldmenge auf den Werth des letzteren, die willkürlichsten
Aenderungen der Wechselcurse, des Edelmetallagio's, der
Waarenpreise bewirken.

Diese Theorie vom uneinlösbaren Papiergelde gewann
bald einen grossen Einfluss auf die Gemüther und wurde in
Wahrheit von Epoche machender Bedeutung. Die Ursache
davon lag zunächst in Rikardo's Darstellung, welcher bei
aller Schwerfälligkeit des Styls, den man auch in seinen
anderen Werken zu beklagen hat, doch immerhin Geistesschärfe
und eine gewisse Sophistik des Räsonnements nicht abzu-
sprechen war. Die letztere übt nicht selten Anziehungskraft

aus. Ferner hatte die neue Doctrin von vorneherein eine
gewisse Wahrscheinlichkeit für sich. Die Thatsachen schienen
damit so ziemlich übereinzustimmen. Die Vermehrung der
Noten der Bank von England und der Landbanken fiel zeitlich,
wenn auch nicht bei genauerer Untersuchung, so doch nach
der allgemeinen Annahme, mit dem Steigen des Goldpreises
zusammen, so dass man glaubte, in der stärkeren Notenemission die vorausgehende Ursache der ungünstigen Wechselcurse sehen zu können. Selbst wenn sich die Thatsachen
gerade so verhalten hätten, wie die Rikardo'sche Doctrin
behauptete, wäre es freilich immer noch möglich gewesen, dass
man nur das post hoc zum propter hoc gemacht hätte, was
man aber damals, wie so oft in solchen Fällen, übersah. Die
allgemeinen Lehrsätze vom Angebot und der Nachfrage und
deren Einwirkung auf den Preis einer Waare schienen sich
ohnedem unmittelbar auf die Geldverhältnisse anwenden zu
lassen, wonach dann der Fall der Entwerthung des Papiergeldes vollkommen nach den giltigen Preisgesetzen zu entscheiden gewesen wäre.

3. Die Adoption der Rikardo'schen Lehren durch die Bullioncommission.

Von besonderer Wichtigkeit ist jedoch die Aufnahme der
Rikardo'schen Doctrin im Parlamente gewesen. Eine Commission des Unterhauses wurde im Jahre 1810 mit der Untersuchung des hohen Metallpreises und dessen Wirkungen auf
das circulirende Medium beauftragt. Diese Commission, welche
nach ihrem Thema die Bullioncommission genannt wird,
schloss sich im Wesentlichen den Ansichten Rikardo's an,
sowohl was die Feststellung der Thatsachen, als was die Erklärung derselben betrifft. In ihrem berühmten Berichte, an
dessen Abfassung einige hervorragende staatsöconomische Kräfte,
wie Horner, Huskisson und Thornton sich betheiligt
hatten, constatirte sie daher zunächst die starke Abweichung
des Marktpreises des Goldes vom Münzpreise (4 Pfd. 10 Sh.,
statt 3 Pfd. 17 Sh., 10½ D.) und den Fall der Wechselcurse,
welcher grösser sei, als die Uebersendungskosten nach dem

höchsten Anschlage sich stellten. Diese Thatsachen liessen
sich nur durch die Entwerthung der Banknoten erklären
und der Grad der Entwerthung sei nach der Differenz zwischen
Markt- und Münzpreis des Goldes zu berechnen. Die unbestreitbare Ursache dieser Entwerthung liege aber in der
übergrossen im Umlauf befindlichen Notenmenge, woran
wieder die Suspension der Baarzahlung Schuld sei. Zur
Wiederherstellung des Pari der Noten, mithin zur Erhöhung
des Werths derselben sei die Verminderung der Notenmenge unerlässlich, worauf alsdann die Baarzahlung wieder
aufgenommen werden müsse.

Die Rikardo'sche Lehre hat in der ihr vom Berichte
der Bullioncommission gegebenen Formulirung erst ihre
recht allgemeine Anerkennung erhalten. Eigenthümlich genug
liegt eine Hauptveranlassung hierzu in dem Umstande, dass
das Haus der Gemeinen sich den Bericht seiner Commission
nicht zu eigen machte. Und zwar wurde merkwürdiger
Weise nicht etwa nur derjenige Theil nicht angenommen,
welcher die Erklärung der Erscheinungen enthielt, sondern
das Haus fasste auf Antrag des damaligen Finanzministers
den absurden Beschluss, dass die Noten der Bank von England gegen die Landesmünze kein Dispari zeigten. Dieser
Beschluss läugnete also unbestreitbare Thatsachen und machte
das Parlament nur lächerlich. Er würde ganz unbegreiflich
sein, wenn nicht der Schein der Dinge ihn etwas unterstützt
hätte [1]. Demungeachtet ist es ihm wohl mit zuzuschreiben,
dass die Theorie des Bullionberichts, nach kurzer Opposition,
die öffentliche Meinung mehr und mehr für sich gewann.
Weil der Commission durch die Desavouirung des thatsächlichen Theils ihres Berichtes Unrecht geschehen war,
galt bald nicht nur dieser, sondern auch der erklärende

---

[1] Englische Goldmünzen wurden wegen des Verbots des Ein-
schmelzens und der Berechnung eines Werthes von mehr als
21 Sh. nicht offen mit Agio angekauft. Fremde Goldmünzen
und Goldbarren wurden überall hoch über den Nennwerth
bezahlt.

Theil für unwiderleglich, und Rikardo's Ansicht hatte für längere Zeit die entschiedene Majorität für sich.

4. Die Verbreitung und Uebertreibung der Rikardo'schen Lehren im Publicum.

Insbesondere war Letzteres der Fall in den massgebenden geschäftlichen Kreisen, nur ging es der neuen Lehre hier bald so, wie es den meisten volkswirthschaftlichen Doctrinen geht. Anfangs wollten gerade diese Kreise von der ihren Interessen wenig entsprechenden Theorie nicht viel hören, denn die unmittelbare Folge der Anerkennung derselben wäre eine starke Einschränkung der Vorschüsse der Bank gewesen. Später aber brach sich durch Rikardo's und anderer hervorragender Männer der Praxis Einfluss die zuerst angefeindete Theorie gerade in der Geschäftswelt und in den Kreisen der Bankverwaltung um so nachhaltiger Bahn. Die Bankdirection hatte 1811 zu den hartnäckigsten Gegnern der Rikardo'schen Lehre gehört und war darin entschieden zu weit gegangen. Nach den zwanziger Jahren ging sie offen zu der Theorie des Bullioncommissionsberichts über und liess in den Protocollen sogar den früheren, gegen diese Theorie lautenden Beschluss tilgen.

Die Anerkennung der neuen Doctrin in allen diesen Kreisen ist sehr wichtig geworden, namentlich aus dem Grunde, weil später auch die wissenschaftliche Theorie die Lehre in der einseitigen Form aufnahm, in welcher sie im Publicum Credit gefunden hatte, und weil an die dergestalt formulirte Theorie die spätere Currencyschule unmittelbar anknüpfte.

Wer Rikardo's Geistesrichtung kennt, wird sich nicht darüber wundern, dass dieser selbst bereits seine Theorie öfters bis zur äussersten Consequenz verfolgte und sie in solchen Augenblicken in eine Schroffheit hinstellte, in welcher sie entschieden durchaus unhaltbar ist. Er hält sich dann wohl gelegentlich ganz ausschliesslich an das Moment der Menge und will alle Aenderungen der Wechselcurse, des Marktpreises der edlen Metalle und die allgemeineren

Aenderungen der Waarenpreise nur als Wirkungen vorausgehender Aenderungen in der Menge des Geldes, d. h. hier der uneinlösbaren Zwangsnoten betrachtet wissen. Seine Theorie von den Ursachen der Ein- und Ausfuhr von Edelmetall hängt hiermit zusammen. Rikardo ignorirt hier gelegentlich wohl jede bekannte Thatsache und jeden anerkannten Lehrsatz, die er im Momente nicht brauchen kann, z. B. die Bedeutung der Umlaufsgeschwindigkeit des Geldes, als eines die Menge ersetzenden Factors, welche Jedem bekannt ist, der das A B C der Nationalöconomie hinter sich hat. Freilich würde man Rikardo zu nahe treten, wenn man behauptete, er hüte sich niemals vor der einseitigen Uebertreibung seiner Lehren. Vielmehr gesteht er in anderen Fällen selbst zu, dass seine Sätze nur von bedingter Richtigkeit sind und nur unter der Voraussetzung gelten, wenn andere Factoren nicht eine entgegengesetzte Wirkung ausüben. Allein in seiner Geldtheorie, wie in seiner andern Haupttheorie, der Lehre von der Grundrente, liebt er es stets, seine Sätze zu absolut hinzustellen. Darin liegt das Gefährliche in den Schriften dieses ausgezeichneten und im Ganzen doch vielleicht geistesschärfsten Oeconomisten. Sogar für ihn selbst, natürlich aber viel mehr noch für seine minder begabten Schüler wurde diese Neigung verhängnissvoll. Statt von einer Tendenz der Entwicklung zu sprechen, auf welche aus gewissen gegebenen Vordersätzen zu schliessen wäre, nimmt Rikardo und seine Schule diese Entwicklung gar zu gerne als bereits vollzogen oder als sich mit absoluter Nothwendigkeit vollziehend an. Dies der Grund, warum auch seiner Theorie vom uneinlösbaren Papiergelde und vom Gelde überhaupt nur eine eingeschränkte Richtigkeit zugestanden werden kann.

Man denke sich nun eine solche, leicht fassliche Theorie, wie die Rikardo's, von bedeutenden Männern der Theorie und Praxis anerkannt, durch die Autorität eines parlamentarischen Berichtes unterstützt, und von den Thatsachen scheinbar bewahrheitet. Dass eine solche Theorie nach und nach die öffentliche Meinung für sich gewann, ist dann leicht zu begreifen; dass sie aber, wenn sie schon von den wissen-

schaftlichen Coryphäen viel zu absolut giltig hingestellt wurde,
im grossen Publicum vollends in der einseitigsten Weise aufgefasst ward, kann durchaus nicht überraschen. Alle Ein-
schränkungen, deren die Rikardo'sche Lehre an und für sich
in der Theorie, und mehr noch in ihrer Anwendbarkeit auf
die damaligen concreten Zustände Englands bedarf, wurden
bald vergessen; der Kern der sich später mehr und mehr
Geltung verschaffenden Ansicht war dieser: der numerische
Betrag des uneinlösbaren Papiergeldes bestimmt
ganz allein den Werth des letzteren.

Von nun an wurden alle Aenderungen in den Waarenpreisen, den Wechselcursen und dem Goldagio, mochten dabei
noch so viele und auf der Hand liegende specielle Ursachen
wirksam sein, auf die eine allgemeine Ursache einer Ab-
und Zunahme der Papiergeldmenge zurückgeführt. Ja, mit der
Zeit ging die Einseitigkeit so weit, dass selbst das Preissteigen
eines Artikels, wie Getreide, dessen Preis so ganz vorzugsweise
und namentlich in Englands damaligen Verhältnissen, vom
Ausfalle der Ernten bedingt wird, immer nur der übermässigen
Notenausgabe der Bank von England zugeschrieben ward. Am
Ende vergass das Publicum und die Geschäftswelt über diesem
einen einwirkenden Factor, der Geldmenge, deren Einfluss
ihr klar geworden, alle anderen und ging schliesslich stets von
der Voraussetzung aus, dass Aenderungen in den Preisen
und Cursen „natürlich" durch die Missverwaltung der
Bank von England, das heisst durch die willkürliche Ausdehnung und Zusammenziehung des Notenumlaufes bewirkt
sein müssten. Der Speculant, welcher in der Hoffnung weiteren
Steigens der Waarenpreise seine Lager überfüllt hatte und
sich beim unerwarteten Fallen der Preise, der natürlichen
Reaction gegen die vorausgegangene Ueberspeculation oder
der unvermeidlichen Folge verfehlter Berechnungen, ruinirt
sah, fand wenigstens einigen Trost in den Verwünschungen
gegen die Bank von England, welche durch ihr plötzliches
Noteneinziehen an Allem Schuld sei, und der Baissespeculant
liess im umgekehrten Falle ganz die nemlichen Klagen ertönen.
Ob auch nur wirklich die Bewegungen des Notenumlaufes

zeitlich einigermassen dergestalt vor sich gingen, dass sie Ursachen der ihnen zugeschriebenen Preis- und Cursänderungen sein konnten, darum bekümmerte man sich nicht mehr viel, vermochte man es doch nicht einmal aus Mangel an zuverlässigem Materiale über die Notenemission genau zu constatiren. Das Wesentliche war, dass man es glaubte und von diesem Dogma sich bei allen weiteren Schlussfolgerungen wie von einem unbestreitbaren Axiome leiten liess.

5. Die Quantitätstheorie als Vorläuferin der Currencytheorie.

Die Rikardo'sche, von der Bullioncommission aufgenommene Lehre legt also bereits vorzugsweise, die spätere im Publicum recipirte Doctrin so gut wie ausschliesslich das Gewicht auf die Menge der Noten. Man kann die Theorie in dieser letzten Gestalt deshalb vielleicht mit einem kurzen Worte die Quantitätstheorie nennen. Diese Theorie ist es, welche in consequenter Weiterbildung zur späteren Currencytheorie ward. Der Beweis für diesen Hervorgang der letzteren aus der Quantitätstheorie wird später im Einzelnen geliefert werden. Die bisherige Darstellung suchte nur zu zeigen, in welcher Zeit die Quantitätstheorie entstanden, auf welche Weise sie nach und nach formulirt wurde, worin das Princip derselben gesucht werden muss. Da wir diese Theorie als Ausgangspunct für die späteren Theorien betrachten, so ist für uns zweierlei vor Allem noch zu erweisen nothwendig, nemlich dass die Quantitätstheorie anfänglich ausdrücklich nur für uneinlösbares Papiergeld aufgestellt wurde und deshalb nicht ohne Weiteres auf die ganz verschiedenen Verhältnisse der einlösbaren Noten übertragen werden darf und dass zweitens, selbst wenn gegen eine solche Uebertragung jener Theorie nichts einzuwenden wäre, die Richtigkeit dieser letzteren durchaus nicht zugegeben werden kann. Sobald dieses nachgewiesen sein wird, darf der erste Theil der uns früher gestellten Aufgabe, dass nemlich bereits der erste Ausgangspunct der Currencytheorie unhaltbar sei, als gelöst betrachtet werden.

6. Die Quantitätstheorie wurde nur für Papiergeld aufgestellt.

Den eben erwähnten einen Punct anlangend, dass die Quantitätstheorie durchaus zunächst nur für eigentliches Papiergeld, d. h. hier für die mit Zwangscurs umlaufenden Noten der Bank von England gelten sollte, so liegt der Beweis hierfür schon in unserer obigen Darstellung. Die erste Veranlassung zur Erörterung der berührten Fragen boten die Erscheinungen auf dem Gebiete der uneinlösbaren Zwangsnoten. Rikardo und der Bullionbericht sprechen stets ausdrücklich nur von diesen letzteren. Wenn der Grund der Entwerthung der Banknoten von ihnen in der übergrossen Menge der Noten gesucht wird, so legen sie die Schuld an dieser Zuvielausgabe nur dem Wegfall aller Controle durch die Suspension der Baarzahlung bei. Eine solche genügende Controle und ein Hemmmittel bei der Notenausgabe der Bank seien eben die Baarzahlungen, also die stete Einlösbarkeit der Noten, „diese natürliche und wahre Controle", gewesen. In ihrer Polemik gegen die Grundsätze der Bankgouverneure des Jahres 1810, denen zu Folge eine Zuvielausgabe von Noten so lange unmöglich sei, als die Discontirung auf Handelspapier von unzweifelhafter Solidität, das aus wirklichen Handelsumsätzen entsprungen und nur kurze Zeit zu laufen habe, beschränkt bleibe, wenden sich die Verfasser des Bullionberichts nicht gegen das Princip an sich, sondern sie nennen dasselbe nur irrig und in der Praxis gefährlich, weil die Bank von der Baarzahlung entbunden sei. Daraus folgt denn doch auf das Allerdeutlichste, dass die Theorie von der Zuvielausgabe von Noten und alle die daraus abgeleiteten Folgerungen, dass überhaupt die ganze Quantitätstheorie nach der ursprünglichen Absicht ihrer Anhänger nur für eigentliches Papiergeld, nicht aber für einlösbare Noten gelten sollte. In Rikardo's oben angeführter kleiner Flugschrift finden sich hierfür die allerunzweideutigsten Belege. Die practischen Gesichtspuncte in dieser Schrift sind überhaupt vollkommen berechtigt, der Verfasser hat nur seine theoretischen Behauptungen zu sehr zugespitzt. Im Grunde hat Rikardo überall

die bankmässige Deckung als die richtige vor Augen und
stellt seine Anforderungen nur, um aus den Missständen der
Papiergeldwirthschaft heraus zu kommen. Wenn die Currencytheorie aus der Möglichkeit einer Zuvielausgabe von uneinlösbaren Noten zur Zeit der Bankrestriction die einer Zuvielausgabe strict einlösbarer Noten nach Wiederaufnahme der
Baarzahlung folgern zu dürfen glaubt, so kann sie sich für
diesen ihren sehr bedeutungsvollen Schluss jedenfalls nicht
auf Rikardo berufen. Denn letzterer spricht ausdrücklich
die Ueberzeugung aus, dass die Vorschrift, wonach die Landbanken ihre Noten auf Verlangen in Bank-von-England-Noten
einlösen müssen, „eine genügende Sicherheit wider die Möglichkeit sei, dass diese Banken ihre Notencirculation zu sehr
vermehrten" [1]), ein Satz, welcher im innersten Widerspruche
mit der Grundansicht der eigentlichen Currencytheorie steht.

---

[1]) Diese Ansicht findet sich am Schlusse des Anhangs zu der
Schrift über den hohen Metallpreis ausgesprochen. (Ricardo
works, ed. by M' Culloch, 2. ed. Lond. 1852, p. 311.) — Wie
hoch Rikardo die bankmässige Deckung als Bürgschaft für
die stete Einlösbarkeit der Noten damals anschlug, ergibt sich
aus folgendem Urtheil über die Ursachen der Zahlungseinstellung
im Jahre 1797 (Works, p. 289). Das damalige Bankrennen sei
seiner Meinung nach nur durch politischen Alarm verursacht
worden, keineswegs durch eine zu grosse im Umlauf befindliche
Notenmenge. „Einer solchen Gefahr sei eine Bank durch die
Natur ihrer Organisation zu allen Zeiten ausgesetzt. Vielleicht
hätte keine Klugheit von Seiten ihrer Direction sie abwenden
können. Aber wenn die Darlehen an die Regierung
beschränkter, wenn derselbe Betrag Noten an das
Publicum auf dem Wege der Discontirung emittirt
gewesen wäre, würde die Bank aller Wahrscheinlichkeit nach im Stande gewesen sein, ihre Zahlungen fortzusetzen, bis sich der Alarm gelegt hatte.
Auf jeden Fall, wären die Schuldner der Bank genöthigt gewesen, ihre Schulden im Zeitraume von
60 Tagen, d. h. der längsten Periode, für welche die
von der Bank discontirten Wechsel zu laufen haben,
abzuzahlen, so hätte die Bankdirection nöthigen
Falles jede im Umlauf befindliche Note aus dem

7. Prüfung der Quantitätstheorie.

Wenden wir uns sodann zu dem zweiten noch zu erörternden Puncte, nemlich zu der Frage über die Richtigkeit der Rikardo'schen Auffassungen und der stricten Quantitätstheorie. Diese Theorie ist ein neuer Beleg für die Stärke der Neigung, relative Wahrheiten auf dem Gebiete der politischen Oeconomie zu absoluten zu erheben. Die Tendenz einer Massregel, wie der Suspension der Baarzahlungen der englischen Bank, bestand allerdings darin, eine Zuvielausgabe von Noten hervorzurufen, sobald die Bank jetzt die regelmässigen Bankgeschäfte überschritt und durch grosse Vorschüsse an die Regierung, sowie durch leichtes Discontiren eine vermehrte Masse Noten in den Verkehr brachte, welche auf dem Wege des Umtausches gegen Edelmetall nicht wieder an die Bank zurückgelangen konnten. Insoferne hatte der Bericht der Bullioncommission ganz recht, wenn er sagte, durch die Baarzahlungs-Suspension sei die natürliche und wahre Controle der Notenemission weggefallen. Offenbar aber ging der Schluss schon viel zu weit, wenn aus der blossen ziffermässigen Vermehrung der Noten unmittelbar die „Zuvielausgabe" von Noten berechnet und dieses Plus als Ursache der Entwerthung des Papiergeldes und zugleich die Grösse dieses Plus als Ursache des Grades der Entwerthung betrachtet wurde. Dieser Schluss lag, wie wir sahen, der Quantitätstheorie implicite zu Grunde. Die Unrichtigkeit desselben wird von den „Bullionisten" selbst zugegeben, wenn sie die erst nach der Suspension emittirten Noten unter 5 Pf. St. von der ganzen Notencirculation abziehen und nur aus der Grösse des Restes auf Zuvielausgabe schliessen. Allein auch die Vermehrung der Noten von 5 Pfund

---

kehr ziehen können. Es war damals die zu intime Verbindung zwischen der Bank und der Regierung, wodurch die Restrictionsacte nothwendig ward, es ist jetzt dieselbe Ursache, welcher ihre Fortdauer zugeschrieben werden muss." — Eine unzweideutigere Anerkennung des Princips der bankmässigen Deckung auch für „Nationalbanken" kann man nicht verlangen.

und darüber kann durchaus nicht als Zuvielausgabe im Sinne
der Quantitätstheorie aufgefasst werden, so dass sich daraus
die jeweilige Entwerthung der Noten gegen Gold, der Fall
der Wechselcurse erklären liesse, oder gar erst alle Bewegungen
in den Waarenpreisen darauf unmittelbar zurückzuführen wären.
Diese Ansicht ist schon vom Standpuncte der Theorie
des Geldes überhaupt aus unhaltbar. Denn es ist durch rein
theoretische Erörterungen nachgewiesen worden, dass der
Geldwerth, d. h. das Tauschwerthverhältniss zwischen Geld
und Waaren, keineswegs genau im umgekehrten Verhältniss
zur Menge schwanke. Neben dem Momente der Menge kommt
das der Umlaufsgeschwindigkeit, sodann der Grad der Ausbildung des Creditwesens, wodurch Baarzahlungen unnöthig
gemacht werden, in Betracht, und selbstverständlich braucht
aus der Vermehrung der Geldmenge niemals ein Sinken des
Werthes des Geldes zu folgen, wenn der Bedarf an Geld
zur Bewerkstelligung der Umsätze in dem nemlichen Masse
gewachsen ist. Auch Rikardo erkennt die Richtigkeit dieser
Sätze an, aber wenn er selbst bereits in seiner übergrossen
Neigung, seine Lehren so absolut wie möglich hinzustellen,
im weiteren Verlaufe oftmals nicht die daraus folgenden Con-
sequenzen beachtet, so geschieht dies fast niemals von seinen
Nachfolgern. Zumal für das uneinlösbare Papiergeld mit
Zwangscurs stellen dieselben, wie wir gezeigt haben, die
Quantitätstheorie in ihrer schroffsten Form hin. Alle späteren,
selbst die sich mehr auf dem Boden der rein theoretischen
Erörterung bewegenden Untersuchungen über die Ursachen,
welche auf den wechselnden Tauschwerth des eigentlichen
Papiergeldes eine Einwirkung ausüben, stellen es als ihr
Ergebniss fest, dass dieser Tauschwerth durchaus nicht im
umgekehrten Verhältniss zur Menge des Papiergeldes schwanke.
Die Höhe des Silber- und Goldagio's, die Schwankungen
desselben, sowie die Veränderungen der fremden Wechselcurse
stehen durchaus in keinem unmittelbaren Causalnexus mit
der Menge des im Umlauf befindlichen uneinlösbaren Papiergeldes und den Bewegungen dieser Menge, und jeder Versuch,
aus der Höhe des Silberagio's numerisch diejenige Summe

Papiergeld zu berechnen, welche als „Zuvielausgabe" im Sinne
der Quantitätstheorie und daher als Ursache der Werthverminderung des Papiergeldes gegen Edelmetall zu betrachten
wäre, muss nothwendig zu den unhaltbarsten Behauptungen
führen. Noch weniger aber lässt sich auch nur ein entfernt
so unmittelbarer Einfluss z. B. der Papiergeldvermehrung
auf das Steigen der Waarenpreise begründen, wie ihn die
Quantitätstheorie annimmt. Der Process der Preisveränderung.
respective Preissteigerung ist viel ungleichmässiger, langsamer.
Von einer der procentweisen Vermehrung der Papiergeldmenge
genau entsprechenden Steigerung der allgemeinen Waarenpreise kann, zumal innerhalb kürzerer Zeiträume, ebenso wenig
die Rede sein, wie von einer solchen Wirkung der vermehrten
Edelmetallmenge auf die in Gold und Silber gemessenen
Waarenpreise.

Es ist hier nicht der Ort, diese Sätze näher auszuführen
und im Einzelnen zu begründen, sie können aber als das
Resultat der heutigen wissenschaftlichen Untersuchung dieser
Materie hingestellt werden. Durch die Thatsachen werden sie
vollkommen unterstützt. Ueberall, wo man Gelegenheit hatte,
die Preisrevolution näher zu analysiren, welche im Gefolge
des mit Zwangscurs umlaufenden, in Vermehrung begriffenen
Papiergeldes eingetreten ist, zeigt sich die Behauptung ganz
unhaltbar, dass die Veränderungen der Waarenpreise oder
selbst nur die der fremden Wechselcurse sich auf die entsprechenden gleichzeitigen Veränderungen der Papiergeldmenge zurückführen liessen. Die neueren Beobachtungen
in Oesterreich unter der Herrschaft der Bankvaluta bestätigen
hier nur die älteren, in früheren Perioden der Papiergeldwirthschaft gemachten Erfahrungen. Was speciell den uns
hier interessirenden Fall anlangt, so ist es namentlich das
Verdienst von Thomas Tooke, durch statistische Belege
die thatsächliche Unrichtigkeit der herrschenden Ansicht über
die Wirkungen der Restrictionsacte nachgewiesen zu haben.
Die Principien, welche man als den Kern der Tooke'schen
Lehren über das englische Papiergeld zu Anfang dieses Jahrhunderts bezeichnen kann, sind durch die späteren theoretischen

Erörterungen und durch die practischen Erfahrungen in anderen
Ländern nur bestätigt worden. Dass Tooke vollends für
England die Irrigkeit der Quantitätstheorie, selbst in der
milderen Form, in welcher sie ursprünglich Anklang gefunden,
überzeugend nachgewiesen hat, darüber herrscht wohl nur
eine Stimme.

8. Tooke's Polemik und Widerlegung der Quantitätstheorie für die Bankrestrictionszeit.

Tooke geht vor Allem auf Einzelheiten ein, und
begnügt sich nicht, bloss im Allgemeinen von hohen und
niederen Preisen zu reden, wie dies die Bullionisten damals
thaten. Er bildet zu diesem Zwecke kleinere Zeiträume,
untersucht die Facta Schritt für Schritt, vergleicht und
beobachtet, ob sie mit der Theorie stimmen oder ob sonst
irgend eine Regelmässigkeit oder Gesetzmässigkeit zum Vorschein käme, aus welcher auf ein Causalitätsverhältniss zu
schliessen wäre.

Auf diese Weise vermochte Tooke zuerst zu constatiren,
dass die thatsächlichen Voraussetzungen der Rikardo'schen
Theorie fast durchgehends unrichtig waren. Nach den Aeusserungen der Anhänger der Quantitätstheorie hätte man seit
der Suspension im Ganzen die stärkste Vermehrung und im
Einzelnen die grössten Schwankungen in der Papiergeldmenge
vermuthen müssen. Damit hingen die landläufigen Anklagen
wider die colossale Ausnutzung der Bank, respective deren
Notenemission, durch den Staat, wider die grossen Vorschüsse
an letzteren und die willige Discontirung von Handelspapier
zusammen. Tooke lieferte aber den Beweis, dass man hier
stets einer vorgefassten Theorie zu Liebe den Thatsachen
Zwang anthat, und die Facta, die Bewegungen des Notenumlaufes und die der Curse und Preise, fast niemals mit der
Theorie übereinstimmten, sondern oft genug derselben schnur-
stracks zuwider liefen. Während es die Aufgabe der Bullionisten
gewesen wäre, zuerst die Vermehrung und die Bewegungen der
Papiergeldmenge, wenigstens soweit dies bei dem damaligen

mangelhaften authentischen Materiale möglich gewesen, zu
constatiren, und dann nachzuweisen, dass mit diesen Bewegungen der Geldmenge, als vorausgehende Ursache,
die betreffenden Veränderungen der Wechselcurse und der
Gold- und Waarenpreise, als Wirkung, übereinstimmten,
hielten sich die Anhänger der Quantitätstheorie fast stets nur
an die vorgegangenen Aenderungen der Preise und Curse und
schlossen umgekehrt von diesen auf entsprechende Bewegungen
der Papiergeldmenge. Den einzigen eingehenderen und auf
Thatsachen gestützten Beweis für die Richtigkeit seiner Doctrin
hatte Rikardo in der im Jahre 1811 erschienenen Flugschrift
unter dem Titel: „Antwort auf Herrn Bosanquet's practische
Bemerkungen über den Bericht der Bullioncommission" zu
führen gesucht. Tooke's und Anderer Arbeiten haben aber
dennoch auch die Unhaltbarkeit dieses Beweises dargethan.

Tooke führte durch seine statistischen Zusammen-
stellungen der Menge der grösseren (5 Pf. St. und darüber)
Noten der Bank von England die sehr allgemein gehaltenen
Behauptungen über die eingetretene Vermehrung jener Noten
auf ihren thatsächlich richtigen Bestand zurück. Hieraus ergab
sich die grosse Uebertreibung, welcher sich die Gegner in
Betreff des Moments der Menge hatten zu Schulden kommen
lassen. Noch wichtiger war es, dass die Uebersicht der
Bewegung der Notenmenge auf die einfachste und doch
überzeugendste Weise erkennen liess, wie wenig bei diesen Be-
wegungen der Papiergeldmenge und denen der Wechselcurse
und Waarenpreise von einem Verhältniss der Ursache und
Wirkung die Rede sein könne. Namentlich war der starke
Fall der Wechselcurse in den Jahren 1800—1802 und wiederum
1809 und den folgenden keineswegs von einer derartigen
Veränderung der Notenmenge begleitet gewesen oder diesem
Fall der Curse eine solche Vermehrung des Papiergeldes
vorausgegangen, dass diese letztere auch nur die Ursache des
Weichens der Wechselcurse und der stärkeren Entwerthung
des Papiergeldes gegen Gold hätte sein können. Vollends
aber lieferte Tooke den Beweis, wie gänzlich ungerechtfertigt,
meistens mit den Thatsachen im geraden Widerspruche befindlich,

die Aussprüche seiner Gegner über den Stand der Waarenpreise und gar erst die Erklärungen des wechselnden Standes dieser Preise aus Bewegungen der Notenmenge seien. Der Streit drehte sich hier einmal besonders um die Getreidepreise. Nach Tooke's Untersuchungen ist von einem Zusammenhang zwischen dem damaligen Getreidepreis und der Papiergeldmenge keine Spur zu finden. Namentlich erklärt sich der zeitweilig enorm hohe Preis nur aus ungünstigen Ernteverhältnissen, Erschwerung der Zufuhr durch die Kriegszustände u. s. w. Zweitens hatte man die wichtigen, zum Theile überseeischen Artikel des grossen Waarenmarktes im Auge. Die übertriebene Hausse und die mitunten eben so starke Baisse im Preise dieser Waaren lässt sich ebensowenig auf Bewegungen der Papiergeldmenge zurückführen, sondern war die Folge grosser Speculationen und der Rückschläge davon, d. h. grosser Handelskrisen und Bankerottepidemieen. Von einem Causalnexus zwischen der Ausdehnung und Zusammenziehung des Notenumlaufes der Bank von England und der Entstehung und dem Zusammensturz solcher Speculationen kann auch nur in sehr beschränktem Masse die Rede sein. Diese Speculationen hingen in der damaligen Zeit auf's Engste mit dem jeweiligen Stand der Dinge auf dem Kriegsschauplatze zusammen. Die Frage der Continentalsperre und ihres Wiederaufhörens, die Decrete von Berlin und Mailand, die Vervollkommnung im Schmuggel von Helgoland aus, und die Vorkehrungen hiergegen, — das waren die Momente, welche auf den Gang der Speculation und hierdurch auf die Bewegungen der Waarenpreise von Einfluss waren. Das Moment der Menge des uneinlösbaren Papiergeldes war dafür von ganz untergeordneter Bedeutung.

Was die Papiergeldvermehrung anlangt, so kann Tooke dieselbe natürlich nicht läugnen und er gibt auch zu, dass die Bank während der ganzen Restrictionszeit unrichtige Grundsätze bei der Regelung ihrer Notenausgabe befolgt hätte. Er nennt sogar die Menge der im Umlauf befindlichen Noten insoferne zu gross, als dieselbe sich nicht im Pari mit Metall behauptet habe. Nur stellt er sich in Opposition zu den Consequenzen, welche die Quantitätstheorie weiter zog. Dass

die englische Bank, sobald sie der steten Einwechslung ihrer
Noten überhoben war, beliebige Massen Noten in den Verkehr
schleudern konnte, war gewiss, und dass bei den massgebenden
Principien ihrer Direction diese Gefahr doppelt nahe lag, war
ebensowenig zu bestreiten. Hierdurch würde bei endloser
Notenvermehrung eine rettungslose Entwerthung der Note
erfolgt sein. Diesen Einfluss des Moments der Menge auf den
Werth des Geldes, hier des Papiergeldes, bezweifelt ebenfalls
Niemand. Aber offenbar ist doch zwischen dem, was hätte
geschehen können, was, wie bereits oben gesagt, vielleicht
sogar in der Tendenz der Acte von 1797 lag, und andererseits
dem, was wirklich geschehen ist, ein sattsamer Unterschied.
Diesen letzteren ignorirt die Theorie des Bullionberichtes. Was
möglich gewesen wäre, nimmt sie als thätsächlich an, und
zieht dann obendrein den ganz ungerechtfertigten Schluss aus
der numerischen Veränderung der Notenmenge auf die genau
entsprechende Veränderung des Werthes der Noten.

Die Ursachen der verhältnismässig unbedeutenden und
langsamen Vermehrung der grösseren Bank-von-England-Noten
waren die folgenden. Vom Staate wurde die Bank lange
nicht in dem Umfange in Anspruch genommen, wie man hätte
voraussetzen mögen. Die Vorschüsse an die Regierung waren
lange Jahre nach der Suspension (1797) factisch nicht grösser,
wie vorher. Sie erreichten oft nicht den Betrag des Bankcapitals. Stets standen ihnen auf der anderen Seite grosse
Guthaben der Regierung („öffentliche Depositen" in den Bankausweisen) gegenüber und als die Vorschüsse, besonders nach
1810, grösser wurden, wuchsen auch diese Staatsdepositen.
Sobald die schwebende Schuld der Regierung bei der Bank
(und im Publicum) zu hoch anzusteigen drohte, erfolgte die
Fundirung eines erheblichen Theiles derselben und damit gleichzeitig eine starke Abzahlung bei der Bank, effectiv in Noten.
nicht durch Ueberweisung neuer Schuldtitel, wie in Oesterreich.
Die meisten neueren Darlehen der Bank an den Staat wurden
sodann nur auf kurze Zeit contrahirt, und nach Ablauf der Frist
wirklich zurückgezahlt, nicht immer prolongirt, oder die Bank
kaufte einfach Schatzkammerscheine und zog bei deren Verfall

den Betrag ebenso gut ein, wie jeder Privatmann. Mit Recht
legen englische Schriftsteller, z. B. besonders Fullarton,
Gewicht darauf, dass in Folge dessen die Art der Notenemission dieselbe oder eine ähnliche blieb, wie früher. Die
Bank behielt den Character einer Bank, trotz ihrer Verbindung mit dem Staate und wurde keine blosse Staatspapier-
geldfabrik. Ihre Noten, obgleich uneinlösbares Papiergeld
geworden, behielten noch etwas von ihrer alten Natur. Das
grosse regulirende Princip des inländischen Geldwesens, die
regelmässige Rückströmung der Noten an die Bank
blieb auch während der Restrictionsperiode bewahrt, sagt
Fullarton, und darin liegt die Erklärung, warum das englische Geldwesen zu jener Zeit verhältnissmässig nur so wenig
gestört wurde. Aus den Bankausweisen ergibt sich, dass fast
die ganze Restrictionszeit hindurch, — eine Ausnahme bilden
nur die enorm kostspieligen Kriegsjahre 1813 und die folgenden,
wo auch der Werth des Papiergeldes am schlechtesten stand,
— für die Notencirculation der Bank allein eine bankmässige Deckung vorhanden war. Kurzfällige Forderungen an
Private und Edelmetall befanden sich in grösseren Beträgen
unter den Activis der Bank, als unter deren Passivis der
Belauf der Noten war. Hierbei ist allerdings auf die Depositen,
für welche dann nur die öffentlichen Sicherheiten übrig geblieben
wären, keine Rücksicht genommen, was zwar unrichtig ist,
aber mit den Grundsätzen der Currencytheorie ganz übereinstimmt.

Ebensowenig wie die Beziehungen zum Staate bot aber
das Privatgeschäft der Bank solche Bedenken, wie sie sich bei
der Uneinlösbarkeit der Noten und angesichts der von der
Bankdirection niedergelegten Geschäftsgrundsätze hätten ergeben können und wie wir ihnen bei anderen Banken in ähnlicher Lage begegnen. Vor der ofterwähnten Unterhaus-
Commission des Jahres 1810 hatten die Bankgouverneure ihre
auch von anderen Geschäftsmännern unterstützte Ansicht dahin
ausgesprochen, dass eine Zuvielausgabe von Noten im Privatgeschäft der Bank so lange unmöglich sei, als die Discontirung
auf Wechsel unzweifelhafter Solidität, die aus wirklichen

Handelsumsätzen entsprungen seien und nur kurze Zeit zu
laufen hätten, beschränkt bleibe. Mit Recht wendete aber
der Bericht jener Commission hiergegen ein, dass diese Grundsätze irrig im Principe und gefährlich in der Praxis seien, weil
eben die Baarzahlung suspendirt worden. Wir haben diesen
Satz oben schon einmal erwähnt. Mit Unrecht hingegen verfahren die Bullionisten auch hier wieder, wenn sie abermals
die Tendenz jener Geschäftspolitik der Bank, d. h. die Folgen,
welche daraus allein ohne das Vorhandensein entgegenwirkender
Factoren, hätten entspringen können und selbst entspringen
müssen, ohne Weiteres für die Folgen gelten lassen, welche
wirklich eingetreten sind. Die Tendenz dieser Politik war
ebenso wie die der Einstellung der Baarzahlung offenbar die,
zu einer immer stärkeren Discontirung und hierdurch zu einer
immer grösseren Notenemission hinzuführen, — nur unter der
einen Voraussetzung, dass die Bank activ auf dem Geldmarkte
mit den übrigen Disconthäusern concurrirte, ihren Disconto
demgemäss stellte und im Genusse ihres Monopols ihre Con-
currenten durch die Discontirung bedeutend unter dem Börsen-
zinsfusse aus dem Felde trieb. Aber eben diese Voraussetzung
all der Schlüsse, welche man an die Geschäftsregel der Bank
vom Jahre 1811 geknüpft hat, trifft nicht ein. Die Bank
hielt ihren Discont für bankfähige Wechsel stets auf 5 Procent
in der ganzen Periode der Restriction. Trotz der politischen
Ereignisse stand der Börsendiscont für solches Papier aber sehr
oft niedriger: dann liefen die Wechsel bei der Bank ab, das
Portefeuille wurde einstweilen nicht erneuert, der Notenumlauf,
wenn er auch vielleicht auf anderem Wege ausgedehnt ward,
wurde auf diesem zusammengezogen, die Notencirculation er-
höhte sich gar nicht, oder nicht im Verhältniss der ander-
weiten Vorschüsse, vielleicht nahm sie sogar ab. Nur wenn
der Börsendisconto über dem Banksatze stand, hatte die Bank
natürlich viel zu thun. Das war namentlich in Zeiten einer
speculativen Entwicklung der Fall, wo die Bank allerdings ihr
Portefeuille und ihre Notenemission in Folge der Unhaltbarkeit
ihrer Geschäftsgrundsätze viel zu sehr ausdehnte, hierdurch
ein auf die Werthverminderung der Noten mit einwirkendes

Moment schuf und insoferne mit Recht angeklagt wird. Aber
auch hier war die Bewegung auf dem Geldmarkte und in den
Cursen und Preisen im Ganzen doch mehr Ursache als Wirkung
der Bewegungen in der Menge der im Umlauf befindlichen
Noten, — ganz ähnlich, wie dies in der Gegenwart für ein
System strict einlösbarer Noten gesagt werden darf. Die
Restrictionsacte machte die Bank nur für die Folgen ihrer
zu willigen Creditgewährung unverantwortlich, weil daraus
für sie selbst keinerlei Gefahr entsprang, welche sonst augenscheinlich in der Möglichkeit, die Zahlungen einstellen zu
müssen, liegen würde. Selbst damals aber lag in der Art
der Notenausgabe ein Correctiv von grosser Wirksamkeit; sowie der Börsendiscont, nach eingetretenem Rückschlage von
der Speculation und bei allgemeiner Lethargie im Geschäfte,
wieder unter 5 Procent gesunken war, liefen die bei der Bank
benützten Credite ab uud die Notencirculation zog sich wieder
zusammen. Wie ganz anders verhält sich das mit Vorschüssen
an den Staat, wie sie z. B. die österreichische Nationalbank
leisten musste! Man darf daher behaupten, dass die Gefahr
einer übermässigen Notenausgabe auch hier, weil die Noten
im Wege der Discontirung emittirt, also die Art der
Ausgabe und das Princip der regelmässigen Rückströmung
bewahrt blieben, weit mehr vermieden wurde, als sonst zu
befürchten gewesen wäre. Ausserordentliche Vorzüge der englischen Papiergeldperiode vor jener Oesterreichs und anderer
Länder!

9. Tooke's Erklärung der Papiergeldentwerthung.

Tooke und seine Schule haben aber die theoretische und
die thatsächliche Unhaltbarkeit der Quantitätstheorie nicht
allein dargethan, sondern auch eine richtige positive Antwort
auf die Frage nach den Ursachen des Falles der Wechselcurse und der Bewegungen des Goldpreises gegeben. Tooke
brachte im Wesentlichen diejenige Ansicht wieder zur Geltung,
welche schon im Jahre 1810 von den Gegnern des Bullionberichts aufgestellt worden war und ohne die schiefe Darstellung, welche sie in dem früher erwähnten parlamentari-

schen Beschlusse gefunden, vermuthlich damals schon mehr
Anerkennung erhalten haben würde. Es liess sich nemlich aus
den Bewegungen der Wechselcurse deutlich der Zusammenhang
der letzteren mit den grossen auswärtigen Zahlungen Englands
nachweisen: hier war ein Causalnexus vorhanden: sowie
England, sei es nach Missernten für eine ungewöhnlich starke
und theuere Getreideeinfuhr, sei es während seiner grossartigen
Kriege für seine in der Fremde kämpfenden Heere und Flotten,
sowie für die Subsidien an die mit ihm verbündeten Continen-
talmächte besonders starke Zahlungen zu machen hatte, so
wichen die Wechselcurse bedeutend, der Goldpreis stieg, die
Metallausfuhr nahm aussergewöhnliche Dimensionen an. Der
Grund all dieser Erscheinungen lag mit einem Worte in der
durch vorübergehende, besonders durch die Kriegsverhältnisse
ungünstig gewordenen Handels- und Zahlungsbilanz des Landes.
Die sophistische Polemik Rikardo's gegen diese Auffassung
der Dinge ist von Tooke und Anderen vollkommen widerlegt worden. Damals, wie jetzt unter der Herrschaft eines auf
metallischer Basis beruhenden Geldwesens, haben solche aussergewöhnliche, plötzliche Zahlungen so wenig, wie
sonst irgendwo durch eine sofortige entsprechende
Steigerung der Waarenausfuhr bestritten werden können. Damals wie jetzt mussten einstweilen Sendungen von Edelmetall
zur Ausgleichung geschehen und wurden daher, zur möglichsten Ersparung der letzteren Wechseloperationen eingeleitet
und die Wechselcurse stellten sich zu Ungunsten des Landes.
Unter gewöhnlichen Umständen würde die Grenze für den Fall
der Wechselcurse in der Grösse der Transportskosten (natürlich
incl. Assecuranz u. s. w.) für Edelmetall gelegen haben. Wo
aber ein uneinlösbares Papiergeld mit Zwangscurs besteht,
wie damals in England, war ein weiteres Sinken der Curse
und Steigen des Goldpreises möglich. Insoferne kann man als
Vorbedingung des Hervortretens eines grösseren Dispari allerd-
dings die Restriction bezeichnen, aber die Ursache des
Dispari und die Ursache der wechselnden Höhe des letzteren
lag eben in jenen Verhältnissen der internationalen Zahlungsbilanz. Die starke Nachfrage nach Gold zur Begleichung

dieser für England damals passiven Bilanz steigerte den Goldpreis gegen Noten, wie die Gegner des Bullionberichtes in
dieser Beziehung ganz richtig bemerken. Die Acte von 1797
ermöglichte die vollständige Ersetzung der bisher circulirenden
Goldmünzen durch die Zwangsnoten der Bank, zumal durch
diejenigen unter 5 Pf. St., aber man kann nicht eigentlich
von einer Zuvielausgabe von Noten, welche durch jene Acte
verursacht worden sei, in dem Sinne, wie die Quantitätstheorie
es thut, reden, noch in dieser vermeintlichen Zuvielausgabe
eine originäre Ursache der Disparität zwischen Gold und
Noten u. s. w. suchen. Hierfür hat Tooke durch die eingehendsten Untersuchungen den unwiderleglichen Beweis geliefert.

Wie für das rasche, plötzliche Steigen des Goldpreises
und Sinken der Wechselcurse die Ursache in grossen auswärtigen Zahlungen, so liegt diejenige für das oft eben so
rasche Sinken des Goldes und die Erholung der Curse, sowie
für die Andauer dieser Phänomene in dem Wegfall solcher
Zahlungen. Die Bewegung der Notenmenge war darauf ganz
ohne Einfluss. Die Erholung fand oft genug statt und die
Curse blieben Jahre lang fest stabil trotz einer gleichzeitigen
Vermehrung des Bankpapiergeldes. Weder im einen noch im
anderen Falle kann man daher die Ursache der Veränderungen
der Wechselcurse in vorausgegangenen Bewegungen des Notenumlaufes der Bank von England finden wollen. Ein Satz von
Henry Thornton in seinem berühmten, schon 1801 erschienenen Buche on paper credit of Great Britain lässt sich
vollkommen auf das Papiergeld Englands während der ganzen
Restrictionszeit anwenden, dass nemlich die sogenannte Zuvielausgabe von Noten nicht wohl als eigentliche Ursache eines
Falles der Wechselcurse und einer demnach berechneten
Werthverminderung des uneinlösbaren Papiergeldes angesehen
werden darf, wenn der Curs ohne Verminderung des Notenumlaufes sich wieder erholt.

10. Resumé der Prüfung der Quantitätstheorie.

Kurz, so wenig die Quantitätstheorie im Allgemeinen
für Geld überhaupt, wie für Papiergeld insbesondere richtig

ist, ebenso wenig kann man ihre Richtigkeit für Englands damalige
Verhältnisse zugeben. Ueberall verwechseln Rikardo und
seine Anhänger die Tendenz und die möglichen Folgen
der Massregel von 1797 mit den wirklich eingetretenen
Folgen. Ueberall sprechen sie Behauptungen aus, welche im
klarsten Widerspruche mit den Thatsachen stehen und bauen
Schlüsse auf diese Behauptungen, welche deshalb mit den
Prämissen zusammenstürzen. Nirgens passen ihre Erklärungen
der Curs- und Preisveränderungen, während diejenigen ihrer
Gegner, Tooke's und seiner Anhänger, den Schlüssel zu allen
zu deutenden Erscheinungen und Vorgängen geben. In wichtigen Puncten gilt gerade das Umgekehrte von dem, was
Rikardo angenommen hat. Namentlich lässt sich aber der
Kern der stricten Quantitätstheorie vor Tooke's Untersuchungen nicht mehr aufrecht erhalten, dass nemlich der
numerische Betrag des uneinlösbaren Papiergeldes ganz allein
den Werth des letzteren bestimme und die Aenderungen in
der Menge dieses Papiergeldes die Ursache veränderter Gold-
und Waarenpreise seien, während sie im Allgemeinen eher
als die Wirkungen derselben sich darstellen. Tooke verfällt
dabei nicht in den Fehler einseitiger Consequenzmacherei. Er
läugnet keineswegs die schlimmen Folgen der Restrictionsacte,
sondern er führt die betreffenden Behauptungen seiner Gegner
nur auf ihren richtigen Kern zurück. Mit den sehr vagen
Ansichten über den Einfluss der vergrösserten Papiergeldmenge
auf die Preise der Waaren kann Tooke aber freilich vollends
nicht übereinstimmen. Er läugnet, dass die allgemeinen Waarenpreise durch die Vermehrung der Noten und die dadurch vermeintlich veranlasste Werthverminderung des Papiergeldes
gestiegen seien, gesteht aber zu, dass die Preise der Einfuhr-
artikel und dadurch mittelbar, insoferne der Preis solcher
Artikel Element des Kostensatzes für andere Producte wäre,
die Preise dieser letzteren um ein Geringes in die Höhe gegangen
seien, was eben nicht möglich gewesen wäre, wenn nicht die
Restrictionsacte einen Fall der Wechselcurse über den Betrag der
Uebersendungskosten von Edelmetall hinaus unter dem Drucke
der auswärtigen Zahlungen hätte in's Leben treten lassen.

Durch die vorhergehende Darstellung glauben wir den
ersten Theil unserer Aufgabe als gelöst betrachten zu dürfen.
Da der Ursprung der Currencytheorie, wie wir einstweilen als
zugegeben voraussetzen müssen, in den Rikardo'schen Ansichten über uneinlösbare Zwangsnoten liegt, so kam es uns
auf den Nachweis an, dass Rikardo und seine Anhänger
wirklich nur eigentliches Papiergeld vor Augen haben und
dass ihre Theorie, deren Kern wir zu entwickeln suchten,
unrichtig ist, selbst wenn man sie unmittelbar auf Banknoten
übertragen dürfte.

C. Die Verwechslung von Papiergeld und Banknoten.

1. Unthunlichkeit der Uebertragung der Quantitätstheorie auf Noten.

Der zweite Theil unserer Aufgabe hätte sich auf den
Beweis zu beschränken, dass die Uebertragung der Quantitätstheorie vom Gebiete des eigentlichen Papiergeldes, dessen
Erscheinungen zu erklären zunächst ihre Bestimmung war,
auf das Gebiet strict einlösbarer Banknoten unthunlich sei.
Dieser Beweis findet sich eigentlich im Vorhergehenden bereits
geliefert. Denn es wurde darin gezeigt, dass in der That
nach den deutlichen Aeusserungen hervorragender Vertreter
der Quantitätstheorie die letztere nur für die Verhältnisse der
englischen Bank seit der Suspension der Baarzahlungen gelten
solle. Da nun aber uneinlösbare, mit Zwangscurs versehene
Banknoten, die man allein eigentliches Papiergeld nennen
kann, etwas durchaus Verschiedenes von einlösbaren Banknoten sind, — mögen die letzteren im Uebrigen einen par-
tiellen Zwangscurs für Zahlungen ausserhalb der von der
Bank zu leistenden haben, wie gegenwärtig die der Bank von
England, oder nicht, — so folgt daraus eigentlich schon von
selbst, dass die Anwendung der Quantitätstheorie auf die
Verhältnisse der einlösbaren Banknoten ganz unstatthaft ist.
Es erübrigte alsdann nur der Beweis, dass in der That Lord
Overstone und die übrigen Anhänger der Currencytheorie
jener Herübernahme einer ganz anderen Theorie sich schuldig

gemacht und die letztere zu jener ausgebildet haben, — der dritte Theil unserer Aufgabe.

Indessen setzen wir hierbei den tiefen principiellen Gegensatz zwischen eigentlichem Papiergelde und Banknoten, welche nach dem vulgären Sprachgebrauch ja ebenfalls oft Papiergeld genannt und dann unterschiedslos mit jenem anderen zusammengeworfen werden, als allgemeiner bekannt voraus, wie vielleicht richtig ist. In diesem Falle würde unsere vorherige Schlussfolgerung, dass die Uebertragung der Quantitätstheorie von Papiergeld auf Banknoten unstatthaft sei, nicht berechtigt erscheinen. Für alle die Currencytheorie und die Peel'sche Acte betreffenden Fragen ist es aber von fundamentaler Bedeutung, dass man sich über das Wesen des Gegensatzes zwischen eigentlichem Papiergelde und Banknoten ganz klar sei und dass die Richtigkeit der darauf bezüglichen Sätze allgemein zugegeben werde, weil dieselben die Prämissen für unsere weiteren Raisonnements gegen die Bankacte von 1844 abgeben. Diese Rücksichten rechtfertigen wohl, wenn wir bei dem berührten Gegensatze noch etwas verweilen. Es wurde früher schon erwähnt, dass Fullarton den Unterschied zwischen Papiergeld und Noten besonders klar entwickelt. Im Folgenden sind einige seiner Argumente mit heran gezogen.

2. Das Wesen des eigentlichen Papiergeldes.

Das Wesen des eigentlichen Papiergeldes beruht, wie wir bereits mehrfach hervorgehoben haben, auf zwei Eigenschaften, nemlich auf der Uneinlösbarkeit gegen ein anderes „Geld“ und auf der staatlichen Erklärung desselben zum gesetzlichen Zahlungsmittel, d. h. zur Währung, oder wie man ebenfalls sagt, auf der Bekleidung des Papiergeldes mit dem Zwangscurs. Eben hierdurch wird das eigentliche Papiergeld eine selbstständige Geldart, und dient deshalb wie jede andere Geldart in den dem Gelde eigenthümlichen Functionen: es wird als Werkzeug des Austausches zur Zertheilung des Tausches in Kauf und Verkauf, d. h. als Tauschmittel (Umlaufsmittel) benützt und in ihm werden die Preise der Güter ausgedrückt und gemessen, d. h. es dient als Preismaass (Werthmesser). Mit diesen Functionen des Geldes als Preismaass, Tauschmittel und Währung hängt eine weitere Benutzung des Geldes zusammen: Geld wird, weil es sich stets am Leichtesten und Raschesten gegen jede beliebige Waare umtauschen lässt, „Capital für alle Verwendungsarten", und kann insoferne disponibles Capital genannt werden, es stellt gewisser Maassen Capital in abstracto dar. Hieraus erklärt es sich, dass in allen den Fällen, wo von dem Einen auf den Anderen eine gewisse Summe Kaufkraft übertragen werden soll, das Geld als Repräsentant derselben gebraucht wird. Es fungirt als Object bei den meisten Capitaldarlehen und hierdurch als Gegenstand des Uebereinkommens für künftige Zahlungen.

Gerade wo es sich um die Erfüllung solcher früherer Uebereinkommen oder um „Zahlungen" handelt, welche auf eine bestimmte Summe „Geldes", als des üblichen Darstellers der Kaufkraft und Objectes von Contracten lauten, gerade hier wird die Bedeutung des Zwangscurses so eminent practisch und hier bekommen wir darin ein sicheres Criterion, ob ein sogenanntes Papiergeld auch Papiergeld im eigentlichen (wissenschaftlichen) Sinne des Wortes genannt werden kann. Hier fällt die Frage theoretisch ganz in das Gebiet der Jurisprudenz, practisch in das des positiven bürgerlichen Rechtes, doch die national-öconomische Doctrin kann sich der Lehre des Juristen nur anschliessen. Das Wesen des Papiergeldes und der principielle Gegensatz desselben zu Banknoten wird durch die juridische Behandlung der Frage vollkommen deutlich.

„Banknoten als solche", sagt z. B. Heinrich Thöl, der berühmte scharfsinnige Handelsrechtslehrer, „sind kein Geld. Ein Papier, welches Derjenige, der auf Geld ein Recht hat, nicht nehmen muss, sondern zurückweisen darf, ist kein Papiergeld. Das Papiergeld hat seinem Begriffe nach einen Zwangscurs." „Das characteristische Unterscheidungsmerkmal des Papiergeldes von ähnlichen Substituten des Metallgeldes, namentlich den Creditpapieren, ist der Zwangscurs, dass es von jedem Unterthan statt Metallgeldes angenommen werden muss." Deshalb sagt Thöl auch ganz consequent, „die Baarzahlung geschieht in Metallgeld oder Papiergeld." Und „was nicht Baarzahlung der Schuld an den Gläubiger, ist ein Surrogat. Der Gläubiger braucht sich ein Surrogat, ein aliud pro alio, nicht gefallen zu lassen, er darf es aber, und dann ersetzt für immer oder einstweilen sein Begnügen die Zahlung, das Surrogat gilt als Zahlung; satisfactio pro solutione est." Diese, allerdings auch noch unter den Juristen etwas controverse Auffassung kann vom volkswirthschaftlichen Standpuncte aus nur durchaus gebilligt werden.

Wir unterscheiden oder, richtiger gesagt, wir setzen ein für allemal einander gegenüber: Geld, d. h. Metallgeld (Münze) oder Papiergeld, und Geldsurrogate, Ersatzmittel von Geld, die schon dem Begriff eines Ersatzmittels gemäss nicht wieder „Geld" sein können. Zwischen Papiergeld und allen diesen Geldsurrogaten besteht ein principieller juridischer Unterschied, der einen nicht minder grundsätzlichen volkswirthschaftlichen Unterschied involvirt.

Das Merkmal der Uneinlösbarkeit gegen ein anderes Geld hängt, wie man bemerken wird, enge mit dem Zwangscurs zusammen. Nur bei einem durchaus uneinlösbaren Papiergelde, d. h. nur beim Mangel jeder Verpflichtung des Emittenten, das Papiergeld auf Verlangen gegen ein anderes Geld einzuwechseln, kann man von einem ganz allgemeinen Zwangscurs reden. Nur hier zwingt das Gesetz den Gläubiger, sich die Zahlung mit einem ganz selbstständigen Gelde, eben mit dem Papiergelde, gefallen zu lassen. Ein einlösbares Papiergeld mit Zwangscurs, wie z. B. die Noten der Bank von England seit dem Jahre 1833, oder die Noten der österreichischen Nationalbank in dem kurzen Zeitraume zu Beginn des Jahres 1859, wo die Noten auf Verlangen eingelöst wurden, ein solches Papiergeld ist daher trotz des Zwangscurses kein eigentliches Papiergeld, mithin keine eigene Währung, weil der Zwangscurs ausdrücklich nur partiell ist und von Demjenigen, welcher dabei am Meisten interessirt wäre, nemlich von der emittirenden Bank oder dem emittirenden Staate n i c h t geltend gemacht werden kann.

3. Principieller Unterschied von Papiergeld und Banknoten.

Hält man an diesem Begriffe des Papiergeldes fest, so ist es nicht schwer, die Irrigkeit einer Identificirung von Papiergeld und Banknoten nachzuweisen. Die letzteren haben niemals einen allgemeinen Zwangscurs und sind, so lange sie eben Banknoten bleiben, immer auf Verlangen gegen das gesetzliche Zahlungsmittel des Landes von der Bank einzuwechseln. Auch Banknoten werden aber Papiergeld, wenn aus irgend einem Grunde die stete Einlösbarkeit aufhört und gleichzeitig den Noten die Eigenschaft des gesetzlichen Zahlungsmittels neben und anstatt der eigentlichen Landeswährung vom Staate beigelegt wird.

4. Principielle Uebereinstimmung von Banknoten und anderen Geldsurrogaten.

So lange dieses nicht geschehen ist und die Banknoten sind, was sie zu sein vorgeben, reihen sie sich vollkommen unter die anderen Geldsurrogate und so sehr wir einen principiellen Gegensatz von Papiergeld und Noten festhalten müssen, so wenig können wir den von der Currencytheorie behaupteten zwischen Banknoten und anderen Geldsurrogaten als richtig zugestehen. Die Benutzung des Papiergeldes an der Stelle von Metallgeld, wenn dies die ursprüngliche, eigentliche Währung, beruht auf staatlicher Anordnung, wenigstens in erster Linie. Der Staat zwingt Jeden, der eine auf Metallgeld lautende Forderung besitzt, sich die Zahlung mit Papiergeld gefallen zu lassen, also mit einem aliud pro alio, indem er mittelst seiner Machtvollkommenheit gewissermassen das aliud für das idem erklärt. Dass der Verkehr gegen die hierin liegende Ungerechtigkeit reagirt und durch ein Disagio des Papiergeldes gegen Münze, sowie durch das Steigen der Preise von Gütern und Leistungen die bei der Einführung des Zwangscurses gehegte Absicht theilweise vereitelt, ist vollkommen richtig, aber ändert nichts an dem eigentlichen Wesen des Papiergeldes.

Die Benutzung aller Geldsurrogate beruht dagegen wesentlich auf Credit, es sind gewissermassen Formen, in welche der Credit sich kleidet. In diesen Formen tritt er an die Stelle von Geld, wo dieses bisher unmittelbar körperlich zur Bewerkstelligung von Umsätzen, beim Kauf und Verkauf, bei Darlehensgeschäften u. s. w. als Tauschmittel und Darsteller von Kaufkraft diente und sucht es hier zu verdrängen. Insoferne kann man von Creditumlaufsmitteln sprechen, welche, wohl bemerkt, sämmtlich das Geld nur in seiner Function als Umlaufsmittel ersetzen und ersetzen wollen, in welcher es allein bislang körperlich gebraucht ward, welche es dagegen keineswegs in der als Preismass verdrängen, indem sie sich im Gegentheile immer auf Geld, als das Preismass, zurückbeziehen, und ebensowenig in der als gesetzliches Zahlungsmittel und somit als zwangsweise anzunehmendes Mittel zur Erfüllung von Geldversprechen, indem sie stets auf Auszahlung einer bestimmten Summe Geldes, als des legalen Zahlungsmittels, lauten und mithin eigentlich Schuldverschreibungen über eine unter verschiedenerlei Formen und Bedingungen, zu verschiedenen Zeiten u. s. w. fällige Geldsumme sind. Mit Geld, also auch Papiergeld, kann gesetzlich, mit Geldsurrogaten, also auch Banknoten, thatsächlich, wenn der Gläubiger einwilligt, jede auf Geld, als Währung, lautende Schuld abbezahlt werden; allein wenn letzteren Falls der Schuldner auch nach dem Rechtssatze „satisfactio pro solutione est" von seiner Verpflichtung liberirt wird, so liegt eben doch nur eine Bezahlung mit einem Versprechen auf Geld vor. Schliesslich, wenn auch nach noch so langer Zeit, nach noch so vielen Umwegen, wird und muss das Geldsurrogat gegen Geld umgesetzt, eingewechselt werden. Von der Gewissheit, diese Auszahlung zu erlangen oder nach Wunsch erlangen zu können, hängt der Werth jener Schuldbescheinigungen, diese Gewissheit vorausgesetzt, von den Formen der Uebertragung grossentheils die

5 *

Anwendbarkeit der Geldsurrogate an der Stelle von Geld als
Umlaufsmittel ab. Die Kaufkraft, welche die Creditumlaufsmittel besitzen, ist keine directe, wie die des Geldes,
sondern eine indirecte; weil sie auf Geld lauten, besitzen
sie Kaufkraft. Dass die eigentliche Banknote ein Versprechen auf Geld
ist, wie jedes andere Geldsurrogat, ist unbestreitbar. Alles,
was von den letzteren im Gegensatze zum Gelde, also auch
zum Papiergelde gilt, ist auch auf die Banknote auszudehnen.
Weiter unten wird die· Banknote in ihrem Verhältniss als
Species einer Gattung, nemlich der Geldsurrogate, noch etwas
näher in's Auge gefasst werden.

5. Unterschied von Papiergeld und Noten, abgesehen von der Einlösbarkeit.

Wir wollen jetzt noch auf ein anderes wichtiges Unterscheidungsmerkmal zwischen Papiergeld und Noten aufmerksam
machen, welches von Fullarton besonders hervorgehoben
wird, und von uns bereits in dem Abschnitte über die Natur
des englischen Bankpapiergeldes zur Zeit der Restriction
berührt wurde.

Dieser Unterschied hängt mit der Cardinalfrage nach der
Natur der Deckungen für einlösbares Papiergeld zusammen,
wesshalb die folgende Erörterung auch geeignet ist, auf unsere
Controverse über die Vorzüge der bankmässigen Deckung oder
der nach dem Princip der Peel'schen Acte Licht zu werfen.
Was hier nemlich über das eigentliche Papiergeld gesagt
werden muss, gestattet auch eine Anwendung auf einlösbares Papiergeld im engeren Sinne, welches z. B. vom
Staate oder von Gemeinden oder einzelnen Gesellschaften
ausgegeben und zu dessen Einlösung bloss ein gewisser Baarvorrath in Bereitschaft gehalten wird, also etwa ein Papiergeld,
welches wirklich nach dem stricten Principe der Dritteldeckung
gedeckt würde. Derartiges Papiergeld gab es mehrfach; z. B.
die alten österreichischen Bankozettel zählten, bis sie aufhörten, einlösbar zu sein, um das Jahr 1796, hieher. Neuere
Beispiele sind die von der Leipzig-Dresdener Eisenbahn-

gesellschaft emittirten Scheine, das Papiergeld der Stadt Hannover u. a. m. Aus dem Folgenden wird sich die Bedeutung der bankmässigen Deckung der Noten noch deutlicher ergeben.

Auch wenn man von der Function des eigentlichen Papiergeldes als Währung und von der Uneinlösbarkeit absieht, besteht zwischen dem Papiergelde — hierunter jetzt auch das oben erwähnte einlösbare Papiergeld mit verstanden — und den Banknoten ein wichtiger weiterer Unterschied. Dieser liegt in der Art der Ausgabe und den daraus sich ergebenden verschiedenartigen Folgen.

Papiergeld wird der Regel nach in Zahlungen, Banknoten werden als Darlehen, nach den stricten Grundsätzen der bankmässigen Deckung als Darlehen auf kurze Zeit ausgegeben. Papiergeld wird also im wahrsten Sinne fortgegeben, auf Nimmerwiedersehen. Banknoten bilden nur zeitweilig einen Bestandtheil der allgemeinen Umlaufsmittel. Nach Ablauf der Darlehensfrist kommen daher entweder die Banknoten selbst an die Bank zurück, oder, wenn sie sich im Verkehre erhalten, so empfängt die Bank an Stelle der Noten einen gleichen Betrag baaren Geldes zur Abstattung der Schuld. Die besondere Art der Notenausgabe bringt also schon eine besondere Art der Rückströmung der Noten an die Bank mit sich, die man die regelmässige Rückströmung nennt, weil sie sich aus der Natur der Bankgeschäfte von selbst ergibt, schon deshalb, zumal bei genauer Befolgung der aus dem Principe der bankmässigen Deckung zu ziehenden Geschäftsregeln, ein ziemlich gleichartiges Gepräge annimmt und die stete Solvenz der Bank, d. h. die Erhaltung der steten Noteneinlösbarkeit mit neuen Bürgschaften umgibt. Denn auch wenn eine grössere Summe Noten im Umlaufe zurückbleibt, so wird durch die Zurückzahlung der Darlehen in Form baaren Geldes der Baarfonds stets eine genügende Höhe haben, und die grosse Schwierigkeit, z. B. für einlösbares Staatspapiergeld den Baarbestand wieder zu füllen, hier auf die einfachste Weise gelöst werden.

Beim Papiergelde, dem eigentlichen, wie dem einlösbaren, fehlt die regelmässige Rückströmung wegen der Verschiedenartigkeit der Ausgabe gänzlich, und damit entbehrt man hier das beste und am leichtesten zu handhabende Correctiv einer ungerechtfertigten Notenemission. Jede Ausgabe von Papiergeld bildet ein ganz neues Angebot von Geld, hiedurch indirect eine ganz neue Nachfrage nach Waaren und eine bleibende Vermehrung des Geldes. Auch das einlösbare, in Zahlungen hinausgegebene Papiergeld kann nur auf dem unbequemeren Wege der Verwechslung gegen baares Geld an den Emittenten zurückkommen, was man die unregelmässige Rückströmung nennen darf. Diese ist bei den Banknoten daneben noch möglich. Bei dem eigentlichen Papiergelde bleibt nur der Empfang an Zahlungsstatt übrig, als einzige und unter gewissen Umständen unangenehmste Form der Rückströmung. Da dies Papiergeld aber wegen des ihm anhaftenden Zwangscurses ohne Rücksicht auf die Bedürfnisse des Verkehrs, der sich seiner bloss auf dem Wege der Zahlungen, z. B. an den Staat, und daher nur in beschränktem Masse entledigen kann, wieder emittirt werden darf und wird, sobald es die Cassen anfüllt, so bildet es in der That so ziemlich eine permanente Vermehrung des Geldes und äussert deshalb potentiell auf den Geldwerth, also auf die Waarenpreise, einen nachhaltigeren und grösseren Einfluss aus, wie das einlösbare Papiergeld und mehr noch wie die Banknote.

Mit Recht sagt man demnach, dass die Verschiedenartigkeit der Ausgabe einen neuen principiellen Gegensatz zwischen Zwangspapiergeld und Banknoten bedinge, und es durchaus nicht zulässig sei, die wider das Papiergeld erhobenen Bedenken als zutreffende Anklagen gegen die Banknoten zu betrachten. Die Emission eigentlichen Papiergelds nimmt gar keine Rücksicht auf ein Bedürfniss des Verkehrs nach diesem neuen Papiergelde. Mit letzterem verhält es sich daher in der That wie mit jener oft erwähnten Goldmine, mit deren Auffindung man die Einrichtung einer Zettelbank gerne verglichen und zwischen deren Wirkungen auf den Geldwerth und dem Einflusse der Zettelausgabe auf denselben man

durchaus, aber mit Unrecht, eine stricte Analogie hat finden
wollen. Die schliesslichen Wirkungen einer P a p i e r g e l d -
vermehrung auf den Geldwerth sind allerdings denen einer
vermehrten Edelmetallproduction auf den Metallgeldwerth
ähnlich, — in beiden Fällen aus den gleichen Gründen, weil
die Vermehrung unabhängig von den Bedürfnissen des Verkehrs
nach Circulationsmitteln vor sich ging und weil der Verkehr
sich der neuen Menge nicht zu entschlagen vermag; aber
diese Wirkungen sind wesentlich verschieden von denen einer
grösseren Banknotenausgabe und Notencirculation, eben weil
die Ursache der Emission und das Verbleiben im Verkehre
hier auf ein Bedürfniss des letzteren zurückschliessen lässt:
die Banknoten kommen durch eine Nachfrage nach Geld,
als disponiblem Capital, überhaupt auch nur für einen Augenblick
in den Verkehr und sie bleiben in Circulation, wenn und so
lange die Volkswirthschaft ihrer bedarf. Unter übrigens gleichen
Umständen involvirt die stärkere Production der Bergwerke
und die grössere Metallgeldcirculation und ebenso die Ausgabe
und Vermehrung von Staatspapiergeld eine neue, respective
eine grössere Nachfrage nach Waaren, mithin ein Steigen der
Waarenpreise, eventuell auch einen Fall der Wechselcurse zu
Ungunsten des betreffenden Inlandes. Die Vermehrung der
Geldmenge und die Erhöhung der Waarenpreise stehen zu
einander im Verhältniss von Ursache und Wirkung. Die
Wahrscheinlichkeit eines grösseren Bedürfnisses nach Circulationsmitteln liegt nicht vor. Dagegen aber kommen Noten,
die jeder Zeit auf Verlangen einlösbar sind, nur durch eine
Nachfrage nach ihnen in den Verkehr, und sie erhalten sich
in letzterem bloss, wenn der Verkehr ihrer als Umlaufsmittel
bedarf. Letzteres wird aber der Fall sein, wenn die Umsätze
grösser und zahlreicher werden, und insoferne ist es ganz
richtig, wenn man die in Umlauf befindliche Notenmenge nicht
als eine Ursache von Vorgängen auf dem Waarenmarkte u. s. w.,
sondern als eine Wirkung davon betrachtet. Die Vermuthung
spricht, wenn sich eine grössere Summe Noten im Umlauf
erhält, für das Vorhandensein eines stärkeren Bedarfs von
diesem Circulationsmittel.

6. Das Gesetz der Rückströmung als regulirendes Princip des Banknotenwesens.

Papiergeld und Banknoten sind sich deshalb nicht einander ähnlich, sondern sie sind von Grund aus verschieden. Auch von dem Momente der Uneinlösbarkeit und dem Zwangscurse abgesehen: die Verschiedenheit der Art der Ausgabe und der hiedurch bedingten Rückströmung involviren schon für sich allein einen principiellen Gegensatz. Mit Recht konnte Fullarton die Art der Notenausgabe, also die bankmässige Deckung der Notencapitalien, und die daraus hervorgehende regelmässige Rückströmung der Noten zur Emissionsstätte als das grosse regulirende Princip des inländischen Geldwesens bezeichnen. Die geläufigen Schlagworte der Gegner des Papiergeldes, wie die Klagen über Ueberschwemmung mit Papiergeld, über Aufdrängen desselben dem Verkehre u. s. w. können, soweit sie überhaupt einen Sinn haben, vom eigentlichen Papiergelde, nicht aber von den Banknoten gelten. Nur die Verkennung des Unterschiedes zwischen Noten und Papiergeld trug die Schuld daran, dass die wider letzteres erhobenen Anklagen auch sofort gegen die Banknoten und die Zettelbanken ausgesprochen werden konnten.

7. Die Unhaltbarkeit der Regalität des Zettelwesens.

Die vorausgegangene Erörterung setzt uns auch in den Stand, eine andere Behauptung der Currencyschule und mancher festländischer Politiker zu widerlegen oder wenigstens das geringe Mass dessen, was daran richtig ist, festzustellen. Diese Behauptung ging aus der falschen Identificirung von Papiergeld und Banknoten hervor.

Lord Overstone und seine Anhänger betrachten nemlich die Ausgabe von Banknoten als ein ausschliessliches Prärogativ der Krone und manche continentale Schriftsteller und Staatsmänner, diese Ansicht theilend, reden demgemäss wohl ganz offen von einem Regale des Zettelwesens, welches sie als „natürlichen" Ausfluss des Münzregals ansehen. Allein eine haltlosere Behauptung kann es nicht geben. Weder die Deductionen des philosophischen Staatsrechtes stützen dieselbe, noch kann man nach den Grundsäten des positiven Staatsrechtes ein solches Zettelregal aus dem Münzhoheitsrechte ableiten. Kein Lehrer dieser Disciplin auf deutschen Universitäten würde dies zu thun wagen. Ebenso gut, wie die Ausgabe von Banknoten, — diese streng im eigentlichen Sinne aufgefasst, auf welchen wir noch besonders zurückkommen, — liesse sich das Ausstellen von Wechseln, was die Banknoten ihrem Wesen nach sind, ja überhaupt die Schuldscheinemission jedweder Art als ein ausschliessliches Recht des Staates in Anspruch nehmen, denn alle diese Regale sind mit derselben Consequenz aus dem Münzregale abzuleiten, wie das des Zettelwesens. Auch als ein besonderes neues Regal neben dem des Münzwesens wird man das sogenannte Zettelregal nicht auffassen dürfen. Tooke streitet dawider mit Recht in England und behauptet, dass das positive öffentliche Recht dort kein solches Regal kenne. Das Gleiche lässt sich von den meisten festländischen Staaten sagen. Dies Regal ganz von Neuem aufzustellen, ist ebenfalls unstatthaft. Die jetzige Zeit, welche mit sämmtlichen Regalen gerne aufräumen möchte, kann unmöglich ein neues Regal von solcher wirthschaftlicher Bedeutung, wie das des Zettelwesens anerkennen, auch wenn dafür viel gewichtigere Gründe sprächen, als die dafür meist vorgebrachten. Vollends etwa die Banknotenausgabe als ein wesentliches Hoheitsrecht im Sinne des älteren und neueren deutschen Staatsrechtes dem Staate zu vindiciren, dafür lässt sich auch gar nichts anführen, nicht einmal die Analogie des Münzregals, denn auch dieses kann durchaus nicht als wesentliches Hoheitsrecht aufgefasst werden.

Wie gesagt ist es eben nur die Verwechslung von Banknoten und Papiergeld, welche zur Aufstellung eines „Zettelregals" führen konnte. Dem Staate wird als Inhaber der Münzhoheit und oberstem Leiter des Geldwesens nicht nur, sondern weil er der Natur der Sache nach die zur Durchführung nöthige Zwangsgewalt allein besitzt, das ausschliessliche Recht zugesprochen werden müssen, uneinlösbares Papiergeld mit Zwangscurs auszugeben oder wirkliche Bank-

noten mit dem Zwangscurse nach Art der jetzigen englischen
Bestimmung zu versehen. Aber daraus kann man doch wahrlich
kein ausschliessliches Recht der Banknotenemission ableiten.
Wenn die Staatsregierungen oftmals die Zettelausgabe von
ihrer speciellen Erlaubniss (Concession) abhängig gemacht,
und z. B. selbst wiederholt einer einzigen „Nationalbank" das
ausschliessliche Privilegium (Monopol), Banknoten zu emittiren,
verliehen haben, so möchte man aus solcher factischen
Ausübung des Zettelregals, auf welches jene Erlaubniss hinzuweisen scheint, vielleicht auf die Präsumtion für die wirkliche Regalität der Notenausgabe schliessen. Allein auch dies
ist unthunlich. Denn der erwähnte Fall reiht sich nur unter
die des auch sonst noch bestehenden staatlichen Concessions-
zwangs und erklärt sich, wie letzterer im Allgemeinen, doch
mehr aus der bevormundenden Wirthschaftspolitik der früheren
Zeit, den weitgehenden Befugnissen, welche sich der Staat
damals zuschrieb. In der wirthschaftlichen Gesetzgebung der
heutigen Zeit begegnen wir noch überall einer Menge Ueber-
bleibsel jener früheren Politik. Allerdings kann das Concessions-
und Monopolwesen historisch und sachlich auf die Idee einer
allgemeinen Regalität der betreffenden Zweige wirthschaftlicher
Thätigkeit zurückgeführt werden und theilweise machte eine
solche Regalität früher ja sogar wirklich einen Bestandtheil
des positiven. Staatsrechtes aus. Allein das Alles ist jetzt
doch mehr geschichtliche Reminiscenz, man kann daraus gegenwärtig kein specielles Regal ableiten.

Die noch jetzt bestehenden, meist viel zu weit gehenden
Befugnisse des Staats im Gebiete des Bank-, besonders des
Zettelbankwesens sind mehr der Ausfluss des allgemeinen staatlichen Oberaufsichtsrechtes, das dem Staate im Interesse der
Gesammtheit beigelegt, aber, der heutigen Zeitrichtung nach,
ebenfalls mehr und mehr zu beschränken gesucht wird. Viele
unbegründete, aber noch weit verbreitete Vorurtheile gestatten
dem Staate noch gegenwärtig die Ausübung eines grossen
Einflusses auf die Banknotenausgabe. Dies erklärt sich indessen
grossen Theiles auch mit aus dem Umstande, dass die Zettelbanken häufig selbst sich mit der reinen Banknotenausgabe

nicht begnügten, sondern vom Staate die Anerkennung ihrer
Noten als gesetzliches Zahlungsmittel oder doch die Annahme
derselben an · Zahlungstatt an den öffentlichen Cassen und
diese oder jene andere Vorrechte für das von ihnen emittirte
Papier beanspruchten. Hier hat sich dann der Staat natürlich
auch seinerseits weitgehende Rechte der Controle und sonstigen
Dazwischenkunft im Falle der Gewährung jener Wünsche
vindiciren müssen.

8. Resumé der Lehre vom Unterschiede zwischen Papiergeld und Noten.

Die vorhergehende Darstellung lieferte hoffentlich den
Beweis, dass der Gegensatz von Papiergeld und Banknoten,
von welcher Seite man auch immer an die Frage herantreten
möge, in der That zu fundamentalen Charakters ist, als dass
man ihn ignoriren und die Anwendbarkeit einer für Papiergeld
aufgestellten Theorie auf das Banknotenwesen zugeben dürfte.
Hiermit würde dann der Beweis für die Behauptung, dass es
unpassend sei, die Quantitätstheorie, selbst wenn sie richtig
wäre, zur Deutung der Erscheinungen innerhalb der Banknotencirculation zu benutzen, geliefert, mithin auch der zweite Theil
unserer Aufgabe gelöst worden sein. Der Recapitulation halber
sei nur nochmals hervorgehoben, dass der principielle Unterschied zwischen Papiergeld und Noten sich zunächst schon in
dem Begriffe selbst zeigt, indem Papiergeld „Geld", also
nothwendig uneinlösbar und mit Zwangscurs versehen, Noten
dagegen ein Geldsurrogat, also ein Versprechen auf Geld und
basirt auf den Credit, eine Creditform seien und kein principieller
Unterschied zwischen Noten und den übrigen Geldsurrogaten
oder Creditumlaufsmitteln behauptet werden könne, — eine
Seite der Frage, · auf welche wir noch zurückkommen; dass
ferner auch vom Momente des Zwangscurses und der Uneinlösbarkeit abgesehen die verschiedene Art der Ausgabe,
resultirend aus der Hingabe in Zahlungen und der Placirung
der Notencapitalien in bankmässiger Weise, sowie die verschiedene Rückströmung der Noten und des Papiergeldes einen
weiteren principiellen Unterschied bedingen, und dass endlich

nur die ungerechtfertigte Identificirung von Papiergeld und
Banknoten zur Aufstellung eines sogenannten Zettelregals habe
führen können, welches letztere durchaus nicht anerkaunt
werden dürfte.

D. Die Uebertragung der Quantitätstheorie auf die Verhältnisse des Banknotenwesens.

Wir gelangen jetzt zu dem dritten Theile unserer Aufgabe, nemlich zur Führung des Nachweises, dass in der That
die an sich schon der Modification bedürftige Quantitätstheorie
auf das Gebiet der einlösbaren Banknoten übertragen und
hier alsdann nur consequent zur heutigen Currencytheorie fort-
gebildet wurde, woraus sich von selbst die Unhaltbarkeit der
letzteren ergeben würde.

1. Die vom Publicum vorgenommene Uebertragung zweier Hauptsätze der Quantitätstheorie auf Banknoten.

Es waren vor Allem zwei Sätze der Quantitätstheorie,
welche eine sehr allgemeine Anerkennung gefunden hatten,
nemlich dass der Werth des Papiergeldes von seiner Menge
abhänge, woraus dann wichtige Folgerungen abzuleiten waren,
und dass die Banken beliebig ihren Notenumlauf ausdehnen
und zusammenziehen und demgemäss die willkürlichsten
Aenderungen im Geldwerthe verursachen könnten. Die Modificationen, welche jene Lehre von der Abhängigkeit des
Geldwerthes von der Menge in der geläuterten Theorie und in
der Praxis finden musste, waren, wie wir sahen, mehr und
mehr in Vergessenheit gerathen. Der andere Satz, welcher
den Banken jene „Macht" einer beliebigen Aenderung des
Geldwerthes zuschrieb, galt auch zur Restrictionszeit genau
genommen nur von der Bank von England, deren Noten ja
allein uneinlösbar waren. Rikardo und Andere hatten den
Gegensatz, welcher damals zwischen den Noten jener Bank
und denen der Landbanken bestand, ausdrücklich hervorgehoben. Allein es ward dieser Gegensatz begreiflich genug schon

damals nicht immer streng beachtet, und mehr wohl noch,
wie gegen die Bank selbst, ertönten die Klagen über willkürliche Regulirung ihres Notenumlaufes gegen die Landbanken.
Trotzdem die Noten der letzteren auf Verlangen einlösbar
waren und daher für sie ganz andere wirthschaftliche Gesetze
wie für die Noten der „Bank" galten, so stand das Dogma
von der Macht der Banken, willkürlich ihre Notencirculation
zu leiten und dann entsprechende Aenderungen des Geldwerthes herbeizuführen, doch bald in Betreff der Landbanken
mit ihrem Systeme einlösbarer Noten ebenso fest, wie rück-
sichtlich der Bank von England und ihrer uneinlösbaren
Zwangsnoten. Schon zur Zeit der Bankrestriction war mithin
ein Hauptsatz der Quantitätstheorie auf die Verhältnisse
eigentlicher Banknoten übertragen worden. Die Currencytheorie
hatte dies insoferne nicht erst selbst zu thun, sondern nur
eine bereits auf ihrem Untersuchungsgebiete recipirte Doctrin·
aufzunehmen und auszubauen.

Wenn nun nach der Wiederaufnahme der Baarzahlungen
die Quantitätstheorie vom Publicum ganz einfach auch noch
ferner aufrecht erhalten wurde, so ist das um so begreiflicher,
weil ja dieselben Papierzettel noch im Umlauf waren und
dieselben Institute noch die Emission betrieben, wie bisher.
Die Geschäftswelt suchte nach wie vor, wie sich unter Anderem
aus manchfachen Aussagen vor parlamentarischen Untersuchungscommissionen und aus der Controverse über die
Handelscrisis von 1825 und die ihr vorausgegangene Ueberspeculation ergibt, die Ursache „allgemeiner" Aenderungen
der Preise u. s. w., allgemeinen Steigens und Fallens derselben,
wovon das grosse Publicum gleich so gerne spricht, wenn ihm
eine oder die andere Preisveränderung auffällt, in den
vorausgegangenen Bewegungen des Notenumlaufes und
machte wie früher die Zettelbanken für diese willkürlichen
Aenderungen ihrer Emission verantwortlich. Die nemlichen
Klagen, wie früher ertönten auch jetzt noch; jeder bankerotte
Kaufmann, jeder in seinen Geschäften unglückliche Speculant
entschuldigte seine eigene Unklugheit oder seinen eigenen
Leichtsinn mit der unberechenbaren Vermehrung oder Ver-

minderung der Notenemission, wodurch die Banken die Preise
bald unsinnig in die Höhe trieben, bald ebenso unverantwortlich
würfen. Die billigen Getreidepreise guter Erntejahre, wie der
des dritten Jahrzehntes unseres Jahrhundertes, und die daraus
hervorgehende precäre Lage der Landwirthschaft; die peniblen
Verhältnisse der Industrie und des Handels, welche nach
Wiederaufnahme der Baarzahlung und bei den veränderten
wirthschaftlichen Zuständen wichtiger brittischer Absatzgebiete,
wie des Continents, naturgemäss hervortraten; die leichtsinnige
Speculation und Börsenschwindelei, welche durch den sinkenden
Zinsfuss und die Zinsreductionen der Staatsschuld angeregt
und zunächst durch den dem Handel des vereinigten Königreiches zu Gute kommenden Aufschluss der spanischen Colonien
in America veranlasst worden war und sich rasch entwickelt,
bald total überstürzt und in der schweren Handelscrisis des
Jahres 1825 ihre Strafe erhalten hatte; diese Crisis selbst
und die ihr folgende Lethargie der productiven Thätigkeit; kurz
jedweder volkswirthschaftliche Nothstand war der damaligen
Annahme noch nicht die Schuld unabänderlicher Verhältnisse
und begangener Fehler der Einzelnen, sondern ausschliesslich die der Zettelbanken. Diese hätten durch ihr leichtsinniges
Gebahren, wohl gar aus Gewinnsucht auf die dadurch zu be-
wirkenden Preisveränderungen speculirend, und durch die „Missverwaltung ihrer Notenemission" die „Circulation derangirt"
und wären für alles daraus folgende Unheil verantwortlich
zu machen.

Welches Gewicht einem solchen öffentlichen, zum Glaubens-
satze gewordenen Vorurtheile über ein wirthschaftliches Phänomen beizulegen ist, bedarf nicht erst des Beweises. Nichts
ist vielleicht schwerer wieder auszurotten. Dafür liefern uns
alle grossen wirthschaftlichen Reformfragen die Belege.

2. Die Ricardo'sche Theorie über „Geld" als Basis der Currencytheorie.

Nicht ganz auf demselben Wege, aber zu ganz dem nemlichen Ergebnisse, nemlich zur Anwendung der Quantitätstheorie auf die Verhältnisse der wieder einlösbar gewordenen

Banknoten, war inzwischen auch die wissenschaftliche Welt Englands gelangt.

In Rikardo's Lehre vom Gelde finden sich, wie in einigen anderen Partien seines Systems der Volkswirthschaft, Spuren, dass dieser Schriftsteller seine Theorie wesentlich zur Zeit und innerhalb des Beobachtungsfeldes der Bankrestriction ausbildete. Schon in seiner ersten Flugschrift und wiederholt in den folgenden, endlich auch in seinem grösseren Werke stellt Rikardo eine Lehre vom Werthe des Metallgeldes auf, welche er scheinbar nur auf die Verhältnisse des Papiergeldes anwendet, während er sie doch umgekehrt ebenso sehr aus den Erscheinungen der damaligen Papiergeldwirthschaft abstrahirte und unter dem Einflusse dieser Erscheinungen überhaupt seine Gedankenoperationen vornahm. Mit dieser Lehre im inneren Zusammenhang befindet sich seine Deutung der Ursachen, welche die Vertheilung der edlen Metalle unter die Völker der Erde bestimmen, und welche die Ein- und Ausfuhr von Edelmetall unter den verschiedenen Ländern hervorrufen. Namentlich die practisch besonders wichtigen Sätze, welche Rikardo's Lehre von der Metallausfuhr bilden, sind für seine Schule und ebenso für die eigentliche Currency-schule der Ausgangspunct ihres Systems geworden.

Durch und durch ein analytischer Kopf, war zwar Rikardo auch auf seine Lehre von der Vertheilung der edlen Metalle zunächst ganz auf dem Wege des logischen Raisonnements gelangt, allein die Verhältnisse Englands zur Zeit, als er sich zuerst mehr dem Studium öconomischer Fragen zuwendete, waren eben doch die anomalen eines uneinlösbaren Papiergeldes, und diese gaben ihm für sein Raisonnement die nothwendigen thatsächlichen Anhaltspuncte.

Im Gegensatze gegen die frühere mercantilistische Auffassung und characteristisch genug jetzt in das andere Extrem verfallend legte Rikardo ausschliesslich das Gewicht auf die Eigenschaft der Edelmetalle als Waare, betrachtete sie ganz wie jede andere Waare und wendete die für diese aufzustellenden Gesetze des Preises u. s. w. ohne jede Modification auf „Geld" an. Hierbei ist aber von ihm

der Umstand ausser Acht gelassen, dass durch die Erhebung
der edlen Metalle zum Gelde und hierdurch zum Darsteller
„abstracter Kaufkraft" Gold und Silber eine Function übernommen haben, welche eine beschränkte Anwendung der allgemeinen Preisgesetze auf die „Geldwaare" involvirt und
überhaupt verbietet, die edlen Metalle durchaus nur wie jede
andere Waare zu betrachten. Weil dieses Metall der Stoff
für das Geld, d. h. das legale Zahlungsmittel und die Darstellungsform disponiblen Capitals, ist und aus diesem Grunde
eine „absolute Umsatzfähigkeit und Austauschbarkeit" besitzt,
welche anderen Waaren, die nicht „Geld" sind, nicht nachgerühmt werden kann, so wird Gold und Silber häufig in
solchen Fällen zur „Aufbewahrung von Kaufkraft" oder zur
Concentration von Werthen benutzt, wo Jemand nicht
unmittelbar von der in seinem Vermögen liegenden Kaufkraft
Gebrauch machen will, sondern nur stets in der Lage sein
möchte, dieses nöthigen Falles thun zu können. Es gibt
daher in jeder Volkswirthschaft Geldvorräthe, welche nicht
etwa wie Vorräthe jeder anderen Waaren aufgefasst und
beurtheilt werden dürfen, weil sie eine ganz andere, eigenthümliche Function haben. Rikardo und nach ihm die
Currencyschule übersah das Vorhandensein und die Function
dieser Geldvorräthe. Die edlen Metalle in dieser ihrer Eigenschaft
als „Verkörperung des Begriffs Kaufkraft" dienen dann auch
namentlich dazu, zeitweilige Störungen der internationalen
Handels- und Zahlungsbilanz auszugleichen. Ein Land wie
England, braucht z. B. plötzlich eine ungewöhnlich grosse
Masse fremden Getreides, weil seine Ernte missrathen ist.
Dieses Getreide bedarf es unumgänglich zur Ernährung der
Bevölkerung. Der Bezug, weil der Consum leidet keinen
Aufschub, das Getreide muss aber natürlich auch gleich
bezahlt werden. Allein das Land, von welchem es bezogen
wird, bedarf nicht im nemlichen Augenblicke gerade so viel
mehr Kleidungsstoffe u. s. w., als England mehr Getreide
nöthig hat. Die Folge ist daher einfach die, dass sich das
Getreide exportirende Land einstweilen in baarem Gelde
bezahlen lässt, nicht, wie Rikardo consequent genug ist zu

behaupten, weil es einer grösseren Menge metallener Circulationsmittel bedürfte, — das eingeführte Metall geht nur
zum kleinsten Theile in die Circulation über, — sondern weil
die Edelmetalle als Geldstoff jene allgemeine Austauschbarkeit
besitzen und sich daher am Besten zur Uebertragung von
Kaufkraft von einem Zeitraum auf den anderen eignen. Die
Erklärung eines solchen Imports und Exports von Edelmetall ist gar nicht möglich, wenn man stets Gold und Silber
nur als Waare gleich jeder anderen Waare auffasst. Rikardo
geht daher auch so weit, die im obigen Beispiel besprochene
Ursache einer Versendung von Edelmetall von einem Lande
zum anderen ganz zu bestreiten.

Sein Raisonnement ist folgendes. Abgesehen von dem
Einflusse veränderter Productionskosten, welcher sich immer
erst in längerer Zeit und auch hier nur durch das Medium
einer Aenderung von Angebot und Nachfrage geltend macht
und hier jetzt nicht weiter in Betracht kommt, ändert sich
der Werth einer Waare, wenn Angebot oder Nachfrage sich
ändern. Die Thatsache einer Werthveränderung beweist daher
eine vorausgegangene Veränderung in Angebot oder Nachfrage, z. B. kann die Thatsache einer Werthverminderung auf
eine Vergrösserung des Angebots bei gleichbleibender Nachfrage schliessen lassen u. s. w. Die Thatsache des Exports
einer Waare vom einen in das andere Land beweist die Vor-
theilhaftigkeit dieses Geschäfts, also den höheren Werth (oder
Preis) der Waare im Auslande, wie im Inlande. Die Thatsache, dass eine Waare, welche bisher nicht ausgeführt wurde,
jetzt exportirt oder in grösserer Masse versendet wird,
gestattet, natürlich wiederum abgesehen von einer Aenderung
der Productionskostensätze, den Schluss, dass, unter Voraussetzung gleichgebliebener Nachfrage im Inlande und unge-
änderter Verhältnisse im Auslande, das Angebot jener Waare
im Inlande grösser geworden, also ein relativer Ueberfluss
und daher ein relativ zu niedriger Werth gegenüber dem
Preise des Artikels im Auslande bestehe. Die logische Richtigkeit dieses Raisonnements ist unbestreitbar, nur finden wir
auch hier bei Rikardo und seiner Schule wieder die Neigung

vorherrschend, die Sätze zu absolut und ohne stete Rücksicht auf die ihre Richtigkeit einschränkenden Voraussetzungen hinzustellen.

Die mitgetheilten Sätze werden nun wörtlich auf die edlen Metalle als Waare übertragen. Die Veränderungen des Werthes, die Ein- und Ausfuhr, die Ursachen davon, die Schlüsse daraus, Alles wie in dem vorhergehenden Raisonnement. Der letzte und für uns wichtigste Schluss ist, dass eine Metallausfuhr, oder die sogenannte ungünstige Handelsbilanz, niemals anders als durch einen relativen Ueberfluss (a redundancy) von Geld entstehe, ein Beweis für einen solchen Ueberfluss und demgemäss für einen gegen andere Länder relativ zu niedrigen Geldwerth sei.

Die weiteren Lehren Rikardo's sind Folgerungen aus diesen Vordersätzen. Dahin gehört z. B. die Leugnung jeder anderen Möglichkeit des Entstehens einer ungünstigen Handelsbilanz, — eine ganz consequente Einseitigkeit, wie es denn Rikardo an Consequenz niemals, an Einseitigkeit ebensowenig fehlen lässt. Besonders wichtig für die Weiterentwicklung war der Rückschluss von der bekannten Thatsache auf die schwerer aus den Verhältnissen zu constatirenden Ursachen. Für Rikardo wie für die Currencyschule steht es fest, dass die Thatsache des bekannten Metallabflusses nur aus der Ursache eines zu grossen Geldumlaufs, deshalb zu niedrigen Geldwerths zu erklären ist. Der Beweis für diese Behauptung liegt in dem vorausgegangenen Raisonnement, nicht in der Erfahrung oder der Untersuchung der Thatsachen, durch welche das Vorhandensein einer „zu grossen" Circulation als Ursache des Metallabflusses hätte festgestellt werden können.

Die Thatsachen zur Zeit der Bankrestriction, als Rikardo seine Theorie in seiner ersten Flugschrift niederlegte, schienen die vollste Bestätigung der neuen Lehre zu geben. Das Metall floss ab, die Sovereigns waren im Umlauf durch die Ein-Pfund-Noten ersetzt, die Wechselcurse standen ungünstig, über „allgemeine Theuerung" klagte alle Welt, — das Alles waren die klaren Wirkungen des zu geringen Geldwerthes, der zu grossen Geld-, damals Papiergeldcirculation.

Scheinbar sprach Alles für die Rikardo'sche Hypothese.
Was daran allein richtig war und wie die damaligen Vorgänge
wirklich zu erklären sind, haben wir früher gesehen.
Wie die Metallausfuhr, so war natürlich die eine solche
stets naturnothwendig begleitende Ungunst der Wechselcurse, — denn man versendet erst Metall, wenn dies
billiger kommt, als die Bezahlung eines Wechsels mit einer
die Versendungskosten übersteigenden Fraction über Pari, —
für Rikardo ebenfalls ein untrüglicher Beweis, dass die im
Lande circulirende Geldmenge grösser sei, als sie sein sollte.
In der Ausfuhr von Metall sah Rikardo deshalb auch das
einzige Heilmittel in einem „rein metallischen Geldwesen".
während er, wo Noten circulirten, eine entsprechende Einziehung derselben verlangte, denn hierdurch sollten seiner
Theorie nach die Preise der Waaren im Inlande fallen, im
Auslande steigen, die Waarenausfuhr grösser, die Einfuhr
kleiner werden, wodurch sich das Gleichgewicht zwischen
dem Geldwerthe in den verschiedenen Ländern wieder herstellte.

3. Specielles Verhältniss Rikardo's zur Currencytheorie.

Will man demnach das Verhältniss bezeichnen, in welchem
Rikardo und seine Theorie zu der späteren Currencytheorie
stand, so kann man dies auf folgende Weise thun. Ursprünglich hatte Rikardo, indem er Geld und Edelmetall streng
als Waare auffasste, die Giltigkeit der allgemeinen Werth-
gesetze in strictester Form auch für Geld hingestellt. In so
ferne war die Quantitätstheorie in sehr einseitiger Weise
bereits für Geld und die edlen Metalle während der Zeit der
Bankrestriction entwickelt worden. Ihre unmittelbare Anwendung zur Deutung der Phänomene der damaligen Papiergeldwirthschaft veranlasste aber einen weiteren Ausbau jener
Theorie und trug zu ihrer Verbreitung im Publicum viel bei.
Gleichzeitig schien die Theorie damals durch die Thatsachen
die vollste Bestätigung zu finden, was von Neuem als Beweis
ihrer Richtigkeit galt. Hierdurch unterblieb eine Berichtigung
vollends, es wurden im Gegentheile Argumente zu Gunsten

6 *

laut, welche nur aus den damaligen abnormen Verhältnissen gezogen waren. Auch Rikardo selbst, noch weniger seine Nachfolger unterschieden nicht immer zwischen der relativ berechtigteren Anwendung ihrer Theorie auf uneinlösbares Papiergeld und der nur sehr bedingt zu gestattenden Anwendung auf einlösbare Banknoten. Rikardo nennt mehr als einmal die Verpflichtung der Banken, ihre Noten sofort auf Verlangen gegen Metallgeld einzulösen, die genügende Controle der Notenemission. Allein anderseits vergleicht er selbst die Bank mit einer Goldmine und gesteht ihr einen ähnlichen Einfluss auf den Geldwerth mittelst Ausdehnung ihres Notenumlaufs, wie der Mine mittelst ihrer Production zu, und meint, durch unbeschränkte Ausdehnung der Notenemission könne die Bank das letzte Goldstück aus dem Lande treiben, wobei er wieder die Bank von England zur Zeit der Uneinlösbarkeit ihrer Noten vor Augen hat. Kurz, auch Rikardo that Aeusserungen, nach welchen die Verpflichtung zur steten Einlösung der Noten noch keine genügende Garantie für die Verhütung einer „Ueberemission" von Noten sei und die Banken demnach mittelst ihrer Notenausgabe einen unheilvollen Einfluss auf den Geldwerth, die Preise, die Ein- und Ausfuhr von Metall ausübten. An diese Sätze, welche nicht immer klar ausgesprochen sind, aber implicite in der Theorie lagen, knüpfte die Currencyschule an und baute nur mit schärferer Consequenz ihre weiteren Lehren darauf.

Die Elemente der Currencytheorie sind in den nachfolgenden Rikardo'schen Sätzen gegeben, dass der Werth des Geldes von seiner Menge bedingt werde und genau im umgekehrten Verhältnisse schwanke; dass demnach die Ein- und Ausfuhr von Metall Beweise für einen zu hohen und zu niederen Geldwerth seien und in einer zu geringen und zu grossen Menge Geldes ihren Ursprung hätten; und dass Geld wie jede andere Waare zu beurtheilen sei, also z. B. die Ausfuhr nur wegen eines relativ höheren Werthes im Auslande Statt finde, worin sich ein Verkennen einer wichtigen Function der Edelmetalle offenbart. Andere in den Rikardo'schen Lehren noch minder klar hervortretende Puncte, z. B.

die eigenthümliche Doctrin vom „rein metallischen" und „gemischten" Geldwesen, finden sich in der Currencytheorie gleichfalls weiter entwickelt. Die Critik aller dieser Seiten der Rikardo'schen Doctrin liegt in der später folgenden Critik der Currencytheorie, welche bloss consequent fortgeschritten ist auf dem von Rikardo angebahnten Wege. Es würde nur zu Wiederholungen führen, wenn wir noch weiter im Einzelnen entwickelten, auf welche Weise die Geldlehren aus der Zeit der Bankrestriction von Einfluss auf die Lehren über die eigentlichen Banknoten waren, denn dies muss bei den zahlreichen Berührungspuncten der Quantitäts- und der Currencytheorie in unserer folgenden Erörterung der letzteren ohnehin klar werden. Einstweilen kann die vorhergehende Besprechung als Beweis für unsere Behauptung genügen, dass der Ursprung der Currencytheorie in den Rikardo'schen Lehren über die Papiergeldverhältnisse liege und hiernach schon der Ausgangspunct jener Theorie unhaltbar sei.

IV. Das System der Currencytheorie.

A. Darlegung der Theorie.

Suchen wir nun die positiven Lehrsätze der Currencytheorie aufzufinden, um hierdurch einen Ueberblick über das ganze Geld- und Creditsystem der Overstone'schen Schule zu erhalten, so lässt sich das etwa in folgender Weise thun.

1. Die beiden Zustände des Geldwesens.

Der ursprüngliche, gewissermassen der Naturzustand des Geldwesens ist der rein metallische, d. h. ein solcher, wo es keine Banknoten, welche stets auf Verlangen in Edelmetall eingewechselt werden können, neben der Münze in Circulation gibt. Ein Geldwesen, wo gleichzeitig Banknoten im Umlauf sind, wird im Gegensatze zu dem rein metallischen ein gemischtes genannt.

2. Der rein metallische Zustand.

Das rein metallische Geldwesen regulirt sich vermöge seines inneren Werthes von selbst. Die edlen Metalle vertheilen sich in solchen Verhältnissen unter den verschiedenen Ländern der Erde, dass sie sich selbst dem natürlichen Verkehre anpassen, der Statt finden würde, wenn gar keine solche Metalle existirten und der Handel zwischen den Ländern reiner Tauschhandel wäre. Jedes Land wird unter diesen Umständen einen solchen Antheil an der Gesammtmasse Goldes und Silbers haben, welcher dem Zustande seines Verkehrs und Wohlstands, daher der Anzahl und Häufigkeit der zu vollführenden Zahlungen entspricht. So lange sich hierin nichts ändert, wird auch der relative Antheil jedes Landes an dem Metallvorrathe der Welt derselbe bleiben. Die edlen Metalle bilden in der Regel unter der Form der Münze das Geld des Landes. Abgesehen von dem zu industriellen Zwecken verwendeten Metalle ist das in einem Lande vorhandene Gold und Silber die „Circulation" im rein metallischen Geldwesen. Jede Ein- oder Ausfuhr von Edelmetall wirkt auf diese Geldcirculation. Das Metall ist stets Geld oder Umlaufsmittel (money or currency), welche Ausdrücke der Theorie das Gleiche bedeuten. Die Ausfuhr von edlem Metalle würde sofort eine ihrer Grösse genau entsprechende Verminderung der Geldcirculation, hierdurch ein Steigen des Geldwerths, mithin ein Sinken der Waarenpreise hervorrufen. Dadurch würde das Gleichgewicht im Werthe des Geldes unter den verschiedenen Ländern wieder hergestellt. Auf eine vorausgehende Störung dieses Gleichgewichts weist die Thatsache der Edelmetallausfuhr hin. Gerade umgekehrt sind die Wirkungen einer Geldeinfuhr auf den Werth des Geldes, weil der Supposition nach auch hier das Metall sich in die Circulation sofort ergösse. Die Schwankungen der Metallgeldcirculation, d. h. die Bewegungen in der Menge des umlaufenden Geldes, werden also durch die Ein- und Ausfuhr von Gold und Silber verursacht.

3. Der gemischte Zustand.

Das gemischte Geldwesen — und das ist das vornehmste Princip der Currencytheorie — bedarf der Unterwerfung unter eine künstliche Regulirung mit Rücksicht auf seine Menge, und zwar muss es nach dem Muster des rein metallischen Geldwesens regulirt werden. Das gemischte unterscheidet sich nemlich vom rein metallischen Geldwesen durch folgende Merkmale. In letzterem läuft die wirkliche Münze um, im ersteren wird ein Theil der circulirenden Münzen durch Banknoten ersetzt. Banknoten sind Zahlungsversprechen, Metallgeld auf Verlangen an den Einlieferer der Note auszuzahlen. Während das „Geld" (money) oder die „Umlaufsmittel" (currency) oder die sogenannte „Circulation" im rein metallischen Geldwesen bloss aus Edelmetall bestehen, bilden Edelmetallgeld und die Banknoten im gemischten Geldwesen das „Geld des Landes" oder die „Circulation". Der Ausdruck Geld oder Circulation wird hier streng auf Münze und Banknoten beschränkt, und darf durchaus nicht auf die Surrogate dieses Geldes (d. h. mithin der Münze und der Noten) z. B. auf Wechsel, Anweisungen, Bankdepositenscheine, Checks u. a. m. ausgedehnt werden. Jenes „Geld" des gemischten Systems wird nach denselben Gesetzen regulirt, wie das Geld des rein metallischen Geldwesens. Es bildet das Preismass aller Güter und das Object von Verträgen. Es ist das allgemeine Tauschmittel. Der Note characteristisch ist, dass sie stets einen gleichen Betrag Münze aus der Circulation verdrängt. An der Stelle der Noten ist im rein metallischen Zustande des Geldwesens ein gleicher Betrag Münzen im Umlaufe. Durch die Banknotenemission und die Einbürgerung dieser Noten im Verkehr wird ein Theil des in den metallenen Circulationsmitteln angelegten Capitals des Landes wieder disponibel für irgend andere volkswirthschaftliche Zwecke, als bloss den zum Umlaufsmittel zu dienen. Dies ist der wirthschaftliche Nutzen der Notenausgabe, denn die Verfügbarmachung eines der Notencirculation gleichen Capitals bedeutet so viel, wie eine neue Ersparung zum nemlichen Betrage. Ein Theil des auf diese

Art gewonnenen Capitals kann in's Ausland zum Ankauf von Waaren wandern u. s. w. Ein anderer Theil muss als Reserve baar in den Anstalten vorräthig liegen, welche die Notenausgabe besorgen, um die stete Einlösbarkeit der Noten zu verbürgen. Die Menge der circulirenden Münzen und Banknoten soll genau gleich der Menge des circulirenden Metallgeldes allein im rein metallischen Systeme sein. Der Baarfonds der Banken ist nur ein Theil desjenigen Metallgeldes, welches, ohne die Banknotencirculation, als Münze vollständig circuliren würde.

4. Uebereinstimmung der Bewegung der Geldmenge in beiden Systemen.

Alles käme nun darauf an, dass der Werth des Geldes im gemischten Systeme ganz der nemliche wie im rein metallischen sei. Da für diesen Werth die Bewegungen der Menge entscheidend sind, so muss vor Allem stets bewirkt werden, dass das gemischte Geldwesen immer den gleichen Belauf habe und dieselben Schwankungen in der Menge des Geldes erfahre, wie auch das rein metallische thun würde. Die Schwankungen des letzteren hängen von der Metall-Ein- und Ausfuhr ab. Desshalb soll auch das gemischte Geldwesen seiner Menge nach ab- und zunehmen mit der Metall-Ein- und Ausfuhr. Denn nur hierdurch würde die jetzige „Circulation", Münze und Noten, sich hinsichtlich der Menge genau so bewegen, wie sonst die rein metallische Circulation sich bewegt haben würde. Das ist die Aufgabe, welche im gemischten Geldwesen gestellt wird: es müssen Einrichtungen getroffen werden, damit unter allen Umständen die Schwankungen im Betrage des Geldes, d. h. mithin des Metallgeldes **und** der Noten, in Uebereinstimmung mit den Schwankungen im Betrage des Geldes (der Circulation) im rein metallischen System Statt finden. Erfolgt z. B. eine Metallausfuhr und wird hierdurch der Baarfonds der Bank vermindert, so ist dies dasselbe, als wenn im metallischen Geldwesen eine Verminderung der Cir-

culation eingetreten wäre, weil der Theorie nach das den
Baarvorrath bildende Metall im rein metallischen Systeme
circuliren und also durch eine Ausfuhr ebenfalls aus dem
Umlaufe gezogen würden. Um die völlige Gleichheit der Bewegungen der Geldmenge in jedem der beiden Systeme zu
bewirken, muss mithin gleichzeitig und genau in demselben
Verhältnisse mit der Abnahme des Baarbestandes eine Einziehung der Banknoten, also eine Verminderung der Notencirculation nach der Menge der Noten erfolgen. Umgekehrt
muss dieser Theorie zu Folge eine Ausdehnung der Notencirculation geschehen, wenn der Baarfonds unter dem Einflusse günstiger, Metall ins Land führenden Wechselcurse
zunimmt. Jede Abweichung hiervon würde eine Abweichung
von den Schwankungen der rein metallischen Circulation bedingen und demgemäss eine unrichtige Stellung des Geldwerths bewirken.

5. Das Princip des gleichmässigen Schwankens von Notencirculation und Baarfonds.

Die Ab- und Zunahme des Baarvorraths als
Criterien der Bewegungen einer metallischen Circulation, das ist daher die Hauptlehre der Currencydoctrin.
Diese Ab- und Zunahme steht im engsten ursächlichen Zusammenhang mit der Aus- und Einfuhr von Edelmetall und
Münze. Gleichmässiges Schwanken von Notencirculation und Baarfonds, genau nach Zeit und Betrag
(Menge) ist die daraus gezogene practische Folgerung und
die Anforderung, welche Sir Robert Peel und Lord Overstone für die Regulirung der Banknotencirculation aufstellen.
Im rein metallischen Geldsysteme würde sich das eingeführte
Gold und Silber in die Circulation ergiessen, dieselbe vergrössern; jetzt im gemischten geschieht entweder dasselbe
oder, wie in der Regel, weil Banknoten ein bequemeres und
beliebteres Umlaufsmittel als Münze sind, das Metall schwillt
den Baarfonds an, dann muss die Notencirculation, wenn sich
die Dinge ganz wie im rein metallischen Zustande gestalten

sollen, in demselben Verhältniss sich ausdehnen. Umgekehrt wenn eine Metallausfuhr stattfindet, welchen Fall die Theorie vorzugsweise berücksichtigt, weil dann die Erhaltung der Noteneinlösbarkeit leicht besonders gefährdet sein kann. Auch das auszuführende Metall wäre sonst aus der Circulation gezogen worden, jetzt pflege es durch Zurückströmen der Noten an die Bank zum Zwecke der Einlösung verfügbar zu werden. Es müsste deshalb die Verminderung der Notencirculation gleichen Schritt mit der Abnahme des Baarfonds halten und die zurückgekommenen Noten dürften nicht anders wieder hinausgegeben werden, als eben seiner Zeit gegen das zurückströmende Metall. An diesen letzten Schluss knüpfen Overstone und seine Anhänger ihre Vorschläge wegen der Regulirung der Notencirculation im concreten Falle. Die Peel'sche Acte nahm diese Vorschläge auf.

Die leitende Idee in dem Verlangen nach gleichmässiger Ab- und Zunahme der Notencirculation und des Baarbestandes ist stets die rein aus der Quantitätstheorie herübergenommene Ansicht, dass der Werth des „Geldes" von der Menge abhänge, und nur durch die „gehörige" Zusammenziehung, respective Ausdehnung der Notencirculation das Geld jenen „richtigen" Werth behaupte, den es im Verhältniss zum Geldwerthe in anderen Ländern sonst im rein metallischen Zustande haben würde. Namentlich soll, sobald Gold exportirt wird, also — nach dem echt Rikardo'schen Schlusse — der Geldwerth im Inlande augenscheinlich relativ zu niedrig steht, die Contraction des Notenumlaufs eine proportionelle Wertherhöhung der restirenden Menge Geldes hervorrufen. Geschähe dieses nicht, so würden die „zu hohen" Waarenpreise nicht sinken und damit die Ursache des Metallexportes nicht beseitigt werden, denn Metall werde ja nur ausgeführt, weil es vortheilhafter sei, dieses statt der Waaren zu versenden, deren Preise um der zu grossen Geldmenge Willen zu sehr emporgeschraubt wären, als dass die Waaren einen lohnenden Ausfuhrgegenstand abgeben könnten, — wieder lauter Rikardo'-sche Raisonnements aus der Zeit der Bankrestriction. Die unvermeidliche Folge von dem Allen wäre die Fortdauer einer

starken Waareneinfuhr, und desgleichen die eines starken
Metallabflusses, weil die Waarenausfuhr sich bei der Höhe
der Preise nicht erzwingen liesse. So müsste endlich der
letzte Sovereign aus den Kellern der Bank verschwinden, die
Uneinlösbarkeit der Noten wäre eine Thatsache, alle schlimmen
Folgen des eigentlichen Papiergeldes stünden zu befürchten.
Ein abermaliger practischer Schluss der Theorie führt zum
Verlangen einer rechtzeitigen Beschränkung der Zettelausgabe,
weil sonst der unerschöpfliche Metallabfluss den
Baarfonds bald erschöpfen und das Land den Gefahren unein-
lösbaren Papiergeldes preisgeben würde.

6. Frühere und jetzige Formulirung der Currencytheorie.

Dies sind die Raisonnements der Currencytheorie, welche
zu den practischen Vorschlägen geführt haben, die wir in der
Acte von 1844 vom Gesetze sanctionirt sehen. Wir haben
absichtlich ziemlich weitläufig die Entwicklung dieser Sätze
gegeben, und wiederholt diejenigen Lehren dabei berührt,
welche das Fundament des Raisonnements bilden, um stets
von Neuem darauf aufmerksam zu machen, namentlich die
Sätze über den Einfluss der Gold-Ein- und Ausfuhr auf die
Bewegungen der Geldmenge. Es mag übrigens hier noch
bemerkt werden, dass wir uns in der vorausgegangenen Darstellung der Currencytheorie an diejenige Formulirung der
letzteren hielten, welche ursprünglich allgemein aufgestellt
wurde. Neuerdings, wo man die handgreiflichen Widersprüche
der Theorie mit den Factis nicht wohl mehr läugnen konnte,
nachdem die Peel'sche Acte die Regulirung der Notencirculation conform den Grundsätzen der Theorie angeordnet hatte,
ist diese Theorie selbst von ihren Anhängern etwas modificirt
worden. Während diese früher das Wort Geldwerth in dem
wissenschaftlichen Sinne nehmen, wonach es den Tauschwerth
von Geld gegen Waaren bezeichnet, und sie demgemäss von
einer durch Vermehrung der Geldmenge bewirkten Verminderung des Geldwerthes reden, welche sich in dem Steigen der
Waarenpreise ausspreche, so fassen sie jetzt gern jenen Aus-

druck nach dem geschäftlichen Sprachgebrauch auf und verstehen unter der Erhöhung und Verminderung des Geldwerthes
das Steigen oder Fallen des Zinsfusses, also den höheren oder
geringeren Preis, welchen der Entlehner für die Capitalnutzung
zu bezahlen hat. Lord Overstone, in dessen früheren
Aeusserungen der Ausdruck Geldwerth ganz deutlich immer
im ersten Sinne genommen wird, braucht das Wort value
of money z. B. in seinem letzten Verhöre im Jahre 1857
stets für Zinsfuss, und sagt jetzt, dass durch die Einziehung
der Noten dieser Zinsfuss in die Höhe getrieben werden sollte,
was auch die unvermeidliche Folge einer Verminderung der
Geldmenge sei, während allerdings ein so unmittelbarer Einfluss der Aenderungen der Geldmenge auf die Waarenpreise
nicht angenommen werden könne. Allein hiermit hat eben
Lord Overstone nur selbst einen wichtigen Lehrsatz seiner
Theorie als unhaltbar aufgegeben, womit wir ganz übereinstimmen. Ein Grund, die Polemik deshalb umzuändern, liegt
in diesem Meinungswechsel des Hauptes der Currencyschule nicht.

B. Prüfung der Theorie.

Wenden wir uns jetzt zu einer etwas näheren Betrachtung
und Prüfung der Sätze, auf welche das Peel'sche Gesetz als
practische Durchführung der Currencytheorie gegründet ist.

1. Die Lehre vom rein metallischen Geldwesen.

Der erste Punct der Erörterung wird die Lehre vom rein
metallischen Geldwesen (purely metallic currency) sein
müssen. Was sich die Overstone'sche Schule eigentlich
hierunter genau vorstellt, darüber bleiben wir im Unklaren,
denn nirgends findet sich in ihren Schriften eine zusammen-
hängende Auseinandersetzung darüber. Man muss aus einzelnen
Andeutungen sich selbst die Theorie der Schule über das
rein metallische System zusammenbauen. Im Allgemeinen
scheint die Schule die Erörterung hierüber für unnöthig zu
halten, was nur dann der Fall sein könnte, wenn wirklich über die

Natur des metallischen Geldwesens kein Streit möglich wäre. In den Lehren über die Vertheilung der Edelmetalle unter die Länder der Erde folgt Overstone genau der Doctrin Rikardo's, dessen bekannte Sätze wir auch oben in die Darstellung eingereiht haben.

Fassen wir das „rein metallische" Geldwesen genauer in's Auge, so könnte dasselbe nach dem Wortlaute des Ausdruckes nur ein solches sein, wo alle Umsätze mittelst baaren Geldes, mit Münze, bewerkstelliget werden und der Credit, ausser in der einfachsten Form des Darlehens, durchaus nicht benützt wird, sondern daneben etwa nur noch directer Tauschverkehr stattfände. Jede Cession eines Forderungstitels und jede Anwendung eines solchen Documentes an Geldes Statt zur Bezahlung von Einkäufen ersetzt momentan eine bestimmte Menge Münze, welche sonst bei dem Einkauf hätte vorhanden sein müssen. und dann könnte bereits von einem rein metallischen Geldwesen nicht mehr die Rede sein. Sobald der Baarkauf schon vielfach durch Kauf gegen Schuldverschreibungen irgend welcher Art, z. B. gegen Anweisung des Käufers auf sich selbst, oder gegen Wechsel, gezogen vom Verkäufer auf den Käufer u. s. w. ersetzt, und die betreffenden Schuldurkunden öfters wieder von den Verkäufern weiterbegeben, „girirt" und von ihnen vom Neuen bei Einkäufen an Zahlungsstatt benützt würden, so wäre diese Organisation des Creditsystems offenbar geeignet, bereits im umfänglichen Masse Münze aus dem Umlaufe, aus seiner Function als Tauschmittel zu verdrängen, oder, wie sich die Sache in der Wirklichkeit der Regel nach gestaltet, eine Vermehrung der metallenen Cirkulationsmittel für die neuen Umsätze unnöthig zu machen, ohne dass letzteren Falles der Geldwerth bei gleichbleibender Menge und grösserem Bedarf zu steigen und dadurch eine andere Vertheilung der Edelmetalle zwischen den einzelnen Ländern einzutreten brauchte. Jeder weitere Schritt in der Entwicklung des Creditwesens führt von dem „rein metallischen" Geldwesen hinweg, und bewirkt, dass die Summe der Umsätze, zu welchen in dem ursprünglichen Zustande des Geldwesens Münze nöthig gewesen wäre, ausserordentlich zunehmen kann, ohne eine entsprechende

Vermehrung, bald selbst wohl trotz einer Verminderung der
metallenen Umlaufsmittel. In den an sich einfachsten Formen
der Creditbenutzung tritt diese „Ersparung an Münze" sofort
hervor, z. B. gestattet das simple System gegenseitiger Buchcredite zwischen Geschäftsmännern, welche wechselseitig von
einander gegen Buchschuld kaufen und an einander verkaufen,
die Durchführug der grössten Geschäfte, nebenbei bemerkt
die stärkste Einflussnahme auf die Preise, ohne dass dazu
mehr baares Geld gebraucht würde, als um zur Zeit des
Abschlusses der Geschäftsperiode den etwaigen Saldo auszugleichen, wozu abermals statt Münze irgend ein Surrogat des
Geldes, ein Creditpapier, benützt werden könnte. Zeitlich und
örtlich sind die Methoden, wie der Credit an die Stelle von
Münze als Tauschmedium tritt, sehr mannigfaltig und darin
werden noch täglich selbst in Ländern mit hochentwickeltem
Creditsysteme Fortschritte gemacht. Aber selbst in Ländern
der niederen und niedersten Culturstufen, wo nur überhaupt
der Tauschverkehr und die Naturalwirthschaft schon bis zu
einem gewissen Grade durch die Geldwirthschaft ersetzt
worden sind, finden wir kaum jenes rein metallische Geldsystem, wie es sich die Currencyschule in logischer Consequenz
denken müsste. Genauer betrachtet existirt daher auch
jener Gegensatz zwischen dem rein metallischen und gemischten
Geldsysteme gar nicht. Es gibt, in der Sprachweise der
Currencytheoretiker, eigentlich nur mehr oder weniger „gemischte" Systeme.

2. Irrthümliche Identificirung des im Lande vorhandenen Edelmetalls und der Geldcirculation.

Hält man sich aber an die Hypothese vom rein metallischen
Zustande des Geldwesens, soweit sich darunter wenigstens Etwas
denken lässt, so stellt die Currencyschule doch auch dafür Behauptungen auf, welche den Erfahrungen aus jedem Zustande
des Geldwesens widersprechen. In den bekannten Rikardo'-
schen Sätzen über die Vertheilung der edlen Metalle unter
die Länder der Erde findet sich der Einfluss des Momentes

der Quantität auf den Werth des Geldes, gerade wie so manche anderen Lehrsätze dieses Oeconomisten, zu absolut hingestellt, auch wenn nicht eine dabei gemachte Voraussetzung ohnehin unrichtig wäre. Implicite wird in jenen Lehren nemlich der in einem Lande befindliche Vorrath edlen Metalls, natürlich abgesehen vom Geräthe u. s. w., für identisch mit der Menge der im Umlauf befindlichen Gold- und Silbermünzen erklärt, oder alles Edelmetall als Bestandtheil der „Circulation" aufgefasst. Die Folge dieser Hypothese ist die Behauptung, dass im rein metallischen Zustande des Geldwesens nothwendig jede Ein- und Ausfuhr von Metall die Quantität des circulirenden Geldes vermehre oder vermindere. Da nun auf den Geldwerth jedenfalls nur diese circulirende Geldmenge und auf die Aenderungen des Geldwerthes folgeweise die Bewegungen im Betrag der circulirenden Geldmenge einen Einfluss ausüben, so würde allerdings, der Currencytheorie nach, welche hier sich strict der Quantitätstheorie anschliesst, durch die Ein- und Ausfuhr von Edelmetall eine Aenderung des Geldwerthes, der Waarenpreise u. s. w. verursacht werden. Der nothwendige Schluss hieraus wäre alsdann auch ganz gerechtfertigt, dass die Ein- und Ausfuhr von Metall einen zu hohen oder zu niedrigen Geldwerth, deshalb eine zu geringe oder zu grosse Geldcirculation anzeige. Lord Overstone ging genau von dieser Auffassung aus, indem er in dem Baarfonds der Zettelbanken, wie bemerkt, nur jene Summe Metallgeld sah, welche im rein metallischen Geldsysteme circulirt haben würde. Hieraus zog er den für die practische Frage der Banknotenregulirung wichtigsten Schluss, es müsse Baarbestand und Notencirculation gleichförmig schwanken. Allein auch hier ist wieder die Prämisse falsch. Keineswegs ist alles Edelmetall oder alle Münze in einem Lande wirklich im Umlauf, ein Bestandtheil der „Circulation", und in dem Mechanismus thätig, welcher die inländischen Werthumsätze vermittelt. Vielmehr wird in jedem Geldsysteme, wo Gold und Silber die Währung ist, und selbst in solchen Ländern, welche eine uneinlösbare Papierwährung haben, weil man auch hier mit Ländern der Metallwährung im engen Verkehre steht, überall wird ein ansehnlicher Betrag Edelmetalls nur gleichsam als überschüssiges Capital aufbewahrt, welches die Bestimmung hat, jeden gelegenen Moment und an jedem beliebigen Orte gebraucht werden zu können, und insoferne, wie man es ausgedrückt hat, einen Markt sucht. Die Eigenthümer von Vermögensobjecten, einerlei, ob die letzteren Capital im technischen Sinne, also zur Production bestimmt sind oder nicht, haben jene Werthe in Metallgeld umgesetzt und sie in dieser Form aufbewahrt, weil dieses Edelmetall gerade wegen seiner Verwendung zum Gelde „Kaufkraft" par excellence vorstellt. In dieser Gestalt kann das Vermögen oder das Capital jeder passenden neuen Bestimmung am Leichtesten zugeführt werden. Es kommt hier recht eigentlich die schon früher erwähnte Function der Edelmetalle zum Vorschein, worin das Geld nur als Mittel zur Concentration von Werthen, durchaus nur als „disponibles Capital", nicht als Mittel zur Distribution von Werthen, als Tauschmedium dient. Wir sprachen davon bereits bei Gelegenheit der einseitigen und ausschliesslichen Hervorhebung des Waarencharacters des Geldes durch Rikardo. Eine besondere Bedeutung haben jene Geldvorräthe, wenn Zahlungen von einem Lande zum andern bewerkstelligt werden sollen, namentlich solche, welche plötzlich aus einer stark passiven Handels- oder Zahlungsbilanz des einen zum andern Lande hervorgehen, z. B. bei ungewöhnlich starker Getreideeinfuhr nach Missernten, oder bei plötzlicher starker Stockung des Ausfuhrhandels, oder bei grossen Capitalanlagen in einem fremden Lande, — man denke z. B. an Englands vielbesprochene letztjährige Betheiligung an den indischen Eisenbahnen, — oder auch bei Zahlungen nicht commercieller Natur, wie Kriegs- und Truppenkosten (Krimm), Subsidien u. a. m. Die Currencyschule muthmasst, dass hier das abfliessende Metall in solchen Fällen unmittelbar aus der „Circulation" gezogen wird, was aber durchaus den wirklichen Vorgängen nicht . entspricht. Sie ignorirt dabei sowohl für ihr rein metallisches, wie für ihr gemischtes Geldsystem das Vorhandensein solcher disponibler Geldvorräthe, welche in der englischen technischen Sprache Hoards heissen. Die für unsere Fragen hochwichtige

Lehre von den „Geldhorten", wenn man hierfür ein älteres deutsches Wort gebrauchen darf, ist namentlich von Fullarton erst wissenschaftlich ausgebildet worden, wie dies seiner Zeit auch bemerkt ward.

3. Die Lehre von den Geldhorten.

In Ländern mit wenig ausgebildetem Bankwesen müssen schon die Geschäftsleute zahlreiche und grössere Reserven von baarem Gelde, als dem gesetzlichen Zahlungsmittel und der Darstellungsform disponiblen Capitals, halten, um in ihren Zahlungen stets flüssig und in der Eingehung von Geschäften bei sich bietender Gelegenheit nicht allzu beengt zu sein. Auf diese Weise liegen durchschnittlich weit grössere Summen brach und treten Jahr aus Jahr ein nicht in die Circulation über, als dies in einem Zustande des höher entwickelten Creditwesens geschehen würde. Gleichzeitig halten eine Menge Privatpersonen in solchen minder fortgeschrittenen Ländern grössere oder geringere Summen Münzen bei sich bereit. Natürlich geht man darin am Weitesten in Ländern und Zeiten von geringer Rechtssicherheit. In Kriegs- und Revolutionsperioden werden enorme Geldsummen zu diesem Zwecke erst der Circulation entzogen, welche nach wieder hergestellter Ruhe und Ordnung wieder zum Vorschein kommen. Ein besonderer, auch in Ländern unserer europäischen Culturstufe vielfach beobachteter Fall ist das massenhafte Vergraben und Verbergen der Münze bei der Einführung eines uneinlösbaren, mit Zwangscurs umlaufenden, entwertheten Papiergeldes, wo die Münze auch erst nach wieder hergestellter Ordnung im Geldwesen in den Verkehr zurück gelangt. Frankreich und Oesterreich bieten allbekannte Belege. Ein characteristisches wirthschaftliches Phänomen ist das Ansammeln von Edelmetall aber namentlich in gewissen, höher cultivirten, aber stationären Ländern mit historischer Unvollkommenheit der Rechtszustände, wie den asiatischen Despotien, wo das Schatzaufhäufen zur regelmässigen Art der Vermögensanlage für grosse Classen der Bevölkerung wird. Hier hat das Edelmetall eigentlich bleibend die Bestimmung zur Aufbewahrung des Vermögens zu dienen („Vermögenshorte"). Treten nun aber in allen solchen Ländern mit weniger entwickeltem Creditwesen Fälle der Nothwendigkeit plötzlicher grosser Geldzahlungen, namentlich Zahlungen in die Fremde zur Ausgleichung der Handelsbilanz u. s. w. ein, so werden viele Personen durch die sich ihnen jetzt in der Regel bietenden Vortheile, den gestiegenen Zinsfuss, angelockt, mit ihren Vorräthen herauszurücken. In einem solchen Zustande des Geldwesens, welcher dem rein metallischen der Currencytheorie ähnlich wäre, wird das zum Export und für andere Zwecke — man denke z. B. an plötzliche, grosse und ungewöhnliche Vortheile gewährende Capitalanlagen, Anlehen, — erforderliche Metallgeld nicht aus der im Umlauf befindlichen Geldmenge, sondern aus jenen Geldvorräthen gezogen. Hier fliesst Geldcapital fort. Häufig wird in Folge eines solchen Abflusses von Edelmetall und der denselben verursachenden und aus ihm hervorgehenden wirthschaftlichen Störungen allgemeiner Art der Capitalmarkt minder flüssig, eine allgemeine Einschränkung der Geschäfte, geringere Beschäftigung der Arbeiter, weniger Umsätze finden statt, der Bedarf an Circulationsmitteln verkleinert sich: jetzt tritt dann wohl quantitativ eine Zusammenziehung der Geldcirculation ein und ein Theil des als Umlaufsmittel nicht mehr gebrauchten Geldes strömt in's Ausland, ein grösserer Theil, in der Regel wohl alles dieses Geld dient einstweilen zur Verstärkung jener Geld- und Cassenvorräthe, bis es durch eine neue lockende Gelegenheit wieder in den Verkehr gezogen wird und bei grösseren Umsätzen zu deren Bewältigung von Neuem die Circulation vermehrt. Aber wie man sieht, die Zusammenziehung der Geldcirculation erfolgt nicht direct durch den Metallabfluss, sondern indirect durch die von ihm mit herbeigeführte Verminderung der allgemeinen wirthschaftlichen Thätigkeit. Auch in dem geschilderten Zustande der Wirthschaft bilden die Cassen der Einzelnen gewissermassen die Saugapparate, welche aus der Circulation für kürzer oder länger Geld an sich ziehen, und dasselbe bei ungewöhnlichem Bedarfe der Wirthschaft wieder von sich geben. Wohlhabende aber indolente Bevölkerungsclassen, wie die Bauern mancher deutscher Gegenden (z. B. Holstein, Hannover) halten mitunter lange Zeit an der ererbten Gewohnheit fest, ihre bedeutenden Ersparnisse stets in der Form baaren Geldes anzulegen und von letzterem grosse Summen mit der Zeit anzusammeln. Wenn solche Kreise, wie es zum Theile in den letzten Jahrzehenten geschehen ist, aus ihrer wirthschaftlichen Lethargie zu erwachen beginnen und wenigstens ihre Capitalien auf Zinsen ausleihen, so können hierdurch wiederum bedeutende Summen baaren Geldes für die Zwecke der Ausfuhr disponibel werden, ohne dass deshalb die Circulation in Anspruch genommen zu werden brauchte. Derartige Fälle kommen aber überall vor, und dieses ihr Vorkommen ist es, welches auch die Theorie nicht übersehen darf.

In Ländern mit ausgebildetem Bankwesen, besonders mit Depositenbanken und Checksystem, sammeln sich alle die kleinen Separatreserven der Einzelnen gerne in den Banken an und wo, wie in England, wieder eine grosse Bank eine beherrschende Stellung einnimmt, laufen die Reserven der Banken und Banquiers wieder bei diesem Institute zusammen, dessen Baarfonds dadurch das grosse Edelmetallreservoir des Landes wird. Das Princip ist ja hier einfach, einen Theil des reservirten Geldes productiv zu machen und doch gleichzeitig die nöthige stete oder leichte Verfügbarkeit über dasselbe zu behalten. Dies ist möglich, wenn die Bank nach bekannten Erfahrungsgrundsätzen ihre Geschäfte leitet und für die Einzelreserven eine dem ganzen Betrage derselben durchaus nicht nothwendig gleichkommende Reserve hält, die grössere Bank wieder für eine Mehrzahl von kleinen u. s. w. Die Tendenz immer stärkerer Concentration liegt in dem Systeme naturgemäss. Der Baarfonds der grossen Centralbank wird daher wegen dieser seiner obenerwähnten Function bei jeder stärkeren Nachfrage nach Metall für das Ausland unmittelbar in Anspruch genommen, aber offenbar als Sammelpunct all der einzelnen Cassenvorräthe und Reserven, aus welchen im Zustande des „rein metallischen" Geldwesen's das Metall zur Ausfuhr herausgezogen wäre, — keineswegs

ist es der Baarfonds als Theil des sonst, ohne Banknotenwesen, in Circulation befindlichen Metallgeldes, welcher
für die Ausfuhr herhalten muss. Augenscheinlich braucht deshalb in dem „gemischten" Geldsysteme so wenig eine „Zusammenziehung der Circulation" Statt zu finden, wie in dem
rein metallischen, wo davon auch nicht die Rede wäre. Im
Gegentheile, wenn die Currencyschule, die Existenz und die
Functionen dieser Geldvorräthe und die Bedeutung eines
Sammelpunctes derselben, wie die Bank von England es ist,
übersehend, das Verlangen stellt, dass die Abnahme des
Baarfonds genau im nemlichen Verhältniss (um denselben
absoluten Betrag) von der Verminderung der Notencirculation
begleitet werde, so würde hierdurch gerade eine Abweichung
in der Bewegung der Menge der Circulation ihres gemischten
Geldwesens von derjenigen in ihrem rein metallischen herbeigeführt werden. Das Vorhandensein dieser Geldvorräthe,
welche in sehr vielen Fällen allein von der Ein- und Ausfuhr
von Metall berührt werden, und weiter der in den grossen
Welthandelsplätzen getriebene Handel mit Metall bedingt
daher eine nothwendige Einschränkung der Tragweite der
oben erwähnten Rikardo'schen Sätze. Denn selbst wenn man
den unmittelbaren Einfluss einer durch Geld-Ein- und Ausfuhr
vermehrten oder verminderten Geldmenge (Geldcirculation)
auf den Werth des Geldes, also auf die Waarenpreise unbedingt zugäbe, wie man es nicht thun kann, so lässt sich
offenbar von einer Veränderung des Geldwerths und der Preise
auch nach der gegnerischen Theorie nicht reden, wenn die
Circulation von der Ein- und Ausfuhr von Geld gar nicht
berührt wird. Tooke meint, dass England auch unter „rein
metallischem" Geldwesen edle Metalle im Werthe von wenigstens
5—6 Mill. Pf. St. empfangen und versenden könnte, ohne
dass dadurch die Menge und der Werth des circulirenden
Geldes weder in England noch in dem betreffenden andern
Lande verändert werde oder dass man in den Bewegungen
des Edelmetalles von einem Lande zum andern eine Ursache
oder eine Wirkung veränderter Waarenpreise sehen könnte.
Wenn man vollends die neuen Verhältnisse, wo England, der

Mittelpunct des Welthandels, als zeitweiliger Sammelpunct und Wiedervertheiler der grossen neu gewonnenen Goldmassen fungirt, und in der kürzesten Zeit enorme Ein- und Ausfuhren von Metall Statt finden, — wenn man diese Verhältnisse nach den Grundsätzen der Currencytheorie beurtheilen und demgemäss aus der Goldeinfuhr eine entsprechende Vermehrung der Geldcirculation und Erniedrigung des Geldwerthes folgern wollte und umgekehrt, so würde man zu den tollkühnsten, mit den Thatsachen im strictesten Widerspruche stehenden Behauptungen gelangen. Diese neuen Erscheinungen belehren uns nur zu deutlich, wie wenig die Principien der Overstone'schen Theorie stichhaltig sind.

4. Ursache und Folge der alleinigen Berücksichtigung der circulirenden Geldmenge.

Für diese zuletzt erörterten Lehren unserer Gegner und für die bestimmte Formulirung dieser Lehren waren augenscheinlich die Beobachtungen von besonderem Einflusse, welche man an der Circulation uneinlösbaren Zwangscurspapiergeldes angestellt hatte. Wenn hier, was in England allerdings nur theilweise geschah, was aber in der Tendenz der Massregel liegt und von den Bullionisten, wie wir sahen, als thatsächlich angenommen ward, nach Aufhebung der Baarzahlungen und Einführung des Zwangscurses das jetzt der Münze gesetzlich gleichstehende Papiergeld rasch vermehrt wird und gegen Münze ein Disagio erhält, so wird wie in allen Fällen der Doppelwährung, zu welcher die Verordnung des Zwangscurses von uneinlösbarem Papiergelde neben Münze führt, das bessere durch das schlechtere legale Zahlungsmittel verdrängt und hier kann man dann, obgleich bei genauester Betrachtung auch nicht unbedingt, behaupten, dass der Abfluss des Metalls in's Ausland seinen Ursprung in der übergrossen Menge des Geldes habe. Hier trifft die sonst ganz grundlose Behauptung der Currencyschule zu, dass das Papiergeld und die Münze das „Geld des Landes" sei und insoferne lässt sich unter gewissen Modalitäten des angeführten Falles von einer „zu grossen“ Menge jenes Geldes reden. Allein die Currencyschule macht sich dann eben gerade in diesem Puncte der Handlung schuldig, welcher wir sie oftmals anklagten, sie überträgt das, was bei Papiergeld neben Münze bedingt richtig ist, auf die Banknotencirculation neben Münze. Wo eine einfache Metallwährung, wenn auch daneben eine Banknotencirculation besteht, — die durchaus verschiedenen Functionen des Tauschmittels (circulirendes Medium) und des gesetzlichen Zahlungsmittels (Währung) mengt die Theorie sehr oft durcheinander, — da geht der Metallabfluss fast stets aus besonderen Ursachen, aus ungewöhnlicher Gestaltung der internationalen Schuldverhältnisse und Zahlungen hervor, nur in einem Falle aus zu hohen Waarenpreisen und zu niedrigem Geldwerth, nemlich wenn die Preise durch Ueberspeculation vielfach eine gewisse Höhe überschritten haben. Selbst dann wird nicht immer eine zu grosse Geldmenge daran Schuld sein, weil die Preise durch die Ausnutzung des Credits emporgeschwindelt sind. Diese Sachlage berücksichtigt die Currencyschule nicht. Sie hält es stets für unumgänglich, die Verminderung der Menge des circulirenden Geldes, d. h. also bei ihr, der Münze und der Noten, gewaltsam herbeizuführen, hier die Sätze herübernehmend, welche für das Geld der Bankrestrictionszeit, die Münze und das uneinlösbare Zwangspapiergeld, schon mit solcher Vorsicht adoptirt werden müssen. Auf diesem Wege kommen die Gegner zu ihrem Ergebnisse. Da sie in der Metallausfuhr nur ein Symptom zu hoher Waarenpreise, d. h. eines zu niedrigen Geldwerthes sehen, und da hieran nur die zu grosse Geldmenge Schuld sein kann oder soll, so glauben sie, ohne eine dem Metallexport, also der Abnahme des Baarfonds entsprechende Verminderung der Notencirculation könnte der Abfluss des Edelmetalls nicht früher aufhören, als bis der Baarvorrath gänzlich erschöpft und die Einlösbarkeit der Noten demnach nicht mehr aufrecht zu erhalten wäre, weil nur durch Einschränkung der Circulation die inländischen, der Muthmassung nach „zu hohen“ Waarenpreise sich mit den ausländischen in's Niveau setzen könnten.

Die vorhergehende Erörterung hat wohl die Unhaltbarkeit
der Vorstellung vom rein metallischen Geldwesen aufgedeckt.
Gleichzeitig wurde nachgewiesen, dass die Doctrin auch über
diesen Zustand, soweit man sich davon ein Bild zu machen im
Stande ist, Behauptungen vorbringt, welche mit den Erfahrungen
im Widerspruch stehen. Die Identificirung des in einem Lande
vorräthigen Edelmetalls mit der Geldcirculation und der daraus
abgeleitete Einfluss der Ein- und Ausfuhr von Metall auf die
Circulation und den Geldwerth zeigte sich als unstatthaft. Es
mussten dabei übrigens schon öfters Puncte berührt werden,
auf welche wir uns jetzt im Folgenden zurückbeziehen können.

8. Die Lehre vom gemischten Geldwesen.

In einem zweiten Theile unserer Prüfung werden wir uns
mit der Lehre von dem gemischten Geldwesen beschäftigen
müssen. Es wurde bereits gezeigt, dass der von der Theorie
der Gegner aufgestellte Gegensatz zwischen einem rein metallischen und einem gemischten Zustande des Geldwesens im
Grunde gar nicht existire und es genau genommen nur lauter
mehr oder weniger gemischte Systeme gebe. Hiermit ist die
Unrichtigkeit der Doctrin von jenem gemischten Geldwesen
der Schule eigentlich schon erwiesen. Sehen wir uns die
Lehren und Definitionen der Gegner aber jetzt noch etwas
genauer an, weil daraus auch noch andere wichtige Schlüsse
folgen.

Das Wesen des „gemischten" Geldsystems soll darin liegen,
dass es nicht nur Münzen, sondern daneben Banknoten gebe.
Hier fragt sich, als was soll es Noten neben Münze geben?
Welche Stellung kommt eigentlich den Noten zu der Münze
zu? Gleich hier am Eingangspuncte ihrer Doctrin vom gemischten
Geldwesen ist sich die Currencyschule völlig unklar. Es werden
von ihr die beiden grundverschiedenen Functionen des Tauschmittels und des gesetzlichen Zahlungsmittels verwechselt, nicht
scharf unterschieden. Auch wo man Banknoten hat, ist die
eigentliche Währung des Landes doch das edle Metall,
Gold oder Silber, respective die Münze daraus, d. h. der

bestimmte Gewichtstheil reinen Metalls, welchen der Münzfuss festsetzt. Selbst wenn der Banknote die Eigenschaft des gesetzlichen Zahlungsmittels unter Privaten beigelegt wird, wie jetzt in England, kann man doch nicht von einer „Banknotenwährung" oder etwa einer „convertiblen Papierwährung" sprechen, weil der Zwangscurs ausdrücklich nur partiell ist, wie wir früher schon hervorhoben. Die Währung ist auch hier nur Gold oder Silber. Man kann hier auch nicht etwa von einer Doppelwährung reden, weil bei dieser vorausgesetzt wird, dass zwei einfache Währungen unter einem bestimmten legalen Werthverhältniss zu einander combinirt werden. Die Banknote ist aber keine solche einfache Währung. Sie wird es bloss in jenem Falle, wenn sie aufhört Banknote zu sein und eigentliches, uneinlösbares Papiergeld wird, ,und dann der Zwangscurs mit ihr verbunden ist oder respective bleibt. Als Währung steht also jedenfalls die Banknote unter keinen Umständen im „gemischten" Geldsysteme neben der Münze. Die Currencyschule behauptet dies allerdings nicht ausdrücklich, aber sie braucht Benennungen und führt Sätze an, aus welchen es folgen kann, fast folgen muss.

Der Ausdruck „Geld" (money) wird nemlich auf Münze und Banknoten allein beschränkt, wie wir gesehen, und demgemäss finden sich auch ganz folgerichtig die Behauptungen, dass dieses Geld, also auch die Banknoten allgemeines Preismass und Object der Verträge seien. Gerade dieses sind aber auch die dem Gelde als Währung zukommenden Functionen. Wenn nun Banknoten nicht Währung sind, nach den von uns entwickelten Sätzen, so können sie auch nicht Preismass und nicht Object der Verträge sein. Das folgt schon aus dem Vorhergehenden. Dann stürzt die Bezeichnung von Banknoten als Geld und damit die Definition von Geld zusammen. Diese Definition ist aber für die Currencyschule eine der folgenreichsten Prämissen ihrer Theorie. Wie wir früher die Identificirung von Papiergeld und Banknoten zurückweisen mussten, so mithin jetzt diejenige von Münze und Banknoten, denn es ist kaum zu viel gesagt, wenn man die in der Definition von Geld als Münze und Noten liegende

stricte Nebeneinanderstellung als Identificirung characterisirt.
Bei beiden irrigen Behauptungen schwebt der Schule wieder
der alte Zustand zur Zeit der Bankrestriction vor Augen, wo
Noten Papiergeld waren, vom Gesetze der Münze ebenbürtig
zur Seite gestellt wurden und wo dann allerdings eine Doppelwährung bestand, welche jetzt in den gemachten Aeusserungen
stillschweigend, aber mit Unrecht vorausgesetzt wird.

Man kann aber auch noch d i r e c t den Beweis führen,
dass Noten nicht Preismass und Object der Verträge sind.
Preismass ist die bestimmte Gewichtseinheit feinen Goldes
oder Silbers, welche der Münzfuss feststellt. Hieran ändert
die Ausgabe strict einlösbarer Banknoten gar nichts. Diese
lauten auf Auszahlung einer bestimmten Menge jener Gewichts-
einheiten, als der Währung und des Preismasses. Sie werden
dann, wenn das Vertrauen auf ihre jederzeitige Einlösbarkeit
feststeht, genau denselben Werth, wie die betreffende Menge
Münze haben müssen. Aber deshalb wäre es doch unrichtig
zu sagen, sie, diese Noten, sind das Preismass und stehen
der Münze hierin ganz gleich. Mit demselben Rechte kann
man jede andere, al pari stehende Schuldverschreibung z. B.
einen Check, eine Anweisung, einen Sichtwechsel Preismass
nennen. Und wenn Banknoten „Geld“ sein sollen, weil sie
Preismass wären, so müsste man die genannten Creditpapiere
gerade so gut Geld nennen.

Ebenso unhaltbar ist die Behauptung, Banknoten wären
das Object der Verträge gleich der Münze. Dafür verweisen
wir bloss auf die frühere Darstellung der juridischen Doctrin
über diesen Punct. Der Vertrag lautet auf Einheiten des
Geldes als der Währung, nicht auf Noten, und Niemand
braucht sich die Erfüllung desselben in Noten gefallen zu
lassen. Dies Princip wird auch durch die Verleihung eines
Zwangscurses an einlösbare Noten keineswegs alterirt. Wenn
der Schuldner im Falle der Einwilligung des Gläubigers durch
eine Zahlung von Banknoten liberirt werden kann, so ist dies
wiederum keine den letzteren eigenthümliche Verwendung an
Geldes statt, sondern jedes andere Creditpapier kann ebenso
benutzt werden, der Wechsel u. m. a., und müsste dann

consequenter Weise ebenfalls den Namen Geld erhalten. Auch ein drittes Merkmal, welches die Nebeneinanderstellung von Noten und Münze und die Gegenüberstellung beider und der übrigen Geldsurrogate rechtfertigen soll, nemlich die „allgemeine Austauschbarkeit" lässt sich durchaus nicht als den Banknoten specifisch eigenthümlich nachweisen. Gewisse wohlaccreditirte Wechsel, Checks und manche andere Geldsurrogate haben fast die gleiche Austauschbarkeit, wie die Noten, einzelne in bestimmten Fällen sogar eine grössere, und dass „Noten", wenn man davon so ganz allgemein spricht, die gleiche Austauschbarkeit wie Münze besässen, muss man bestreiten. Auch dieses wird nur von Noten bestimmter angesehener Institute gesagt werden dürfen, wie es nicht minder von Anweisungen und Wechseln grosser Häuser behauptet werden kann.

Von welcher Seite aus man also auch die Frage erörtern möge, die Definition des „gemischten" Geldwesens und diejenige des Ausdrucks „Geld" nebst den daran geknüpften Schlussfolgerungen lassen sich nicht aufrecht erhalten. Geld kann man nur dasjenige nennen, was Währung, gesetzliches Zahlungsmittel ist. Banknoten sind nicht Währung, also sind sie auch nicht Geld. Die Erklärung zur Währung ist die staatliche Sanction, welche die Waare, die durch die volkswirthschaftliche Gewohnheit Preismass und hauptsächlichstes Tauschmittel geworden war, erst zum Gelde in der vollen Bedeutung des Wortes macht. Deshalb finden wir beim Gelde diese drei Functionen vereint, des Preismaasses, Tauschmittels und gesetzlichen Zahlungsmittels, und sprechen da nur von Geld, wo sie sich zusammen finden, aber das Wesentliche bleibt doch die Eigenschaft als Währung, mit welcher eo ipso die als Preismass zusammen hängt. Nur die des Tauschmittels kann von anderen Dingen übernommen werden.

6. Unhaltbarkeit des behaupteten principiellen Unterschiedes von Noten und anderen Geldsurrogaten.

Während nemlich die Definition von Geld als Münze und Noten zu weit, so ist die von „Umlaufsmittel" (currency) und

„Circulation" entschieden zu eng. Die Synonymität der Ausdrücke Geld (money), Umlaufsmittel und Circulation, welche Worte die Currencyschule wenn auch nicht immer, so doch häufig in der That für gleichbedeutend nimmt, beruht nur auf der ganz unwissenschaftlichen Durcheinandermengung so heterogener Begriffe wie Währung, Preismass, Umlaufsmittel. Alles ist hier unklar und unpräcis. Eben betrachteten wir den Sinn der Behauptung, dass Noten und Münze zusammen das „Geld" bildeten. Hier konnte dies, wenn es überhaupt etwas heissen sollte, nur so viel bedeuten, dass beide Währung wären, was sich als unhaltbar erwies. Der Ausdruck „gemischtes" Geldwesen würde hier nur eine „Mischung" von zwei Geldarten, als zweien Währungen haben bezeichnen können. Spricht die Currencyschule dagegen den Satz aus, dass nur Noten und Münze die „Circulation" wären, so kann sie hierbei nur die Function als Tauschmittel vor Augen haben und die „Mischung" des Systems würde dann in dem Nebeneinanderbestehen zweier Geldarten, als zweier Umlaufsmittel liegen. Dieses scheint uns wenigstens eine richtige Analyse des Sinnes so vager Sätze zu sein, wie der hier von der Schule ausgesprochenen. Wie irrthümlich die Phrase Geld oder Umlaufsmittel (money or currency) sei, ist klar, wenn man die Functionen des Geldes in der früheren Weise trennt. Geld ist auch Umlaufsmittel, aber es ist daneben weit mehr. Als Umlaufsmittel kann nicht nur Geld fungiren, sondern noch mancherlei Anderes, nemlich die Geldsurrogate.

Die sich auf letztere beziehenden Fragen müssen wir jetzt noch etwas näher erörtern. Während wir die Noten nicht Geld nennen konnten, weil sie nicht Währung noch Preismass sind, so dürfen wir sie allerdings Umlaufsmittel (Tauschmittel) nennen, weil sie in diese Function des Geldes, der Münze, eintreten. Sie verdrängen die Münze in der Circulation als Umlaufsmittel, soweit ist der früher in unserem Resumé mitgetheilte Satz der Schule richtig. Falsch ist nur der weitere naheliegende Schluss aus diesem Satze, dass die Noten auch als Preismass und Währung an die

Stelle von „Geld" träten, welche Behauptung ohnehin implicite
in der Definition des Wortes Geld lag und gegen welche
Möglichkeit der Schlussfolgerung, als schiebe man der Schule
die Ansicht unter, sie verwechsle die Functionen des Zahlungsmittels und des Tauschmittels, eine präcisere Wort-
fassung durchaus nothwendig gewesen wäre.

Desgleichen ist die Auffassung unhaltbar, nach welcher
die Noten nicht bloss Umlaufsmittel wären und Münze aus
der Circulation verdrängten, sondern wonach sie das auch
allein thäten. Vielmehr stehen hier die Noten nur neben
anderen Geldsurrogaten und wenn man jene als Umlaufsmittel und Bestandtheile der Circulation, demgemäss die
„Circulation", d. h. die Gesammtheit ·der Tausch- oder Umlaufsmittel, — denn das ist der einzig fassliche Sinn des
vagen Wortes Circulation, — als die Menge der in Umlauf
befindlichen Metallmünzen plus den Banknoten betrachten
will, so muss man in diesen Begriff auch die übrigen Geldsurrogate mit einschliessen, weil die letzteren ganz ebenso,
wie die Noten, in die Function als Umlaufsmittel an Geldes
Statt eintreten. Die Currencytheorie läugnet dies zwar und
stellt einen principiellen Unterschied zwischen Noten und
anderen Creditpapieren auf, allein ohne hierfür die nöthigen
Beweise beizubringen. Dieser principielle Unterschied existirt
in der Wirklichkeit nicht und die Sätze, mit welchen die
Currencyschule ihre ausschliessliche Bezeichnung der Noten
als Umlaufsmittel neben Münze begründen will, gestatten eine
Ausdehnung auf alle anderen Geldsurrogate.   ·

In dem Abschnitte über den principiellen Gegensatz
zwischen Papiergeld und Banknoten wurde bereits gezeigt,
dass die Geldsurrogate auf dem Credite beruhen, dass sie
das Geld als Preismass und legales Zahlungsmittel voraus
setzen, dasselbe nur in seiner Function als Tauschmittel, in
der unmittelbaren körperlichen Benutzung zu diesem Zwecke,
ersetzen wollen und die Ausdehnung, worin letzteres geschieht,
wesentlich von den Formen der Uebertragung mit bedingt
werde. Als später der Nachweis zu führen gesucht wurde,
dass der Gegensatz der Currencyschule zwischen ihrem rein

metallischen und ihrem gemischten Geldsysteme unhaltbar sei,
haben wir gezeigt, auf welche Art nach und nach die Benutzung
des baaren Geldes als Tauschmittel durch die Ausbildung
eines Creditsystems umgangen wird, wobei wir stillschweigend
annahmen, dass die Schule nur von einer Verdrängung der
Münze als Umlaufsmittel hier reden wolle. Wir knüpfen jetzt
an das bereits Besprochene wieder an.

Die Geldsurrogate sind ihrem Grundcharakter nach
Schuldverschreibungen über eine unter verschiedenerlei
Formen und Bedingungen, zu verschiedenen Zeiten u. s. w.
fällige Geldsumme. Der Gattungen solcher Geldsurrogate
gibt es viele. Was möglicher Weise an Geldes statt als
Tauschmittel gebraucht werden kann, lässt sich kaum von
vornherein sagen, darüber hat die Erfahrung zu entscheiden.
Mehr oder weniger dürften da vielleicht fast alle Verschreibungen
von Geld zu nennen sein, welche unter gewissen Umständen
in dem einen oder andern Kreise der Umsätze die Function
als Tauschmittel übernehmen können. Alle zusammen unterscheiden sich darin grundsätzlich vom Gelde, dass sie nicht
Währung, nicht Preissmass, sondern nur Umlaufsmittel sind,
während sie untereinander selbst nur minder bedeutende, das
Wesen nicht berührende Verschiedenheiten formeller Natur
aufweisen.

Auch die Banknoten zeigen nur solche formelle Unterschiede von gebräuchlichen sonstigen Tauschmitteln, wie
girirten Anweisungen, Wechseln, auf den Inhaber lautenden
Depositenscheinen, Checks, fälligen Coupons. Grössere Be-
quemlichkeit der Form, Nennwerth in runden, bequemen Beträgen, Uebertragbarkeit ohne besondere Förmlichkeiten, daher
leichter Handwechsel sind Unterscheidungsmerkmale von
manchen, keineswegs nothwendig von allen anderen Geldsurrogaten und können einen tieferen, principiellen Gegensatz
nicht bedingen.

Die Banknote ist eine Anweisung der Bank auf sich selbst,
zahlbar auf Sicht an den Ueberbringer, dem Wesen nach
ein trockener Sichtwechsel mit Blancoindossamment. Sie
schmiegt sich dem baaren Gelde, namentlich in den kleineren

Appoints, am Innigsten an. Man kann daher allenfalls sagen, potentiell wird die Note das baare Geld mehr aus dem Umlaufe verdrängen, wie andere Creditumlaufsmittel. Aber wenn dies auch möglich ist, so steht es doch noch immer sehr dahin, ob sie thatsächlich, actuell, eine solche Bedeutung für die Circulation stets erlangt oder gar erlangen muss. Diejenige bevorzugte Stellung, welche mitunter der Banknote unter den Geldsurrogaten eingeräumt wird, unter Anderen namentlich von der Currencyschule, lässt sich weder von vorneherein theoretisch rechtfertigen, noch spricht die practische Erfahrung dafür, dass die Noten thatsächlich stets diese Stellung einnähmen und eine ganz besondere Aufmerksamkeit vor den übrigen Creditformen erheischten. Namentlich haben die Regierungen im Geiste der älteren bevormundenden Wirthschaftspolitik der Banknote eine so weitgehende und dabei so ausschliessliche Sorge zu Theil werden lassen, dass man sie nicht aus der vermeintlichen prädominirenden Stellung der Note unter den Geldsurrogaten, sondern nur aus der alten Verkennung des Wesens der Banknote und der Identificirung derselben mit dem Papiergelde erklären kann. Die Currencyschule hat zweierlei Befürchtungen im Auge, einmal dass die „übermässige" Zettelemission das baare Geld allzusehr aus dem Umlaufe dränge, sodann, dass durch die Notenausgabe ein besonderer Einfluss auf die Preise ausgeübt werden könne. Allein in beiden Fällen liegt hier eine Verkennung der Thatsachen vor. Die Verdrängung des Geldes aus seiner Function als Umlaufsmittel geschieht notorisch durch gewisse andere Formen der Creditbenützung und die Organisation des Creditsystems, welche sich daran anschliesst, im umfänglicheren Masse, wie durch die Banknote, dem Geldsurrogate einer früheren Phase der Creditwirthschaft. Die berufene Beförderung von Ueberspeculationen und Schwindelzeiten und damit indirect von Handelskrisen, welche noch jetzt den Zettelbanken sehr gerne zur Last gelegt wird, lässt sich grossen Theils gar nicht nachweisen, während auf der andern Seite stets gezeigt werden kann, dass hierauf andere Formen des Credits von grösserem Einflusse sind und consequenter Weise von der Currencyschule einer viel sorgsameren Controle unterzogen werden müssten. Wo mitunter der Missbrauch des Credits in der Form der Note durch Ausdehnung der Zettelausgabe möglich und besonders gefährlich erscheint, da wird gewohnheitsmässig nur der Credit unter anderen Formen in Anspruch genommen.

7. Process der Geldverdrängung durch die Geldsurrogate.

Geht man auf diese Verhältnisse etwas näher ein, so zeigt sich Folgendes hinsichtlich des Processes, wodurch die Geldsurrogate Geld als Umlaufsmittel verdrängen. Die Banknote ist allerdings nicht dasjenige Geldsurrogat, welches zuerst die Functionen eines Umlaufsmittels übernommen hat. Ein Product einer verhältnitsmässig bereits höheren Culturstufe der Völker setzt sie zu ihrer umfänglicheren Anwendung bereits eine grössere Sicherheit und andauerndere Stabilität der Rechtszustände eines Landes voraus. Wir begegnen der Note kaum vor dem Schlusse des siebenzehnten Jahrhunderts und auch da war ihr eigentlicher Charakter noch nicht ganz klar ausgebildet. Es ist sicher, dass Wechsel, Anweisungen u. s. w. bereits früher an Geldes Statt durch öftere Weiterbegebung als Tauschmittel benutzt wurden. Der Ursprung der eigentlichen Noten liegt in der alten Girobank und in der aus derselben hervorgegangenen Depositenbank, Depositum hier stets in der Banksprache als Contocorrent-Darlehen, nicht im juridischen Sinne des Wortes gebraucht. Die Banknotenemission bildet historisch die Fortsetzung, der Sache nach die Ausbildung jenes alten Giro- und Depositengeschäfts. Anfänglich mussten die bei einem Goldschmied, Banquier, einer selbstständigen Bank niedergelegten Gelder immer baar in Cassa liegen. Hier war von einer Ersparung dieses zum Zwecke der Umsatzvermittlung dienenden Geldes noch gar keine Rede. Indem aber jene Gelder dazu verwendet wurden, um Zahlungen unter den Deponenten durch einfache Umschreibung in den Büchern des Depositars vom Conto des einen auf das Conto des anderen Deponenten zu bewerkstelligen, entstand das Girobankwesen, dessen letzte unveränderte Reliquie wir noch heute in der Hamburger Bank erblicken. Hier wurde ebenfalls noch kein Geld „gespart", abgesehen von dem geringen Verschleisse der Münzen u. s. w., oder, was dasselbe sagen will, die Summe der Umsätze, welche hier Statt fand, war nicht grösser, als diejenige, welche bei unmittelbarer körperlicher Benützung des hinterlegten Geldes als Tauschmittel möglich gewesen wäre. Nur in der einen Beziehung kann man behaupten, dass die Girobank doch schon eine etwas grössere Summe Umsätze ermögliche; weil nemlich die Umschreibung in den Contis rascher und einfacher, wie der Handwechsel des baaren Geldes vor sich geht, so kann die Umlaufsgeschwindigkeit des letzteren durch die Girobank gesteigert und dadurch eine entsprechende Menge Geldes entbehrlich gemacht werden. Umlaufsgeschwindigkeit und Geldmenge können sich ja gegenseitig ersetzen. Insoferne hat auch das Girobanksystem bereits die Tendenz auf eine gewisse Ersparung der Geldmenge hinzuwirken. Ob diese Tendenz zur Wirklichkeit werde, hängt aber hier, wie in allen ähnlichen Fällen, von den nebensächlichen Factoren ab, besonders wird es auf die Einrichtung der Girobank selbst ankommen. Eine Bestimmung, wie die erst vor einigen Jahren aufgehobene bei der Hamburger Bank, wonach jede auf ein Conto neu übertragene Post erst eine Nacht daselbst stehen musste, bis darüber weiter verfügt werden konnte, paralysirt die möglichen Wirkungen jener Tendenz und vermindert eventuell die Umlaufsgeschwindigkeit.

Die Erfahrung lehrte nun die Depositare unmittelbar, dass stets ein Saldo bei ihnen stehen bleibe, trotzdem alle Deponenten ihr sämmtliches Geld jeden Augenblick gleichzeitig ganz herausziehen konnten. Jeder that das vielleicht im Laufe des Jahres so und so oft, aber sie thaten es nicht alle gleichzeitig, so dass immer ein gewisser Saldo übrig blieb. Dieser Saldo, dessen Minimum durch die Erfahrung des Geschäfts-inhabers gefunden werden konnte, war also für andere Zwecke verfügbar, durfte ausgeliehen werden, wenn nur die Sicherheit bestand, eventuell diese Darlehen rasch wieder einzuziehen, um den etwa gesteigerten Ansprüchen der Deponenten nach-

kommen zu können. Hierin lag die Nothwendigkeit der bankmässigen Deckung der Passiva. Es ist klar, dass diese
Aus- und Umbildung der Giro- und Depositenbank bereits
eine bedeutende Menge Geld in seiner Function als Umlaufsmittel unnöthig machte. Man muss bei dem Ausdruck, die
Geldsurrogate und die sich darauf beziehenden Einrichtungen
verdrängten Geld, nur nicht immer denken, dass wirklich
weniger Geld, eine absolut geringere Summe jetzt vorhanden sei. Es wird dadurch vielmehr nur die Wirksamkeit
derselben Summe metallener Circulationsmittel erhöht und
mit den letzteren grössere Umsätze bewerkstelligt. Das kommt
ja aber indirect ebenfalls einer Ersparung von Geld als Umlaufsmittel gleich, indem die Beschaffung neuen Geldes für die
Bewältigung der mit der Entwicklung der Volkswirthschaft
sich ausdehnenden Umsätze unnöthig gemacht wird. Der neue
Bedarf an Circulationsmitteln wird nicht durch eine neue
Quantität Geldes, sondern durch jene Fortschritte der
Creditorganisation gedeckt. Diese letztere ersetzt also eine
gewisse Geldmenge, und damit haben wir ein Characteristikon,
welches die Theorie für Banknoten aufstellt, für alle Creditformen nachgewiesen.

An das Depositengeschäft schloss sich allmälig das Banknotengeschäft an. Die Noten waren anfänglich Depositenscheine, Anweisungen auf bei der Bank liegende und
jeder Zeit zu erhebende Baarschaften. Sie lauteten vermuthlich
ausschliesslich auf den Namen des Deponenten und waren
entweder gar nicht, oder nur unter den gewöhnlichen Formen
der Cession an einen Anderen zu übertragen. Sobald sie
weiter begeben und zu Käufen an Geldes Statt öfters angewendet wurden, übernahmen sie bereits die Function des
Tauschmittels. Wurden jene Scheine dann später auf den
Inhaber gestellt, oder wenigstens in blanco girirt, so wurden
sie allmälig zu Banknoten, welche aber immer noch Anweisungen auf Geld waren, das bei der Bank jeder Zeit
liegen musste. In dieser Form wurden die Noten schon ein
bequemes Tauschmittel an Geldes Statt. Unterdessen bildete
sich das ursprüngliche Depositum zur Aufbewahrung zum

Depositum zur Benutzung um. Die Bank versprach nicht mehr, alles Geld ruhig bei sich liegen zu lassen, sondern sie versprach nur, es auf Verlangen herzugeben, und konnte allen an sie kommenden Anforderungen dadurch gerecht werden, dass sie den erfahrungsmässig genügenden Betrag baaren Geldes vorräthig hielt. Diese Umbildung im Depositengeschäfte führte von selbst zu der analogen im Banknotengeschäft. Die Note enthält nicht, wie der alte Depositenschein, die Verpflichtung der Bank, bei sich so und so viel Geld liegen zu haben, ausgesprochen, sondern nur die Verpflichtung zur sofortigen Auszahlung der auf der Note namhaft gemachten Geldsumme auf Verlangen des Inhabers. Die Banknote dient jetzt, wie andere Zahlungsversprechen oder Geldsurrogate oder Creditformen, — denn diese Ausdrücke bedeuten im Wesentlichen dasselbe, — an Geldes Statt als Umlaufsmittel, und verdrängt einen Theil der Geldmenge aus dieser Function, oder macht wiederum die Beschaffung einer neuen Quantität Geldes unnöthig.

Wie sich auf der einen Seite aus dem Depositengeschäft die Notenausgabe entwickelt, — indem die Bank nicht mehr bloss Scheine über die ihr überbrachten Summen ausstellt, sondern von vorneherein Scheine an diejenigen, welche sie zum vollen Nennwerth ihr abnehmen, hinausgibt, in denen sie sich als Schuldnerin des betreffenden Geldbetrages bekennt, — so schliesst sich auf der anderen Seite an die Depositenbank das Checksystem an. Durch dieses wird in noch weit höherem Masse Geld als Umlaufsmittel ersetzt und entbehrlich gemacht, wie durch Banknoten. Man kann sagen, während anfänglich die Zettelbank die einfache Depositenbank theilweise verdrängt, so wird später wieder umgekehrt das Banknotenwesen durch das Depositenwesen und das sich daran schliessende Checksystem ersetzt. Die Banknote ist insoferne, wofür die Wirthschaftsgeschichte den Nachweis liefert, das beliebte Geldsurrogat in der Periode niederer Ausbildung des Creditwesens und wird auf den höheren Stufen der Creditwirthschaft durch andere Surrogate ähnlich aus ihrer Function als Umlaufsmittel verdrängt, wie sie selbst früher das Geld daraus verdrängte, was dann eine immer weitere Ersparung an Metallgeld indirect verursacht. Es ist der grosse unverkennbare Zug im hoch entwickelten Creditsysteme, z. B. Schottlands, Englands, Newyorks, die Zettelbank wieder durch die Depositenbank, die Notencirculation durch die Circulation von Checks zu ersetzen, „an Banknoten zu sparen", und durch besondere Compensations- und Austauschsysteme, Clearing-Houses u. dgl. m. ein Maximum von Umsätzen und Geschäften mit einem Minimum nicht nur von Münze, sondern auch von Banknoten, dem der Münze äusserlich am nächsten stehenden Geldsurrogate, zu ermöglichen. Die Zulassung der Londoner Joint-Stock-Depositenbanken zum dortigen Clearing-House der Privatbanken (8. Juni 1854) machte sofort fast 2 Mill. Pf. St. Tausendpfundnoten der Bank von England entbehrlich und verminderte um diesen Betrag die · Notencirculation dieses Institutes. Die Circulation der Newyorker Stadtbanken ist durch ähnliche Weiterbildung des Checksystems und durch die Einrichtung des Clearing - Houses ebenfalls erheblich eingeschränkt worden. Solche Beispiele liefern den handgreiflichen Beweis, dass die Fortschritte der Creditorganisation ganz in derselben Richtung wirken, wie die Notenausgabe; es wird dadurch Geld erspart, verdrängt, stets das Geld in seiner Function als Umlaufsmittel genommen; man kann mithin nicht behaupten, dass die Verdrängung von Geld eine solche Eigenthümlichkeit der Banknote sei, welche einen principiellen Gegensatz gegen die anderen Surrogate des Geldes bedinge. Dabei würde es ein Irrthum sein, zu meinen, die Verdrängung des Geldes durch diese Surrogate gehe nur durch das Zwischenglied einer Verdrängung von Noten durch Checks u. s. w. vor sich, wie in den oben erwähnten Fällen. Wir können uns die nemliche Creditorganisation auch innerhalb eines „rein metallischen" Geldwesens im Sinne der Currencyschule, wo es keine Banknoten gibt, denken, wenn auch durch die Verbindung des Noten- mit dem Depositengeschäfte eine noch grössere Vervollkommnung des Checksystems möglich ist. Beide Geschäftszweige sind insoferne einander gegenseitig das Complement. Die Peel'sche Acte hat durch ihre willkürlichen Eingriffe in die Organisation der Provincial - Zettelbanken,

besonders der schottischen, welche meist gleichzeitig Depositenbanken sind, diese schöne und heilsame Ergänzung des Zettel-
und Depositensystemes gestört. Ein Check ist dem Wesen nach eine Anweisung einer
Person auf ein Guthaben derselben bei einer Bank. Die Art,
wie sich die Benutzung des Checksystems einbürgert, ist die,
dass Darlehen von den Banken immer allgemeiner in der Form
eines Bucheredits gewährt werden, also gewissermassen das
soeben gemachte Darlehen zu einem Depositum bei der Bank
wird, auf welches man dann wie sonst mittelst Checks
oder Anweisung zieht. Ein ausgebildetes System laufender
Rechnungen, wo täglich Zinsen berechnet werden, steht
damit in Verbindung und wirkt als bewegendes Princip, dass
immer möglichst wenig Geld zu Hause müssig liegt, sondern
gleich sofort in die Bank getragen wird. Jene „Bucheredit-
depositen“ können dann nach ähnlichen Grundsätzen wie sonst
von der Depositenbank wieder bis zu einem gewissen Theile
ausgeliehen werden. Die Leichtigkeit, mittelst Checks jeden
Augenblick Zahlungsmittel aus der Bank erhalten zu können,
bewirkt von vorneherein, dass nur möglichst wenig Geld (oder
Noten im Falle der Zettelbank) die Räume der Bank verlässt
und in die sogenannte Circulation eintritt, denn nur wenn
Jemand zu besonderen einzelnen Zwecken, wo er mit Checks
nicht auskommt, Geld oder Noten bedarf, wird er sich das
Darlehen von der Bank in letzteren auszahlen, sonst dagegen
regelmässig einen Bucheredit eröffnen lassen. Die Sicherheit,
die Verzinsung und die sonstigen Vortheile, welche das Conto-
correntsystem für den Kunden mit sich bringt, bewirken, dass
man ebenfalls nur in Nothfällen das Geld aus der Bank
herauszieht und dass jede müssige Münze und Note, selbst
wenn sie nur sehr kurze Zeit vom Eigenthümer nicht gebraucht
würde, wieder zur Bank gesendet wird. Also ein die Hinausgabe und Circulation von Münze und Noten retardirendes und
ein die Zurückströmung derselben beschleunigendes Princip
sind wirksam und führen zu einer immer grösseren Ersparung,
respective Verdrängung von metallenen Umlaufsmitteln direct

durch Entbehrlichmachung von Münze, indirect durch diejenige
von Banknoten hin. Mit solchen Checks werden Zahlungen und Einkäufe aller
Art im grössten Umfange gemacht. Jene Scheine fungiren dann
völlig ebenso gut wie Banknoten als Tauschmittel. Zur Bank
stehen sie nur formell im umgekehrten Verhältniss, indem sie
Anweisungen eines Anderen auf die Bank, die Noten dagegen
Anweisungen der Bank auf sich selbst sind. Einen sachlichen
Gegensatz bedingt dieser formelle Unterschied durchaus nicht.
Man kann von einer Checkcirculation so gut reden, wie
von einer Banknotencirculation, denn alle die wesentlichen
Merkmale, welche die Noten gemeinsam mit der Münze besitzen
und derentwegen jene mit dieser zusammen ausschliesslich die
„Geldcirculation" bilden sollen, theilen auch die Checks mit
den Noten. Bei einem sehr ausgebildeten Checksysteme, wie
wir es in England, Nordamerika sehen, braucht nur das wenige
Geld (respective ein anderes Geldsurrogat) für jene Transactionen vorhanden zu sein, zu welchen keine Checks verwendet werden, nebst demjenigen, welches für die schliessliche
Bezahlung oder Einlösung der Checks bestimmt ist. Es wird
von verschiedenen Umständen abhängen, bis zu welchem Grade
die Verwendung der Checks bei den Zahlungen und Geschäften
sich ausdehnen lässt. Einmal wird man hier zwischen jenen
Umsätzen zu unterscheiden haben, welche unter den eigentlichen geschäftstreibenden Classen Statt finden und welche
sich genau genommen als Capitalübertragungen darstellen, und
ferner jenen anderen Umsätzen des sogenannten consumirenden
Publicums. Der Natur der Sache nach wird sich das Checksystem zunächst unter den geschäftlichen Kreisen einbürgern,
aber auch hier erst nach und nach. Eine Menge bestehender
Usancen und Gebräuche können noch andere Zahlungsarten
üblich machen, staatliche Einrichtungen, z. B. die Erhebung
eines Stempels von dem einen Geldsurrogate und die Befreiung
eines anderen von dieser Steuer, oder die Stempelpflicht von
Geldsurrogaten, deren Nennwerth einen gewissen Betrag
überschreitet, bewirken oftmals die Beibehaltung einer
Zahlungsart, welche sonst schon längst aufgehoben worden

wäre. Aber stets wird die Tendenz der Entwicklung auf eine
weitere Einführung derjenigen Zahlungsarten gehen, bei welchen
baares Geld nicht mehr gebraucht wird. In England werden
die Baarkäufe schon seit langer Zeit fast im ganzen Gross-
handel durch Checks auf eine Bank bewerkstelligt, nur in
einzelnen Handelszweigen, wo zum Theile Transactionen in
kleineren Summen noch häufig sind, erhielt sich die Zahlung
in Münze oder Noten und auch in diesen Zweigen hat sich in
den letzten Jahren, besonders seit 1850, die Benutzung der
Checks mehr und mehr eingebürgert. Nachweisbar ist für die
Beibehaltung einer früheren Zahlungsart, z. B. mit Noten statt
mit Wechseln, die Stempelpflichtigkeit von Einfluss gewesen.
Noch vor anderthalb Jahrzehenten konnte Tooke eine Reihe
wichtigerer Zahlungsfälle nachweisen, bei welchen damals noch
die Note der Bank von England fast das ausschliessliche
Zahlungsmittel war. Darunter befanden sich die Einsammlungen
von Steuern und die Zahlung derselben in die Schatzkammer,
die Begleichung der Zahlungen der vom Clearing-House aus-
geschlossenen Joint-Stock- und der Westendebanken in
London, die Berichtigung der Bilanzen des dortigen Clearing-
Houses. Jetzt findet die Zahlung in diesen Fällen fast ausschliesslich mittelst Anweisungen auf Banken Statt, bei den
Steuern wenigstens die Bezahlung grösserer Summen. Es ist
klar, welchen Einfluss diess auf die Entbehrlichmachung von
Münze und Banknoten, namentlich der grösseren Appoints,
ausüben musste. Natürlich kann in einem grossen Lande, wie
England, das Checksystem nicht in allen Orten und Districten
gleichmässig ausgebildet sein und in den verschiedenen Kreisen
der Geschäftstreibenden wird es nach dem Character des Geschäftes und besonders nach dem Umfange desselben keine
ganz gleiche Anwendung erfahren können. Die eigentlichen
Engrosgeschäfte werden zumeist durch Wechsel und Checks,
die mittleren Geschäfte bereits noch mit Münze und Noten und
die Kleingeschäfte Anfangs vielleicht ausschliesslich mittelst
dieser letzteren beiden Tauschmittel ihre Zahlungen berichtigen.
Aber in allen Kreisen wird mehr und mehr die höhere Creditform, der Check, die älteren Zahlungsarten ersetzen, wofür

uns die Länder mit ausgebildetem Credit und Bankwesen die
Belege bieten. Die Banknote wird in Folge dessen immer
mehr auf die niederen Appoints beschränkt werden, welche in
den Bevölkerungsclassen cursiren, die mit Banken noch nicht
in Verbindung stehen; der Umlauf der Münze wird allmälig
fast nur unter der consumirenden Bevölkerung Statt finden.
In England sehen wir denn auch in den letzten Jahrzehnten
eine im Ganzen fast stabile, eher abnehmende Banknotencirculation, innerhalb derselben eine starke Verminderung
der grossen Noten (1000 Pf.), eine Stabilität, vielleicht ebenfalls eher noch eine Abnahme der mittleren (20 — 100 Pf.)
und nur eine entschiedene, wenn auch weder relativ noch
absolut sehr bedeutende Zunahme der kleineren Noten (5 und
10 Pf.), in Schottland eine erhebliche Steigerung der dort
cursirenden 1 Pf.-Noten. Das Alles trotz einer materiellen
Blüthe und eines Fortschritts ohne Gleichen. Stark vermehrt, nach einigen Schätzungen um 20—25 Mill. Pf. St., hat
sich daneben die Circulation der Goldmünzen, welche eben
für gewisse Umsatzgrössen und grosse Bevölkerungsclassen
naturgemäss das hauptsächliche Tauschmittel sind und deren
Menge mit dem Wachsthum der Zahl und des Wohlstands
der Bevölkerung deshalb bedeutend zunehmen muss. In den
letzten Decennien ist aber in England auch unter den Privatpersonen die Sitte, ein Bankconto zu nehmen, immer aus-
gebreiteter geworden. Hierdurch wird das Umlaufsgebiet der
Noten und der Münze mit jedem Jahre beschränkter und
davon eine wachsende Menge entbehrlich. Die Anzahl aller
jener Transactionen, wo baares Geld bisher noch nöthig war,
nimmt also in der That mit jedem Fortschritte der Creditorganisation, nicht wie die Currencyschule meint, nur mit der
Ausdehnung der Notencirculation ab, im Gegentheile führt
auch die Verdrängung der Noten durch die Ausbildung des
Creditwesen zur immer grösseren Ersetzung des Geldes. Der
Bedarf von letzterem wird, nicht immer absolut, aber relativ,
im Verhältniss zur colossalen Ausdehnung der Umsätze geringer.
Dieses geschieht in noch höherem Masse durch die Vervollkommnung aller jener Einrichtungen, durch welche auch für

die schliessliche Einlösung oder Bezahlung der Anweisungen,
Checks, Wechsel u. s. w. die Berichtigung in Baarem oder in
Noten entbehrlich gemacht wird. Der zu diesem Zwecke erforderliche Geldbetrag liesse sich um so mehr einschränken,
je mehr sich der Verkehr bei einer Bank concentrirte, wo am
Ende fast alle am Platze endenden Umsätze durch Giriren
oder Umschreibungen in den Büchern auszugleichen wären,
und durch die Vermittlung von Correspondenten und Agenturen
auch ein grosses Geschäft ausserhalb des Platzes leicht und
bequem beglichen werden könnte. Zur Concentration strebt
vielleicht kein Geschäftszweig so sehr hin, wie der des Banquiers,
weil hier das grösste Geschäft mit kleinster Reserve sich
betreiben lässt. Wo mehrere Etablissements bestehen, da kann
vieles trotz des Checksystems noch nöthiges baares Geld durch
die Errichtung sogenannter Clearing-Houses erspart werden.
Dieses sind bekanntlich Orte für die regelmässige Zusammen-
kunft der Beauftragten der Banken, um daselbst die inzwischen
eingegangenen auf die betheiligten Firmen laufenden Forderungen,
Wechsel, Checks, Banknoten u. s. w., welche Banquiers von
ihren Kunden zum Incasso erhielten, gegenseitig einzutauschen
und durch Compensation auszugleichen. Es bleibt dann nur
der restirende Saldo zu berichtigen, was wieder nicht mittelst
baaren Geldes, sondern mittelst irgend eines andern Geldsurrogats zu geschehen braucht. In London geschieht es jetzt
durch Checks auf die Bank von England, bei welcher die
betheiligten Banken Contos haben, in Newyork durch Depositenscheine über im Clearing-House liegendes Gold oder unmittelbar
durch Gold, bei dem Austauschsysteme der schottischen Banken
in Edinburgh durch Schatzkammerscheine oder Tratten auf
London. Auch in der schliesslichen Berichtigung dieses Saldo
kann die Ersparung an Geld noch weiter getrieben werden,
wie denn die jetzige Begleichung des Saldo's im Londoner
Clearing-House mit Checks auf die Bank statt mit Noten derselben indirect darauf hinwirkt [1]).

---

[1]) Man vergleiche über das Newyorker Clearing-House die aus-
gezeichnete plastische Schilderung von Gibbons, the banks
of Newyork, ch. 17. (Newyork, 1859.)

Wir konnten hier nur die Principien darlegen, welche in einem hoch entwickelten Creditsysteme zu walten scheinen und welche zu einer immer weiteren Vervollkommnung, d. h. zu einer immer weiteren Verdrängung des Metallgeldes aus seiner Function als Umlaufsmittel hinführen. Hierdurch wirkt dann in der That, wie wir es bereits oben ausdrückten, Alles darauf hin, ein Maximum von Umsätzen und Geschäften mit einem Minimum von Münze zu bewerkstelligen, denn auf dieser letzteren, als dem legalen Zahlungsmittel und Landespreismass, ist gewisser Massen das ganze Creditsystem aufgebaut. In Ländern, wie Grossbritannien und Nordamerika finden wir denn auch, trotz der weit grösseren Geschäftsthätigkeit, somit des viel stärkeren Bedarfs an Tauschmitteln, eine absolut und relativ geringere Geldmenge und gleicher Weise auch eine verhältnissmässig kleinere Banknotencirculation, wie etwa in Deutschland und Frankreich, wo das Creditsystem erst in das Stadium der höheren Entwicklung einzutreten beginnt.

6. Schlüsse aus dem Wesen des Geldverdrängungsprocesses.

Das Wesen des von uns natürlich nur in seinen Hauptzügen geschilderten Entwicklungsganges des Credit- und Bankwesens besteht somit in der Entbehrlichmachung einer immer grösseren Menge desjenigen Metallgeldes, dessen Zweck einzig und allein der war, als Circulationsmittel die Umsätze zu ermöglichen. Es lässt sich dabei a priori gar nicht sagen, in welcher Form der Credit das Geld verdrängen wird. Jede Form ist dafür mehr oder weniger geeignet, die Banknoten behaupten erfahrungsgemäss keine bevorzugte Stellung unter den Factoren, welche in dem Ersetzungs- und Verdrängungsprocesse des Geldes qua Circulationsmittel eine Rolle spielen. Auch kann man, wie sich aus unserer Erörterung ergab, wieder von einem Ersetzungs- und Verdrängungsprocesse der Geldsurrogate unter einander reden. Hier zeigt sich das Gesetz, dass im Allgemeinen das dem Gelde auch formell gleichartigste Surrogat, wie die Banknote, durch die anderen Formen von Surrogaten verdrängt und dadurch indirect wieder eine immer grössere Vertreibung des Geldes aus seiner Function als Umlaufsmittel bewirkt werde. Von der Einführung der einfachen Girobank bis zum fein ausgebildeten Contocorrent- und Checksystem und dem daran sich schliessenden Clearing-House sehen wir eine immer weiter gehende Ersetzung des Geldes eintreten. Es heisst die ganze Entwicklung und deren inneren organischen Zusammenhang vollständig verkennen, wenn man hier die Banknotenemission, welche nur eine Phase jener Entwicklung ist, heraushebt und einseitig sie reguliren, ihr allein grössere, allgemeinere Bedeutung zuschreiben, von ihr allein einen massgebenden Einfluss auf die Geld- und Preisverhältnisse herleiten will, wie es mehr oder weniger bewusst von allen denjenigen geschieht, welche für die Leitung der Notenemission grosse Pläne ausdenken und dafür mechanische Vorschläge aufstellen nach Art der Currencyschule. Wie wenig der von der letzteren stets behauptete principielle Unterschied von Noten und anderen Surrogaten des Geldes und die damit gerechtfertigte Definition von Geld als Münze und Noten in dem Wesen des Vorganges begründet ist, zeigt sich deutlich in einer anderen Eigenthümlichkeit der Geldsurrogate, welche mit dem Vorhergehenden im engen Zusammenhange steht. Wenn nemlich durch künstliche Hindernisse die Benützung des Credits unter einer der erwähnten Formen an Geldes Statt unmöglich gemacht oder sehr erschwert wird, so hat dies deshalb keineswegs immer zur Folge, dass nun überhaupt der Credit ganz unbenützt bleibt, sondern es zeigt sich sofort das Bestreben des letzteren, sich in eine andere verwandte Form zu kleiden. Es ist ein einfacher logischer Schluss, dass wenn eine solche Ersetzbarkeit der Geldsurrogate unter einander, wofür wir schon oben die klarsten Beweise beigebracht haben, möglich ist, und wenn die Banknoten hier ebenso gut wie ein anderes Surrogat ersetzt werden und selbst umgekehrt ganz beliebig ersetzen können, man nicht ganz besondere, den Noten allein mit dem Gelde eigenthümliche Eigenschaften behaupten und darauf jenen principiellen Unterschied der Currencyschule bauen darf. Thatsächlich übernimmt aber ein neues Geldsurrogat die Function eines

alten, oder es wird ein anderes benutzt, was, abgesehen von
jenen künstlichen Hindernissen, verwendet sein würde. Dabei
werden dann nur präsumtiv die etwaigen Gefahren einer missbräuchlichen Benutzung des Credits noch wachsen. Man denke
an gesetzliche Verbote, z. B. der Banknote, oder usance-
mässige, z. B. des Platzwechsels. Da tritt dann wohl im ersten
Falle eine Circulation kleiner Platzwechsel an Stelle der Notencirculation, und im zweiten ersetzen verhüllte Wechselgeschäfte,
Kellerwechsel, Tratten gezogen auf eigens dazu engagirte und
dafür bezahlte Acceptanten in unbekannten kleinen Orten
u. dgl. m. die Benützung der Platzwechsel. Die Geschichte
des englischen Geld- und Creditwesens ist reich an Belegen
für diese Sätze, besonders aus jener Zeit, wo das Monopol
der Bank von England die Errichtung von Zettelbanken nach
dem Princip der Joint-Stock-Gesellschaft hinderte. In hoch
entwickelten Landestheilen, wie in Lancashire, war lange Zeit
hindurch das Hauptcirculationsmittel für die mittleren, höheren
und theilweise selbst die niederen Umsatzgrössen der Wechsel.
Es konnten sich trotz wiederholter Versuche die Noten von
Privatbanken nicht einbürgern. Jene Wechsel, deren es von
5 bis. 10.000 Pf. St. zu allen beliebigen Beträgen gab, fungirten
vollkommen wie Noten, trotzdem sie nicht einmal in blanco
girirt wurden, also nicht so einfach die Hände wechselten.
Aber 10 Pf. Wechsel mit 120 Indossementen kamen vor.
Diese Wechsel genossen den besten Credit. Aber es ist
natürlich möglich, dass sich in eine derartige Wechselcirculation auch einmal Papier von bedenklichem Character
einmischt, wie dies u. A. im vorigen Jahrhundert in einigen
Gegenden Englands, wo eine Wechselcirculation auf ähnliche
Weise wie in Lancashire die Dienste der Banknoten übernommen hatte, geschehen ist. Dies bestätigt unsere obige Bemerkung. Neuerdings sind die Wechsel auch in der genannten
Grafschaft theilweise durch die von den Filialen der Bank
von England emittirten Noten ersetzt worden, aber noch immer
fungiren daselbst Wechsel in der beschriebenen Weise an
Stelle von Noten, wie sich aus Aussagen vor den letzten
Bankcommissionen ergibt. Wie wenig stichhaltig, jedenfalls wie

einseitig jene Anklagen gegen die Zettelbanken, welche keiner
weiteren Controle unterliegen, als der, in der Verpflichtung zur
steten Einlösung ihrer Noten bestehenden, genannt werden
dürfen, wenn darin den Zettelbanken immer wieder der Vorwurf gemacht wird, sie schafften „fictives Geld" oder „fictives
Capital", dafür hat uns die der Crisis des Jahres 1857 vorangehende Speculationsperiode auch auf dem Continente Belege
gebracht. Hier wurde z. B. in Hamburg die Schaffung von
„fictivem Gelde" nicht durch die verpönte Zettelausgabe,
sondern mittelst eines ausgebildeten Systems von Gefälligkeits-
wechseln und durch ein leichtsinniges Blancocreditiren an die
unbekanntesten Auswärtigen in Nordosteuropa betrieben. Diese
Geldsurrogate waren und sind weit schwerer zu controliren,
deshalb Missbräuchen viel mehr ausgesetzt, wie die Banknote
und der Platzwechsel es gewesen wären. Jene Gefälligkeits-
accepte und Blancocredite waren da die Circulationsmittel und
verdienten in weitaus höherem Masse und mit ungleich mehr
Recht alle jene Vorwürfe, welche eine einseitige Doctrin fast
immer mit grossem Unrechte gegen die Notencirculation vorgebracht hat. Es zeigt sich in allen diesen Fällen die Wahrheit
des Satzes, dessen Richtigkeit wir in unserer langen· Erörterung nachweisen wollten, vollkommen bestätigt, dass
nemlich das Wesentliche stets die Benützung des Credits an
Stelle des Geldes selbst, dagegen das mehr Zufällige und
minder Wichtige die jedesmalige Form ist, in welche er sich
kleidet. Die Currencytheorie verstösst gegen diese Wahrheit,
indem sie fast alle jene Bedeutung, welche den Banknoten
als Geldsurrogat und daher mit diesen anderen Surrogaten
zukommt, den Banknoten ausschliesslich vindiciren und aus der
principiellen Uebereinstimmung derselben mit Geld ableiten will.

**9. Die unrichtige Behauptung einer Abhängigkeit des Wechselumlaufs vom
Notenumlauf.**

Zu den mit diesen Dogmen der Currencytheorie zu-
sammenhängenden Lehren gehört auch die, wonach eine Abhängigkeit der Menge der im Umlauf befindlichen Wechsel

von der Geldmenge besteht, folgeweise der Theorie nach von
der Menge der Münzen und der Banknoten. Jene Geldmenge
sei gewissermassen die Basis, auf welcher das Gebäude der
Wechselcirculation aufgerichtet sei. Es wird dann der Schluss
gezogen, dass vermuthlich in ziemlich genauer Uebereinstimmung mit einander die Ausdehnung und Zusammenziehung
der Notencirculation eine entsprechende Bewegung in der
Menge der Wechsel verursachen werde. Ein Motiv mehr, wenn
der Baarfonds durch Metallausfuhr in Anspruch genommen wird,
sofort die nothwendige Reduction des Notenumlaufs eintreten
zu lassen, wird in dieser vermeintlichen Abhängigkeit der
Wechselmenge vom Notenumlauf gefunden, damit die Speculation um so rascher eingeschränkt werde. Der Einfluss,
welcher hier dem Notenumlauf auf den Wechselumlauf beige-
messen wird, erklärt sich, wie man sieht, wieder aus der
unrichtigen Stellung, welche die gegnerische Lehre der Note
neben der Münze, dem eigentlichen „Gelde“ des Landes,
einräumt, weshalb aus der Unrichtigkeit der Prämisse abermals von selbst die des daraus gefolgerten Schlusses folgt.
Denn selbst, wenn die Wechselmenge in directer Beziehung
zur Geldmenge stände, was in dem weiten Masse, wie es die
Currencytheorie behauptet, gewiss unhaltbar ist, so würde
daraus noch nicht die Abhängigkeit des Wechselumlaufs vom
Notenumlauf folgen, weil die Noten nicht Geld sind. Daneben
hat aber Newmarch auch durch seine sorgfältigen statistischen Untersuchungen den Erfahrungsbeweis geführt, dass der
behauptete Causalnexus zwischen Notenemission und Wechselcirculation nicht bestehe, und dass durchaus nicht eine Zusammenziehung des Notenumlaufs eine noch stärkere Contraction des Wechselumlaufs bewirke, im Gegentheil erfolge
dann gerade eine Ausdehnung oder Anspannung des Wechselcredits. Namentlich die grossen, zwischen Grossisten und
Fabrikanten gezogenen Wechsel zeigen in der nemlichen Zeit
eine Vermehrung, wo der Notenumlauf um der Metallausfuhr
und der Geldklemme willen vermindert wird.

10. Der Sinn des Satzes, dass das Creditsystem auf dem Gelde, als Basis, aufgebaut sei.

Wir haben oben selbst einmal den Ausdruck gebraucht, dass das ganze Creditsystem sozusagen auf der Münze, als dem legalen Zahlungsmittel und Landespreismasse, aufgebaut sei. Dieser Satz hat aber offenbar einen ganz anderen Sinn, als der eben erörterte der Currencyschule. Es ist darin keine unmittelbare, auf ein Zahlenverhältniss zurückzuführende Beziehung zwischen Geldmenge und der Menge der Creditumlaufsmittel behauptet, sondern es soll damit nur ausgedrückt werden, dass alle diese Geldsurrogate sich auf das Geld zurückbeziehen, auf Auszahlung einer Summe Geldes lauten, und dass das Creditsystem nur dazu führe, diese effectiven Auszahlungen von Geld, welche jeder Inhaber eines Creditpapiers verlangen kann, unnöthig zu machen. Das Künstliche, aber auch das hoch Rationelle des Systemes liegt gerade in der geschilderten, überaus complicirten und doch so einfach arbeitenden Maschinerie, mittelst deren die körperliche Benützung des Geldes erspart wird, auf welches doch alle jene zahllosen Geschäfte und Schuldverschreibungen als auf die feste Wertheinheit, an der Alles gemessen und nach der Alles bestimmt wird, Rücksicht nehmen und dessen Existenz vorausgesetzt wird, obgleich es womöglich nirgends mehr sichtbar zum Vorschein kommen soll. Hiermit nähert man sich dem Ideale der Creditwirthschaft, wo alle Umsätze ganz ohne Dazwischenkunft von Metallgeld bewerkstelligt werden und Alles durch ein grossartiges Buch-Creditsystem abgemacht wird, immer mehr. In einem solchen Zustande hätte das Geld aufgehört, als Tauschmittel zu dienen und fungirte nur noch als Preismass und gesetzliches Zahlungsmittel, indem zwar Jedermann seine Forderungen in dem Gelde ausgezahlt zu erhalten fordern kann, aber nicht wirklich fordert. Es geht daraus hervor, dass man zwar immer noch eine gewisse Menge Edelmetall braucht, welches sozusagen dem ganzen Baue zur Stütze dient und besonders für unvorhergesehene Fälle und Momente des Misscredits parat gehalten werden muss, dass man aber nicht, wie die Currencyschule in dem zuletzt erörterten Satze es thut, unmittelbar von der ziffermässigen Grösse jener Geldmenge und den Aenderungen dieser Grösse auf die Höhe des darauf basirten Creditgebäudes und auf die Veränderungen hierin wieder rückschliessen darf. Offenbar hängt es ganz von der feineren Ausbildung des Creditsystems ab, welche Menge Geld als Basis dieses Systemes noch nothwendig sei, und ob und welchen Einfluss Bewegungen in der Geldmenge auf Bewegungen in der Menge der Geldsurrogate ausüben. Je höher das Creditsystem entwickelt ist, um so weniger wird der Einfluss von Bewegungen der Geldmenge in störender Weise fühlbar werden dürfen. Ein Geldsystem, welches auf diese Art in ein Creditsystem übergeht, kann in der That als vollkommen betrachtet werden. Dieses, aber nicht ein pures Banknotensystem, bietet den Vortheil eines unveränderlichen Standard's, einer steten Uebereinstimmung der Creditumlaufsmittel mit diesem Standard und der möglichsten Ersparung von Edelmetall, und hat gleichzeitig vor einem rein metallischen den von Rikardo hervorgehobenen Vorzug des „Papiergeldsystems", dass es sich leicht in seiner Menge ändern und hierdurch den wechselnden Bedürfnissen des Handels und den Zeitumständen anzupassen vermöge. Der starre Mechanismus des Peel'schen Gesetzes schmälert diesen Vorzug eines aus Geld und diversen Geldsurrogaten „gemischten" Systemes, indem es dem letzteren die Fähigkeit, sich den Bedürfnissen anzuschmiegen, bis auf einen gewissen Grad rauben will.

11. Resumé der Prüfung der Lehre vom gemischten Geldwesen.

Die vorausgegangene Entwicklung sollte die Lehre der Currencyschule von ihrem gemischten Geldwesen und die darin liegende Behauptung eines principiellen Unterschiedes zwischen Banknoten und anderen Geldsurrogaten als falsch nachweisen. Hierdurch wurde von selbst die Unhaltbarkeit der Definition von „Geld" als Münze und Banknoten dargethan. Wir sahen, dass Noten nicht Währung und Preismass, dass sie

deshalb ebenso wenig „Geld" wie andere Geldsurrogate wären.
Die in der genannten Definition implicite liegende Behauptung
einer principiellen Gleichheit von Münze und Noten ist durch
unsere Erörterungen ebenfalls widerlegt worden. Die Schule
dachte wieder an das eigentliche Papiergeld, das allerdings
ein „Geld" ist und dessen grundsätzliche Verschiedenheit von
den Noten wir bereits weiter oben erwiesen haben. Mit dem
behaupteten principiellen Gegensatze zwischen Noten und
Geldsurrogaten musste auch die einseitige Beschränkung der
Worte Umlaufsmittel und Circulation auf Münze und Noten
aufgegeben und konnten diese Ausdrücke auf alle Geldsurrogate mit ausgedehnt werden. Es wurde hierfür auch der
positive Beweis geliefert, indem alle die Merkmale, welche die
Note vermeintlich allein mit dem Gelde gemeinsam habe und
derenthalben sie unter die Circulationsmittel gereiht werden
solle, auch bei den übrigen Geldsurrogaten gefunden wurden.
Die Note erwies sich durchaus nur als Species einer Gattung.
Die ihr so ausschliesslich gewidmete Berücksichtigung und
Sorge ging aus einem Verkennen des Wesens der Note hervor.
Die dafür beigebrachten beiden Hauptargumente, die Verdrängung des Geldes durch die Noten und der Einfluss der letzteren
auf die Preise, bezogen sich nachweisbar auf die übrigen
Geldsurrogate nicht minder. Insbesondere konnte eingehend
gezeigt werden, dass nicht die Note, sondern der Credit in
der Form der Note und in verschiedenen anderen Formen das
Geld aus seiner Function als Umlaufsmittel verdränge und
dass es überhaupt die höhere Ausbildung des Creditsystemes
sei, welche hier jene Bedeutung erlange, die man gerne der
Notenemission allein zugeschrieben hat. Die Sätze der Currencytheorie gestatteten hier durchweg eine Ausdehnung,
welche wir ihnen auch gegeben haben.

12. Die Lehre von der Zuvielausgabe einlösbarer Banknoten.

Es muss aber noch auf zwei Momente, welche die Currencyschule in ihrer Lehre vom gemischten Geldsysteme premirt,
etwas näher eingegangen werden, da darauf im vorhergehenden

Abschnitte nur beiläufig Rücksicht genommen wurde. Wenn einmal von einer Verdrängung des Geldes durch die Banknoten die Rede ist, so schwebt hier der Schule stets gleichzeitig die Gefahr einer zu weit gehenden Verdrängung durch „Ueberemission" oder „Zuvielausgabe" von Noten vor, eine Befürchtung, welche in den Beweisführungen der Currencyschule eine grosse Rolle spielt. Es hängt dieselbe mit der Ansicht zusammen, dass die Zettelbanken die Macht hätten, beliebig ihre Notencirculation auszudehnen und zusammenzuziehen. Diese Ansicht war aus den früheren Theorien über das uneinlösbare, seiner Zeit von der Bank von England emittirte Papiergeld herübergenommen worden. Wir werden ihre Richtigkeit auf dem Felde, auf welches sie verpflanzt war, zu prüfen haben. Sodann rechtfertigte die Schule die besondere Aufmerksamkeit, welche sie der Banknote zu Theil werden lässt, wie wir gesehen haben, mit dem Hinweis auf den hervorragenden Einfluss der Noten und der Bewegungen der Notenmenge auf die Preise. Im Vorhergehenden berührten wir diesen Punct nur kurz. Die betreffende Frage steht mit der ebenerwähnten von der Möglichkeit der Ueberemission einlösbarer Banknoten in einem leicht ersichtlichen Zusammenhange, denn gerade mittelst dieser ihnen zugeschriebenen Macht, ihre Notencirculation nach Belieben ausdehnen und zusammenziehen zu können, sollen die Zettelbanken jenen Einfluss auf die Preise ausüben.

Die Lehre von der Zuvielausgabe von Noten und von dem Einflusse der Noten auf die Preise hängt aber ihrerseits wieder mit jenen Hauptsätzen der Currencyschule zusammen, durch welche die Regulirung der Notencirculation nach dem Muster des rein metallischen Systems und nach dem daraus mit vermeintlicher Consequenz abgeleiteten Principe des gleichmässigen Schwankens zwischen Baarfonds und Notencirculation motivirt werden soll. Hier wurde, wie wir gesehen haben, aus einer Abweichung von diesen Grundsätzen eine unrichtige Bewegung des Geldwerths gefolgert. Eine Abweichung wäre nach den Ansichten der Schule die Ausdehnung der Notencirculation, von einer gegebenen Höhe derselben ausgegangen, über den Betrag hinaus, um welchen der Baarfonds durch Metalleinfuhr

gewachsen wäre. Dieses eventuelle Plus in der Notenemission
ist es, welches die Theorie als „Zuvielausgabe" in ihrem Sinne
characterisirt. Umgekehrt findet ebenfalls eine Ueberemission,
resp. eine „zu grosse" Circulation statt, wenn eine Abnahme
des Baarfonds nicht von einer genau entsprechenden Reduction
des Notenumlaufs begleitet wird. Der schlimme Einfluss einer
solchen Missverwaltung der Bank und Missregulirung der
Notencirculation soll eben darin bestehen, dass in dem practisch
bosonders wichtigen und deshalb von der Schule meist allein
näher betrachteten Falle der Metallausfuhr, welche ja selbst
bereits ein Symptom und eine Wirkung des zu niedrigen
Geldwerths, folgeweise der zu grossen Geldmenge sei, keine
Steigerung des Geldwerths, folglich keine Pause in der Metallausfuhr eintrete, wenn der Notenumlauf nicht entsprechend
dem Abfluss des Metalls oder der Abnahme des Baarfonds,
welche die Grösse dieses Abflusses messen lässt, und gleichzeitig mit dieser Abnahme zusammengezogen wird. Wie wir
früher entwickelten, reproducirt die Currencyschule hier nur
den Satz der Quantitätstheorie, wonach der Geldwerth genau
von den Bewegungen der Geldmenge abhänge und zieht den
Schluss aus ihrem Dogma, dass die Metallausfuhr nothwendiger
Weise im rein metallischen Zustande aus der circulirenden
Geldmenge bestritten, folglich von einer Verminderung der
Geldcirculation begleitet worden wäre, — eine Lehre, aus
welcher wiederum die Folgerung gezogen war, dass der Baarfonds der Bank, z. B. der Bank von England nur denjenigen
Theil Edelmetalls im „gemischten" Systeme repräsentire, welcher
im rein metallischen circuliren würde.

Die Lehre der Currencyschule von der nothwendigen
Uebereinstimmung in der Bewegung der Geldmenge in ihren
beiden Zuständen des Geldwesens; das daraus abgeleitete
Princip des gleichmässigen Schwankens von Notencirculation
und Baarfonds; ferner die mit dieser Doctrin in Verbindung
stehende Befürchtung der Schule, dass eine Abweichung der
wirklichen Bewegung der Notenmenge von derjenigen Bewegung,
welche nach diesen Grundsätzen verlangt wird, im Falle der
Metallausfuhr eine Erschöpfung des Baarfonds, weil eine fort-

während Ausfuhr von Geld verursachen werde, — dieses
ganze Raisonnement, welches wir in unserer früheren Darstellung der positiven Lehrsätze der Currencyschule näher entwickelt haben, läuft mithin auf die Behauptung der Möglichkeit
hinaus, dass die Bank oder die Banken sich einer „Zuvielausgabe" von Noten und, was nach dieser Theorie das Nemliche
besagen will, einer unrichtigen Regulirung ihrer Notenemission
schuldig machen könnten, und schreibt den Banken jene von
uns mehrfach erwähnte Macht zu, beliebig ihren Notenumlauf
auszudehnen und zusammenzuziehen.

13. Der eigentliche Zweck der Peel'schen Acte.

Die positiven Vorschläge, welche Lord Overstone für
die Regulirung eines Systemes einlösbarer Banknoten aufgestellt und Sir Robert Peel durch sein Bankgesetz in der
englischen Praxis adoptirt hat, gehen daher, wie der erstere
sehr häufig bekennt, nur in zweiter Linie darauf aus, die
Sicherung der Noteneinlösbarkeit zu verbürgen; in erster
Linie beschäftigen sie sich mit der Herbeiführung einer solchen
Regulirung des Notenumlaufes, welche die vermeintlich allein
richtige Bewegung der Notenmenge, conform den supponirten
Bewegungen der Geldmenge des rein metallischen Geldwesens,
folglich die vermeintlich allein richtige Bewegung im Geldwerthe bewirken soll. Daraus geht dann doch klar hervor,
dass die von der Currencyschule gemachten Vorschläge nur
die Consequenzen eines Geldsystemes sind, welches diese
Schule sich ausgedacht hat, und dass man deshalb mit diesen
Vorschlägen sich nicht einverstanden erklären kann, sobald
die Unhaltbarkeit jenes Geldsystemes nachgewiesen wird. Das
Peel'sche Bankgesetz, als die practische Anwendung der
Overstone'schen Lehren, hat nicht die Sicherung der Noteneinlösbarkeit an sich im Auge, sondern es beschäftiget sich
mit dieser Frage, seinem ursprünglichen Endzwecke nach,
durchaus nur in secundärer Hinsicht, indem es vor Allem
die gleichmässige Bewegung der rein metallischen und der
gemischten Circulation bewirken und nur in dem einen Falle,

wo der Currencytheorie gemäss durch die Abweichung in der
Bewegung der gemischten von der Bewegung der rein metallischen Circulation die Noteneinlösbarkeit gefährdet würde,
diese letztere durch seine mechanischen Vorschriften sichern
will. Wenn nun feststeht, dass einmal das Verlangen nach
einem gleichmässigen Schwanken der Geldmenge in den beiden
Geldzuständen, welche die Theorie gegenüber stellt, jedenfalls
insoferne unbegründet ist, als darnach die Metallgeldmenge
u n d der Notenumlauf im einen sich gerade so bewegen soll,
wie die Metallgeldmenge allein im andern Systeme, weil man
die Banknoten nicht als Geld, gleich der Münze, und nicht
als dasjenige Geldsurrogat betrachten kann, welches ausschliesslich neben der Münze als Umlaufsmittel und Bestandtheil
der Circulation dient; wenn es sodann weiter feststeht, dass
jene Gefährdung der Noteneinlösbarkeit, welche man aus der
Abweichung der Bewegung der Notenmenge von der Bewegung
nach den Grundsätzen der Currencyschule abgeleitet hat,
ebenfalls nur sehr bedingt zugegeben werden darf, weil die
diesem Schlusse zur Prämisse dienende Annahme, nemlich der
vorausgesetzte Einfluss der Geldmenge überhaupt und der
circulirenden Notenmenge insbesondere auf den Geldwerth und
die Waarenpreise nicht als richtig anerkannt werden kann,
so folgt daraus, dass das Princip der Peel'schen Acte nicht
haltbar sei.

14. Der eine Fall der Metallausfuhr, welchen die Currencyschule stets im Sinne hat.

Um jenes einen Falles Willen, wo die stete Einlösbarkeit
der Noten durch die ungehemmte Metallausfuhr gefährdet und
wo die letztere selbst nur durch die Contraction des Notenumlaufes zu beschränken sein soll, wird der ganze Mechanismus
der Acte von 1844 erdacht. Dieser eine Fall kommt aber in
der Wirklichkeit genau in der Weise, wie die Currencyschule
ihn sich denkt, überhaupt nicht vor. Es gibt nur einen
ähnlichen Fall, wo in der That eine Verminderung der
circulirenden Geldmenge zur Hemmung einer Metallausfuhr

angebracht sein mag, nemlich den Fall, wenn durch Ueber-speculation die Preise zu sehr emporgetrieben sind, so dass dadurch die Einfuhr von Waaren stark begünstigt, die Ausfuhr etwas erschwert wird. Auch in diesem Falle ist die Steigerung der Preise nicht die unmittelbare Wirkung einer voraus-gegangenen Vermehrung der Banknotencirculation, sondern sie ist fast immer die Wirkung einer ungebührlichen Aus-dehnung des Credits. Diese Ausdehnung kann mitunter durch die Emission von Noten Seitens der Zettelbanken begünstigt worden sein, sie braucht aber damit durchaus nicht in einem Causalnexus gestanden zu haben, und that-sächlich finden wir in England, wie überhaupt in Ländern mit höher entwickeltem Creditwesen, dass die Entstehung von Ueberspeculationen nicht auf die Notenemission, sondern auf Benützung des Credits in anderer Form, namentlich auf die Creditsgewährungen der Depositenbanken, zurückgeführt werden muss. Auch lässt sich der Nachweis liefern, dass ein directer Einfluss auf Begünstigung der Speculation von Zettelbanken nur in dem Falle ausgeübt werden kann, wenn sie Noten in kleinen Appoints ausgeben, welche sich zu Lohnzahlungen verwenden lassen. Aus diesem Grunde schreibt man noch jetzt wohl den englischen Banknoten der früheren Zeit eine grössere Schuld an der Veranlassung von Ueberspeculationen zu, als dies gegenüber den heutigen Provincialbanken von den Unparteiischen geschieht, seitdem diese Anstalten keine Ein-Pfund-Noten mehr emittiren dürfen, obgleich auch die alten Anklagen gegen diese Banken, z. B. die, welche man nach der Crisis von 1825 gegen sie erhob, heutezutage allgemein auf ein sehr geringes Mass zurückgeführt sind.

Wenn man jetzt in England noch den Zettelbanken eine Schuld an der Ueberspeculation beimisst, so geschieht es nur in der sehr beschränkten und vorsichtigen Form, wie John Stuart Mill davon spricht. Er meint nicht, dass die Zettel-banken, zumal bei der früher von uns entwickelten Art der Geschäftsführung in England, einen Einfluss auf Hervorrufung, Ausdehnung und Ueberstürzung der Speculation ausüben, denn in diesen Stadien der Speculation werden thatsächlich nicht

mehr Noten emittirt, und Alles nur mittelst Wechseln, Buch-
crediten, Checks abgemacht. Allein Mill nimmt an, dass, wenn
die Preise einmal durch die Ausnützung des Credits, nicht
also durch die Ausdehnung der Notenemission emporgeschraubt
und wenn in Folge dessen die Wechselcurse zu Ungunsten des
Landes umgeschlagen sind, indem jene Uebertreibung der
Speculation stets mehr oder minder die Einfuhr unverhältniss-
mässig begünstige und die Ausfuhr relativ erschwere, dass
dann, aber auch erst dann ein noch längeres Halten der
hohen Preise durch die Creditverleihungen wie der Banken
überhaupt, so auch der Zettelbanken bewirkt werden könne.
In diesem Stadium der Entwicklung müsse aber die Benutzung
des Credits beschränkt werden, damit die Preise sinken und
die Metallausfuhr, welche hier allerdings in den hohen
Preisen, d. h. also umgekehrt in dem zu niedrigen Geldwerth
ihren Ursprung habe, aufhöre. Da die Zettelbanken und auch
die Bank von England früherhin, in völliger Missverkennung
ihrer Aufgabe, selbst während der Fortdauer einer aus solchen
Ursachen herrührenden Metallausfuhr ihre Notenemission wohl
selbst noch weiter ausgedehnt und durch den von ihnen
gewährten Credit — denn dieses Moment der Creditgewährung, nicht das Moment einer quantitativen Geldvermehrung, woran die Currencyschule stets allein denkt, kommt
in Betracht, — ein rascheres Sinken der Preise verhindert
hätten, so seien sie insoferne mit an dem starken und
andauernden Metallabfluss Schuld, ihre Gebarungsweise habe
die Gefahr einer Einstellung der Baarzahlungen wegen zu
bedeutender Verminderung des Baarfonds mit sich gebracht,
und das Peel'sche Gesetz, welches die Banken zu einer
frühzeitigeren Reduction ihrer Credite anhält, habe in der
That in dieser Beziehung einen gewissen wohlthätigen Erfolg
gehabt.

Man kann dieses Letztere auch als Gegner der Acte von
1844 vollkommen zugeben, wie denn Mill trotz dieses Zuge-
ständnisses nicht aufgehört hat, ein energischer Gegner des
Gesetzes zu sein. Die Acte wirkt hier in diesem einen Falle
günstig, nur lässt sich die nemliche günstige Wirkung auch in

diesem Falle, wo die Ursache des Metallabflusses wenigstens
in ähnlichen Verhältnissen liegt, wie sie die Currencyschule
stets voraussetzt, auf eine einfachere Weise und ohne die
gleichzeitigen Inconvenienzen des Gesetzes von 1844 erzielen,
was Mill auch ausdrücklich hervorhebt. Selbst in diesem
Falle handelt es sich aber nicht so sehr um die Verminderung
der circulirenden Notenmenge, welche sich thatsächlich auf
diese Art gar nicht ohne Weiteres erzwingen lässt, wie die
Erfahrungen nach dem Jahre 1844 am Besten beweisen,
sondern um die Einschränkung der Geschäftscredite, um die
Erschwerung des Zutrittes zu den Banken.

In jedem anderen Falle wirkt das Peel'sche Gesetz
positiv schädlich, und natürlich genug. Denn es will so zu
sagen jede Metallausfuhr mit einem einzigen Heilmittel curiren,
weil es eine jede nach derselben Schablone deutet. Jede Ausfuhr soll, wie wir sahen, Symptom eines zu niedrigen Geldwerths, Wirkung einer zu grossen Geldmenge sein, eine
Erklärung, welche nicht einmal in dem soeben erörterten
Falle ihrem wörtlichen Sinne nach zutrifft, und welche vollkommen unrichtig in allen den von uns schon mehrfach
erwähnten Fällen einer Metallausfuhr ist, wo die letztere aus
besonderen Ursachen, nemlich aus ungewöhnlicher Gestaltung der internationalen Zahlungen hervorgeht. Wir werden
hierauf alsbald noch zurückkommen, nachdem wir die Lehre
von der „Zuvielausgabe" von Banknoten und die mit derselben
im Zusammenhange stehenden Ansichten über den Einfluss der
Notenausgabe auf die Preise und über die Verursachung des
unerschöpflichen Metallabflusses durch die Ausdehnung der
Emission noch zuvor einer genaueren Prüfung unterzogen
haben, denn es wird daraus die Einseitigkeit der Currencytheorie und demgemäss die Unzulänglichkeit des Peel'schen
Gesetzes am Besten erhellen.

**15. Prüfung der Lehre von der Macht der Banken, ihren Notenumlauf beliebig
auszudehnen und von dem behaupteten Einflusse dieser Banken auf die Preise.**

Die Lehre von der Zuvielausgabe einlösbarer Banknoten sammt allen den daraus abgeleiteten Folgerungen stammt,

wie wir früher näher entwickelt haben, aus der Zeit der Bankrestriction, wo man sich daran gewöhnt hatte, alle Veränderungen der Waarenpreise als nachfolgende Wirkungen einer wirklich oder vermeintlich vorausgegangenen Ausdehnung der Notenemission als Ursache zu betrachten. Diese Ansicht mengte schon den möglichen Einfluss der Bank von England, deren Noten allein eigentliches Papiergeld waren, und den der übrigen Banken, deren Noten stets eiulösbar blieben, durcheinander. Es ist aber ausserdem durch Tooke die auch von uns oben mitgetheilte Widerlegung der Doctrin für die Zeit der Bankrestriction erfolgt.

Aus dieser Zeit hatte aber namentlich das geschäftstreibende Publicum den Glauben an die Allmacht der Zettelbanken, der Bank von England wie der Provinzialbanken, willkürlich ihre Noten in Circulation bringen und die Quantität derselben beliebig vermehren, sie ebenso willkürlich wieder einziehen und den Notenumlauf vermindern zu können und demgemäss die Preise emporzutreiben oder zu stürzen, mit herübergenommen und auch der unter der Verpflichtung der steten Einlösung ihrer Noten operirenden Bank von England nach wie vor eine solche Macht zugeschrieben.

Die hierüber aufgestellte, in der Geschäftswelt zum Dogma gewordene Theorie, —wenn man ein populäres, durchaus einseitiges Vorurtheil eine Theorie nennen darf — ist selbst wieder in einer schrofferen, deshalb unrichtigeren, und in einer milderen, deshalb nicht ganz ebenso unrichtigen Form verbreitet worden. Die Einen bildeten die Theorie für die Verhältnisse der Bankrestrictionszeit zu der von uns so' genannten Quantitätstheorie aus, nahmen demnach, wenn sie sich ganz klar über die Tragweite einer Lehre waren, die sie in ihren Deutungen vieler Einzelfälle wörtlich so auslegten, ein genau im Verhältniss der Vermehrung und Verminderung des Geldes, also des Notenumlaufs stattfindendes Sinken und Steigen des Geldwerthes, mithin bei voller logischer Consequenz ihres Raisonnements ein genau um den entsprechenden Procentsatz vor sich gehendes Steigen und Sinken der Waarenpreise an, und zwar hätte in diesem Falle eigentlich die Veränderung der Waaren-

preise e o i p s o durch die entsprechende Veränderung des
Geldwerths erfolgen müssen. Das ist jedenfalls das letzte
innere Princip dieser Doctrin, sobald man in den Sinn derselben folgerichtig eindringt. Die Unhaltbarkeit dieser Lehre
bedarf keines besonderen Nachweises, mag sie nun für das
System des „rein metallischen" oder des Papiergeldwesens
oder für Banknoten aufgestellt werden, denn sie ergibt sich
aus den Widersprüchen, zu denen die Lehre in der Theorie
führt und in welchen sie mit anerkannten Sätzen der Geldlehre
und mit den Thatsachen steht. Auch hat T o o k e ihre Unrichtigkeit für die Zeit der Bankrestriction nachgewiesen. Auch
in dieser schroffen Form ist sie aber von ihren Anhängern
auf die Verhältnisse Englands nach der Wiederaufnahme der
Baarzahlungen übertragen worden, obgleich man hier vollends
nicht den Schein eines Grundes für sie geltend machen konnte
und die Thatsachen laut gegen sie reden.

Andere legen dagegen nicht dasselbe Gewicht auf die
M e n g e des in Umlauf befindlichen Geldes oder die G r ö s s e
des N o t e n u m l a u f e s, und leiten die Veränderungen der
Waarenpreise nicht aus genau entsprechenden Veränderungen
der Geldmenge ab, aber sie folgern doch auch noch aus jeder
Vermehrung des Notenumlaufs eine nothwendig daraus hervorgehende Preissteigerung. Hierbei haben sie nicht so sehr die
Vergrösserung der Notenmenge als das Moment im Auge,
welches von selbst die Erhöhung der Preise verursache, sondern sie halten sich an die Thatsache einer s t ä r k e r e n
C r e d i t g e w ä h r u n g der Bank, schliessen daraus auf eine Begünstigung des Entstehens oder der Weiterentwicklung und
Ueberstürzung der Speculation Seitens der Zettelbanken, und
machen für das hierdurch eintretende Steigen der Preise und
für die spätere Reaction und etwaige Handelscrisis die willkürlichen Notenemissionen jener Banken verantwortlich. In
dieser Formulirung tritt die vollkommen richtige Ansicht hervor,
dass nicht die Vergrösserung der Notencirculation, welche die
Schule in ihren Wirkungen einer Vermehrung der Geldmenge
gleich stellt, sondern dass die Ausdehnung der Credite es ist,
mittelst welcher die Zettelbanken so gut wie alle anderen

Banken jenen Einfluss auf die Preise auszuüben vermöchten. Diese Auffassung ist entschieden ein Schritt zur Wahrheit, denn in jedem Falle ist es die Ausdehnung und Zusammenziehung der Notenemission, als einer Form des Bankcredits, und nicht die Vermehrung oder Verminderung der Notenmenge, als eines Bestandtheiles der Geldmenge, welche überhaupt auf die Preise den viel besprochenen Einfluss ausüben kann. Allein auch Diejenigen, welche dieser milderen Form der Theorie von der Macht der Zettelbanken, beliebig ihre Emission zu gestalten, anhängen, verfallen nur zu leicht wieder in den Fehler, dennoch die Notenmenge, welche sich im Umlauf befindet, als dasjenige Moment anzusehen, welches für die Preisschwankungen hauptsächlich massgebend sei, so dass schliesslich der Unterschied der Theorie in der schrofferen und in der milderen Form nicht mehr so ausserordentlich gross ist.

Die Vertheidiger der erwähnten Ansichten über den Einfluss, welchen die Zettelbanken zu üben vermöchten, gehören grossentheils der Classe der practischen Geschäftsmänner an. Die Grundlage ihres Raisonnement bildet die alte Theorie des Bullionberichtes. Merkwürdig genug kehrten sich gerade jene Männer, sowohl während, wie nach der Zeit der Bankrestriction durchaus nicht daran, dass ihre Theorie mit den Thatsachen, welche doch als Belege hätten dienen sollen, im strictesten Widerspruch stehe und in der That eben wegen dieser Divergenz schon völlig aufgegeben werden müsse. Es ist auch hier wieder das Verdienst von Thomas Tooke, die gänzliche Unhaltbarkeit jener Theorie auch für die einlösbaren Banknoten nachgewiesen zu haben. Tooke hat aber gleichzeitig eine wesentlich neue Ansicht über das Verhältniss der Zettelbanken und der Notenemission zu den Preisen und den Bewegungen auf dem Geld- und Waarenmarkte aufgestellt.

Er bestreitet nemlich, dass die Zettelbanken mit ihrer Notenemission überall einen Einfluss auf die Waarenpreise ausübten und dass sie jene ihnen zugeschriebene Macht hätten, beliebig nach ihrer Willkür ihre Notencirculation zu verändern. Da dieses die beiden Hauptanklagepuncte wider jene Banken

sind, um derentwillen die mannigfachen Regulirungspläne für
die Notenemission entworfen wurden, so folgert Tooke aus
seinen Vordersätzen, dass die Verpflichtung der Banken zur
steten Einlösung ihrer Noten ein völlig genügendes Sicherungsmittel gegen alle sonstigen etwa vorhandenen Gefahren wäre.
Insoferne steht er auf dem Standpuncte des Bullionberichtes,
welcher in der steten Baarzahlung der Bank von England
ebenfalls die beste. und die einzig wahre Controle der Notenemission erblickt hatte, eine Ansicht, welche, wie wir gesehen
haben, auch Rikardo ursprünglich deutlich ausgesprochen,
ohne ihr in seinen späteren Deductionen ganz treu zu bleiben.
Tooke erfreut sich namentlich in diesen seinen positiven
Lehrsätzen über Zettelbanken der Zustimmung seiner Mit-
streiter gegen die Peel'sche Acte, wie besonders Mill die
unzweifelhafte Richtigkeit der Tooke'schen Theorie offen
anerkannte, wenn er auch in einem practischen Falle, nemlich
dem oben erwähnten vom Einflusse der Banken auf das Hinhalten der zu hohen Preise, eine Beschränkung für nothwendig
hält. Zur klaren Evidenz erwiesen wird der Satz, dass die
Banken, besonders die Landbanken, ihren Notenumlauf nicht
beliebig ausdehnen könnten, aber unseres Bedünkens vor Allem
durch die von Gilbart näher beleuchteten gesetzmässigen
Bewegungen der verschiedenen Notencirculationen des Vereinigten Königreiches.

Nicht auf dem Wege der Deduction, sondern mittelst eines
Erfahrungsbeweises widerlegt Tooke den fast als Axiom
geltenden Satz der Quantitäts- und der Currencytheorie, dass
die Veränderungen im Notenumlaufe entsprechende Veränderungen in den Preisen bewirkten. Er zeigt nicht nur
durch sorgfältige preisstatistische Untersuchungen, dass die
weit verbreitete Behauptung vor den Thatsachen nicht bestehen könne, sondern mehr noch, er stellt es als das Ergebniss
seiner langjährigen Forschung hin, dass jedes bedeutendere
und allgemeinere Steigen und Fallen der Preise einer Vermehrung und Verminderung des Notenumlaufs vorausgegangen sei, also unmöglich durch die folgenden Bewegungen
der Notencirculation bewirkt worden sein könne. Die Wahrheit

dieses Satzes ist von Tooke und nach ihm von anderen Schriftstellern durch viele Beispiele erhärtet worden. Nachdem der Satz einmal auf dem Wege empirischer Forschung gefunden worden, suchte Tooke ihn auch theoretisch zu begründen und ihn zu deduciren. Weitere wichtige Schlüsse wurden daraus von Tooke und seiner Schule abgeleitet. Einmal folgerte man, dass die Zettelbanken durch ihre Notenemission überhaupt keinen Einfluss auf Preisbewegungen ausübten. Sodann kehrte man den bisherigen Lehrsatz um und deducirte aus den Veränderungen der Preise als Ursache eine Veränderung wie der Geldmenge so der Notencirculation als Wirkung: einem allgemeineren Steigen der Preise folge nicht nur, als eine zufällig dasselbe begleitende Erscheinung, wie es nach der ersten Formulirung des Satzes hätte scheinen können, eine Vermehrung des Notenumlaufs, sondern diese letztere werde recht eigentlich durch jenes Preissteigen verursacht. Hieraus folgte dann wieder der Schluss, dass nicht die Bank wie man bisher angenommen, der active, das Publicum, die Geschäftswelt der rein passive Theil in dem beiderseitigen Verhältnisse sei, sondern dass gerade die umgekehrte Beziehung Statt finde, womit die Ansicht von der Macht der Banken, ihren Notenumlauf nach Gutdünken zu reguliren, unvereinbar war. Endlich gelangte man zu dem die ganze Quantitäts- und Currencytheorie in ihrem innersten Kerne zerstörenden Satze, den man als den eigentlichen Tooke'schen Fundamentalsatz bezeichnen kann, dass nemlich die Waarenpreise nicht von der Geldmenge, weder von der überhaupt circulirenden, noch von der Banknotenmenge, sondern dass umgekehrt die Menge dieses circulirenden Geldes und die Menge der Noten von den Waarenpreisen abhingen.

Alle diese Sätze, so fremdartig sie den Anhängern der Currencytheorie vorkommen mussten, da es in der That fast stets und fast genau Umkehrungen der bisherigen Dogmen waren, hatten vor Allen den kaum misszuverstehenden Wahrspruch der Thatsachen für sich, wie dies von jenem Manne klar dargethan wurde, welcher zur nemlichen Zeit in seiner Critik die vollständige Unvereinbarkeit der bisherigen Theorie mit den factischen Zuständen nachwies. Die Tooke'sche Auffassung wurde auch durch die Aussagen der Privatbanquiers vor den parlamentarischen Untersuchungscommissionen über das Verhältniss ihrer Notenemission zu den Bewegungen auf dem Geldmarkte und zu den Preisen vollkommen bestätigt. Gerade diesen Landbanken waren in den zwanziger und dreissiger Jahren wiederholt die herbsten Vorwürfe gemacht, dass sie durch Missregulirung ihrer Notencirculation die übertriebenen Speculationen und hierdurch indirect die Handelscrisen hervorgerufen hätten. Allein die Banquiers bestätigten jetzt, besonders vor den Commissionen von 1840 und 1841, aber auch noch vor den späteren, dass sie in der That den Bedürfnissen des Publicums nach Banknoten rein passiv gegenüberständen, sie vermöchten ihren Notenumlauf eigenmächtig weder auszudehnen noch zusammenzuziehen, die Grösse ihrer Notenemission hinge ausschliesslich von den hervortretenden Bedürfnissen des Verkehrs in jenen Districten, wo die Bank etablirt sei, ab. Die Ab- und Zunahme ihrer Circulation sei durch die allgemeinen Productions- und Preisverhältnisse bedingt. Jeder Versuch, ihre Notenausgabe über die hierdurch bestimmten Grenzen auszudehnen, werde sofort durch die Rückströmung ihrer Noten vereitelt, weil der Verkehr derselben zur Bewältigung der Umsätze nicht bedürfe, zumal ihre Noten auch grossentheils nur im Detailverkehr circulirten. Umgekehrt bewirke jeder Versuch einer willkürlichen Verminderung des Notenumlaufes einer Bank nur, dass sofort die Lücke von einer andern concurrirenden Bank ausgefüllt würde. Alle diese Sätze sind noch in den Verhören von 1857 von Neuem in ihrer Richtigkeit anerkannt worden. Sie sind unvereinbar mit den Lehren der Currencyschule.

Natürlich fehlte es auf Seiten der letzteren nicht an Stimmen, welche namentlich die Autorität der Landbanquiers in einer ihre persönlichen Interessen so nahe berührenden Frage verdächtigten. Denn diesen Männern musste Alles darauf ankommen, dass sie den ihnen gemachten Vorwurf einer Beförderung wilder Speculationen und einer Beeinflussung der Waarenpreise durch ihre Notenemission widerlegten und dies

konnten sie allerdings nicht besser thun, als durch ihre mitgetheilten Ausserungen. Allein die Landbanken brauchten nur
auf die Jedem zur Einsicht stehenden Tabellen über ihre
Notencirculation hinzuweisen, um jedes weiteren Beweises der
Wahrheit ihrer Aussagen überhoben zu sein.

Wir unsererseits legen nun gerade auf die Schlüsse das
grösste Gewicht, welche uns aus der Beobachtung der Bewegungen des Notenumlaufes gezogen werden zu müssen
scheinen. In diesen Bewegungen tritt eine unverkennbare
Gesetzmässigkeit hervor, die Thatsache des Vorhanden-
seins einer solchen scheint uns aber schlechterding unvereinbar
zu sein mit der den Zettelbanken von der Currencyschule
zugeschriebenen „Macht", beliebig auf die Grösse ihrer Notencirculation einzuwirken.

16. Die Bedingungen der Ausdehnung der Notencirculation.

Es kommt hier auf verschiedene Verhältnisse an. So frägt
es sich, ob in einem concreten Falle, also ob z. B. in einem
bestimmten Lande bereits eine „Sättigung" des Verkehres mit
Banknoten erfolgt ist, oder ob etwa erst mit der Notenemission
begonnen wird. Die mögliche Ausdehnung der Notenausgabe
wird hier von den folgenden Momenten abhängen, nemlich von
der Art der Geschäftsführung, ob die durch das baare Geld
anfangs bewerkstelligte Umsatzvermittlung bereits überhaupt
und in welchem Grade sie durch die Benützung anderer Geldsurrogate, wie Wechsel, Checksystem und Buchcredite u. s. w.
unnöthig gemacht worden ist; ferner von der Brauchbarkeit
dieser Surrogate in den Verkehrskreisen, wo dieselben benützt
werden, gegenüber der Brauchbarkeit der Banknoten, hier die
Umsätze zu vermitteln, wovon wieder die Fähigkeit der Noten
bedingt wird, an Stelle der bisher benützten anderen Geldsurrogate zu treten; endlich kommt es auf die Stückelung
(Appointirung) der Banknoten, insbesondere auf die Höhe der
kleinsten Note, zu welcher man noch herabgeht, an.

Es ist klar, dass in einem Lande mit wenig entwickeltem
Creditwesen und einer annähernd „rein metallischen„ Circulation

sich bei einiger Creditwürdigkeit der betreffenden Bank oder
Banken eine relativ beträchtliche Summe Noten im Verkehre
erhalten und somit vielleicht in ziemlich kurzer Zeit eine
bedeutende Notencirculation einbürgern kann. Ob dies auch
selbst nach den Grundsätzen der Currencytheorie einen Einfluss
auf den Geldwerth, resp. die Waarenpreise bedingen könnte,
wird wiederum ganz von den Umständen des Falles abhängen.
Angenommen, es werde zum ersten Male in einem grösseren
Lande eine Zettelbank gegründet, welcher die Stellung einer
Art Centralbank bestimmt ist. Sie wird durch Gewährung von
Darlehen, Discontirung von Wechseln u. s. w., ihre Noten in
den Verkehr bringen. Gesetzt, dass diese Noten hier beliebt
werden und mithin nicht unmittelbar zur Bank behufs der
Einlösung gegen Münze zurückströmen. Dann bildet der Ablauf
der Credite, welche ja nach den Grundsätzen der bankmässigen Deckung nur auf kurze Zeit gegeben wurden, die erste
Gelegenheit, bei welcher die Noten auf dem Wege der früher
bereits besprochenen regelmässigen Rückströmung an die Bank
zurückgelangen können. Wenn aber die Noten im Verkehre
bereits accreditirt sind, so wird die Rückzahlung der Darlehen
sehr oft und bis zu einem grossen Betrage mittelst Münze
statt mittelst Noten geschehen, weil die letzteren in manch-
facher Hinsicht ein weit bequemeres Tauschmittel, wie das
baare Geld, sind. Selbst wenn die Bank demnach anfangs
ein unbedeutendes Geschäft hat, so kann sich ohne jede
weitere Ausdehnung ihrer Credite ihre Notencirculation bald
ziemlich hoch stellen, wenn nur jener Process der Abzahlung
der Credite mit Münze statt mit Noten sich einige Male
wiederholt. Hier kann man ja selbst nach der Currencytheorie
nur die zuerst in der Discontirung hinausgegebenen Noten als
eine Vermehrung der Geldcirculation auffassen und daraus
einen Einfluss auf die Preise herleiten. Alle anderen später
emittirten Noten sind nach den stricten Grundsätzen der
Peel'schen Acte gedeckt, denn mit der Ausdehnung der Notenemission muss in unserem Beispiele der Baarfonds entsprechend
gewachsen sein. Hier ist in der That die betreffende Menge
Noten an die Stelle eines Quantums bisher circulirender

Münzen getreten, und die Füllung des Baarfonds aus der
Münzcirculation erfolgt. Wenn daher die Currencyschule und
Nationalökonomen anderer Länder geneigt sind, aus der einfachen Thatsache der Vermehrung der. im Umlauf befindlichen
Banknoten auf einen Einfluss auf die Preise zu schliessen und
je nachdem Anklagen wider die Zettelbanken zu erheben, so
sollten dieselben doch schon von ihrem eigenen Standpuncte
aus zuvörderst eine Untersuchung für nothwendig halten, auf
welche Weise die Ausdehnung der Notencirculation Statt
gefunden hat. Aber hier war die Currencyschule stets nur zu
geneigt, weiter nichts als das Moment der Vermehrung der
Notenquantität zu beachten und darauf hin ziemlich haltlose
Vorwürfe, besonders wider die Landbanken, zu erheben. Dies
war in England um so leichter möglich, weil meistens nur der
Belauf der Notencirculation dieser Banken veröffentlicht oder
doch die anderen Posten des Status nicht berücksichtiget
wurden. Neben der vorhin geschilderten Art, wie eine Banknotencirculation sich ohne irgend eine neue Ausdehnung der
Bankcredite bedeutend vergrössern kann, kommt dann natürlich
der noch einfachere Fall in Betracht, wenn die Noten direct
von der Bank im Austausch gegen baares Geld geholt werden,
weil sie im Verkehre gesuchter sind, als die Münze.

Ein Beispiel aus der Praxis, wie die besprochenen Factoren einwirken, ist die Notenemission der Preussischen Bank.
Diese Anstalt erhielt im April 1856 die Erlaubniss, ihre bisher
auf 21 Mill. Thlr. beschränkte Emission beliebig weiter auszudehnen unter der Verpflichtung einer bankmässigen Deckung
der Noten, d. h. wie man diese Deckung in den Bankstatuten
meistens versteht, unter der Verpflichtung, mindestens ein
Drittel baar und zwei Drittel in discontirten Wechseln vorräthig zu haben. Unter den damaligen Conjuncturen, wo die
Nachfrage nach Credit unter der Einwirkung der nach dem
Pariser Frieden sich rasch überstürzenden Speculation sehr
lebhaft war und Preussen und Deutschland für eine grössere
Notencirculation an Stelle der Münze noch ein offenes Terrain
boten, dehnte die Preussische Bank binnen fünf Monaten auf
eine sehr leichtsinnige Weise ihre Credite um 25 Mill. Thlr.

und um den nemlichen Betrag ihre Notencirculation aus,
während der anfangs noch etwas gewachsene Baarfonds inzwischen sogar um eine Kleinigkeit abnahm. Jene Bank handelte
damals allerdings ebenso unklug wie früher zu verschiedenen
Malen die Bank von England und andere Banken. Später hat
sie eine vorsichtigere Politik eingeschlagen, ohne dass man es
deshalb für nöthig gehalten hätte, ihr die Zwangsjacke der
Peel'schen Bankacte anzulegen. Mittelst der im Jahre 1856
erfolgten Ausdehnung ihrer Credite hat sie übrigens entschieden
indirect die Ueberspeculation befördert oder, mehr noch, die
Fortdauer derselben ermöglicht. Der Fall kann als Beleg für
die erwähnte Mill'sche Auffassung vom Einflusse der Zettelbanken auf die Speculation dienen. Insoferne lässt sich in
diesem concreten Falle auch ein Einfluss auf die Preise durch
die Bankcredite, welche letztere eben auf dem Wege einer
grösseren Notenemission und Notencirculation erfolgt waren,
annehmen, und auch abgesehen von den Umständen dieses
speciellen Falles wäre wenigstens die Möglichkeit eines Einflusses auf die Preise durch die Ausdehnung des Notenumlaufs
gegeben, weil diese eben durch die Vermehrung der Bankcredite vor sich gegangen war. Damals betrugen der Baarfonds
etwa 17, die Vorschüsse an Private etwa 64, der Notenumlauf etwa 46 Mill. Thlr. Seit jener Zeit ist der letztere auf
nahezu 90, der Baarfonds auf 80—85 Mill. Thlr. gestiegen,
während die Vorschüsse im Ganzen abnahmen. Das Depositengeschäft der Bank ist unbeträchtlich, hat keine Ausdehnung
erfahren und führt ihr kaum viel Metall zu. Das Anwachsen
des Baarbestands erklärt sich aus Ursachen ähnlich den vorhin
von uns geschilderten. Aus der grossen Vermehrung der
Noten um 100 Procent wird man in diesem Falle daher gewiss
keinen Einfluss auf die Preise ableiten können, weil die Vermehrung nicht die Folge einer Ausdehnung der Credite war,
während früher die absolut viel geringere Vermehrung der
Noten (von 20 auf 46 Mill.) in einiger Hinsicht einen solchen
Einfluss hatte.

Wir führen diesen Fall nur als ein Beispiel an, dass das
blosse Moment der Notenvermehrung offenbar in der Streit-

frage gar nicht von Belang ist, sondern dass es auf die Art und die Ursachen der vergrösserten Emission ankommt. Die letztjährige Ausdehnung der Circulation der Preussischen Bank fand ja auch, wie schon gesagt, genau genommen ganz nach den Grundsätzen der Peel'schen Acte Statt, nicht gezwungener, sondern rein zufälliger Weise. Auch die Currencyschule zieht aus einer derartigen Emission und Vergrösserung der Circulation, wie wir gar nicht läugnen, nicht jene Folgerungen, wie aus der durch Ausgabe von Noten in Zahlung und Darlehen erfolgten Vermehrung der Circulation. Allein die Currencyschule setzt stets so leicht ohne Weiteres voraus, dass die Ausdehnung des Notenumlaufes Folge grösserer Credite sei, was durchaus nicht nothwendig, weder bei Centralbanken, noch bei kleineren Emissionsbanken, und sie folgert eine Einwirkung auf die Preise, die in dem Falle der von uns betrachteten Notenvermehrung von vorneherein nicht anzunehmen ist, aber auch gar nicht nothwendig aus der grösseren Creditgewährung der Bank zu resultiren braucht.

17. Die Art, wie die Noten in Circulation gelangen.

Untersuchen wir nun den früher aufgestellten Fall, wo zum ersten Male durch die Errichtung einer Zettelbank Banknoten in das System der Circulationsmittel eines Landes eingeführt werden, noch in seiner weiteren Entwicklung. Die Preussische Bank entspricht einigermassen den Bedingungen dieses Falles.

Es muss hier natürlich stets die Voraussetzung gemacht werden, dass überhaupt gewisse Bedingungen erfüllt sind, welche für die Einbürgerung jedweder Notencirculation conditiones sine quibus non. Dahin gehört vor Allem wenigstens ein hinlänglicher Credit der Bank und ihrer Noten, welcher verhütet, dass nicht jede Note im Momente der Emission aus purem Misstrauen von dem Inhaber gleich zur Einlösung präsentirt werde. Denn dann ist überhaupt eine Zettelbank und die Notencirculation eine Unmöglichkeit, und es braucht keiner weiteren Erörterung der Sache.

Nun handelt es sich um die Umstände, welche sich an die erste Emission der Banknote knüpfen und die Beibehaltung

der letzteren im Verkehre, die Reception der Note als Be-
standtheil der Circulationsmittel befördern. Die Art der Ausgabe von Banknoten ist oder soll wenigstens
regelmässig die Emission als Darlehen sein. Den hierauf
beruhenden Unterschied der Banknoten vom eigentlichen Papiergelde haben wir bereits früher kennen gelernt, und damals in
dem Gesetze der regelmässigen Rückströmung der Noten zur
Bank, welches Gesetz aus der Hinausgabe der Noten als Darlehen folgte, das regulirende Princip des Banknotenwesens
gefunden. Wir müssen jetzt die Voraussetzungen der Notenemission noch etwas näher betrachten. Weil Noten nur als
Darlehen emittirt werden, so ist es nothwendig eine Nachfrage nach dem Credite der Bank, welcher die Noten in den
Verkehr führt, und jene Nachfrage lässt auf ein Bedürfniss
nach Credit, d. h. also nach Unterstützung mit „Kaufkraft"
oder mit Capitalien schliessen. Da die Bank den Credit
mittelst ihrer Noten, welche ihr so gut wie baares Geld sein
müssen, weil sie jeder Zeit dieselben einzulösen hat, nicht
umsonst gewährt, und der Entlehner nur in dem Falle, wenn
er mit dem Darlehen lucrative Geschäfte zu machen gedenkt,
etwas für das Darlehen zu bezahlen geneigt sein wird, so darf
man wiederum schliessen, dass die Noten nur in Folge eines
reellen Capitalbedarfes für eine productive Unternehmung in
den Verkehr gelangen. Ein Darlehen an Bankerottirer bildet
stets die Ausnahme, Vorschüsse für consumtive Zwecke fallen
überhaupt nicht in das Ressort der Bank. Fullarton,
welcher über diese Specialfragen die eingehendsten Untersuchungen angestellt hat, ist somit auch ganz im Rechte,
wenn er sagt, dass die Ursache der Notenausgabe, wie der
Grösse dieser Notenausgabe in gewissen Bedürfnissen der
Volkswirthschaft liege, also Wirkung einer Nachfrage, nicht
Ursache einer solchen sei. Dann kommt nur Character und
Natur dieser Bedürfnisse zur Erörterung. Diese Nachfrage nach
Bankcredit, den die Bank in Noten gewährt, und ebenso die
wirthschaftlichen Bedürfnisse nach Unterstützung mit Capital,
welche jene Nachfrage hervorrufen, sind offenbar etwas ziemlich
Vages und Unbestimmtes. Im Allgemeinen wird man keines-

wegs jede Notenemission, welche durch eine solche Nachfrage verursacht worden, als eine dadurch schon vollkommen berechtigte anerkennen dürfen.

Es ist in dieser Argumentation nemlich übersehen worden, dass durch das Angebot von Credit Seitens der Banken selbst wieder eine Nachfrage nach Credit hervorgerufen werden kann, in welchem Falle man nicht sagen dürfte, dass schon ursprünglich ein Bedürfniss nach Noten, respective nach dem damit gewährten Credite vorhanden gewesen sei. Es wird hier zunächst auf die Bedingungen ankommen, zu welchen die Bank darleiht. Sind diese Bedingungen zu günstig, d. h. also namentlich, ist der Discontosatz der Bank zu niedrig im Verhältniss zu dem Satze am Geldmarkte, so wird unter allen Umständen die Nachfrage nach Credit und nach Noten bei der Bank sehr stark sein. Indessen liegt das Correctiv hier in der Sache selbst. Eine Bank, welche anhaltend und umfänglich unter dem Börsendisconto Vorschüsse machen würde, wird ihre Noten sofort wieder zum Zwecke der Einlösung zu ihren Cassen zurückströmen sehen, einmal weil die Ausdehnung der Emission leicht Misstrauen erwecken wird und sodann weil der Verkehr der grösseren Menge Noten aller Wahrscheinlichkeit nach nicht bedarf. Wo ein System kleiner mit einander concurrirender Banken besteht, liegt es im Interesse einer jeden, die Noten der anderen anzusammeln und zur Einlösung zu präsentiren, was namentlich im Falle einer solch' unberechtigten aussergewöhnlichen Emission geschehen wird. Ueberdies pflegt es hier regelmässig Einrichtungen zum Austausch der Noten zu geben, wie z. B. in Schottland, welche sofort die Extraemission einer Bank bemerkbar werden lassen und die Noten gleich wieder zur Stätte ihrer Ausgabe heimführen. Wo eine grosse Centralbank eine beherrschende Stellung einnimmt, kann vielleicht etwas andauernder zu einem zu niedrigen Satze discontirt werden, aber die üblen Folgen bleiben auch hier nicht aus. Einmal gewitzigt, werden die Banken in Zukunft vorsichtiger sein und damit würde die Gefahr einer übermässigen Ausdehnung der Credite und, momentan wenigstens, der Notenemission, so weit diese Gefahr durch die künstliche Hervorrufung

einer Nachfrage nach Credit Seitens der Bank selbst entstehen
könnte, als beseitigt betrachtet werden dürfen.

Aber es gibt noch andere Fälle, wo man den Banken nicht
die Schaffung einer Nachfrage nach Credit zum Vorwurfe
machen kann, und wo dennoch den Banken ein massgebender
Einfluss auf Speculation und Preise zugeschrieben werden muss.
Hier trifft die Beweisführung Tooke's und Fullarton's nicht
ganz zu, dass die Banken und die Notenemission durchaus
nicht Ursache, sondern nur Wirkung bestimmter Vorgänge in
der Volkswirthschaft wären. Es ist John Stuart Mill,
welcher die Nothwendigkeit einer Einschränkung der Tooke'-
schen Fundamentalsätze oder richtiger der daraus abgeleiteten
Schlussfolgerungen gezeigt hat, wodurch indessen die Richtigkeit des Kerns der Polemik von Tooke und seinen Freunden
gegen die Currencyschule nicht beeinträchtigt wird. Mill's
Argument steht im Zusammenhange mit dem bereits oben
berührten Falle, wo eine fortdauernde oder erweiterte Creditgewährung der Zettelbanken das Hinhalten hoher Speculationspreise und des Metallabflusses befördern kann. Wir haben
damals schon eingeräumt, dass Mill's Standpunct in dieser
Frage berechtigt ist, und dass man hier bedingt einen wohlthätigen Einfluss der Peel'schen Acte zugeben darf.

18. Der Fall der unbeschränkten Giltigkeit der Tooke'schen Theorie.

Mill macht darauf aufmerksam, dass man offenbar zweierlei
Zustände der Märkte unterscheiden müsse, in welchen die
Tooke'sche Theorie nicht gleichmässig zutreffe. Den einen
nennt er den ruhigen, den andern den erwartenden oder
Speculationszustand. Nur im ersteren erweist sich die
genannte Theorie vollkommen richtig und alle daraus gezogenen
Schlussfolgerungen werden durch die Erscheinungen während
dieses Zustandes bestätigt. Hier liegt keinerlei Motiv vor,
die Productions- und Handelsgeschäfte über den bestehenden
Umfang auszudehnen. Die Zunahme der Geschäfte ergibt sich
für den einzelnen Unternehmer nur nach Massgabe des Wachs-
thums seines Capitals und seiner Geschäftsverbindungen, für

das Gemeinwesen im Ganzen nach Verhältniss des steigenden Wohlstands und Consums. Hier werden weder Zettel- noch sonstige Banken ihre Credite wesentlich auszudehnen im Stande sein, denn die Nachfrage darnach Seitens der producirenden Classen vergrössert sich nicht, und nur ein zeitweiliges Extrabedürfniss, welches meist zu bestimmten Perioden des Jahres wiederkehrt, wird mitunter eine Ausdehnung der Credite bewirken. Nachdem das Bedürfniss verschwunden, wird der Credit nicht weiter in Anspruch genommen. Die Notencirculation gestaltet sich conform diesen Verhältnissen, erfährt keine besondere Ausdehnung noch Einschränkung, und bewegt sich nur in kleinen Oscillationen um einen gewissen Durchschnittsbetrag herum gemäss dem periodischen Wechsel des Bedürfnisses. Hier kann von einer Zuvielausgabe niemals die Rede sein, zu grösseren Ankäufen werden die Noten nicht benützt, weil dazu kein Beweggrund vorhanden ist, jede im Verkehre nicht gebrauchte Note kommt gleich wieder an die Bank zurück oder bleibt müssig liegen. Die Bewegung des Notenumlaufs ist hier in der That rein die Wirkung der wirthschaftlichen Vorgänge, durchaus nicht die Ursache von solchen und wird ihrerseits von den Preisschwankungen beeinflusst, während sie nicht diese letzteren bewirkt. Der allgemeine Wirthschafts- und Culturfortschritt kann eine Zunahme der Noten mitunter im Ganzen, häufig in den kleineren Appoints verursachen, während an Stelle der grossen, in den Geschäftskreisen benützten Noten wohl andere Geldsurrogate, gemäss der Benutzung der Wechsel und Checks zu Zahlungen u. s. w. zu treten pflegen. Dieser ruhige Zustand der Märkte ist es, in welchem man in der That von jener völligen Gesetzmässigkeit der Bewegung des Notenumlaufes reden kann, deren unbestreitbares Vorhandensein uns als der untrüglichste Beweis gegen die Currencytheorie erschien, denn Angesichts dieser Gesetzmässigkeit kann man nicht mehr jene willkürliche „Macht“ der Zettelbanken statuiren.

In einem Lande mit entwickelter Creditorganisation, wie in England, werden die Umsätze in den eigentlich geschäftlichen Kreisen, wie wir gesehen haben, nicht durch Münze,

auch nur theilweise durch Banknoten und dann in den Engros-
geschäften nur durch Banknoten der höheren Categorien,
sondern bei Weitem am Umfänglichsten durch Wechsel, Anweisungen, Checks und ähnliche Surrogate bewerkstelligt. Die
Zettelbanken, wie die anderen Banken eröffnen in der Mehrzahl
der Fälle einen Buchcredit, wenn sie Darlehen gewähren,
wogegen dann der Entlehner, der jetzt durch diesen Buchcredit zum Gläubiger der Bank geworden, mittelst Anweisung
(Check) zieht und auf diese Weise seine Zahlungen durch-
führt. Nur in dem Falle, wenn Jemand für einzelne besondere
Zwecke baares Geld oder Noten braucht, werden letztere
überhaupt emittirt, dann entweder sofort zur Einlösung präsentirt, wodurch der Notenumlauf also auch noch nicht zunimmt, oder sie werden einstweilen in den Verkehr gebracht.
Der Entlehner wird sich hier Noten in denjenigen Appoints
geben lassen, wie er sie brauchen kann. Ob und wie lange
diese Noten im Verkehre bleiben werden, das hängt davon ab,
ob in denjenigen Umsätzen, zu deren Bewältigung sie dienen
können, eine Vermehrung eingetreten, also ein grösserer Bedarf nach diesem Circulationsmittel entstanden ist. Dieser
Bedarf wird in der Regel langsam mit der Zunahme der Bevölkerung und des Wohlstands wachsen, kann aber durch
Vervollkommnung der Creditorganisation und Hereinziehung
der nichtgeschäftlichen Kreise in die letztere abnehmen. In
Zeiten allgemeinen Aufschwungs, lohnender Beschäftigung der
arbeitenden Classen wird jener Bedarf am Leichtesten eine
Steigerung erfahren, welche nach wieder eingetretener Reaction
und Mangel an Beschäftigung verschwindet, wenn die Abnahme
des Bedarfes auch nicht leicht so gross ist, dass die ursprüngliche Zunahme dadurch wieder gänzlich aufgehoben wird.
Wenn zu gewissen Zeiten im Jahre der genannte Bedarf an
Noten, weil die Summe oder der Umfang der dadurch zu ver-
mittelnden Umsätze, z. B. im Falle besonderer grösserer,
periodisch wiederkehrender Zahlungen, Einkäufe u. s. w. wächst,
so wird hier auch eine grössere Menge Noten im Umlauf sein,
welche nach Wegfall der besonderen Ursachen, die ihre Emission
hervorriefen, wieder an die Banken zurückgelangt. Entweder

werden aufgenommene Darlehen heimgezahlt, oder heraus-
gezogene Depositengelder wieder eingelegt, und was der Modalitäten mehr sind. Wenn dagegen von vorneherein im Verkehre
die zuerst emittirten Noten zur Umsatzvermittlung nicht bedurft
werden, weil in diesen Umsätzen keine Veränderung eingetreten
ist, so werden die Noten sofort an die Bank zurückkehren,
besonders in Form des Depositums, welches derjenige einlegt,
welcher die Noten einnahm, oder es wird von diesem Em-
pfänger ein von ihm früher aufgenommenes Darlehen zurückgezahlt, — jedenfalls halten sich die Noten nicht in der
Circulation. In allen diesen Fällen bewahrheitet sich der
Tooke'sche Satz, dass der Notenumlauf nicht die Ursache,
sondern die Wirkung von wirthschaftlichen Vorgängen ist, oder
was dasselbe sagen will, die Geld- und Notenmenge von den
Preisen, nicht letztere von der ersteren abhängen. Tritt z. B.
ein bedeutendes, allgemeineres Preissteigen solcher Artikel ein,
welche in gewissen Verkehrskreisen regelmässig mit Banknoten
gezahlt werden, so steigt der Bedarf nach letzteren und zur
Bewältigung der grösseren Umsätze werden mehr Noten gebraucht, daher auch die Circulation eine grössere wird.

19. Die Gesetze des Notenumlaufs.

Aus den tabellarischen Uebersichten der Notencirculation
Grossbritanniens und seiner einzelnen Landestheile ergibt sich
die genaueste Bestätigung der vorhergehenden Theorie des
Notenumlaufs. Man kann verschiedene völlig gesetzmässige
Bewegungen in diesem Notenumlaufe nachweisen.

Solche Zeitperioden hindurch, wo man von einem ruhigen
Zustande der Märkte sprechen kann, pflegt wohl ein im Ganzen
nicht bedeutendes, aber anhaltendes Steigen der Notencirculation einzutreten. Dieses erklärt sich aus der allmäligen,
stetigen, nicht sprungweisen Zunahme des Wohlstands und der
daraus hervorgehenden grösseren oder zahlreicheren Umsätze.
Da die Grossgeschäfte nur im geringen Umfange der Banknoten zur Vermittlung ihrer Umsätze bedürfen, und ausserdem
in einer solchen Zeit kein Motiv zur ungewöhnlichen Ausdehnung

dieser Geschäfte vorliegt, so beobachtet man eine gewisse Stabilität in der Menge der grossen und mitunter auch der mittleren Noten, während die Noten der niederen Categorien sich vermehren. Sind etwa zu gleicher Zeit weitere Fortschritte in der Creditorganisation gemacht worden, wodurch die grösseren Noten unnöthig wurden, so kann auch wohl eine Abnahme solcher Noten bei gleichzeitiger Zunahme der kleineren Noten wahrzunehmen sein. Man erinnere sich an den früher schon erwähnten Fall, wo eine Partie 1000 Pfund-Noten der Bank durch die Bezahlung der Saldi des Londoner Clearing-Houses und die Zulassung der Joint-Stock-Banken zu dem letzteren entbehrlich wurde. Im Allgemeinen werden unter Geld- und Creditverhältnissen, wie den englischen, langsam und fast unmerklich, aber stetig neue Fortschritte in der Organisation des Creditsystems gemacht. Dies führt dann wie wir früher sahen, nothwendig zur Entbehrlichmachung von Banknoten besonders in den Geschäftskreisen, und zwar zuerst in den Grossgeschäften dann weiter bis herab zu den Kleingeschäften. Man beobachtet daher auch durch etwas längere Zeiträume hindurch die Tendenz der grossen und mittleren Noten zur Abnahme, oft dem absoluten, häufiger wenigstens dem relativen Betrage nach, nemlich im Verhältniss zu dem Gesammtnotenumlauf. Das ist besonders bemerkenswerth, denn es geht daraus hervor, dass man aus der in der Natur der Sache liegenden Neigung der Zettelbanken, ihre Circulation auszudehnen, in der That mit Unrecht geschlossen hat, jene Anstalten vermöchten diese Ausdehnung auch stets zu bewerkstelligen. Am leichtesten müsste dies noch in der Geschäftsverbindung der Banken mit den zur Ausdehnung ihrer Geschäfte geneigten Grosshändlern erscheinen, allein die notorische Abnahme der hier verwendeten grossen Noten zeigt, dass die Banken dennoch keine willkürliche Vermehrung ihrer Emission erzwingen können.

Verfolgt man die Bewegung des Notenumlaufes durch etwas längere Zeitperioden, so wird vielleicht im Ganzen eine aufsteigende Richtung in der Notenmenge wahrzunehmen sein, aber mit gewissen Intervallen, wo plötzlich ein Stillstand,

dann eine Abnahme eintritt, ohne dass diese letztere der
früheren Zunahme ganz gleich zu kommen braucht. Die Zunahme vertheilt sich auf längere Zeiträume und daher kleinere
Beträge, die Abnahme erfolgt ruckweise binnen kurzer Zeit.
Alsdann beginnt von Neuem die aufsteigende Bewegung, und
zwar bereits von einem höheren Ausgangspuncte aus. Sie
erreicht auch einen höheren Culminationspunct, wie früher,
worauf wieder ein Rückschlag eintritt. Denkt man sich die
Bewegung der Notenmenge in einer Curve dargestellt, so wird
die letztere daher eine im Ganzen aufsteigende Richtung aufweisen, entsprechend der durchschnittlichen Zunahme der Noten
während eines Zeitraumes mehrerer Jahrzehnte, aber die Curve
wird nur in gewissen wellenförmigen Auf- und Abschwankungen
das Hauptgesetz ihrer Bewegung zum Vorschein kommen
lassen. In solchen längeren Zeiträumen findet eben ein Wechsel
von ruhigen und im Aufschwung begriffenen Zuständen der
Wirthschaft, von Ueberspeculationen und Handelscrisen Statt,
ein Wechsel, welcher selbst wieder ein gewisses gesetzmässiges
Gepräge zeigt und welcher sich in den Fluctuationen der Notenmenge wiederspiegelt. Dies hängt mit dem Uebergange vom
ruhigen zum speculativen Zustande der Märkte zusammen.
Die Gesetzmässigkeit der Bewegung, welche wir im Auge
haben, tritt besonders in der Ab- und Zunahme der einzelnen
Notenkategorien hervor. Die grossen Noten, welche zu den
Umsatzvermittlungen im Grossgeschäfte neben anderen Geldsurrogaten, wie den Wechseln, noch verwendet werden, vermehren oder vermindern sich nach Zeit und Menge verschieden
von den kleineren Noten, welche im Detailverkehr circuliren.
So führt der allgemeine Aufschwung der Geschäfte zunächst
zu einer stärkeren Benutzung der unter den Geschäftsleuten
gebrauchten Geldsurrogate, und daher wohl auch zur Vermehrung der grossen Noten, z. B. der 200—500 und der
1000 Pf. Noten der Bank von England. Alsdann äussert
jener Geschäftsaufschwung seinen wohlthätigen Einfluss auf
die Lage der arbeitenden Classen und der grossen Masse des
Volkes. Daher sehen wir die Vermehrung der kleineren Noten
nun auf diejenige der grösseren folgen. Umgekehrt nimmt

man noch eine weitere Zunahme oder wenigstens eine Stabilität
der kleineren Noten wahr, wenn die grösseren in Folge eines
Rückschlages in der Speculation oder einer Geschäftsstockung
bereits wieder in der Abnahme begriffen sind. Der Einfluss
solcher Veränderungen in den wirthschaftlichen Zuständen
macht sich in den Geschäftskreisen eben sofort, in den übrigen
Kreisen erst allmälig geltend. Im Zusammenhange hiermit
steht die andere Beobachtung, dass die Schwankungen in der
Menge der grösseren Noten heftiger, plötzlicher und grösser
sind, wie die in der Menge der kleineren. Die Erklärung für
alle diese Erscheinungen liegt darin, dass die grösseren Noten,
gleich den Wechseln, den meisten Checks u. s. w., eigentlich
zu Capitalübertragungen dienen und dass diese letzteren den
wechselnden Conjuncturen entsprechend selbst einem starken
und öfteren Wechsel unterworfen sind, wogegen die kleineren
Noten mehr zu den gewöhnlichen Umsätzen in den sogenannten
Consumentenkreisen dienen. In diesen Umsätzen herrscht eine
verhältnissmässige Stetigkeit und Gleichförmigkeit, wesshalb
in kurzen Zeiträumen auch die Menge der kleineren Noten,
weil der Bedarf darnach ziemlich wenig variirt. Freilich wird
hierbei vorausgesetzt, dass der Verkehr bereits mit kleineren
Noten der verschiedenen Categorien hinlänglich gesättigt sei.
Denn sonst kann natürlich auch ohne eine Vermehrung des
Bedarfes nach Umlaufsmitteln eine weitere Zunahme der Noten
durch die Verdrängung von Geld bewerkstelligt werden. Ferner
ist aber auch hier im Laufe der Zeit, statt der mitunter
möglichen Vermehrung, eine Verminderung der kleineren Noten
möglich, wenn nemlich auch in den Consumentenkreisen die
Sitte, Bankcontos zu nehmen und mit Checks zu zahlen, um
sich greift, wie dies wiederum in Ländern auf höherer Stufe
der Creditorganisation der Fall zu sein pflegt.

Eine weitere und besonders interessante Gesetzmässigkeit
zeigt der Notenumlauf in seiner Bewegung während des Jahres,
namentlich dort, wo bereits eine vollständige Sättigung des
Verkehres mit Noten stattgefunden hat. Hier lässt sich
selbst beim Systeme der Bankfreiheit, wie sie uneingeschränkt
bis zum Jahre 1845 z. B. in Schottland bestand, eine voll-

kommene Gleichförmigkeit der Bewegung der Notenmenge in
den einzelnen Monaten und kleineren Zeiträumen des Jahres
lange Jahre hindurch, und oft bis in's Einzelnste hinein, nachweisen. Mit Recht aber fragt man dann, wenn die Notenmenge,
welche von zahlreichen, mit einander concurrirenden Banken
emittirt wird, sich so völlig gleichmässig gestaltet, kann man
da noch von der „Macht" der Zettelbanken reden, beliebig
ihren Notenumlauf auszudehnen und einzuziehen? Im Interesse
jeder Bank liegt es, möglichst viel Noten im Umlauf zu erhalten.
Die Gefahren der Bankfreiheit sollen gerade darin bestehen,
dass zu viele Banken zu viel Noten in die Circulation hinein-
treiben würden. Allein trotz dieses mächtigen Interesses vermögen die Banken nicht mehr Noten zu emittiren, als der
Verkehr brauchen kann. Dafür liefert die offenbare Gesetzmässigkeit der Bewegung des Notenumlaufes während des Jahres
die deutlichsten Beweise. Wir sehen hier einen grössten und
kleinsten, einen wachsenden und abnehmenden Notenumlauf
stets gleichmässig um dieselbe Zeit wiederkehren. Es erklärt
sich dies aus den sich im Ganzen gleich bleibenden, aber im
Einzelnen etwas wechselnden wirthschaftlichen Bedürfnissen
nach Umlaufsmitteln. Hier ist in Wahrheit die Grösse der
Notencirculation Wirkung, nicht Ursache bestimmter wirthschaftlicher Vorgänge. Die Currencytheorie bleibt uns die Erklärung für die angeführten Regelmässigkeiten schuldig. Aus
der vermeintlichen „Macht" der Zettelbanken, auf ihren Notenumlauf beliebig einzuwirken, lassen sich jene Regelmässigkeiten
nicht ableiten. Sie stehen damit vielmehr im grundsätzlichen
Widerspruch.

In den Ziffern des Notenumlaufs tritt die Gesetzmässigkeit
am Klarsten hervor. Man kann sie in den verschiedenen
Notencirculationen der einzelnen Theile Gross - Britanniens
nachweisen, wie das Gilbart gethan hat. Die Darstellung
der Bewegung des Notenumlaufs unter der Form der Curve
lässt vollends die Gesetzmässigkeit der Bewegung deutlich zum
Vorschein kommen. Wenn man z. B. die schottische Notencirculation Woche für Woche mehrere Jahre nach einander
verfolgt und die betreffenden Curven dafür zeichnet, so wird

man finden, dass diese Curven sich fast genau parallel laufen, obgleich jede der an der Notenemission betheiligten Banken gesetzlich die Freiheit gehabt hätte, ihre Notenausgabe „in's Ungemessene" zu vermehren. Im Laufe der Jahre erfolgt wohl eine Zunahme in der durchschnittlich im Umlaufe befindlichen Anzahl Noten, wie wir früher schon erklärt haben. Aber gelegentlich, z. B. in Zeiten anhaltender Stockung der Geschäfte, sinkt auch diese Durchschnittszahl wohl wieder. Jedenfalls aber wird durch die Vergrösserung oder Verringerung des Notenumlaufs im Ganzen die gleichförmige Bewegung in den einzelnen kleineren Abschnitten des Jahres keineswegs gestört. Ich habe in meiner früher erwähnten Schrift eine graphische Uebersicht der Curven des schottischen Notenumlaufes in den Jahren 1834—1839 gegeben. Es scheint mir kaum eine andere Form der Darstellung so geeignet zu sein, einen der Fundamentalirrthümer der Currencytheorie aufzudecken, wie diese graphische. Man braucht aus der entgegentretenden unverkennbaren Gesetzmässigkeit bloss die nothwendigen logischen Schlüsse zu ziehen, um die Unhaltbarkeit der Currencytheorie jedem Unbefangenen klar zu machen.

20. Der Fall der beschränkten Giltigkeit der Tooke'schen Theorie.

Betrachten wir nun aber auch den andern Fall noch etwas näher, wo wir mit Mill annehmen, dass die Tooke'sche Theorie und der daraus gezogene Schluss, wonach die Banken mittelst ihrer Notenemission keinen Einfluss auf die Preise äusserten, einer gewissen Einschränkung bedarf. Es ist dies der Fall, wo Mill von einem erwartenden oder Speculationszustand der Märkte spricht, und wo er zugleich eine bedingt günstige Wirkung der Peel'schen Acte zugiebt.

Sobald sich nemlich für einen oder mehrere wichtige Handelsartikel eine speculative Meinung bildet, indem man ein Preissteigen dieser Waaren erwartet, so wird sofort die Neigung unter Geschäftsleuten entstehen, ihre Unternehmungen über den bestehenden Umfang auszudehnen, um an dem voraussichtlichen Steigen des Artikels einen aussergewöhnlichen

Gewinn zu machen. Jetzt wird daher in Folge dieser „speculativen Tendenz", welche selbst wieder aus den verschiedensten Ursachen entstehen und den mannigfachsten Character annehmen kann, allgemein der Credit stärker in Anspruch genommen werden und deshalb auch die Nachfrage nach Credit bei den Banken intensiver ausfallen. Geben die Banken die begehrten Mittel, sei es aus ihrem eigenen müssig liegenden Capital, oder durch Darlehen mittelst ihrer Depositen und ihrer Noten her, so befördern sie hierdurch die Speculation und indirect äussern sie den behaupteten Einfluss auf die Preise, auf die eventuelle Metallausfuhr u. s. w. aus. Im Beginne pflegt nun eine solche speculative Tendenz ihre Berechtigung zu haben, ein Ausfall des Angebots einer Waare ist z. B. entschieden ein guter Grund, diese Waare zum Gegenstande der Speculation zu machen und ihren Preis in die Höhe zu treiben. In der Regel aber gewinnt die Speculation bald eine ungerechtfertigte Ausdehnung, namentlich suchen die engagirten Speculanten wohl den Preis der Waare zu halten, nachdem bereits neue Conjuncturen eingetreten sind, welche durchaus ein Fallen des Preises bewirken müssen. Wenn dann in diesem Stadium der Speculation die Banken den Geschäftsleuten den zur Aufrechthaltung der jetzt zu hohen Preise nöthigen Credit gewähren, so machen sie sich hiermit allerdings einer ungebührlichen Begünstigung der Speculation schuldig und verursachen eine längere Andauer der hohen Preise und des Metallabflusses, als sonst möglich wäre.

Einen solchen Einfluss zu üben vermögen an sich die Banken durch ihre Creditgewährungen überhaupt. Inwieferne gerade die Zettelbanken mit ihrer Notenemission dessen zu beschuldigen sind, lässt sich nur wieder auf Grund der Thatsachen des concreten Falles entscheiden. In Ländern mit ausgebildetem Creditwesen, wie England, Newyork, finden die ursprünglichen Speculationskäufe gar nicht oder nur zum kleinsten Theile mit Banknoten Statt, wie wir gesehen haben. Dieses Stadium der Speculation wird daher auch durch eine Vermehrung der Noten, namentlich der grösseren Stücke, nicht gekennzeichnet. Die ganz allgemein gehaltenen Anklagen der

Currencyschule treffen deshalb auch hier nur sehr bedingt zu, wie Tooke mit Recht einwirft. In früherer Zeit und in einzelnen Fällen spielte allerdings die Banknote auch beim Beginne der Speculation noch eine grössere Rolle, allein nur in einem Beispiele muss ihr ein bedenklicher Einfluss auf Beförderung der entstehenden Speculation zugeschrieben werden. So lange es nemlich ganz kleine Noten gibt, wozu Mill auch die früheren englichen Ein- und Zweipfund-Noten rechnet, kann eine Bank durch Vorschüsse an Producenten, Fabrikanten u. s. w. eine stärkere Vermehrung der Notencirculation bewirken, indem jene Vorschüsse in kleinen Noten gemacht und die letzteren von den Empfängern in Lohnzahlungen weiter gegeben werden. Solche Noten werden auf diese Weise sich tiefer in den Verkehr eindrängen und längere Zeit eine effective Vermehrung des Notenumlaufs bilden, falls sie nicht, was stets die Ausnahme, zur Bank durch Präsentation zum Behufe der Einlösung zurückkommen. Erst nach und nach, wenn sie wieder in die Hände von Personen, welche Conto's bei den Banken haben und Ersparnisse machen, gelangen und von diesen nicht zu Geschäften weiter benützt werden, kehren sie zu der Ausgabestätte zurück. Erst dann also erfolgt dasselbe, wie mit denjenigen grösseren Noten, welche etwa von Banken an Speculanten im Wege des Darlehens gegeben und von diesen an Personen gezahlt werden, die sie sogleich wieder als Depositum einlegen. Je mehr sich das Sparbanksystem unter den arbeitenden Classen einbürgert, desto geringer wird auch die Gefahr einer Hinausgabe kleinerer Noten an die Beschäftiger von Arbeitern. In England, wo es keine Noten unter 5 Pf. St. mehr gibt, und in Schottland, wo die 1 Pfund-Note eine aparte Stellung einnimmt, fällt die Gefahr einer ungebührlichen Begünstigung der im Entstehen begriffenen Speculation mittelst Emission jener kleinen Noten heutzutage überhaupt hinweg.

Wenn demnach die Zettelbanken in der Regel in den ersten Entwicklungsphasen der Speculation gegenwärtig in England keinen so schlimmen Einfluss äussern, so liegt der Grund davon wesentlich in dem Umstande, dass die betreffenden Geschäfte gar nicht mit Banknoten abgemacht werden.

Etwas anders gestaltet sich die Sache aber auch jetzt noch
in Ländern auf so hoher Stufe der Creditorganisation, wie
England, in den späteren Stadien der speculativen Entwicklung. Ich will hierüber Mill's Auseinandersetzung vor
der Bankactecommission des Jahres 1857 wörtlich mittheilen,
weil er darin Alles, was sich zu Gunsten der Peel'schen
Acte sagen lässt, gut zusammengefasst hat [1]).

„Eine besondere Art der Handelscrisen, und vielleicht die
schlimmste von allen, wird durch vorhergehende Ueberspeculation und ungebührliche Ausdehnung der Geschäfte veranlasst,
welche beide stets von einer übermässigen Ausdehnung des
Credits und einem bloss in Folge der Speculation verursachten
Steigen der Preise, das in den Verhältnissen des Markts
keine genügende Rechtfertigung hat, begleitet werden. Ist
dies der Fall, so muss nothwendig ein Umschlag eintreten,
welcher regelmässig durch eine dem Steigen der Preise zuzu-
schreibende Vermehrung der Einfuhr und Verminderung der
Ausfuhr herbeigeführt wird. Dies bewirkt einen Abfluss des
Metalls und einen Zusammensturz der Preise, welch' letzterer
durch die Nothwendigkeit zu verkaufen verursacht wird, in
welcher sich die Speculanten zum Zwecke, ihre Verbindlichkeiten erfüllen zu können, befinden. Nun wird dieses speculative Steigen der Preise gewöhnlich von einer Vermehrung
der Banknotenmenge begleitet. Es folgt daraus nicht, dass
es dadurch verursacht werde, weil Speculationskäufe im Allgemeinen mit Credit für eine bestimmte Zeit stattfinden, und
selbst wenn dies nicht der Fall ist, die Umsätze zwischen
Geschäftsleuten im Allgemeinen nicht mittelst Banknoten
bewerkstelligt werden. Indessen es kommt in dieser Reihen-
folge der Erscheinungen ein Zeitpunct, wo die Geschäftsleute
beginnen bedrängt zu werden, wo das Steigen der Preise
aufgehört hat, aber die Speculanten noch nicht an ihrem
weiteren Steigen verzweifeln. In solcher Zeit sind die Gesuche
bei den Banken um Darlehen in der Regel sehr stark, um
den Speculanten das Anhalten der Preise zu ermöglichen."

[1]) Rep. on Bank Acts, 1857. Qu. 2, 031.

„Hier gibt es, sagt Mill an einer anderen Stelle, eine
Zwischenzeit zwischen der Speculationsperiode und dem Rückschlage davon, welche sich auf Wochen und bisweilen selbst
auf Monate erstreckt, wo man gegen das Sinken der Preise
ankämpft. Nachdem sich einige Zeichen des bevorstehenden
Rückschlages bemerkbar gemacht, sind die Speculanten im
Besitze von Vorräthen nicht geneigt, zu sinkenden Preisen
zu verkaufen und inzwischen bedürfen sie Fonds, um nur
ihre gewöhnlichen Verbindlichkeiten zu erfüllen. Dies ist
gerade dasjenige Stadium, welches in der Regel eine beträchtliche Vermehrung des Notenumlaufes aufweist." „Die Wirkung
der Acte von 1844, fährt Mill in seiner Aussage vor der
Commission fort, ist dann zu verhindern, dass die Speculanten
Vorschüsse in solchem Umfange erhalten, wie sie sie ohne
die Acte vielleicht erhalten würden. Als eine geschichtliche
Thatsache steht es fest, dass das speculative Steigen der
Preise oftmals durch Darlehen aufrecht erhalten wurde, welche
die Bank von England und andere Banken an Kaufleute und
Waarenlagerhalter gewährt hat, wodurch letztere der Nothwendigkeit entschlagen wurden, ihre Waaren sobald, wie sie
es sonst hätten thun müssen, zu verkaufen. In Folge dessen
wird der Fall der Preise verzögert, der Abfluss des Goldes
dauert länger und die Reserve der Bank kommt daher der
Erschöpfung näher; und wenn die Zeit kommt, wo die Bank
wirklich wegen ihrer Reserve besorgt wird, ist sie genöthigt,
eine plötzlichere und grössere Reduction der Discontirung
und umfänglichere Verkäufe von Effecten vorzunehmen, als
sonst der Fall gewesen sein würde. Hierdurch verursacht
sie einen grösseren Alarm, mitunter eine eigentliche Panique,
und eine grössere Destruction des Credits, und überhaupt
wird Alles schlimmer, wie sonst. Insoferne sind die Bestimmungen der Acte gut. Denn ohne Zweifel war die Bank
früher gewöhnt, in solchen Fällen Darlehen mittelst der Wieder-
hinausgabe von Noten zu gewähren, welche zu ihr auf dem
Wege der Umwechslung gegen Metall gelangt waren. Dies
ist der grosse Vortheil der Acte, dem nur gewichtige Nachtheile gegenüberstehen."

Soweit Mill. Er hat in den vorhergehenden Sätzen den einzigen Fall, in welchem die Lehre von der „Zuvielausgabe" von Noten wenigstens nicht vollkommen unrichtig, wenn auch hier der genauen Limitirung bedürftig ist, entwickelt. Tooke's Theorie wird dadurch in einem Puncte eine etwas eingeschränkte Geltung erfahren müssen. Im Uebrigen bleibt sie durchaus bestehen und wird auch von Mill in allen ihren Consequenzen anerkannt.

21. Die Verpflichtung zur steten Noteneinlösung als genügendes Schutzmittel wider Missregulirung der Notenemission.

Tooke war von seinem Standpuncte aus zu der Ansicht gelangt, dass die Verpflichtung der Banken zur steten Einlösung der Noten genüge, um jeden Missbrauch mit der Notenemission und jede Gefährdung der Volkswirthschaft durch die Noten zu verhüten. Die Begründung dieser Ansicht lag vor Allem in der Widerlegung der beiden Anklagen wider die Banken wegen des vermeintlichen Einflusses auf die Preise und wegen ihrer Macht, beliebig den Notenumlauf auszudehnen, also wegen der Zuvielausgabe von Noten. Da nach unserer eigenen Deduction Tooke diese Widerlegung fast durchaus gelungen ist, so wird damit gleichzeitig der Beweis für jenen practischen Schluss, dass Zettelbanken bloss jener Verpflichtung zur Noteneinlösung zu unterstellen, aber keine besonderen Regulirungspläne für die Notencirculation zu entwerfen seien, als geliefert gelten dürfen. Nur der eine Fall, wo bloss eine bedingte Richtigkeit der Tooke'schen Argumente zugegeben werden kann, ist noch näher zu untersuchen. Es frägt sich nemlich, ob hier eine besondere anderweite Regulirung der Notencirculation wirklich unentbehrlich ist, oder mit anderen Worten, ob es hier noch einer weiteren Controle als der in der Verpflichtung zur Baarzahlung liegenden für die Zettelbanken bedarf, und ob die durch das Peel'sche Gesetz adoptirte Methode der Controlirung wirklich auch nur in jenem einen Falle, wo die Banken auf die Preise einen ungebührlichen Einfluss wenigstens äussern können, zweckmässig ist. Hierbei wird sich zeigen, was freilich schon von selbst aus dem Früheren folgt, dass um so weniger von der Brauchbarkeit der Peel'schen Acte in allen Fällen, wo es sich überhaupt um Sicherung der Noteneinlösbarkeit handelt, die Rede sein kann, wenn die Acte nicht einmal in dem berührten speciellen Falle unanfechtbar ist.

Es ist gewiss nicht ohne Bedeutung, dass Mill selbst, welcher jene Einschränkung der Tooke'schen Theorie für nothwendig hielt, darum keineswegs gegen den practischen Schluss dieses Schriftstellers etwas einzuwenden hat. Vielmehr spricht sich Mill gleich im Beginne seines Verhöres im Jahre 1857 dahin offen aus, dass er keinerlei andere gesetzliche Beschränkung der Bank von England mit Rücksicht auf die Notenemission für nothwendig halte, als die in der Convertibilität der Noten liegende, welche Beschränkung sich für alle Zwecke hinreichend erweise. Gegen jede andere Einmischung des Staats erklärt sich Mill grundsätzlich. Er stimmt z. B. im Allgemeinen mit Tooke überein, dass zur grösseren Sicherung der Noteneinlösbarkeit und zur leichteren Ueberstehung eines starken Metallabflusses ein durchschnittlich grösserer Baarfonds der Bank sehr wünschenswerth sei, aber er meint ausdrücklich, dass auch dies Verlangen vielleicht allenfalls durch den geschäftlichen Usus der Bank, nicht aber durch eine gesetzliche Vorschrift erfüllt werden könne.

Aber auch in dem speciellen Falle, wo Mill im theilweisen Gegensatze gegen andere Opponenten wider die Peel'sche Acte der letzteren eine günstige Wirkung beimisst, erklärt doch auch er sich klar und entschieden zu Ungunsten der Acte, weil dadurch der gewonnene Vortheil mit überwiegenden Nachtheilen erkauft werde. Gerade wegen seiner Stellung in der Frage beansprucht Mill's Urtheil besonderes Gewicht. Die folgende Stelle aus seinem Verhöre im Jahre 1857 folgt unmittelbar nach der oben mitgetheilten, worin die Wirksamkeit der Acte gelobt wurde.

„Einmal ist die von der Bankacte adoptirte Methode der Operation, meint Mill, gegenwärtig nicht mehr so nothwendig, als vielleicht früher, weil die Geschäftswelt überhaupt und die

Bankdirectoren namentlich weit besser, wie ehedem, die Natur
einer Handelscrisis, sowie den ausserordentlichen Schaden
verstehen, welchen sie durch Aufrechterhaltung der Ueberspeculation sich selbst und dem Publicum verursachen, wesshalb es jetzt schwerlich mehr der Vorschriften der Acte
bedarf, um die Bank in jenem Falle zu einem solchen Benehmen zu vermögen, wie es die Acte erzwingt. Sodann aber
wirkt die Acte, wenn allenfalls nützlich im ersten, so übermässig schlimm im letzten Stadium der Speculation, nemlich
wenn der Rückschlag wirklich gekommen ist und wenn statt
des Zustandes eines übermässig angespannten Credits eine
ausserordentliche Lähmung des letzteren eingetreten ist und
nicht entfernt derselbe Credit besteht, wie zu anderen Zeiten.
Dann kann die Bank kaum zu viel darleihen, kaum zu grosse
Vorschüsse machen, so lange sie nur solvente Firmen unterstützt, weil ihre Vorschüsse hier nur die Stelle des gewöhnlichen, jetzt mangelnden Credits einnehmen. Unter der Herrschaft
der Acte kann die Bank diese Vorschüsse zu solcher Zeit nur
aus ihren Depositen machen. Nun ist es allerdings wahr, dass
die Depositen zu solchen Zeiten leicht ziemlich gross sind,
weil die Leute ihr Geld dann einlegen. Aber dennoch genügt
diese Ressource nicht, wie sich 1847 zeigte, wo die Bankdirectoren, nachdem sie zur Erleichterung des darnieder-
liegenden Handels durch Vorschüsse aus den Depositen an
solvente Firmen das Möglichste gethan hatten, genöthigt waren,
die Regierung um die Suspension der Acte zu bitten und die
Regierung darauf eingehen musste."

**22. Die durch die Peel'sche Acte verursachte Verhinderung der Bank, in den
Höhepuncten der Crisen die Lücke im Credite auszufüllen.**

Die hier von Mill berührte Frage ist bekanntlich diejenige, welche auch von den practischen Geschäftsmännern
am Häufigsten ventilirt wird. Diese letzteren klagen die Bankacte an, dass sie die Bank ausser Stand setze, in den Höhenpuncten der Handelscrisen die Function auszufüllen, welche
hier allein eine grosse, wohl accreditirte Centralbank ausfüllen

kann und derentwegen man allenfalls die grossen Privilegien
einer solchen Bank rechtfertigen darf. Die Bank von England
vermöge jetzt nicht mehr, wie in früheren Zeiten zu wiederholten Malen, wie namentlich in der Crisis von 1825, als
Stützpunct des Credits der englischen Handelswelt zu dienen,
sondern müsse einer falschen und einseitigen Theorie zu Liebe
gerade dann ihre Wirksamkeit einstellen, wenn dieselbe am
Heilsamsten und Nothwendigsten wäre, oder, was eben auch
sehr bedenklich sei, es müsse jedesmal von Neuem, wie bereits
1847 und 1857, ein Bruch des Gesetzes Statt finden.

Es gibt in der That kaum einen andern Punct, wie
diesen in Betreff der Wirksamkeit der Acte in Crisen, in
welchem sich die schädlichen Consequenzen einer falschen
Theorie so deutlich zeigten. Von ihrem Standpuncte aus
musste die Currencytheorie, wie wir entwickelt haben, mit
Nothwendigkeit zu der Folgerung gelangen, dass jedwede
Metallausfuhr ein Symptom zu niederen Geldwerths und einer
zu grossen Geldmenge sei, wobei sie unter Geld ja Münze und
Noten verstand. Daher sollte die Metallausfuhr auch beständig
fortdauern, wenn sie nicht gleichzeitig von einer entsprechenden
Verminderung des circulirenden Geldes, also der Theorie zu
Folge auch des Notenumlaufs begleitet wäre. Aus diesen
Vordersätzen wurde der Schluss gezogen, dass die Notenemission nur gegen Metall erfolgen und um den Betrag des
aus dem Baarfonds abgeflossenen Metalls die Circulation reducirt
werden müsse. Eine Emission der Art, wie sie Mill in der
obigen Auseinandersetzung vor Augen hat und wie sie die
Geschäftswelt für so wünschenswerth betrachtet, konnte die
Currencyschule nun und nimmermehr rechtfertigen. Dennoch
aber darf eine solche Notenausgabe für erspriesslich gehalten
werden, und zwar sogar in jenem Falle, wo die Banken un-
gebührlich das Halten der zu sehr emporgeschraubten Preise
befördern können und die Verhältnisse einigermassen denen
gleichen, welche die Currencyschule stets als bestehend voraussetzt, freilich unter der Bedingung, dass wenn eine
solche Emission ungefährlich sein soll, die Handels-

crisis bereits in ein bestimmtes Stadium eingetreten sei.

Solange die Geschäftsleute, besonders die stark engagirten
Speculanten nur den Bankcredit nachsuchen, um die Preise
der Waaren, den umgeschlagenen Conjuncturen zuwider, noch
zu halten und nicht verkaufen zu müssen, wird sich die Bank
gewiss zu hüten haben, die Noten, welche im Umtausch gegen
Metall an sie zurückkehren, wieder in Darlehen hinauszugeben.
Denn in diesem Falle würde allerdings der Preis mancher
Waaren künstlich zu hoch, daher der Geldwerth mit Rücksicht auf diese Waaren zu niedrig gehalten, es würde immer
noch die Tendenz vorherrschen, die Einfuhr zu vergrössern,
die Ausfuhr zu beschränken, und die Folge von dem Allem
wäre eine Fortdauer des Metallabflusses. Hier wären die
Anklagen der Currencytheorie wider die Zettelbanken berechtigt,
denn indirect würden letztere an der Fortdauer des Metallabflusses Schuld sein.

Allein gerade in diesem Falle, wo der Metallexport in
letzter Linie aus einer allgemeinen Ueberspeculation resultirt,
tritt schliesslich eine Crisis ein, wo die Notenemission der
Bank nicht gegen das zurückkommende Metall, sondern gegen
Wechsel und Unterpfänder durchaus gerechtfertigt sein kann.
In der Regel werden sich die Speculanten, welche zu hohen
Preisen eingekauft und viele Waaren, in der Hoffnung auf
weiteres Steigen der Preise, aufgestapelt haben, begreiflich
genug so lange, wie sie es vermögen, sträuben, zu billigeren
Preisen zu verkaufen und überhaupt ihre Lager möglichst
lange noch aus dem Markte halten, um nicht durch das
grössere Angebot bei geringerer Nachfrage sofort einen Sturz
der Preise zu bewirken. So lange die Dinge noch in diesem
Stadium der Entwicklung sich befinden, wird die Bank ein
derartiges Sträuben der Speculanten, sich dem naturgemässen
Umschwung der Verhältnisse zu fügen, wie gesagt, nicht
unterstützen dürfen. Uebrigens mag bemerkt werden, dass
auch hier die Anhänger der Currencytheorie einseitig und der
Erfahrung entgegen in der Regel nur die Zettelbanken wegen
einer solchen Unterstützung der fehlerhaften Speculation

anklagen. Selbst hier haben andere Banken, die gewöhnlichen
Depositenbanken namentlich stets ganz dasselbe gethan, und
die bekannten Erfahrungen aus dem Jahre 1857 in Hamburg,
wo man sich ebenfalls zu lange sträubte, die sich anfüllenden
Lager durch Verkäufe zu billigen Preisen wieder zu leeren
und die Capitalien dadurch disponibel zu machen, belehren
uns, dass durch die Anspannung des Wechselcredits auch ohne
Banken ganz dasselbe Ergebniss erzielt werden kann, wie
etwa durch die besprochene Notenemission der Banken.

Wenn nun aber dieser sich durch einen allgemeinen Stillstand der Geschäfte characterisirende Zeitraum damit endet,
dass nach und nach dieser oder jener Speculant, welcher
keinen Credit mehr findet, keine Prolongationen mehr erhält,
à tout prix losschlagen muss, um seine laufenden Verbindlichkeiten erfüllen, seine fälligen Accepte einlösen zu können, und
wenn dann bald Bankerott auf Bankerott folgt, der Eine wieder
den Andern wegen der sich fortwälzenden Verluste mit sich
ziehend, wenn rasch eine vollständige Lähmung des Credits
eintritt, Niemand mehr auch zu bedeutend reducirten Preisen
und Cursen kaufen will, weil alle Welt à la baisse speculirt,
kurz wenn dasjenige Stadium der Entwicklung erreicht worden
ist, welches man in der Geschäftswelt mit dem technischen
Ausdruck eine Panique nennt, dann wird die Politik der
Bank eine ganz andere sein dürfen, oft sein müssen. Hier
wird es die aus ihren grossen Vorrechten hervorgehende Angabe einer Centralbank, wie der Bank von England sein, den
Fall der Preise und Curse, welcher jetzt ebenso übermässig
zu werden droht, wie vordem das Steigen der Preise es war,
zu hemmen, den gänzlich zerrütteten Credit wieder zu stützen
und wenigstens nicht den an sich solventen Kaufmann, welcher
nur wegen der ungewöhnlichen, an ihn herantretenden Anforderungen und wegen des augenblicklichen Mangels an disponiblen Mitteln zur Erfüllung seiner Verbindlichkeiten zu stürzen
droht, einem zwecklosen Ruine oder doch einem unnöthigen
Vermögensverluste Preis zu geben. Sobald einmal die Panique
ihren Höhepunct erreicht hat, auch wohl schon vorher, hört
die Metallausfuhr überhaupt auf, die Wechselcurse schnellen

in Folge der allgemeinen Erschütterung und Zusammenziehung des Credits zu Gunsten des Landes um, die zu hohen Preise weichen viel zu niedrigen. Nicht selten strömt jetzt umgekehrt sofort Metall in das Land ein, indem der gesunkene Preis der Waaren und Curs der Effecten und der hohe Zinsfuss das verfügbare Capital der Fremde heranlockt. Allein noch bevor diese letztere Erscheinung eintritt, worauf ja selbst nach der Currencytheorie eine Wiederausdehnung der Notenemission erfolgen darf, wird Alles darauf ankommen, die vorhandene Lücke in den metallenen und den auf den Credit basirten Circulationsmitteln anzufüllen.

Dies hindern aber die positiven Vorschriften der Peel'-schen Bankacte, welche ausdrücklich nur die Wiederemission der eingegangenen Noten gegen das bereits zurückgekom-mene Metall gestatten, so dass hier nicht einmal die oft vollkommen sichere Rückkunft des Metalls anticipirt werden darf, was so sehr im Interesse der Volkswirthschaft liegen kann. Nicht minder ist eine derartige Emission gegen den Geist der Currencytheorie. Denn so lange das Metall nicht thatsächlich zurückkehrt, nimmt diese Theorie einen immer noch im Ver-hältniss zu anderen Ländern zu niedrigen Geldwerth, oder höchstens, wenn die Metallausfuhr schon stockt, den richtigen Geldwerth an, und ignorirt, consequent in ihrer Einseitigkeit, dass es sich darum handelt, eine Lücke im Credite auszufüllen und die wohlaccreditirten Noten der Bank an die Stelle der sonst genügenden, jetzt aber unter dem allgemeinen Misstrauen leidenden und hierdurch unbrauchbar werdenden anderen Geld-surrogate, wie der Wechsel, Anweisungen, Checks u. s. w. treten zu lassen. Man wird bei genauerer Analyse finden, dass die Opposition der Currencyschule gegen eine derartige Notenemission, mittelst welcher keineswegs die früheren hohen Speculationspreise und Curse gehalten und das künstlich ange-spannte Creditsystem unterstützt, sondern die zu niedrigen Paniquepreise und Curse und der zerrüttete Credit verbessert werden sollen, — dass diese Opposition wiederum aus der ganz falschen Auffassung des Wesens der Note und aus der Statuirung eines principiellen Gegensatzes zwischen ihr und den übrigen auf den Credit basirten Surrogaten des Geldes hervorgeht. Die Schule übersieht, dass es sich in dem besprochenen Falle nur darum handelt, in einem bestimmten Zeitpuncte, wo gewisse andere Creditformen den Dienst versagen, die Noten an deren Stelle treten zu lassen, weil sie stets in der Auffassung befangen ist, dass die neu zu emittirenden Noten nur an die Stelle des gleichen Betrages Geld im rein metallischen Geldwesen treten dürften. Rein theoretische Betrachtungen führten hier zu so einschneidenden practischen Vorschlägen.

23. Rechtfertigung der Notenemission nach bereits eingetretenem Rückschlage der Speculation.

Sobald die Metallausfuhr aus einem Zustande der Ueberspeculation hervorgeht, wie das ohne Zweifel manchmal vorkommt, ähnelt der Fall demjenigen, welchen die Currencyschule stets annimmt, wenn sie den Metallexport immer als Wirkung einer zu grossen Geldmenge und Symptom eines zu niedrigen Geldwerths auffasst. Es muss hier ein Sinken der emporgeschraubten Curse und Preise eintreten, damit die Zahlungsbilanz wieder zu Gunsten des Landes umschlage. Da nun aber die Preise u. s. w. nicht von der circulirenden Geld- und Notenmenge allein abhängen, sondern andere Creditumlaufsmittel darauf ebenso gut ihren Einfluss äussern, und zwar einen um so grösseren Einfluss, je höher das ganze Creditsystem entwickelt ist, so folgt daraus, dass eine starke Zusammenziehung dieser Creditumlaufsmittel schon für sich eine Reduction der Preise herbeiführen könne, ohne dass es dazu einer gleichzeitigen erheblichen Verminderung der Notencirculation bedürfe. Sind Curse und Preise bereits durch eine grosse Erschütterung des Credits stark gesunken, so wird der Metallabfluss auch in diesem Falle, wo er aus übertriebener Speculation hervorging, aufhören, selbst wenn keine Note weniger circulirt. Die einseitige Berücksichtigung der Notenmenge, als des hier allein in Betracht kommenden Factors, erweist sich wiederum durchaus unrichtig. Sobald einmal dieses Stadium der Entwicklung eingetreten ist, d. h. also

sobald mit dem Fallen der Preise uud Curse die primäre
Ursache der Metallausfuhr beseitigt worden, kann sogar die
weitere Ausdehnung der Notenemission, auch bevor das Metall
wieder in's Land strömt, durchaus, wie in dem erörterten Falle
nothwendig werden, um ein ungehöriges Sinken der Preise
zu verhüten. Diese Ausdehnung der Emission wird auf die
Fortdauer des Metallexportes ganz ohne Einfluss sein, und
höchstens bewirken können, dass jetzt nicht ganz so viel Metall
einströmen würde, als sonst vielleicht eingeströmt wäre.

In unseren früheren Sätzen über die Bedingungen, von
welchen die Ausdehnung der Notencirculation abhängt, wurde
unter Anderem hervorgehoben, dass es auf die Brauchbarkeit
der anderen Geldsurrogate ankomme, inwieferne diese letzteren
wieder durch Banknoten zu ersetzen seien. Wir haben
in dem geschilderten Stadium der Crisis einen solchen Fall,
wo andere Creditformen, namentlich Wechsel und Checks
wegen des allgemein herrschenden Misstrauens ihre Dienste
versagen. An Stelle derselben müssen jetzt vorübergehend
d. h. für die Dauer jenes Misscredits, solche Banknoten, wie
etwa die der Bank von England treten. Hierdurch wird mithin
schon einmal die Menge solcher Noten jetzt grösser sein
dürfen, ohne dass man daraus einen schlimmen Einfluss auf
die Fortdauer des Metallexportes ableiten kann, wie die Currencyschule es thut. Die Richtigkeit unserer Doctrin, dass
die Banknoten nur eine Form des Credits und nicht grundsätzlich von den anderen Geldsurrogaten verschieden sind, dass
diese Surrogate sich unter einander ersetzen, je nach den
Umständen des Falles, erweist sich hierin von Neuem. Sodann
darf und muss die Menge der Banknoten in solchen critischen
Momenten auch noch aus einem andern Grunde grösser sein,
wie sonst, ohne dass man desshalb die Befürchtungen der
Currencyschule zu theilen braucht. In einem solchen Momente
nimmt die Umlaufsgeschwindigkeit des Geldes und der Noten
ausserordentlich ab, eine grössere Menge Noten ist daher von
geringerer Wirksamkeit wie sonst eine kleinere, alle Welt hält
Geld und Noten zurück, und sorgt für alle Fälle vor. Wenn
in diesem Zeitpuncte die englische Bank mehr Noten ausstehen

hat, so darf man sie deswegen keinesfalls anklagen. Die
einseitige Rücksichtsnahme der Schule auf die Menge zeigt
sich auch hier von Neuem.

**24. Angriff auf eine derartige weitere Notenemission, weil dadurch die
Noteneinlösbarkeit noch mehr gefährdet werde.**

Man wendet gegen eine weitere Notenemission einer Bank,
wie der von England, in solchen critischen Zeitpuncten aber
auch noch ein, dass dadurch die Noteneinlösbarkeit noth-
wendigerweise in höherem Masse gefährdet werde. Denn
selbst wenn man nicht jenen besprochenen Einfluss der
grösseren Notenausgabe auf eine Verringerung des Geldwerths
und hierdurch auf die Fortdauer des Metallabflusses annehme,
wie ihn die Currencyschule glaube statuiren zu müssen, so
lasse sich doch nicht läugnen, dass jetzt eine noch grössere
Notencirculation dem Baarfonds gegenüberstehe, wie sonst,
und dass schon dieser Umstand eine neue und grössere Gefährdung der Noteneinlösbarkeit in sich schliesse. Es sei nun
gerade ein Hauptzweck der Peel'schen Acte, unter allen Umständen ein unüberschreitbares Verhältniss zwischen Notencirculation und Baarfonds festzustellen, in der Art, dass stets
wenigstens ein solcher Baarbestand vorhanden sei, welcher
die Sicherung der Noteneinlösbarkeit thunlichst garantire.
Aus diesem Grunde dränge die Currencyschule auf die Trennung
der Notenausgabe von allen anderen Bankgeschäften hin und
separire den für die Noten bestimmten Baarfonds von den
übrigen disponiblen Geldmitteln der Bank.

Diese Beweisführung der Currencytheoretiker hat beim
ersten Augenschein viel für sich. Denn es scheint in der
That ziemlich gewagt, gerade in solch critischen Momenten,
wie denen, welche wir schilderten, eine noch grössere Notenemission, wie sie Mill und viele Geschäftsmänner empfehlen,
vorzunehmen. Im Allgemeinen muss ja doch die Bank in
solcher Zeit zur möglichsten Zusammenziehung ihrer Schulden,
derentwegen eventuell Ansprüche an sie gemacht werden
können, angehalten werden, damit zwischen den kurzfälligen

Forderungen gegen sie und ihren disponiblen oder leicht realisirbaren Activis ein möglichst günstiges Verhältniss bestehe. Allein die Umstände des Falles, in welchem der Bank eine derartige, mit den Grundsätzen der Currencytheorie im Widerspruch befindliche Notenemission mitunter wohl sogar zur Pflicht gemacht wird, sind so beschaffen, dass eine Gefährdung aus der grösseren Notenausgabe nicht hervorgeht, sondern dass gerade umgekehrt die hartnäckige Verweigerung von Vorschüssen und die rücksichtslose Beschränkung der Notenemission die Bank gefährden kann und einzelne Banken erfahrungsgemäss gefährdet hat. Hier zeigt sich also, dass die Peel'sche Acte in einem späteren Stadium selbst desjenigen Falles, wo man ihr in einem gewissen Stadium der speculativen Entwicklung einen wohlthätigen Einfluss zugestehen darf, nicht nur ihren letzten ostensiblen Zweck nicht erfüllt, sondern das gerade Gegentheil davon bewirkt. Nach den offenen Aussprüchen der Currencytheoretiker ist zwar der eigentliche Zweck der Acte von 1844 der, ein gleichmässiges Schwanken zwischen Baarfonds und Notencirculation zu veranlassen und wir haben diese practische Consequenz der Schule ja auch aus den Prämissen, von welchen sie ausgeht, entwickelt. Aber dieses gleichmässige Schwanken hielt die Schule für nothwendig, um unter allen Umständen auch selbst die Befürchtung einer Einstellung der Baarzahlung zu verhüten. Diese Befürchtung hätte, nach der Theorie, aus einer Abweichung in der Bewegung der Noten und des Baarfonds entstehen müssen, weil daraus die unrichtige Gestaltung des Geldwerths und mithin eventuell die unaufhörliche Metallausfuhr, also die Erschöpfung des Baarfonds hervorgegangen wäre. Insoferne ist der letzte ostensible Zweck der Acte, welchen die weniger doctrinären Anhänger derselben allein im Auge haben, allerdings die Sicherung der Noteneinlösbarkeit. Wenn die letztere nun aber, durch die abweichend von den Grundsätzen der Currencytheorie erfolgende Notenregulirung nicht gefährdet wird, wie wir gesehen haben, und wenn umgekehrt durch die Regulirung der Notenemission in stricter Uebereinstimmung mit den Currencyprincipien die

Einlösbarkeit der Noten sogar gefährdet wird, wie wir jetzt
sehen werden, so wird in der That wohl der Beweis gegen
die Zweckmässigkeit der Peel'schen Acte in dem wichtigsten
practischen Puncte für geführt gelten dürfen. Selbst wenn
dann der erste Zweck des Gesetzes von 1844 und aller Vorschläge der Overstonianer, nemlich die Conformität der Bewegung des Baarbestands und der Notencirculation erreicht
würde, obgleich auch er ohne Zuhilfenahme der späteren,
von der Currencyschule vorgenommenen sophistischen Interpretation der Bedeutung dieser Anforderung für nicht
erreicht gelten kann, so könnte uns dies ganz gleichgiltig
sein, wenn die Acte die Noteneinlösbarkeit, welche für uns
der Hauptzweck ist, nicht wirksam gesichert hat.

**25. Andere mit der Beweisführung gegen die Bankacte im Zusammenhange
stehende Fragen.**

Die hier jetzt zu erörternde Frage steht wiederum im
genauen Zusammenhange mit den heftigen Anklagen der
Männer der Praxis wider das Peel'sche Gesetz. Gerade
wegen der Acte muss die Bank auf den Geldmarkt, in Zeiten
der Crisen vornemlich, aber in geringerem Masse überhaupt
in allen Zeitpuncten, einen störenden Einfluss ausüben, welcher
besonders in den heftigen und plötzlichen Sprüngen
ihres Disconto's zum Vorschein kommt. Man kann sagen,
dass die Polemik der Practiker wider die Acte sich in der
Klage wegen des raschen Wechsels des Bankdisconto's concentrirt. Bei den Vernehmungen im Jahre 1857 spielt diese
Frage vom Einflusse der Bankacte auf den Discontosatz der
Bank und wiederum von letzterem auf den Börsendisconto
und auf den Geldmarkt eine grosse Rolle. Die Gegner der
Acte lassen es sich angelegen sein, diesen practisch fühlbarsten
Missstand sehr hervorzuheben und es scheint uns, dass ihnen
die Zurückführung dieser Discontoschwankungen auf die Bankacte gelungen ist und Lord Overstone den Gegenbeweis
trotz einzelner richtiger Gegenbemerkungen nicht geführt hat.

Auch noch ein anderer Punct, welchen wir schon früher
berührt haben, wird durch das Folgende in das richtige Licht
gestellt werden. Wir konnten es als einen theoretischen Irrthum der Currencyschule nachweisen, dass dieselbe stets meint,
jede Metallausfuhr resultire aus einer „übermässigen Geldmenge" und wirke auf die „Geldcirculation" im sogenannten
rein metallischen Geldwesen, woraus ja dann im Zusammenhange mit anderen irrigen Definitionen und Dogmen der
Schluss gezogen war, es müsse zur Stopfung der Metallausfuhr
nothwendig die Notencirculation, als Bestandtheil der G e l d-
circulation, zusammengezogen werden. Hierbei werden die
v e r s c h i e d e n e n Ursachen, welche eine Metallausfuhr (einen
drain upon the bank) bewirken können, vergessen und statt
derselben eine e i n z i g e Ursache als stets wirksam angenommen,
welche notorisch überhaupt niemals genau so vorkommt, wie
sie sich die Schule hier denkt, und zu welcher bloss der Fall
einer aus Ueberspeculation resultirenden Metallausfuhr einige
Analogie bietet. Eben mit diesem letzteren Falle beschäftigen
wir uns ja im Augenblicke noch. Wenn in demselben die
Peel'sche Acte nicht einmal heilsam wirkt, so folgt daraus
nothwendig, dass sie dies noch weniger in jenen anderen
Fällen thun wird, worin der Drain auf die Bank aus b e s o n-
d e r e n Ursachen, nemlich aus der momentan stark passiven
Zahlungsbilanz des Landes hervorgeht, deren Veranlassungen
wir schon früher erwähnten.

**26. Orientirende Uebersicht der sich auf die Bank von England beziehenden
practischen Bestimmungen der Acte.**

Um den Beweis gegen die Zweckmässigkeit der Peel'schen
Acte in dem in Rede stehenden Falle zu führen, müssen wir
wohl in der Kürze die Hauptbestimmungen, mittelst deren die
Acte die O v e r s t o n e'sche Theorie in der Regulirung der
Notenemission zur Geltung bringen will, hier erwähnen, obgleich
dieselben vielleicht im Wesentlichen als bekannt vorausgesetzt
werden können. Die Bank von England wurde in zwei getrennte
Departements, das N o t e n e m i s s i o n s - D e p a r t e m e n t und

das Bank-Departement getheilt. Das erstere hat allein
die Notenemission zu besorgen und zwar in der Weise, dass
ihm für einen dem früheren Minimalbetrag der Notencirculation
etwa gleichkommenden Belauf Sicherheiten in der Summe von
14 Mill. Pfd. St., (später auf den jetzigen Stand von 14,⁴⁷⁵ Mill.
erhöht) überwiesen wurden, wofür das Departement den gleichen
Betrag in „Noten der Bank von England" emittirt. Der
grösste Theil dieser Sicherheiten besteht in dem zusammen-
gezogenen Posten der Schuld des Staats an die Bank, welche
Schuld nach einer im Jahre 1833 erfolgten Rückzahlung des
vierten Theils noch 11,015,100 Pf. St. beträgt. Den Rest
jener Sicherheiten bilden verschiedene andere Annuitäten,
Staatspapiere, Schatzkammerscheine u. s. w. Ueber jene Summe
von 14,475,000 Pf. St. hinaus darf das Notendepartement
nur gegen edles Metall Noten ausgeben und zwar ist dasselbe
verpflichtet, an Jedermann, welcher ihm Gold bringt, sofort
Noten zum Preise von 3 Pf. 17 Sh. 9 d. p. Troy-Unze
Standard Gold, also 1½ D. unter dem Münzpreise zu
emittiren, wobei es ausserdem die Erlaubniss hat, bis zum
fünften Theile des jeweiligen Baarfonds Noten auch gegen
Silber auszustellen. Alle Noten sind dann natürlich jeder
Zeit auf Verlangen einlösbar. Der Baarfonds des Notendepartements ist mithin gleich derjenigen Summe Noten, welche das
Departement über den Betrag von 14,475,000 Pf. St. hinaus
emittirt hat. Wenn man dieses Departement ganz isolirt von
dem Bankdepartement und gar nicht als Bestandtheil der
Bank von England auffasst, was die Currencytheoretiker
aus Nebenabsichten gerne thun, obgleich es weder rechtlich
noch thatsächlich richtig ist, so würde allerdings diejenige
Summe Noten, welche das Notendepartement gegen Staats-
sicherheiten und gegen Edelmetall emittirt hat, die sogenannte
„Circulation" bilden und ein gleichmässiges Schwanken zwischen
Baarbestand und Notencirculation wäre durch den Mechanismus
des Peel'schen Gesetzes erreicht worden.

Diese völlige Trennung beider Departements beruht aber
durchaus auf einer Fiction. Das Notendepartement bildet
noch heute bloss einen integrirenden Bestandtheil der

Bank von England und trotz der Peel'schen Acte steht es
nach dem positiven bürgerlichen Rechte Englands fest, dass
z. B. im Falle einer Liquidation der Bank die Gläubiger des
Bankdepartements in ihren Ansprüchen an den Baarvorrath
des Notendepartements rechtlich durchaus nicht hinter den
Gläubigern des letzteren zurückstünden. Es verdient gerade
dieser Punct auch den festländischen Liebhabern der Acte
gegenüber der ausdrücklichen Hervorhebung; das Peel'sche
Gesetz machte durch die Trennung der Bank in zwei Abtheilungen die Noteninhaber nicht zu privilegirten Gläubigern,
ebensowenig, wie dies z. B. unserer Ansicht nach von der in
den Statuten einzelner deutscher Banken enthaltenen Vorschrift der getrennten Rechnungsführung und Separirung der
Deckungen für die Banknoten gesagt werden kann (u. A. bei
der Weimarer Bank, Meininger Creditbank u. s. w.). Ueberall
haben wir hier nur eine Verschiedenheit der Rechnungs- und
Verbuchungsarten. Vor der letzten englischen Bankcommission
wurden diese privatrechtlichen Wirkungen der Bankacte einmal ausdrücklich besprochen und Gutachten juridischer Autoritäten angeführt, dass durch die Acte durchaus nicht ein
Unterschied zwischen den Deponenten und Noteninhabern in
Betreff ihrer Ansprüche an die Activa der Bank habe begründet
werden sollen.

Aus diesem Grunde, weil die Trennung des Notendepartements von dem Bankdepartement dennoch mehr eine Sache der
Form ist, nicht minder aber, weil die Behauptung an sich nicht
aufrecht erhalten werden kann, muss man auch die von der
Currencyschule aufgestellte Bedeutung des Ausdruckes „Circulation der Bank von England" missbilligen. Hiernach soll
nemlich unter „Circulation" die Summe der in Händen des
Publicums und im Bankdepartement befindlichen Noten verstanden werden. Der einzige Grund hierfür liegt in einer
Methode der Geschäftsführung, welche der Bank von England
zufällig beliebt hat, welche aber das Peel'sche Gesetz als
im Wesen der Sache liegend voraussetzt.

Das Bankdepartement betreibt seit dem Jahre 1844 allein
die anderen Bankgeschäfte, welche die Currencyschule jetzt

gerne die „eigentlichen" Bankgeschäfte nennt, es operirt mit
den ihm vom Notendepartement übergebenen Noten und den
bei ihm im Conto corrente eingelegten Deposikten (das Wort
in der Banksprache, nicht im juridischen Sinne, wie schon
bisher, genommen), discontirt Wechsel, gewährt Vorschüsse,
kauft Effecten u. s. w. Sein Baarvorrath besteht in den Noten,
welche es etwa gerade in Händen hat und wofür es sofort
Metall verlangen könnte; ferner aus den von den Deponenten
bei ihm hinterlegten Gold-, resp. Silbermengen. Diese sehr
bedeutenden Depositen benutzt die Bank theilweise mit zur
Gewährung von Darlehen. Sie pflegt aber das empfangene
Gold zunächst an das Notendepartement abzuführen und sich
für den Betrag Noten geben zu lassen. Derjenige Theil, welcher
nicht zu Vorschüssen verwendet wird, bleibt daher in der Form
von Noten, statt in Form baaren Geldes bei der Bank liegen.
Ausser einer kleinen Summe zum täglichen Geschäfte dienender
Gold- und Silbermünzen („Handcasse", meist zwischen $\frac{2}{3}$ bis
$\frac{3}{4}$ Mill. Pf. St.) besteht daher der Baarvorrath des Bankdepartements der Form nach oder scheinbar aus den im
Augenblicke nicht im Geschäfte verwendeten Noten, den
sogenannten „unbeschäftigten Noten" (notes unemployed) des
Bankstatus und um den Betrag dieser Noten befinden sich
mehr Noten ausserhalb des Notendepartements oder gelten
nach der jetzigen Kunstsprache der englischen Bank für
„emittirte Noten" (notes issued). Allein dies Alles sind eben,
wie man sieht, ganz willkürliche Geschäftsgebräuche. In
Wirklichkeit besteht auch der Baarfonds des Bankdepartements nicht aus Noten, sondern aus dem diesen Noten gleichkommenden Betrage baaren Geldes. Der Baarfonds dieser
Abtheilung wird gewissermassen nur aus Bequemlichkeitsgründen
bei dem Notendepartement aufbewahrt. Der Deponent als
Gläubiger der Bank kann die Rückzahlung seiner Guthaben
in baarem Gelde fordern, wenigstens ist unseres Wissens die
Clausel im Bankstatute von 1833, wodurch die Noten der
englischen Bank zum gesetzlichen Zahlungsmittel ausser bei
den von der Bank zu leistenden Zahlungen erklärt wurden,

seit Einführung der Peel'schen Acte nicht auf das Noten-
departement allein beschränkt worden. Wenn nun die Currencyschule den Namen „Circulation"
auch auf die im Bankdepartement befindlichen Noten anwendet,
so ist dies eben eine mit dem Wesen der Sache im Widerspruch stehende Auffassung. In Wahrheit hat die Trennung
der Bank in zwei Abtheilungen nur den Baarbestand in zwei
Hälften getheilt, — ein Umstand, aus welchem sich die unheil-
volle Wirkung der Acte in Momenten der Handelscrisis, wie
wir sehen werden, erklärt. Die Ausdehnung des Namens
Circulation auf alle nach dem gegenwärtigen Usus vom Notendepartement „emittirten Noten", wovon der Schule um des
Nachweises Willen, dass die Bankacte ihren ersten Zweck
erfüllt habe, viel gelegen ist, konnte Wilson im Jahre 1857
in dem mit Lord Ovorstone angestellten Kreuzverhöre dadurch
am Besten widerlegen, dass er daraus deducirte, wie alsdann
die ganze Polemik des Lords und seiner Freunde wider
die Geschäftspolitik der Bank vor dem Jahre 1844 in sich
zusammenfalle. Denn den Hauptanstoss hatten die Currencytheoretiker damals an der mangelnden Uebereinstimmung in
der Bewegung des Baarfonds und der im Publicum circulirenden Noten genommen. Wenn daher jetzt diese letztere
Ziffer, welche man nach Abzug der sogenannten Notenreserve
des Bankdepartements von der Summe der hinausgegebenen
Noten des Emissionsdepartements erhält, gar nicht massgebend
sein, und nur eine untergeordnete Bedeutung haben soll, so
verlieren, abgesehen von allen anderen Umständen des Falles,
die früheren Anklagen gegen die Bank, welche schliesslich zur
Einführung der Peel'schen Acte die Veranlassung gaben, von
selbst ihr Gewicht völlig. Lord Overstone's Versuch, diese
Folgerung Wilson's zu bestreiten, und die Nothwendigkeit
nachzuweisen, dass früher allein die im Publicum circulirende
Notenmenge berücksichtigt werden konnte, weil es gerade der
Fehler des alten Systems gewesen sei, die Notenreserve, welche
für die Bankgeschäfte noch disponibel ist, nicht gesondert und
genau begrenzt hervortreten zu lassen, — dieser Versuch ist,
insoferne wohl gelungen, als man die logische Richtigkeit des

O v e r s t o n e'schen Raisonnements zugeben darf, allein damit wird dennoch die Thatsache n i c h t widerlegt, dass die Currencyschule in allen ihren Beweisführungen früher stets nur die im Publicum circulirende Notenmenge zum Ausgangspuncte nahm und jetzt durchaus mit einer anderen Grösse operiren will, um das Fiasco ihrer Pläne, welche auf die gleichmässige Bewegung d i e s e r Notencirculation und des Baarfonds hinzielten, zu bemänteln.

Wie die Dinge jetzt liegen, ist die Notenreserve der Bank, oder genauer gesagt der im Emissionsdepartement aufbewahrte Baarfonds der Bankabtheilung nebst der kleinen Handcasse der letzteren die disponible Reserve der Anstalt, und als solche der wichtigste Posten im heutigen Bankstatus der englischen Bank. Diese Notenreserve bildet die Deckung für die stets und kurzfälligen Depositen und dasjenige Capital, welches die Bank eventuell dem Geldmarkte noch zur Verfügung stellen kann. Ihre Höhe hängt gegenwärtig von den zwei Factoren, der Bewegung der Depositen (Einlagen) und der der Sicherheiten (Vorschüsse) ab. Eine practische Frage, welche sich auf die Notenreserve und die Placirung der Depositencapitalien bezieht, werden wir später noch erörtern.

27. Nachtheiliger Einfluss der Bankacte auf die Leistungsfähigkeit der Bank in Zeiten des Metallabflusses.

Wir kehren nach dieser Auseinandersetzung des Wesens der jetzigen Geschäftseinrichtung der englischen Bank zu dem oben besprochenen Puncte zurück, dass nothwendig die Regulirung der Notenemission der Bank von England nach den Principien der Currencytheorie sich sehr nachtheilig für die Praxis in Zeiten eines Metallabflusses erweisen und in gewissen Momenten einer Handelscrisis sogar die Noteneinlösbarkeit eher gefährden als sichern könne. Der Grund hierfür liegt in letzter Linie wieder in den irrigen theoretischen Anschauungen der Currencyschule, denen zu Folge durchaus jede Metallausfuhr in dem „Muster" für das Banknotenwesen, nemlich im rein metallischen Geldsysteme, auf die „Geld-

12 *

circulation" gewirkt hätte, was deshalb auch jetzt geschehen müsse. Darum sollte eben um jeden Preis die Notencircu-lation sich genau gleichzeitig und um denselben Betrag, wie der Baarfonds abgenommen, vermindern und nicht eher wieder ausdehnen, bis neues Metall den Baarvorrath verstärkt hätte. Die Peel'sche Acte ist demgemäss nur darauf berechnet, solche Metallausfuhren zu hemmen, welche aus einem „zu niedrigen Geldwerth," d. h. aus einer „zu grossen Geld-circulation" hervorgehen. Eben weil aber die Metallausfuhren in den seltensten Fällen hierin, und strict im Sinne der Schule eigentlich sogar niemals hierin ihren Ursprung haben, so darf man in der That sagen, dass das Gesetz von 1844 die ver-schiedensten Krankheiten gewisser Massen alle nach einem einzigen Recepte behandelt, das nirgends ordentlich passt. Wir wollen hier wieder eine Stelle aus Mill's Verhöre über die Fehlerhaftigkeit des Princips der Bankacte einreihen, worin sich dieser Punct gut auseinander gesetzt findet. (Ber. v. 1857, Frage 2026).

„Diejenigen, welche die Acte entworfen, sagt Mill, scheinen die doppelte Wirkung der Metallausfuhren (drains) nicht beachtet zu haben. Sie trafen in einer solchen Weise Vorsorge gegen Metallausfuhren (oder eigentlich: Abzüge des Metalls aus dem Baarfonds zum Zwecke der Ausfuhr), gerade als ob diese allein auf das Emissionsdepartement wirkten. Als allgemeine Regel kann es aber gelten, dass jeder Metall-abzug aus den Depositen stattfindet. Wenn daher die beiden Departements getrennt sind, wirkt der Metallabfluss zuerst auf die Depositen. Noten werden aus den Depositen gezogen und dem Emissionsdepartement präsentirt, um Metall für die Ausfuhr zu erhalten. Die Folge ist, dass, unter Voraussetzung eines Abflusses von bloss 3 Mill. Pf. St., die Wirkung auf die Bank die eines Abflusses von 3 Mill. Pf. St. gewesen wäre vor der Bankacte. Jetzt aber, wo beide Abtheilungen getrennt sind und keine von beiden auch im äussersten Falle der andern helfen kann, ist die Wirkung auf die Bank die-selbe, als wenn der Metallabfluss 6 Mill. Pf. St. betrüge, weil sowohl die Bankreserve um 3 Mill. vermindert ist als

auch das Emissionsdepartement ebenfalls 3 Mill. Gold verloren hat. Das eine auf dem Grundsatze der Einlösbarkeit
basirte Geldwesen unterscheidet sich von dem anderen hauptsächlich durch den Grad des Strebens, häufige und heftige
Erschütterungen des Credits zu bewirken. Insoferne nun alle
Umstände, welche zu Erschütterungen des Credits führen,
auf das Bankdepartement der englischen Bank wirken, bevor
sie auf die Emissionsabtheilung einen Einfluss ausüben, wird
die Heftigkeit des Stosses fast immer zuerst von der Notenreserve, dem für die Anforderungen der Geschäftswelt verfügbaren Capitale des Bankdepartements, empfunden. Wenn
daher die Bank dem letzteren weder durch Zusendung von
Gold noch von Noten aus ihrem Emissionsdepartement Hilfe
leisten kann, so muss sie entweder im Bankdepartement eine
so grosse Reserve halten, wie sonst für beide Abtheilungen
zusammen erforderlich gewesen wäre, oder, da sie eine viel
schwächere Reserve für die Anforderungen an das Bankdepartement verfügbar hat, so muss sie nothwendig beim
Eintritt des geringsten Metallabflusses ihre Discontirungen
reduciren und ihren Zinsfuss erhöhen. Die Wirkung der Acte
scheint daher darin zu bestehen, dass die Bank beim Beginn
jedes wenn auch noch so schwachen und vorübergehenden
Metallabflusses vermuthlich mit ihrer gegenwärtigen Reserve
im Bankdepartement sofort ihre Discontirung wird zusammenziehen und Sicherheiten in einem Umfange verkaufen müssen,
in welchem sie es ohne die Acte nur im Falle eines sehr
beträchtlichen Metallabflusses thun würde." Mill schliesst
sich daher auch jener Ansicht an, der zu Folge die Acte an
den weit heftigeren und häufigeren Sprüngen des Bank-
discontosatzes allerdings die Hauptschuld hat.

28. Nachtheiliger Einfluss der Acte auf die Schwankungen des Bankdisconto's.

Die Frage vom Einflusse der Bankacte auf die Bewegungen
des Discontosatzes der Bank ist, wie bereits erwähnt, zu
wiederholten Malen unter den englischen Geschäftsmännern
eifrig ventilirt worden. Sie hat für uns als solche aber nur

eine untergeordnete Wichtigkeit und braucht nur insoferne
berührt zu werden, als durch ihre Erörterung Licht auf das
Wesen der Bankacte und auf die Principien der Currencytheorie fällt. Es lässt sich nicht läugnen, dass die Sprünge
im Discontosatze der Bank seit dem Jahre 1844 häufiger,
plötzlicher und grösser, wie früher, geworden sind. Die Currencyschule gesteht dies zu, will aber die Ursache dafür in den
öfteren Schwankungen des marktgängigen Zinsfusses überhaupt
finden und verficht die Ansicht, dass das Bankdepartement,
welches seit 1844 ein ganz selbstständiges Bankgeschäft sei,
wie jedes andere, sich im Allgemeinen den Bewegungen des
Börsendisconto's anschliessen müsse. Weit entfernt, in der
geringeren Stabilität des Bankdisconto's einen Grund zum
Tadel zu sehen, erblickt die Schule darin vielmehr eine günstige
Wirkung der Acte. Im Zusammenhange mit dieser Auffassung
der Dinge bezeichnet Lord Overstone es überhaupt als
einen Irrthum, dass der Zinsfuss der Bank, oder wie er stets
consequent sagt, des Bankdepartements von Einfluss auf den
Börsenzinsfuss sei. Letzterer allein sei der massgebende, hänge
von den bekannten wirthschaftlichen Gesetzen des Zinses ab
und übe auf den Banksatz den bestimmenden Einfluss.

In den letzten Bankcommissionen drehen sich viele Vernehmungen von Theoretikern und Practikern um diesen Punct.
Lord Overstone's Ansicht ist ohne Zweifel auch hier wieder
zu einseitig. Die Aeusserung eines grossen Londoner Billbrokers
enthält wohl das Richtige. Demnach gibt es Zeiten, wo der
Börsenzinsfuss mehr auf den Bankdisconto und wieder andere,
wo letzterer auf jenen von massgebendem Einflusse ist, oder,
wie Mill sagt, der Banksatz bestimme zwar den Börsensatz
nicht, aber er bilde sicherlich ein sehr wichtiges Element, ihn
zu bestimmen, weil die Bank ein so gewaltiges Etablissement
sei und ihre Darlehen einen so grossen Theil des Gesammt-
betrags der Darlehen ausmachen. Wenn man den Bewegungen
auf dem Londoner Geldmarkte aufmerksam folgt, so lässt sich
gar nicht bestreiten, dass jede Aenderung im Zinsfusse der
Bank für den Zinsfuss der Lombardstreet von Bedeutung sei.
Dies zeigt sich in geringerem Masse stets, es tritt aber bei

jeder Geldklemme ganz deutlich hervor. Schon die so ängstliche
Aufmerksamkeit, mit welcher die Londoner Geschäftswelt die
Donnerstagsitzungen der Bankdirectoren begleitet, liefert dafür
den Beweis. Man kann gewiss behaupten, dass in irgend
critischen Momenten jede Aenderung des Disconto's der Bank
von England in ganz Europa und darüber hinaus zu spüren ist.
Der Disconto der grossen Londoner Joint-Stock-Banken,
worunter Anstalten wie die London and Westminster-Bank,
die London Joint-Stock-Bank, die Union-Bank of London,
welche am Umfange der Mittel selbst einzeln der englischen
Bank nicht so sehr viel nachstehen, auch der Disconto dieser
Etablissements und hierdurch wieder derjenige vieler kleineren
Banken schliesst sich in der Regel genau den Bewegungen
des Banksatzes an und seit längerer Zeit ist es Usance dieser
Banken, den Zinsfuss für Geld on call genau mit dem Banksatze (meist 1, mitunter 1½ Procent unter letzterem) variiren
zu lassen. Dass dabei, wie Lord Overstone sagt, die Bank
von England den Disconto auch nicht „macht", sondern sich
im Grossen und Ganzen den Bewegungen des durch die Verhältnisse von Angebot und Nachfrage bestimmten Zinsfusses
anschliessen muss, ist freilich wahr, ändert aber an der Tragweite der gegnerischen Ansicht nichts. Dieser letzteren zu
Folge wird nur der unmittelbare Einfluss der Aenderung
des Banksatzes, als eines wichtigen Ereignisses für den Geldmarkt, sowie der Einfluss der öfteren und stärkeren Sprünge
jenes Satzes auf den Börsendisconto und hierdurch auf die
ganze englische Volkswirthschaft statuirt. Ein solcher Einfluss lässt sich nicht läugnen, die Schädlichkeit dieser starken
Schwankungen des Disconto's für die Handelsinteressen im
Allgemeinen sind auch nicht zu bestreiten. Die Nothwendigkeit
solcher öfterer und bedeutenderer Aenderungen ihres Zinsfusses
geht für die Bank aber aus ihrer jetzigen Verfassung, d. h. aus
der Trennung des Baarfonds in zwei Hälften, wie sie die
Peel'sche Acte beliebte, hervor. In der oben mitgetheilten
Aussage Mill's ist dieses ganz deutlich und unwiderleglich
entwickelt. Insoferne durch diese häufigeren Variationen des
Bankdisconto's Störungen im Credite hervorgerufen werden,

wirkt die Bankacte ohne Zweifel schädlich und gefährdet indirect die Noteneinlösbarkeit, soweit Erschütterungen des Credits stets mehr oder weniger für letztere von bedenklichem Einflusse sind.

29. Nachtheiliger Einfluss der Currencytheorie auf die Geschäftspolitik der Bank.

Die Sache hat aber noch eine andere Seite, von welcher aus sich ebenfalls die Schädlichkeit der Bankacte für die Praxis zeigt. Ganz im Geiste ihrer Theorie haben Lord Overstone und fast mehr noch Sir Robert Peel selbst bei der Einführung der Acte im Jahre 1844 die Ansicht aufgestellt, dass die Bank in ihrer Geschäftsabtheilung von jetzt an ganz selbstständig dastehe und sich hier nur von ihrem Interesse als eine Bank, welche aus ihren Capitalien den grösstmöglichen Vortheil zu ziehen habe, leiten lassen müsse. Auch diese Ansicht war ein Ausfluss der stricten Currencyprincipien, denen zu Folge ja die Notencirculation auch gleichmässig mit dem Baarfonds grösser werden sollte. Sobald daher z. B. günstige Wechselcurse die Einfuhr von Metall bewirkten und der Baarfonds anschwoll, musste sich die Bankdirection ganz im Sinne der neuen Theorie verpflichtet fühlen, den Notenumlauf aus-zudehnen, d. h. ihre Discontirung und Vorschussleistung zu vergrössern. Man ging wieder von der Vorausetzung aus, dass eine solche „Vermehrung der Circulationsmittel" im rein metallischen Geldwesen, dem „Muster" für das jetzige, eben-falls Statt gefunden hätte. Bisher hatte die Bank von England, besonders seit dem Jahre 1832, den Grundsatz befolgt, mög-lichst wenig activ auf dem Darlehensmarkte aufzutreten, deshalb ihre Creditverleihung im Allgemeinen auf stabiler Höhe zu halten, die ihr zu Zeiten durch stärkere Depositeneinlagen zur Verfügung stehenden grösseren Geldmittel nicht dem Markte aufzuzwingen und in Folge dieser Politik überhaupt nicht mit den Privatescompteurs zu concurriren. Der Zinsfuss der Bank von England wurde daher auch niemals unter 4 Procent herabgesetzt. Dadurch war es gekommen, dass weder der Notenumlauf noch die sogenannten Privatsicherheiten der Bank sich wesentlich vermehrten, auch wenn der Baarfonds stark angewachsen war. Gerade aus diesem Umstande leitete damals Lord Overstone seine Vorwürfe gegen die Bank mit ab.

Nicht nach einer Vorschrift des Gesetzes, aber auf die ausdrückliche Empfehlung Sir Robert Peel's hin ging die Bank sofort nach der Einführung der Acte auf die ihr vorgeschlagene neue Geschäftspolitik ein. Sie hielt nur noch eine solche Bankreserve für nothwendig, wie sie gewöhnlichen Geschäftsgrundsätzen der Banken entspricht, indem sie sich auf Peel's Wort stützte, dass Alles was sie als blosse Bank in der Verwaltung der Deposyten thäte, das Publicum nichts angehe, sondern ihre eigene Sache sei. Demgemäss wurde gleich im September 1844 der Minimaldisconto auf $2\frac{1}{2}$ Procent herabgesetzt und in den beiden folgenden Jahren im grossen Massstabe unter dem Börsendisconto discontirt. Damals war Alles für die Entstehung einer heftigen Ueberspeculation vorbereitet: leichter und billiger Credit, sinkender Zinsfuss, hoher Curs der Consols und anderen zinstragenden Effecten. Die Bank, im Geiste der Overstone'schen Doctrin operirend, sah in dem hohen und sich vergrössernden Baarfonds einen Grund, ihre Emission möglichst auszudehnen. Es ist im Einzelnen nachgewiesen worden, dass sie durch ihre grossen Vorschüsse zu niedrigem Zinsfusse die damalige Speculation ausserordentlich begünstigt hat. Die „Eisenbahnmanie" fand mit Hilfe der Bank statt. Die Leitung der Geschäfte nach den Principien der Currencytheorie bewirkte also gerade das Umgekehrte von dem, was sich die Overstonianer davon versprochen hatten. Sir Robert Peel musste erleben, dass man mit Recht seine Bankacte der Beförderung der Ueberspeculation beschuldigte, während er prophezeit hatte, dass durch sein Gesetz die Möglichkeit des Entstehens von Schwindelperioden beseitiget werden würde.

Uebrigens blieb von der veränderten Geschäftspolitik der Bank der Notenumlauf dennoch fast unberührt, und bewegte sich nach wie vor dem Jahre 1844 nach seinen eigenen Gesetzen. Begreiflich genug. Denn der Bedarf an Banknoten

als U m l a u f s m i t t e l hängt mit dem an Banknoten als
C a p i t a l nur indirect zusammen. Wenn die Bank ihre Credite
ausdehnt, so vermehrt sich d e s h a l b die Menge der Noten
in C i r c u l a t i o n noch nicht. Meistens wird nur ein Buchcredit eröffnet, so dass das eben gewährte Darlehen sofort
unter den Depositen der Bank wieder erscheint, oder wenn
die Noten einen Augenblick in Umlauf kommen, so wird auf
einer anderen Seite die Einlage in die Bank wachsen. In
beiden Fällen findet mithin dennoch k e i n e der Vermehrung
des Baarfonds entsprechende Ausdehnung der Notencircu-
l a t i o n Statt. Diese Nichtübereinstimmung in der Bewegung
der Noten und des Baarvorraths zeigte sich natürlich sofort
nach Einführung der Acte und nach dem Erscheinen der
wöchentlichen Bankstatus in der neuen, dem Peel'schen
Gesetze sich anschliessenden Form. In den Debatten über
die Indemnitätsbill für den Bruch der Acte im Jahre 1847
machten unbefangene Stimmen auf die fortdauernde Divergenz
der Bewegung des Baarfonds und der Notencirculation aufmerksam, welche doch ehedem ein Hauptanklagepunct wider
die frühere Leitung der Bank gewesen war. Damals traten
die Currencytheoretiker zuerst deutlicher mit ihrer neuen, oben
erwähnten Definition des Wortes „Circulation" hervor.

Für die Zeiten speculativen Aufschwungs und günstiger
Wechselcurse erwies sich sonach die Leitung der Bankgeschäfte
nach den Grundsätzen der Currencytheorie ohne Zweifel nachtheilig. Die Bank hat sich davon auch bereits durch die
Ereignisse des Jahres 1847 sattsam überzeugt, und „ist sich
seitdem ebenso wie das Publicum bewusst geworden, dass
jene Auffassung der Theorie der Acte nicht haltbar ist, und
dass eine Anstalt wie die Bank nicht in der gleichen Lage
wie andere Banken sich befindet, welche denken können, dass
ihre einzelnen Geschäfte die Handelswelt im Allgemeinen nicht
berühren, und dass sie nur ihre eigene Lage zu berücksichtigen
haben." (Mill.) Die Bank folgt seitdem der Peel'schen
Maxime in Betreff der Leitung ihrer Bankgeschäfte nicht mehr
und hält es für ihre Pflicht, Alles zu thun, was eine Handelscrisis verhüten oder mildern kann. Ein wichtiger aus dem

Geiste der Currencytheorie entwickelter Grundsatz ist demnach gegenwärtig schon als antiquirt anerkannt worden.

In den im Vorhergehenden erwähnten Puncten zeigten sich lauter nachtheilige Wirkungen der Peel'schen Bankacte. Man kann diese üblen Folgen des Gesetzes aber auch nicht mit dem Hinweis auf die dringende Nothwendigkeit entschuldigen, die Geschäfte der Bank um der steten Einlösbarkeit der Noten Willen nach den Grundsätzen der Currencytheorie zu leiten. Denn in demjenigen Falle, wo die Bankacte in der Praxis am Unheilvollsten wirkt, sind die Mittel der Currencyschule zur Sicherung der Noteneinlösbarkeit ganz entbehrlich. Dies ergibt sich deutlich aus der Untersuchung der Ursachen einer Metallausfuhr. Die Overstonianer denken hier stets an die vermeintlich zu grosse Geldmenge, den zu niedrigen Geldwerth als die einzige Ursache und ziehen daraus ganz richtig den Schluss, dass ohne eine dem Metallabfluss entsprechende gleichzeitige Verminderung der Notencirculation der Baarfonds durch die dann der Annahme nach fortdauernde Metallausfuhr bald erschöpft, mithin die Einlösbarkeit der Noten nicht mehr aufrecht zu erhalten sein würde. Deshalb die mechanische Vorschrift der Peel'schen Acte, die gewaltsame Einschränkung der Notencirculation und die Separirung eines Theiles des Baarfonds als ausschliessliche Deckung der Noten.

Gerade diese Separirung ist aber in demjenigen Falle, für welchen sie hauptsächlich eingeführt worden und für nothwendig gehalten wird, nicht zweckmässig. Der Grund dafür liegt in der Verschiedenheit der Ursachen der Metallausfuhr in der Wirklichkeit und in der Hypothese des Lord Overstone. Das Metall wird fast niemals, auch nicht im Zustande des rein metallischen Systemes, exportirt, weil der Geldwerth zu niedrig ist, sondern aus den von uns bereits mehrfach erwähnten besonderen Ursachen einer momentan stark passiven Handels- oder richtiger Zahlungsbilanz des

Landes. Das ausgeführte Metall wird daher auch gar nicht oder nur zum kleinsten Theile aus der Geldcirculation, sondern aus den Vorräthen disponiblen Geldcapitals genommen. Es ist also auch nicht zu fürchten, dass die Menge der im Umlauf befindlichen Noten, welche in diesem Falle als eigentliche Vertreter einer gewissen Summe circulirenden Metallgeldes gelten können, sich stark vermindern und viele Noten zu dem Zwecke aus der Circulation gezogen würden, um damit baares Geld von der Bank zum Zwecke der Ausfuhr zu erlangen. Der für die Noten separirte Baarfonds wird hier daher auch gar nicht in Anspruch genommen, weder bei der factischen Trennung des Metallvorrathes, welche die Peel'sche Acte, noch bei der ideellen Trennung, welche man sonst bei den Banken mit Zettel- und Depositengeschäft statuiren könnte. Oder mit anderen Worten, um die Sache in dem concreten Falle der Bank von England klar zu machen: wenn diese Bank bei einer Notencirculation von 21 Mill. Pf. St. 6½ Mill. Pf. St. Edelmetall nach den Grundsätzen der Bankacte als separirte Baardeckung für die Noten parat hält, so ist diese besondere Deckung in den angeführten Fällen nicht nothwendig, wenigstens lange nicht im ganzen Betrage, weil die Bank keineswegs zu fürchten hat, dass von den 21 Mill. circulirender Noten jetzt eine ansehnliche Partie zurückkomme. Die Höhe der Notencirculation bleibt zunächst auch bei der Metallausfuhr nach wie vor der Einführung der Bankacte erfahrungsgemäss beinahe ganz gleich, und begreiflich genug, weil in den seltensten Fällen das auszuführende Metall aus der Circulation genommen wird. Insoferne kann man sagen, dass in solchen Momenten der für die Noten allein bestimmte Baarfonds theilweise entbehrlich ist und gewisser Massen für die Zwecke des Depositengeschäfts zur Verfügung gestellt werden darf.

In dieser Möglichkeit liegt wiederum ein Vortheil der Verbindung des Noten- und des Depositengeschäfts. Die Depositen sind es, welche der Bank entzogen werden, sobald man Metall für die Ausfuhr braucht. Um in der Stellung als Depositenbank nicht gefährdet zu sein, bedarf die Bank von

England eines grossen Baarfonds in Zeiten ungünstiger Wechselcurse und aus diesem Grunde ist es wünschenswerth, wenn
ihr alsdann der ganze Baarfonds zur Verfügung steht. Eben
hierin liegt die Ursache, warum die Bankacte in Geldklemmen
schädlich wirkt, wie das in den früher mitgetheilten Mill'schen
Aussagen näher entwickelt wird.
Auch in dem Falle, wo die Metallausfuhr ihren Ursprung
in Ueberspeculation, in zu hohen Preisen und insoferne in
zu niedrigem Geldwerthe hat, ist dennoch eine solche besondere
Baardeckung für die Noten unnöthig, sobald die Crisis in
das ebenfalls schon früher gekennzeichnete Stadium eingetreten
ist. Die Ausdehnung der Bankcredite mittelst einer stärkeren
Notenemission sollte aber auch erst dann vorgenommen werden
dürfen, wenn der Rückschlag der Preise u. s. w. bereits vollständig erfolgt ist. Auch hier braucht man alsdann ein Zurückströmen der im Umlauf befindlichen Noten, selbst wenn sich
die Menge derselben vergrössert haben sollte, nicht zu fürchten,
weil diese Noten nur an Stelle der sonst benutzten Geldsurrogate getreten sind und darf eine Fortdauer des Metallabflusses, also eine weitere Gefährdung der Noteneinlösbarkeit
aus der neuen Notenemission ebenfalls nicht ableiten, weil
dadurch keineswegs die hohen Speculationspreise wieder hergestellt werden, sondern nur dem übertriebenen Sinken dieser
Preise Halt geboten wird. Es handelt sich hier immer nur
um die Sicherung der Zahlungsfähigkeit der Bank gegenüber
den Deponenten, nicht gegenüber den Noteninhabern. Jene,
nicht diese machen jetzt Ansprüche an den Baarfonds. Es
genügt, wenn die Bank für die Depositen die nöthige Baardeckung hat, während diejenige für die Noten gerade für
diesen Augenblick verringert werden darf. Das Peel'sche
Gesetz zwingt umgekehrt die Bank in solchem Falle die
Noten besonders zu decken und veranlasst hierdurch offenbar,
dass die so wünschenswerthe Hilfe des für die Noten gehaltenen,
im Momente unnöthige Baarfonds für die Depositen nicht
in Anspruch genommen werden kann. Darin liegt die entschieden nachtheilige Wirkung des „selbstwirkenden Mechanismus" für den Geldmarkt und die ganz unnöthige Steigerung

der Klemme auf dem letzteren. Nur die theoretischen Irrthümer der Currencyschule sind die Ursache dieser der Bank
durch die Peel'sche Acte aufgezwungenen Politik.

Es hat sich denn auch in den Jahren 1847 und 1857
unmöglich gezeigt, die Acte in den Höhepuncten der Handelscrisen aufrecht zu erhalten. Das ist um so bemerkenswerther,
weil der Bank zwar auf der einen Seite durch Herausziehen
der Depositen der Baarfonds stark reducirt, dagegen auf der
anderen grosse Beträge neuer Depositen bei ihr eingelegt
wurden. Bei dem allgemein herrschenden Misstrauen zogen
viele Deponenten ihre Guthaben bei anderen Banken ein und
scheuten den Zinsenverlust nicht, sie einstweilen bei der Bank
von England unverzinslich zu placiren. Die rasch sich ausbreitende Stockung der Geschäfte verursachte ebenfalls eine
schnelle Ansammlung grosser Summen disponiblen Geldes,
ferner verstärkten Kaufleute und Banquiers ihre Reserven,
ein grosser Theil dieser Capitalien floss der Bank von England
durch ihr Depositengeschäft zu. Von diesen Summen durfte
die Bank nach den allgemeinen Bankgeschäftsregeln wieder
etwas ausleihen, was sie denn auch in weitestem Umfange
zur Unterstützung bedrohter, aber an sich solventer Häuser
that. Es werden durch derartige neue Darlehen weder die
Speculationspreise künstlich erhalten, noch Geschäftsleute
vom verdienten Untergange gerettet. Denn letzteren Falls,
wenn sie Insolvente zu stützen sucht, muss eine Bank gewiss
selbst grosse Verluste riskiren; die relativ unbedeutenden
Verluste der Bank von England beweisen, dass im Allgemeinen
nur Würdigen der Credit gewährt wurde. Trotz dieser neuen
Ressourcen, welche in solchen Zeitpuncten freilich nur einem
Institute wie der Bank von England sich eröffnen, vermochte
die letztere aber nicht den doppelten Ansprüchen der Deponenten an den Baarfonds des Bankdepartements und der
Geschäftswelt an den Credit der Bank zu genügen. Es musste
die Bankacte gebrochen, der Baarfonds beider Abtheilungen,
wie vor dem Jahre 1844, zusammengeschmolzen und im Ganzen
für die Aufgaben der Bank zur Verfügung gestellt werden.

31. Die Frage der Räthlichkeit einer Notenemission und Creditgewährung der Bank zur Unterstützung der Geschäftswelt in Creditcrisen.

Hier kommen wir nun allerdings auf eine andere Principien-frage von grosser Bedeutung, nemlich auf diejenige von den Aufgaben einer Bank wie der von England überhaupt. Diese Frage kann nur dann in ihrer ganzen Tragweite übersehen und beantwortet werden, wenn man sie auf die allgemeine Frage nach dem Vorzuge des Systems der privilegirten Centralbanken und desjenigen der Bankfreiheit zurückführt. Für eine solche eingehende Behandlung der Frage ist hier der Ort nicht, auch ist diese Behandlung nicht nothwendig, weil hier nur eine Seite der Sache in Betracht kommt. Ohne dem Urtheile über den Vorzug des einen vor dem anderen Systeme zu präjudiciren, stellen wir uns also hier auf den Boden des Systems der privilegirten Centralbanken, welches in England und Oesterreich das bestehende ist. Von diesem Standpuncte aus werden offenbar andere Anforderungen an eine Bank, speciell die Centralbank gestellt werden dürfen, wie vom Standpuncte der Bankfreiheit und des wirthschaft-lichen auch auf die Bankverhältnisse übertragenen Grundsatzes des Laissez faire et laissez passer aus. Ja, man wird hier sogar solche Anforderungen an eine Centralbank machen müssen, welche an eine Bank in dem anderen Systeme durchaus nicht gemacht werden dürften.

Die Overstonianer und viele Nationalökonomen, welche sich ihnen mehr oder minder anschliessen, übersehen die mit der Verschiedenartigkeit des Systems nothwendig gegebene Verschiedenartigkeit der Anforderungen an eine Bank und demgemäss der Aufgaben der letzteren. Lord Overstone und Andere opponiren gegen jede derartige Creditgewährung der Bank von England, wie wir sie oben schilderten, vom Standpuncte der freien wirthschaftlichen Bewegung aus und kämpfen stets gegen den Grundsatz, dass die Bank den Zweck und die Aufgabe habe, den Geldmarkt zu unterstützen und der wankenden Geschäftswelt unter die Arme zu greifen. Allein so lange man Banken mit grossen aussergewöhnlichen

Privilegien und Vorrechten ausstattet, wird man dem Publicum
den Glauben an ein gewisses Recht auf Unterstützung nicht
leicht rauben können. Die Leute meinen nun einmal, dass die
Bank sich solche Vorrechte nur durch entsprechende Verdienste
um das allgemeine Wohl erwerben könne. Der Gegner der
privilegirten Banken mag daher billig jenen Glauben der
Geschäftswelt verdammen und daraus einen Schluss zu Ungunsten des ganzen Systems der grossen Banken ableiten.
Das ist wenigstens logisch consequent, mag es im Uebrigen
richtig oder unrichtig sein. Aber Lord Overstone, welcher
seiner Theorie gemäss die stricteste Aufrechthaltung des
Monopols der Bank von England in seinem weitesten Umfange
vertheidigt, kann nicht ohne inconsequent zu sein, gegen die
Ansicht auftreten, dass die Bank gerade ihrer Privilegien
halber auch in critischen Momenten besondere Pflichten zu
erfüllen habe.

Aus der in der Geschäftswelt lebenden Ueberzeugung,
dass die Bank, wenn Alles zusammenzustürzen drohe, doch
hilfreiche Hand reichen müsse, folgen ohne Zweifel manch-
fache Gefahren. Das Gefühl der Selbstverantwortung der
Einzelnen für alle ihre Handlungen, hier speciell für ihre
ganze Geschäftsführung, ihre Engagements in Speculationen
u. s. w. wird durch jenen Hinblick auf den Retter aus der
Noth entschieden geschwächt. Hiergegen gibt es unter dem
Systeme der Centralbanken kein durchaus wirksames Heilmittel.
Das Einzige, was geschehen kann, ist die Verbreitung der
Ueberzeugung unter dem geschäftstreibenden Publicum, dass
die Bank unter keiner Bedingung, soweit sie darüber ein Urtheil
zu bilden fähig ist, ihre Mittel zur Unterstützung selbst-
verschuldeter Noth hergeben, sondern unparteiisch bloss demjenigen Geschäftsmanne helfen wird, welcher nachweislich
mehr durch den allgemeinen Misscredit, als durch seine eigene
Lage in Verlegenheit gerieth. Die Entscheidung hierüber lässt
sich der Natur der Sache nach nur wiederum dem mit dis-
cretionärer Gewalt ausgestatteten Bankdirectorium anvertrauen;
in einer mechanischen Bestimmung, wie derjenigen der Peel'-

Acte kann man für einen Missbrauch jener Gewalt niemals
das Heilmittel finden.

Die von Lord Overstone und im Jahre 1857 besonders
auch von den „Times" in ihren Cityartikeln verfochtene
Ansicht, dass die Peel'sche Acte unter allen Umständen strict
aufrecht erhalten werden müsse, weil es nicht die Aufgabe
der Bank sei, das geschäftliche Publicum vor den Folgen der
leichtsinnigen Ueberspeculation zu behüten und weil durch
eine solche Politik der Bank das Gefühl der Selbstverantwortung
in der schädlichsten Weise geschwächt werde, — diese Ansicht
hat jedenfalls etwas für sich, nur wird eben dabei vergessen,
dass schon die Errichtung der Monopolbank und ebenso die
Einführung der Peel'schen Acte eine Abweichung von dem Principe der freien Selbstbestimmung der Bevölkerung in wirthschaftlichen Dingen in sich schliessen und dass man deshalb keineswegs
die Suspension der Acte und die Befähigung der Bank, mit ihrer
ganzen Machtfülle in die entstandene Lücke im allgemeinen
Credite einzutreten, den ersten Schritt der Abweichung von den
Grundsätzen der freien wirthschaftlichen Bewegung und Selbstverantwortung nennen kann. Es wird dadurch vielmehr bloss
eine vorhergehende staatliche Intervention aufgehoben oder
modificirt. Insbesondere ist die Suspension der Peel'schen
Acte in Fällen wie 1847 und 1857 durchaus zu loben, denn
dadurch wird es der Bank wenigstens möglich, der Volkswirthschaft alle die Vortheile zu Theil werden zu lassen,
welche das System der grossen Centralbanken, neben un-
läugbaren Nachtheilen, gegenüber demjenigen der Bankfreiheit
und einer Mehrzahl kleiner Banken mit sich bringt.

Zu diesen Vortheilen gehört vornemlich der, dass eine
grosse Centralbank in den Höhenpuncten der Handels- und
Creditcrisen noch als fester Pfeiler und Stützpunct für
das Creditsystem bestehen bleibt und ihr Credit allein nicht
wankt, wenn jedes andere noch so solvente Institut unter
den Wirkungen des allgemeinen Misstrauens leidet und fast
zusammenzustürzen droht. Man hat im Jahre 1857 in Newyork wie in Hamburg den Mangel einer solchen grossen Bank
schmerzlich empfunden. Am ersteren Orte, wo gegenwärtig

ein sehr vervollkommnetes System einer Mehrzahl von Banken,
meist zugleich Zettel- und Depositenbanken, besteht, welches
in vieler Hinsicht als Muster gelten kann und fast alle nur
wünschenswerthe wirthschaftliche Vortheile gewährt, selbst
hier vermochte sich keine der Banken in den critischen
Octobertagen des Jahres 1857 im baarzahlungsfähigen Zustande
zu erhalten. In Hamburg fehlte jede bessere Bankorganisation
gänzlich, die beiden neuen Depositenbanken hatten noch nicht
lange genug bestanden, um festen Fuss zu fassen. Der Staat
sah sich selbst genöthigt, direct zu interveniren und die Hamburger Bank, welche so zu sagen das Princip der Peel'schen
Acte in dessen eigentlicher letzter Consequenz zur Geltung
bringt, d. h. nur gegen Edelmetall Credit auf ihren Contis
gewährt, — diese Bank musste ebenfalls gegen Werthpapiere
Vorschüsse leisten, also das thun, was die Overstonianer bei
der Bank von England, die doch im Gegensatze zur Hamburger Girobank eine eigentliche Creditbank ist, durchaus
verdammen.

Gerade wegen ihres unerschüttert dastehenden Credits
vermag eine Bank, wie die von England, erfolgreich die entstandene Lücke im Credite auszufüllen und kann mit ihren
Noten da Hilfe leisten, wo sonst nur baares Geld genügen
würde. Der paniqueartige Schrecken in der Geschäftswelt hat
in der Regel seinen Grund mit in der sich verbreitenden
Furcht, nirgends Credit mehr finden zu können. In Newyork
und Hamburg spielte dieser Factor der Furcht neben den
eigentlichen Nothständen der Geschäftskreise im Jahre 1857
eine grosse Rolle. Das Misstrauen wird dadurch erst recht
auf den Culminationspunct getrieben. Die vorhandenen kleineren
Banken selbst vermögen nicht mehr zu helfen, weil ihr eigener
Credit, der ihrer Noten, Anweisungen, auf sie gezogenen Checks
u. s. w., wankt. Hier sehen wir eine fast vollständige Lähmung
des Credits in allen seinen Formen eintreten. Niemand will
mehr Wechsel, Checks, aber auch Niemand mehr Noten in
Zahlung annehmen. Alle Welt verlangt baares Geld. Die
Folge ist daher ein noch viel intensiverer Druck auf den Geldmarkt, ein stärkeres Steigen des Disconts und Sinken der

zinstragenden Effecten und Waarenpreise. Der Geldwerth in
jedem Sinne des Wortes, als Tauschwerth gegen andere Waaren
und als Höhe des Darlehenszinses genommen, steigt, je weniger
Geldsurrogate noch neben dem Gelde in der Function als
Tauschmittel und als Capital zu benutzen sind.

Die Peel'sche Acte ist Schuld daran, dass diese wenig
erbaulichen Folgen des Systems der Vielbankerei und der
Banklosigkeit auch in England neuerdings mehr und mehr zu
spüren sind, wo sie doch vermittelst der englischen Bank und
der zur rechten Zeit erfolgenden Creditgewährungen derselben
zu beseitigen wären. Dies ist hier um so schlimmer, weil die
guten Seiten des Systems der Centralbanken fast nur in solchen
critischen Momenten hervortreten können. Die Acte lähmt die
Thätigkeit der Bank gerade hier. Es ist daher ebenso, als
wenn keine solche Bank bestände und die Zustände werden
denen in Ländern eines ganz entgegengesetzten Bank- und
Creditsystems ähnlich. Die Furcht, nirgends mehr Hilfe,
d. h. nirgends mehr Credit finden zu können, auch nicht bei
der englischen Bank, bemächtigt sich der Gemüther. Der
panische Schrecken ergreift auch den unverschuldet unter dem
allgemeinen Misstrauen leidenden Geschäftsmann. Die Ansprüche
an die Bank, d. h. gegenwärtig an das Bankdepartement,
wachsen in dem Masse, wie die Befürchtung, bald keinen
Credit mehr erhalten zu können, wächst und daher, wie das
Publicum die Mittel der Bankabtheilung schwinden sieht. Am
Ende wird diese letztere nicht mehr wegen reellen Bedarfs an
Capital, sondern bloss wegen der Befürchtung überlaufen, dass
das Bankdepartement selbst bald mit seinen Mitteln fertig
sein werde. Es ist durch die Aussagen vor den Parlamentscommissionen sowohl in Betreff der Crisis von 1847, wie der
von 1857 erwiesen worden, dass zur Steigerung des Misscredits vor Allem die Angst beitrug, das Bankdepartement
demnächst jede weitere Unterstützung verweigern zu sehen.
Der allgemeine Ruin wird daher durch die unter der Zwangsjacke der Peel'schen Acte arbeitende Bank nicht nur nicht
gehoben, sondern im Gegentheile, es ist die Acte, welche
diesen Ruin indirect noch vergrössert.

Dies Alles geschieht einer irrthümlichen Geld- und Credittheorie zu Liebe. Jedesmal, wenn die Acte für den Moment
beseitigt war, verschwand sofort das übertriebene Misstrauen
und die blosse Aussicht der Möglichkeit, im Falle äusserster
Noth, wenn auch unter den härtesten Bedingungen, Credit bei
der Bank erhalten zu können, genügte, um den Credit in der
Geschäftswelt überhaupt bis auf einen gewissen Grad wieder-
herzustellen. Die grössere Notenemission der Bank sollte und
konnte hier gerade günstiger Weise an die Stelle anderer
Creditumlaufsmittel treten, deren Benützung durch das herrschende Misstrauen unmöglich geworden war. Es ist der
grosse Vortheil, welchen eine Centralbank mit sich bringt, dass
ihr Credit nicht so leicht in's Wanken geräth. Während sonst
kein Geldsurrogat, sondern bloss Münze gebraucht werden
kann, sobald der paniqueartige Zustand eingetreten ist, lässt
sich jetzt die Note des in seinem Credite feststehenden
Instituts statt des Geldes benützen. Auf diese Weise vermochte die englische Bank im Jahre 1825 durch die Ausdehnung ihrer Notenemission die schwere Handelscrisis so
wesentlich zu mildern und zur raschen Wiederherstellung des
Vertrauens beizutragen. Hier liegen Fälle vor, wo es sich nicht
um die Ersetzung von Münze durch die Banknoten handelt,
wie die Currencyschule stets supponirt, sondern wo die Noten
bloss an die Stelle anderer Geldsurrogate zu treten bestimmt
sind. Keiner der weiteren Schlüsse der Schule auf eine Fortdauer der Metallausfuhr durch die neue Notenemission u. s. w.
trifft hier zu.

**32. Widerlegung der Ansicht, dass der Credit der Noten der Bank erst durch
die Acte unerschütterlich geworden sei.**

Die Peel'sche Acte hindert mithin die Bank von England,
allen den Nutzen zu gewähren, welchen nur grosse Centralbanken zu gewähren in der Lage sind. Man hat hier von
Seiten der Currencyschule noch folgenden Einwurf gemacht,
welcher indessen nicht stichhaltig ist. Gesetzt den Fall, sagt
man nemlich, dass durch die Acte das Bankdepartement

wirklich leichter in eine bedrängte Lage gerathe, so werde
umgekehrt gerade durch die Acte und speciell durch die von
ihr angeordnete Separirung eines besonderen Baarfonds für
die Banknoten der Credit der letzteren so erfolgreich gestützt,
dass die Noten erst hierdurch geeignet würden, selbst mitten
in Panique's gleich dem baaren Gelde zu cursiren. Wenn
man sich daher schliesslich zu einer zeitweiligen Suspension
der Acte bestimmt finde und dem Emissionsdepartement demgemäss erlaube, für diesen oder jenen Betrag Noten ohne die
entsprechende Hinterlegung von Edelmetall an die Bankabtheilung abzuführen, so sei die Möglichkeit, diese Noten einstweilen ganz wie Münze verwenden zu können, eben nur wieder
durch die Acte gegeben. Denn ohne diese letztere würde der
Credit der Noten nicht fest genug gestanden haben, als dass
man in solch critischen Momenten die Noten hinauszugeben
hätte wagen dürfen. Dieses dürfe eingestandener Massen nur
geschehen, weil man gewiss sei, dass die Noten nicht sofort
zur Verwechslung an die Bank zurückgelangen, — eine Gewissheit, welche eben nur in der durch die Bankacte bewirkten
Unerschütterlichkeit des Credits liegen könne. Hieraus würde
dann allerdings folgen, dass die Bank von England erst durch
das Peel'sche Gesetz befähigt sei, in den Höhepuncten der
Handelscrisen als Stützpunct des zusammenbrechenden Creditgebäudes zu dienen und dass man für die Acte auch bloss vom
Standpuncte des Interesses der Geschäftswelt aus sich aus-
sprechen müsse, indem etwa nur eine gesetzliche Bestimmung
zu treffen sei, in welcher für gewisse Zeitpuncte eine vorübergehende Suspension der Acte, resp. die Erlaubniss einer
Erhöhung der Ziffer der durch Metall nicht bedeckten Notenemission vorgesehen werde. Auch manche der gemässigteren
Gegner der Acte haben sich bedingt für die Beibehaltung der
letzteren erklärt, wenn in das Gesetz eine solche Clausel aufgenommen werde.

Das vorausgehende Raisonnement würde richtig sein,
sobald es feststände, dass die Noten der Bank von England
erst und allein durch das Gesetz von 1844 ihren selbst in
critischen Zeiten unerschütterten Credit erhalten hätten und

demgemäss erst seitdem in Creditcrisen in der früher von uns geschilderten Weise verwendet werden könnten. Wäre dies der Fall, so läge in der Thatsache allerdings ein sehr starkes Argument zu Gunsten der Bankacte. Allein trotz der Behauptung der Currencyschule darf man es durchaus läugnen, dass erst die Bankacte den Noten der Bank von England jenen grossen Credit verschafft habe, auf Grund dessen sie selbst in den aufgeregtesten Zeiten neben und gleich der Münze cursiren, wenn alle anderen Creditumlaufsmittel ihre Dienste versagen. Im Jahre 1825 war der Baarfonds der Bank auf einige hundert tausend Pfund Sterling gesunken, in den Jahren 1837 und 1839 hatte er sich ebenfalls in einer ohne Zweifel bedenklichen Weise vermindert, dennoch aber hat man in keinem dieser Zeitpuncte von einem Misstrauen gegen die Noten der Bank gehört. Im Gegentheil vermochte die Bank im Jahre 1825 noch um eine Anzahl Millionen ihre Notencirculation trotz ihres so geringen Baarfonds auszudehnen, wodurch sie damals eben so wesentlich zur Wiederherstellung des Vertrauens beitrug. Der Credit der Noten stand in jener Periode mindestens ebenso unerschüttert fest, wie in den Jahren 1847 und 1857. Diese Thatsachen sprechen also entschieden gegen die Behauptung, dass der gute Credit der Bank-von-England-Noten erst seit dem Jahre 1844 herrühre.

Die Peel'sche Acte bewirkt aber jedenfalls, wie wir gesehen haben, eine stärkere Intensität der Crisis, weil die Befürchtung, das Bankdepartement bald gar keine Hilfe mehr leisten zu sehen, schon an sich ein wichtiger Factor zur Steigerung der Panique ist. Wenn man alsdann auch in einem gewissen Stadium der Crisis, wie dies bereits 1847 und 1857 geschehen ist, eine Suspension der Acte vornähme und wenn die Folgen einer solchen Massregel ebenso günstig wären und ebenso schnell einträten, wie in den genannten beiden Jahren, so würde durch das Alles doch die ganz unnöthige vorhergehende Steigerung der Crisis nicht gerechtfertigt werden. Helfen konnte die Bank ohne die Bankacte gerade so gut, wie nach der Suspension derselben, weil der Credit der Noten nicht durch das Peel'sche Gesetz erst

gefestigt worden ist. Schaden muss die Bank unter der Bankacte bis zu einem gewissen Grade stets, weil die Crisis nothwendig immer bis zu dem Momente der wirklichen Suspension
der Acte durch die geschilderte Angst der Geschäftswelt
grösser wird.

In der Verwerfung jener Erlaubnissclausel, wonach das
Ministerium unter gewissen vorgesehenen Bedingungen eine
zeitweilige Suspension der Acte soll vornehmen dürfen, stimmen
die principiellen Anhänger und Gegner des Gesetzes von 1844
mit einander überein. Entweder dient die Acte wirklich stets
und ausschliesslich, wie keine andere Vorschrift, zur Aufrechthaltung der Noteneinlösbarkeit, — dann kann von einer
Suspension der erwähnten Art überhaupt nicht die Rede sein;
oder die Acte ist zur Erreichung jenes Zweckes nicht unumgänglich nothwendig, dann wird man aus überwiegenden
Gegengründen das Gesetz gänzlich und definitiv beseitigen
müssen. Die Uebertragung der discretionären Befugniss zur
Suspension an das Ministerium ist unter allen Umständen am
wenigsten zu rechtfertigen; denn das Ministerium ist in einer
solchen Sache die letzte urtheilsfähige Körperschaft. Wenn
man schon die mechanischen Bestimmungen der Peel'schen
Acte an die Stelle der früheren discretionären Gewalt der
sachverständigen Bankdirection setzen zu müssen glaubte, so
wird man eine solche mechanische Vorschrift noch weit mehr
dem Arbitrium des Ministeriums vorziehen müssen.

33. Die Beschränkung der Mittel des Bankdepartements durch die Bankacte und Folgen daraus.

Bleibt die Peel'sche Acte unter jeder Bedingung streng
aufrecht erhalten, so ist die Folge davon eine genaue Beschränkung
der Mittel der Bank auf eine annäherungsweise feststehende
Summe. Die englische Bank kann dann, da ihr eigenes Capital
grossentheils in dem unrealisirbaren Posten der Forderung an
den Staat und in anderen Staatseffecten festliegt, für welchen
Betrag sie Noten ohne Baardeckung emittiren darf, bloss jene
Summe Noten von 14,475,000 Pf. St., ferner ihren 3—4 Mill.

betragenden Reservefonds und ihre Depositengelder zu Darlehen und Fondsankäufen verwenden. Die Depositen sind auf
Verlangen sofort oder nach kurzen vorausgegangenen Kündi-
gungsfristen auszuzahlen. Um allen hier etwa einlaufenden
Forderungen der Deponenten gerecht werden zu können,
muss die Bank also eine gewisse Reserve oder Casse baar
vorräthig halten, deren Grösse nach den allgemeinen Erfahrungsgrundsätzen festzustellen ist. Diese baare Casse besteht
nach der jetzigen Einrichtung in der früher erwähnten „Notenreserve" und in der kleinen Handcasse der Bankabtheilung,
und bildet den Fonds parater Deckungsmittel der Depositen
sowie denjenigen, aus welchem eventuell noch Darlehen gemacht
werden können. Wie bereits erwähnt, hängt die Grösse und
die Bewegung dieser baaren Casse des Bankdepartements jetzt
ganz von dem Umfange und den Fluctuationen der Vorschüsse
und Placements (öffentliche und Privatsicherheiten in der
englischen technischen Banksprache) und anderseits von dem
Betrage und den Schwankungen des Betrages der öffentlichen
und Privatdepositen ab, woneben nur die im Laufe der
Geschäftsperiode sich ansammelnden Gewinnste und Auslagen
eine kleine Erhöhung und Verminderung der disponiblen
Mittel mit sich führen. Weil die weitere Notenemission zum
Zwecke der Vorschussleistung nicht gestattet ist, so muss
die Beschränkung der verfügbaren Bankmittel auf die angeführten Beträge mit Nothwendigkeit einen stärkeren Einfluss
jeder Bewegung in den Vorschüssen und den Depositen auf
die Grösse der disponiblen Casse ausüben, woraus sich hier
wiederum die früher erwähnte Nothwendigkeit eines öfteren
und stärkeren Wechsels im Disconto, sowie die durch die
Bankacte bewirkte Schwächung der Bank, in Creditcrisen
ergiebige Hilfe zu leisten, erklärt.

Die genaue Beschränkung der Mittel der Bank auf eine
ziemlich feststehende Grösse wird von der Currencyschule
ausdrücklich als eine heilsame Folge des Gesetzes von 1844
angesehen. Früher sei es eben gerade der Fehler gewesen, dass
diese Mittel und dass die disponible Reserve der Bank, so
lange die Befugniss bestand, die Notenemission beliebig zu

vermehren, keine bestimmte Grössen gewesen seien. Die
Bankdirection habe sich daher oft zu einer leichtsinnigen, zu
weit gehenden Ausdehnung der Vorschüsse verleiten lassen,
was alsdann wieder die Gefährdung der Noteneinlösbarkeit mit
sich gebracht, indem der Baarfonds bis auf einen bedenklichen
Grad unter dem Einflusse dieser falschen Bankpolitik zusammengeschmolzen sei. Das Publicum habe sich in Folge solcher
Verhältnisse zu dem gefährlichen Glauben verleiten lassen, die
Mittel der Bank für ganz unbeschränkt zu halten, und eine
unbegrenzte Ausdehnung der Vorschüsse dem Institute fast
zur Pflicht gemacht. Die Spuren einer solchen sehr bedenklichen Ansicht der Geschäftswelt seien noch heute zu Tage
deutlich in den unrichtigen Begriffen über Zweck und Aufgabe
der Bank von England nachzuweisen. Jetzt dagegen, wo die
Ergänzung der disponiblen Reserve nicht mehr auf dem
bequemen, aber gefährlichen Wege der weiteren Ausdehnung
der Notenemission möglich sei, müsse das Bankdirectorium
überhaupt in allen seinen geschäftlichen Beziehungen grössere
Vorsicht entwickeln und keine schlimme, sondern nach der
Ansicht Lord Overstone's, wie wir schon früher gesehen,
eine gute Folge der Acte sei es, dass die Bank jetzt nothgedrungen öfters den Discont ändern und durch sonstige
Massregeln ihre disponible Reserve stark genug erhalten
müsse, um allen Eventualitäten gewachsen zu sein. Desgleichen
sei es für die Geschäftswelt nur scheinbar ein Nachtheil, in
Wirklichkeit ein grosser Vortheil, dass die Reserve der Bank
genau begrenzt sei. Denn nun wisse Jeder, wie weit die Mittel
der Bank reichen und werde sich in seinen Speculationen
nicht mehr, wie früher, darauf verlassen, dass die Bank unter
allen Umständen ihm dennoch weiteren Credit gewähren könne.
Das Princip der Selbstverantwortlichkeit werde hierdurch in
den geschäftlichen Kreisen zum grossen Nutzen der Moralität
des Handelsstandes und zu dem des Landes im Ganzen
gestärkt.

In diesem Raisonnement der Currencytheoretiker sind
ohne Zweifel einige ganz richtige Gedanken enthalten. So ist
es sicherlich durchaus nothwendig, der Geschäftswelt den

Glauben an die Unbeschränktheit der Bankmittel zu nehmen.
Allein auch hier wird man dies schwerlich durch die mechanische
Vorschrift der Peel'schen Acte thun können. Die Willkürlichkeit derselben wird zu leicht durchschaut. Mit Recht kann
die Geschäftswelt sagen, so gut $14\frac{1}{2}$ Mill. Noten ohne Metallbedeckung umlaufen dürfen, eben so gut können, wenn es in
einer Creditcrisis wünschenswerth sein sollte, auch einige
Millionen Noten mehr jener Bedeckung entbehren. Der Glaube
an eine gewisse Verpflichtung einer Bank, wie der von England,
wonach diese in critischen Momenten für die Aufrechthaltung des
Credits in der mercantilen Welt etwas zu thun habe, steht in
zu genauem Causalzusammenhange mit dem System der grossen
privilegirten Centralbanken überhaupt. Es lässt sich hier, wie
bereits oben berührt wurde, kaum etwas Anderes thun, als durch
die Belehrung in volkswirthschaftlichen Dingen den Leuten die
Ueberzeugung beibringen, dass eine Bank, um Darlehen geben
zu können, erst Darlehen empfangen und, wenn sie Anderen mit
ihrem Credite zu helfen vermögen soll, selbst ihren Credit
dadurch fest erhalten müsse, dass sie immer eine für die gegen
sie laufenden Verpflichtungen genügende Reserve parat habe.
Eben hier aber liegt der Schluss aus bekannten Thatsachen
zu nahe, dass eine Bank in gewissen Zeitpuncten durch Ausdehnung ihrer Notenemission sich grössere disponible Mittel
verschaffen könne. Ein Gesetz, wie die Peel'sche Acte,
beschränkt diese Notenausgabe nach Willkür, ohne die Nothwendigkeit dieser Beschränkung verständlich zu machen.

Durch die Acte wird daher keineswegs die Ueberzeugung
erwirkt, dass die Reserve der Bank so fest bestimmt sei. Die
guten Folgen, welche die Currencytheoretiker daraus ableiten,
treffen aus diesem Grunde auch nicht ein. Im Gegentheile
erregt das Willkürliche und deshalb Irrationelle der eingeführten
Beschränkung bei jeder Gelegenheit, wo sich unnöthiger
Weise, wie so oft, eine Wirkung dieser Beschränkung in einer
störenden Massregel der Bankverwaltung fühlbar macht, bloss
Erbitterung und die Bankacte wird in solchen Momenten das
Ziel heftiger Angriffe. Diese letzteren haben in diesem Falle
freilich ihren Ausgangspunct in den verletzten Privatinteressen

sie sind darum aber doch auch von dem höheren Gesichtspuncte des allgemeinen Interesses aus gerechtfertigt, zumal
für die Verletzung der Privatinteressen der einzelnen soliden
Geschäftsleute hier gar kein Grund vorliegt. Es lässt sich
nur wiederholen, dass die Bank von England durch die Bankacte unnöthiger Weise an der Erfüllung jener Aufgaben und
Pflichten gehindert werde, derentwegen vornemlich die aus-
nahmsweisen Vorrechte einer solchen Bank in Schutz genommen
werden können.

Wie die Dinge jetzt liegen und wie die Ansichten und
Gefühle der Geschäftswelt nun gegenwärtig einmal beschaffen
sind, so ist die Wirkung der durch die Acte von 1844 verursachten willkürlichen Beschränkung der Mittel des Bankdepartements stets die, dass dieses letztere in den Creditcrisen durch die unnöthige Theilung des Baarfonds und
Absonderung des für die Noten allein bestimmten Metallbetrags
in weit· geringerem Masse den solventen Kaufmann mit seinem
Credite unterstützen kann, wenn es nicht riskiren will, seinen
eigenen Verpflichtungen gegen die Deponenten nicht nachkommen zu können; dass hierdurch ferner einmal die Bank
von England an der Erfüllung der Aufgabe einer grossen Centralbank gehindert wird, ohne dass die Einlösbarkeit der Noten
in höherem Grade gesichert werde; und dass hierdurch sodann
endlich die Heftigkeit der Crisis, weil die Angst der Geschäftswelt gesteigert wird, während die Mittel der Bank zur Linderung dieser bloss durch die Acte stärker gewordenen Crisis
durch dieses Gesetz noch beschränkt wurden.

**34. Die Beschränkung der Mittel des Bankdepartements als ein die Noten-
einlösbarkeit gefährdendes Moment.**

Diese Wirkungen der Acte äussern aber mittelbar auch
wieder einen ungünstigen Einfluss auf die Sicherung der
Noteneinlösbarkeit. An und für sich wird Alles, was die
Panique in einer Creditcrisis zu steigern strebt, auch als ein
Moment betrachtet werden müssen, welches die Einlösbarkeit
der Noten gefährde, weil der allgemeine Credit jetzt noch

stärker erschüttert wird. Indem die Bankacte die Intensivität
der Crisis erhöht, wirkt sie ihrem ostensiblen Hauptzwecke,
der steten Sicherung der Noteneinlösbarkeit, entgegen.
Aber auch die Erfahrung selbst spricht für eine solche
Vermuthung. In Creditcrisen, und Perioden starker Metallausfuhr, die meistens in Wechselwirkung zu einander stehen,
ist die Solvenz des Bankdepartements von zwei Seiten aus
gefährdet, nemlich durch die eventuellen Ansprüche der Deponenten an ihre Guthaben, zu deren letzteren Auszahlung
möglicher Weise die Casse der Bank nicht genügen könnte,
und sodann durch das Vorschussgeschäft der Bank, worin
letztere leicht zu weit gehen kann, so dass hierdurch die
baare Reserve sich zu stark vermindert. Nun setze man Beispiels
halber den Fall, das Bankdepartement müsse aus dem einen
oder andern Grunde seine Zahlungen einstellen, indem seine
disponiblen Mittel nicht mehr hinreichen, die einlaufenden
Anforderungen der Gläubiger zu befriedigen. Die Folgen einer
solchen selbst kurzdauernden Zahlungseinstellung des ersten
Bankgeschäfts Englands wären unberechenbar. Es würde daraus
eine Zerstörung des öffentlichen Credits hervorgehen, welcher
nichts Anderes je gleichgekommen wäre. Denn man muss bedenken, dass die Bank von England stets zu bedeutenden
Beträgen, im Conto der sogenannten öffentlichen Depositen,
die Schuldnerin des Staats ist, für welchen sie mit jenen
Geldern die vierteljährlichen Zinsen der öffentlichen Schuld
bezahlt. Eine Suspension der Zahlungen des Bankdepartements
schliesst mithin eine Suspension der Zahlung der Staats-
schuldzinsen in sich. Um den kostbaren Credit der Consols
wäre es geschehen, woraus eine abermalige Zerrüttung des
öffentlichen Credits hervorginge. Sodann bestehen die sogenannten Privatdepositen der englischen Bank zum grossen
Theile wieder aus Einlagen von anderen Actienbanken und
Privatbanquiers, welche ihre Geschäftsreserven bei der „Bank"
deponiren. Die Suspension der Zahlungen des Bankdepartements führt hierdurch zu den vielen und den grössten anderen
Bankgeschäften des Vereinigten Königreiches. Diese Banken
sind ihrerseits wieder die Depositare der Reserven vieler

kleinerer Banken und zahlreicher Geschäftsleute, welchen deshalb die Verfügung über ihre Mittel ebenfalls abgeschnitten wird. Man kann die Wirkungen leicht noch weiter ausführen. Aus dem Gesagten ergibt sich, dass die Suspension der Baarzahlung des Bankdepartements in der That fast mit Sicherheit den Bankerott der ganzen englischen Geschäftswelt mit sich brächte, mindestens ein allgemeines Zahlungsmoratorium erlassen werden müsste. Unsere frühere Schilderung der heutigen künstlichen Creditorganisation Englands und des innigen organischen Zusammenhangs der einzelnen Glieder in diesem System gibt die Elemente an die Hand, um die ganze Tragweite der Zahlungssuspension des Bankdepartements der Bank von England überschauen zu lassen. Mit Recht sagt daher auch Mill vor der Bankcommission von 1857, dass die Gefahr der Zahlungseinstellung des Bankdepartements viel schlimmer sei, wie die einer vorübergehenden Einstellung der Noteneinlösung, und macht es der Acte von 1844 zum Vorwurfe, dass sie um dieses minder wichtigen Zweckes Willen, der sich auch ohne das Gesetz sicherer und müheloser erreichen lasse, die Solvenz der Bankabtheilung auf's Spiel setze. (Frage 2,287.)

Nun übersehe man aber einmal die Wirkung einer Zahlungseinstellung des Bankdepartements auf den Credit der Noten der Bank von England. Lässt sich daran zweifeln, dass aus der Insolvenz der einen Abtheilung sofort das grösste Misstrauen gegen die Zahlungsfähigkeit der anderen hervorgehen würde? Die Bank würde um die Einlösung ihrer Noten massenhaft überlaufen werden und die Gefährdung der Noteneinlösbarkeit wäre wirklich der Bankacte mit zuzuschreiben.

Das Alles sind Folgen einer unrichtigen Geld- und Credittheorie. Es liegt auch nicht die mindeste Nothwendigkeit vor, sie heraufzubeschwören. Die Einlösbarkeit der Noten, die stete Zahlungsfähigkeit des Bankdepartements, um den jetzigen Sprachgebrauch beizubehalten, die Aufrechthaltung des Credits in den Höhepuncten der Creditcrisen, Alles lässt sich sehr wohl mit einander vereinen, während die Bankacte die Ausdehnung der Bankcredite zum Zwecke der Linderung der Crisis hemmt, indem sie auf Grund falscher theoretischer Voraussetzungen

daraus eine unaufhörliche Fortdauer des Metallabflusses her-
leitet, während dieselbe Bankacte die Solvenz des Bankdepartements gefährdet und damit die ärgsten Uebelstände
hervorrufen kann, und während sie endlich die Einlösbarkeit
der Noten trotzdem n i c h t völlig sichert, sondern sie im
Gegentheile indirect durch das erregte Misstrauen wider die
Solvenz der Bankabtheilung ebenfalls gefährdet.

35. Der Nutzen der Verbindung des Depositengeschäfts mit der Notenemission.

Stellt man sich einmal auf den Boden des Systems der
grossen, die Zettelausgabe mehr oder weniger monopolisirenden
Centralbanken, so erweist sich die Verbindung des Depositengeschäfts mit der Notenausgabe nur durchaus heilsam. Gerade
die Fähigkeit einer solchen Bank, Noten, d. h. ein bestimmtes
Geld s u r r o g a t statt des Geldes oder der Münze noch in
Zeiten zu gebrauchen, wo das allgemeine Misstrauen die Benutzung jedes anderen Geldsurrogats unmöglich macht, ist ein
Vortheil, dessen Grösse und Bedeutung in unseren heutigen hochentwickelten, deshalb aber auch hoch künstlichen Wirthschaftszuständen nicht hoch genug veranschlagt werden kann. Wir
haben im früheren Verlaufe unserer Darstellung, insbesondere
in dem Abschnitte über den Verdrängungsprocess des Geldes
durch die Geldsurrogate einen Einblick in dieses feine und so
überaus rationelle, einer künstlichen Maschinerie vergleichbare
Creditsystem zu geben gesucht. Die Stellung der Bank von
England innerhalb dieses Systems ist dadurch ebenfalls klar
geworden. Der Baarfonds dieses Instituts bildet das grosse Edelmetallreservoir des Landes, in welchem sich die einzelnen kleineren
Seperatreserven ansammeln. Als Hauptzettelbank des Landes
ist die Bank von England nun gleichzeitig in der Lage, sobald die Depositengelder zu einer erfolgreichen Linderung der
Creditcrisis nicht ausreichen, einstweilen mittelst ihrer stets
wohl accreditirten Noten die Lücke im Credite auszufüllen.
Sonst wäre hierzu stets Münze nothwendig, jetzt lassen sich
auch die Noten der Bank verwenden. Der grosse Vortheil
einer solchen Verwendbarkeit der Noten liegt auf der Hand

nnd der grosse Nachtheil des Peel'schen Gesetzes, welches
eine solche Verwendung der Noten hindert, lässt sich darnach auch leicht begreifen. Wenn die Verbindung des Noten-
und Depositengeschäfts bei der Bank nicht bestände, so würde
es darauf ankommen, sie sofort herzustellen.
Freilich gehen aus dieser Verbindung einige Gefahren für
die Durchführung von Notenregulirungsplänen nach Art der
Peel'schen Acte hervor, keineswegs auch für die Noteneinlösbarkeit selbst.
Die Anhänger der Acte entnehmen dem Gründe wider
die Verbindung des Depositengeschäfts mit der Notenausgabe
oder halten wenigstens die besondere Regulirung des Depositengeschäfts, d. h. also nach der heutigen Einrichtung, des Bankdepartements zur grösseren Sicherung der unverletzten Aufrechthaltung der Peel'schen Acte für nothwendig. Die Gegner
dieses Gesetzes werden umgekehrt um so mehr wider die Acte
sein, je weniger dieselbe sich mit der Unabhängigkeit des
Depositengeschäftes verträgt, und je weniger dabei die Vortheile der Verbindung des letzteren Geschäftszweiges mit der
Notenemission zur Geltung gelangen können.

**36. Der Vorschlag einer Controle des Depositengeschäftes, resp. des Bank-
departements im Interesse der stricten Aufrechthaltung der Bankacte.**

Die Ansichten der Currencytheoretiker in Betreff der
Bedeutung und Stellung des Bankdepartements und des Depositengeschäfts zur Notenemission haben nach und nach eine
starke Aenderung erfahren. Wie wir früher gesehen haben,
war namentlich Sir Robert Peel selbst der Meinung gewesen,
dass durch sein Gesetz das Bankdepartement ein völlig unabhängiges Bankgeschäft geworden sei, das wie jedes andere im
Königreiche auf nichts anderes, als auf seinen eigenen Vortheil
als kaufmännisches Unternehmen zu sehen habe. An der
practischen Geschäftsgebarung der Bank in den Jahren
1844—1847 lässt sich deutlich nachweisen, dass die Bankdirection sich diese Auffassung zu eigen gemacht hatte. Die
Currencytheorie in ihrer consequenten Ausbildung selbst

musste dazu bewegen, mit dem Steigen der Depositen und
des Baarfonds die Vorschüsse und hierdurch womöglich die
Notencirculation auszudehnen. Die ungünstigen Folgen dieser
Politik sind in jener Periode aber bereits klar hervorgetreten,
sie äusserten sich in der unheilvollen Begünstigung der Ueberspeculation und während des Rückschlages davon im Jahre
1847. Damals zuerst erhoben sich auch auf Seite der Anhänger
des Gesetzes von 1844 Stimmen, welche es als eine Einseitigkeit bezeichneten, dass die Legislative bisher bloss die
Notenemission einer besonderen Controle und Regulirung
unterstellt habe, während zur sicheren Durchführung dieser
Notenregulirung auch eine Controle des Bankdepartements,
resp. des Depositengeschäfts nothwendig sei. Lord Overstone selbst ist übrigens bis auf die neueste Zeit Anhänger
der Doctrin geblieben, dass das Bankdepartement ein ganz
unabhängiges Bankgeschäft sei, und verlangt zur Sicherung
seiner Pläne bloss die stete und unbedingte Aufrechthaltung
des Peel'schen Gesetzes, ohne einer weiteren Regulirung des
Depositenwesens das Wort zu reden. Die Gegner der Acte
haben noch früher auf die Einseitigkeit, bloss die Noten,
nicht auch das Depositengeschäft besonders controliren zu
wollen, aufmerksam gemacht, nur folgern sie umgekehrt daraus
die Unthunlichkeit der Notenregulirung, weil die Regulirung
aller Geschäftszweige vollends unmöglich sei.

Das Peel'sche Gesetz ist ein unnöthiger Versuch einer
weiteren staatlichen Intervention in wirthschaftlichen Angelegenheiten. Wie in allen solchen Fällen schlug er fehl.
Statt hieraus auf das Unrichtige des Versuchs überhaupt zu
schliessen, haben es die Anhänger des Princips der staatlichen
Bevormundung für gerathen gehalten, gleich noch einen wichtigen Schritt weiter auf der betretenen Bahn zu gehen und
nun auch noch den anderen Zweig des Bankgeschäfts, das
Depositenwesen, der Controle zu unterstellen. Es ist dies der
ganz gewöhnliche Gang in diesen Dingen. Folgerichtig kommt
man zu immer weiteren bevormundenden Controlmassregeln
und endlich zur Regulirung fast aller wirthschaftlichen Handlungen des betreffenden Gebietes, denn stets lässt sich leicht

nachweisen, dass man bisher noch irgendwo eine Lücke liess, aus welcher sich der Mangel des gehofften Erfolgs vermeintlich erklären lässt. Freilich „regulirt" der Gesetzgeber eben doch nicht, sondern er versucht nur zu reguliren, denn die Dinge lassen sich einmal nicht nach der Schablone und nach mechanischen Massregeln behandeln. Die Jahre 1847 und 1857 haben gelehrt, dass die Aufrechterhaltung der Peel'schen Acte mit der freien Leitung des Bankdepartements nicht immer zu vereinen ist. In beiden Fällen musste die Acte suspendirt werden, damit das Bankdepartement in seinen Zahlungen flüssig bleiben könne oder doch nicht jeden weiteren Beistand an die Geschäftswelt verweigern müsse. Würde hierdurch die Einlösbarkeit der Noten, der ostensible Zweck des Gesetzes von 1844, gefährdet worden sein, so liesse sich die Freiheit des Bankdepartements noch mit Grund bekämpfen. Allein von einer solchen Gefahr wagte nicht einmal einer der Currencytheoretiker zu reden. Es handelte sich stets nur um die Gefahr einer Verletzung des Peel'schen Gesetzes und es ist eine petitio principii, wenn die Anhänger der Acte dann von einer Gefährdung der Noteneinlösbarkeit reden. Nicht um dieser letzteren, sondern um der Bankacte Willen, aus dem Gesichtspuncte der einseitigen und falschen, diesem Gesetze zu Grunde liegenden Geld- und Credittheorie, hat man daher wohl Vorschläge zur Controle des Bankdepartements gemacht. Alle diese Vorschläge würden indessen wenig Erfolg versprechen, wenn sie in etwas Anderem beständen, als worauf man bei consequenter Verfolgung der ihnen zu Grunde liegenden Idee ohnehin kommen wird, nemlich in der Vorschrift, dass die Bank von England ein für allemal nur eine gewisse festzusetzende Quote der Depositen zu ihren Geschäften verwenden dürfe oder wohl gar die sämmtlichen Depositen ganz unbenutzt bei sich liegen lassen müsse.

Die Idee, einen gewissen Theil der Depositen nur verwenden zu dürfen, leidet an der irrationellen Halbheit all' solcher Vorschläge. Denn es ist schlechterdings nicht möglich, a priori oder auf Grund der bisherigen Erfahrung für die

Zukunft die richtige Quote zu finden, welche „gefahrlos" für die Aufrechthaltung der Bankacte zu Vorschüssen verwendet werden dürfte. Es würde dieses zu eben solch willkürlichen Bestimmungen führen, wie z. B. die Drittelbaardeckung im Notengeschäfte und die Peel'sche Acte mit ihrer ziffermässig bestimmten ohne Metalldeckung gestatteten Notenemission es selbst sind. Die Zweckmässigkeit eines Princips lässt sich oft am Besten prüfen, wenn man es consequent weiter bis auf die Spitze treibt. Dies geschieht in dem Vorschlage, wonach die Bank die Depositen gar nicht zu Darlehen verwenden darf.

In England wird die ganze Frage zu sehr vom practischen Standpuncte aus erörtert. Daher ist man dort noch nicht bis zur logischen, aber unpractischen Consequenz eines solchen Vorschlags vorgedrungen. Derselbe ist aber z. B. in der früher erwähnten Denkschrift über die Einführung eines der englischen Bankacte ähnlichen Gesetzes in Oesterreich gemacht worden. Vollkommen im Geiste der neueren Polemik der Currency-schule wurde hier nemlich ebenfalls nachgewiesen, dass für die stricte Aufrechthaltung der Peel'schen Acte in einer freien Stellung des Bankdepartements augenscheinliche Gefahren lägen. Die Richtigkeit dieser Ansicht haben wir in unserer eigenen Entwicklung selbst anerkannt. So wenig wie in der Polemik der Currencytheoretiker finden wir aber in derjenigen der genannten Denkschrift den Beweis oder auch nur den Versuch eines solchen, dass aus der Gefährdung der Acte die der Noteneinlösbarkeit folge. Im Gegentheile wird eben hier wieder, wie wir im Eingange der gegenwärtigen Schrift sagten, die Richtigkeit der Principien des Gesetzes von 1844 und die Sicherung der Einlösbarkeit der Noten ausschliesslich durch die Peel'sche Acte als feststehende Thatsache ohne Weiteres angenommen, — was kein Beweis ist.

Die Denkschrift nennt es consequent, das Bankdepartement gewissen Regulationen zu unterwerfen, was auch wir als consequent zugeben, insoferne in der That eine staatliche Controlmassregel in wirthschaftlichen Dingen mit logischer Nothwendigkeit zu immer weiteren solchen Massregeln hin-führt. Die Denkschrift schliesst sich daher genau Robert

Peel's Plänen der Notenregulirung an, polemisirt aber gegen
den Grundsatz dieses Staatsmannes, wonach die Bank in
allen übrigen Geschäften von jeder speciellen Beschränkung
zu befreien und allen anderen Depositenbanken des Landes
gleichzuhalten sei, weil aus der freien Bewegung des Bankdepartements zweimal die Suspension der Acte von 1844
hervorgegangen sei. Die Unhaltbarkeit des zuletzt erwähnten
Peel'schen Satzes haben auch wir von einem anderen Standpuncte aus aufgedeckt. Die Suspension der Acte, als Wirkung
jenes Grundsatzes, ist freilich aber kein Beweis gegen dessen
Richtigkeit. Die Denkschrift gelangt auf diesem Wege, indem
sie die Prämissen ihres Raisonnements als richtig zugegeben
voraussetzt, zu der Forderung, dass die Depositen in einem
Geschäfte wie dem der Bank von England nicht mehr als
Darlehen, was sie jetzt sind, sondern als Depositen im juridischen
Sinne des Wortes betrachtet und behandelt werden sollen.
In der technischen Banksprache hat man diese beiden Formen
der Depositen als Depositen zur Benutzung und als solche
zur Aufbewahrung unterschieden.

Wir haben in unserer eingehenden Deduction unter Anderem
den Beweis zu führen gesucht, dass die Bankacte an manchen
Unzukömmlichkeiten Schuld sei, welche sich seit dem Jahre 1844
auf dem Londoner Geldmarkte fühlbar machen. Dahin gehörten
die häufigeren und heftigeren Schwankungen des Disconts
der Bank, die durch die Trennung des Baarfonds in zwei
Theile verursachte Schwächung der Bank in Creditcrisen, die
unrichtige Geschäftspolitik in Zeiten einströmenden Metalls,
wo die Bank ihre Vorschüsse wenigstens in den ersten Jahren
nach der Einführung der Acte zu leichtsinnig ausgedehnt hat,
u. A. m. Die Denkschrift gibt ihrerseits einige dieser Unzukömmlichkeiten als bestehend ebenfalls zu, polemisirt deshalb
aber nicht gegen die Acte, wie wir, sondern sagt wörtlich:
„Die Ursache des Uebels liegt offenbar in der fruchtbringenden
Verwendung der Depositen durch das Bankdepartement und
könnte einfach dadurch beseitigt werden, dass die englische
Bank gesetzlich verhalten würde, diese Geldeinlagen in laufender
Rechnung nur zum kleineren Theile im Escompte- und

14 *

Vorschussgeschäfte zu verwenden, oder noch besser, ganz und
gar so zu behandeln, als ob es Depositen im österreichisch-
juridischen Sinne des Wortes wären." „Man denke sich die
Bankacte in diesem Sinne modificirt, führt die Denkschrift
fort, und man hat ein so einfaches und sicheres Banksystem,
als man für alle practischen Zwecke nur wünschen kann."
Wir haben gleich im Beginn unserer Abhandlung der
Denkschrift den Vorwurf gemacht, dass sie die Principienfragen umgehe, keine Beweise bringe, sondern categorische
Behauptungen aufstelle und sich von vorcherein als Tendenzschrift kennzeichne, weil sie die unhaltbare, jedenfalls oftmals
angegriffene Geld- und Credittheorie der Peel'schen Acte
als unantastbare Wahrheit behandle. Die eben berührte
Polemik gegen das Depositengeschäft der englischen Bank
scheint uns auch Belege für jene Anklagen zu bieten.

**37. Der Vorschlag, der Bank von England die Benutzung der Depositen im
Interesse der stricten Aufrechthaltung der Bankacte zu verbieten.**

Der Vorschlag, die Depositengelder als eigentliche Depositen zu behandeln, führt zur Beseitigung der Thätigkeit
der Bank von England als Depositenbank, wie die Peel'sche
Acte im Grunde die Thätigkeit jener Bank als Zettelbank
aufgehoben hat. Was dann noch von der Bank von England
als „Bank" bleibe, möchten wir in der That wissen. Und wie
man ein einfaches und sicheres Banksystem durch diesen
Vorschlag schaffen will, wenn keinerlei Thätigkeit als Bank
fast mehr übrig bleibt, ist ebenfalls nicht ganz klar. Die
specielle Motivirung des Verbots, die Depositen als Darlehen
zu behandeln, ist überhaupt etwas absonderlich ausgefallen.
Zugegeben, dass es sich um die Beseitigung oder Heilung von
allerlei practischen Unzukömmlichkeiten in der Geschäftsführung des Bankdepartements und der Verwendung der eingelegten Gelder mittelst neuer staatlicher Regulirungspläne
handle, während hier bloss die Unzukömmlichkeiten, welche
die Folge der Peel'schen Acte gewesen sind, in Betracht
kommen, so sollte man doch nun den Vorschlag einer

Massregel zur Heilung der vorhandenen Uebelstände erwarten. Darf man hier von einem Patienten sprechen, welcher durch das Bankdepartement dargestellt wird, so läuft der gemachte Vorschlag aber nicht auf eine Heilung, sondern auf die Tödtung dieses Patienten hinaus, wo dann freilich auch die bisherige Krankheit keine Schwierigkeit mehr verursacht. Es ist ohne Zweifel richtig, dass die englische Volkswirthschaft durch die Beseitigung des Bankdepartements der englischen Bank — denn darauf läuft jener Vorschlag am Ende hinaus — nicht unheilbar verletzt werde. Aber dass die ganze jetzige Creditorganisation des Vereinigten Königreichs das Vorhandensein und die Functionen des jetzigen Bankdepartements zur nothwendigen Voraussetzung hat, lässt sich doch gar nicht bestreiten. Jede solche Aenderung in dieser Geschäftsabtheilung, wie sie von der Denkschrift empfohlen wird, würde daher zu den allergrössten Umwälzungen im britischen Creditsysteme führen. Hieraus entstände jedenfalls für kürzer oder länger eine grosse Störung in der englischen Volkswirthschaft, deren Umfang sich von vorneherein nicht einmal übersehen lässt.

Um den Preis einer solchen Störung, welche direct oder indirect zu einer sehr intensiven Credit- und Handelscrisis hinführen wird, soll die Aufhebung des Depositengeschäfts erkauft werden. Und warum das Alles? Bestehen in der That solche Unzukömmlichkeiten in diesem Geschäftszweige, welche dessen Beseitigung durchaus nöthig machen? Dafür wird uns nirgends der Beweis geliefert. Das Verbot, Depositen zur Benutzung anzunehmen, muss freilich alle etwaigen Gefahren dieses Zweiges der Bankgeschäfte gleichzeitig entfernen, aber die Nothwendigkeit, das ganze Geschäft um des letzteren Zweckes Willen aufzuheben, wird uns nirgends gezeigt. In der That, wohin sollte es führen, wenn man auf volkswirthschaftlichem Gebiete jedes Mal gleich einen Geschäftszweig total verbieten wollte, welcher diese oder jene Gefahren bieten kann? Man wäre damit bald am Ende aller Schwierigkeiten angelangt, aber um den Preis eines allgemeinen Stillstandes wirthschaftlicher Thätigkeit. Für eine solche Volkswirthschaftspolitik macht man Gottlob heutzutage keine Propaganda mehr.

Die Inconvenienzen, welche aus der freien Gebarung
des Bankdepartements mit den Depositen hervorgehen, beziehen
sich durchaus nicht auf die Einlösbarkeit der Banknoten,
sondern einzig und allein auf die Peel'sche Bankacte. Neben
der letzteren kann die Freiheit des Bankdepartements allerdings Schwierigkeiten machen. Daraus könnte nur in dem
Falle ein Schluss zu Ungunsten des jetzigen Depositengeschäfts
der Bank gezogen werden, wenn die Aufrechthaltung der
Peel'schen Acte und diejenige der Noteneinlösbarkeit wirklich
ein und dasselbe wären. Das wird behauptet, aber nirgends
bewiesen. Wir haben versucht den Gegenbeweis zu liefern,
dass die Acte nicht nothwendig, nicht einmal immer zweckmässig für die Erhaltung der Noteneinlösbarkeit sei. Umgekehrt
folgt aus dem Umstande, dass die freie Bewegung des Depositengeschäfts schwer mit dem Gesetze von 1844 zu vereinigen
ist, nur ein Schluss zu Ungunsten des letzteren.

In critischen Momenten kann die Unterstützung des Bank-
departements durch das Notendepartement mitunter eine
Nothwendigkeit werden, damit die Bank in dem ersteren den
Anforderungen der Deponenten gegenüber solvent bleibe und
gleichzeitig durch Ausdehnung ihrer Vorschüsse die entstandene
Lücke im Creditsysteme ausfüllen könne. Dass hier das
Depositengeschäft gewisser Massen stets auf die Hilfe des
Notengeschäfts mit angewiesen und insoferne nur bedingt
selbständig ist, würde nur dann gegen den ersteren Geschäftszweig sprechen, wenn daraus grosse Gefahren für das Notengeschäft hervorgingen oder der letztere Zweig eine solche
Hilfe überhaupt nicht leisten könnte. Aber dem ist nicht
so. Aus der weiteren Notenemission zu Gunsten des Bankdepartements, wenn man sich an die jetzige Form der Einrichtung der Bank hält, folgt nicht der von der Currencyschule daraus abgeleitete Einfluss auf die Fortdauer der
Metallausfuhr und auf die Gefährdung der Noteneinlösbarkeit,
sondern mittelst jener Emission erfüllt die Bank nur die
Aufgabe, welche eine grosse Centralbank erfüllen soll und
allein erfüllen kann. Der Conflict, in welchen die Bank hiebei

in gewissen Fällen mit der Bankacte von 1844 kommt, ist nur ein practisch wichtiger Grund gegen dieses Gesetz mehr. In einem früheren Abschnitte haben wir entwickelt, wie sich das Notengeschäft aus dem Depositengeschäfte bildete und wie die Depositen zur Aufbewahrung, oder die eigentlichen Depositen, zu Depositen zur Benutzung, oder zu Darlehen wurden. Diese Umbildung des einen zum anderen Geschäfte war eine völlig organische, naturgemässe. Die alte Girobank kann als Beispiel einer ursprünglichen Depositenbank dienen, obgleich auch sie bereits einen gewissen Fortschritt documentirt, denn die bei ihr eingelegten Gelder werden doch wenigstens zu Umschreibungen verwendet. In der heutigen Bedeutung des Wortes kann man den Namen „Bank" auf eine eigentliche Girobank, geschweige auf eine Anstalt zur blossen Aufbewahrung von Geldern, nicht mehr anwenden. Unter Bank versteht man jetzt eine Anstalt, welche Credit nimmt und Credit gibt, beides lässt sich von der Girobank und der eigentlichen Depositenanstalt nicht sagen. Hier findet kein Eigenthums-übergang der hinterlegten Gelder Statt. Letzteres geschieht dagegen bei der modernen Depositenbank, wie z. B. den schottischen, den Londoner Joint-Stock-Banken, der nieder-österreichischen Escompte-Gesellschaft u. s. w.

Es lässt sich nicht bestreiten, dass ein grösserer Grad von Sicherheit für ihr Vermögen, resp. ihre Forderung den Deponenten bei der Girobank wie bei der heutigen Depositen-bank zu Theil wird, dass bei jener sogar von absoluter Sicherheit die Rede sein kann. Dafür entbehrt der Deponent aber bei der Girobank aller andern Vortheile, wie der Ver-zinsung seines Capitals, der Geschäftsverbindung mit einer Creditanstalt u. s. w., Vortheile, welche nach dem einstimmigen Urtheile der modernen Welt den der absoluten Sicherheit des Vermögens aufwiegen. Denn sonst hätten wir noch heute lauter Hamburger Girobanken, während wir in den ver-schiedensten Ländern der civilisirten Welt und unter den im Uebrigen heterogensten Wirthschaftszuständen doch fast nur eigentliche Creditbanken, Depositen- und Zettelbanken besitzen und die Hamburger Bank mehr und mehr in ihrer eigenen

Vaterstadt als ein den jetzigen Wirthschafts- und Handels-.
verhältnissen nicht mehr entsprechendes Institut angesehen
wird, auch im Jahre 1857 sich vollkommen unzureichend
erwies und mitten in der Creditcrisis zu einer modernen
Creditbank wenigstens temporär umgebildet werden musste.
Der Vorschlag, die Depositen der Bank von England als
eigentliche Depositen hinfürder zu behandeln, involvirt also
einen principiellen Rückschritt in der Entwicklung des Credit-
und Bankwesens, gegen dessen Zweckmässigkeit die Vermuthung von vorneherein spricht und für welchen jedenfalls
gewichtigere Gründe als die ungestörte Aufrechthaltung des
Peel'schen Gesetzes vorgebracht werden müssten.

Künstlicher ist das moderne System freilich ebenfalls,
als das alte, und zweifach künstlich das in England bestehende
Credit- und Banksystem, wegen der eigenthümlichen Stellung,
welche daselbst die Bank von England einnimmt. Die auf
Grund dieser Künstlichkeit erhobenen Anklagen sind aber
dennoch nicht gerechtfertigt. Um diesen Punct ganz deutlich
zu machen, müsste man zuvor eigentlich auf die Bestandtheile der Depositengelder in den Banken näher eingehen.
Hier genüge die Bemerkung, dass bei einem ausgebildeteren
Depositenbanksysteme die meisten Geschäftsleute ihre momentan
disponiblen Gelder, ihre Cassenvorräthe, sodann diejenigen
in Geldesform parat gehaltenen Capitalien, welche für gewisse
unvorhergesehene Fälle und Zwecke in dem allgemeinen Repräsentanten des disponiblen Capitals und dem gesetzlichen
Zahlungsmittel angelegt werden, die sogenannten Reserven,
bei den Banken in Conto corrent einlegen. Das früher geschilderte Checksystem knüpft sich daran an. Der grösste
Theil dieser Gelder ist dazu bestimmt, den Eigenthümer in
den Stand zu setzen, die jedesmaligen, aus seinen über-
nommenen Verpflichtungen resultirenden Anforderungen erfüllen zu können. Würde jeder Einzelne das Geld bei sich
liegen lassen, wie es früher der Fall war, so würde dasselbe
vermuthlich grossentheils ganz müssig bleiben oder doch immer
nur ein ganz kleiner Theil von dem einzelnen Eigenthümer
wieder ausgeliehen werden, je nachdem der letztere das Risiko

eines solchen Geschäftes auf sich nehmen mag. Indem alle diese Gelder aber in eine gemeinsame Casse, nemlich in die der Bank zusammenfliessen, kann nach den früher bereits kurz berührten Principien des Depositenbankwesens ein sehr grosser Theil dieser Gelder wieder ausgeliehen und fruchtbringend angelegt werden, indem die Bank die gleichzeitig ein- und ausgehenden Summen mit einander compensirt und einen gewissen Baarfonds für alle Fälle hält.

Das Wesen der Depositenbank besteht mithin stets darin „solche Gelder auszuleihen, welche gar nicht zum Ausleihen bestimmt waren," sondern als Reserve für bereits übernommene Verpflichtungen dienen sollten. Der Umstand, dass die bisher isolirten Reserven in einer Hand vereinigt wurden, erlaubte im Interesse der einzelnen Deponenten, wie in dem der ganzen Volkswirthschaft eine theilweise Ausleihung der erwähnten Gelder. Eine grössere Gefahr bringt dieses System allerdings mit sich, aber die Uebernahme derselben ist ja die freiwillige Handlung der Deponenten und wiederum wiegen offenbar die Nachtheile weit weniger schwer, wie die Vortheile, weil sich das System so allgemein ausgebreitet hat. In kritischen Zeitpuncten werden die Deponenten aus reelem, eigenem Bedarfe oder aus Misstrauen gegen die Bank leicht einen grösseren Theil ihrer Guthaben den Banken entziehen, woraus dann unvermeidlich die Einschränkung der Creditgewährung dieser Institute und in Verbindung hiermit manche andere Unzukömmlichkeiten folgen werden. Aber wird man deshalb gleich die Depositenbanken als solche verurtheilen oder verlangen dürfen, dass die Gelder stets als Depositen im eigentlichen Sinne des Wortes behandelt werden? Man darf entschieden behaupten, dass eine solche Ansicht ganz allein steht.

Die Weiterbildung wird dann nothwendig immer darin bestehen, dass für eine Anzahl kleinerer Banken wieder eine grössere Anstalt dieselbe Aufgabe erfüllt, welche jene für die einzelnen Geschäftsleute übernommen hatten. Wenn tausend Geschäftsmänner durch die Hinterlegung ihrer im Durchschnitte stets je tausend Gulden betragenden Cassenvorräthe und

Reserven bei einer Bank bewirken, dass von dieser Million
Gulden Capital vier Fünftel ausgeliehen und productiv verwendet werden können, während doch jeder Deponent stets
über sein Geld die volle Verfügung behält, so liegt in einer
derartigen Organisation offenbar ein Vortheil für beide Theile,
den Kaufmann und die Bank, sowie für die Volkswirthschaft
im Ganzen. Wenn dann hundert solcher Banken mit je einer
Million Depositengeldern wieder ihre Reserven und Cassenvorräthe im Betrage des fünften Theils der Gesammtsumme
der Depositen bei einer Centralbank hinterlegen, so kann
diese nach denselben Grundsätzen, nach welchen die kleinere
Bank verwaltet wird, von dieser Summe von 20 Mill. fl.,
vielleicht abermals die Hälfte und mehr zur Ausleihung benutzen. Dieselben Vortheile entstehen für die Einzelnen und
für die Wirthschaft im Ganzen daraus, und die Gefahren einer
solchen abermaligen Verwendung der Reserven sind nicht
grösser, wie diejenigen, welche schon die Depositenbank des
ersten Stadiums der Entwicklung mit sich bringt. Jedenfalls
lässt sich ein principieller Unterschied zwischen dem Depositengeschäfte der kleineren Bank, welche mit Reserven und Cassen-
geldern der Kaufleute und etwa der Privatbanquiers operirt,
und demjenigen der grösseren Bank, welche die Reserven
jener kleineren Anstalten benutzt, nicht statuiren. Ursprünglich sind alle diese Gelder nicht zum Ausleihen bestimmt,
aber die Frucht der Bankorganisation ist es, dass sie bis
zu einem grossen Theile dennoch dazu verwendet werden
können, obgleich der einzelne Geschäftsmann, wie die einzelne
Bank stets gleichzeitig über die betreffende, ihr gehörige
Summe muss zu verfügen vermögen.

Wir wiederholen hier nur im Wesentlichen das, was wir
über diesen Gegenstand bereits früher bemerkt haben, um
dadurch den Nachweis zu liefern, dass man mit Unrecht das
Depositengeschäft einer Centralbank angreift. In England besteht,
wie wir gesehen haben, die Einrichtung, dass die Bank von
England als Depositenbank der übrigen Anstalten dient. Das
überaus rationelle, weil fast ganz das baare Geld entbehrlich
machende System der Checks und der sich daran schliessenden

Institution des Clearing-Houses in London nebst der Bezahlung der hier verbleibenden Saldi mittelst Anweisungen auf die Guthaben der Banken bei der englischen Bank, dieses ganze System fällt bis zu einem gewissen Punct wieder in sich zusammen, wenn das Depositengeschäft der Bank von England aufgehoben wird. Jedenfalls müsste England einen grossen Schritt auf der Bahn der Creditwirthschaftsentwicklung zurückgehen. Und warum das Alles? fragt man wieder. Bloss um der Liebhabereien der Currencyschule Willen, denn alle die Vorschläge wegen Beseitigung des Depositengeschäfts der Bank haben ihren Ursprung doch nur in dem unbewiesenen Dogma dieser Theoretiker, dass die unverletzte Aufrechthaltung der Peel'schen Bankacte zur Sicherung der Noteneinlösbarkeit niemals zu missen wäre.

Weit entfernt daher einer Aufhebung des Depositengeschäfts der Bank von England das Wort zu reden, müssen wir vielmehr in der Verbindung dieses Geschäftszweiges mit der Notenemission eine Erklärung der besonderen Stärke und der mitunter in Creditcrisen besonders heilsamen Wirksamkeit jener Bank finden. Die Möglichkeit, wenn die Mittel aus dem eigenen Capitale und aus dem Depositengeschäfte der Bank dazu nicht ausreichen, auf die Emission der bestaccreditirten Noten recurriren zu können, um mit den letzteren jene Lücke im Creditsysteme auszufüllen, welche sonst nur durch die Münze selbst ausgefüllt werden kann, diese Möglichkeit ist von ausserordentlichem Werthe. Weil das in England herrschende System künstlich ist, bringt es allerdings gewisse Gefahren mit sich, welche mit solch künstlichen wirthschaftlichen Einrichtungen stets verbunden sind, aber künstlich müssen in unseren hochentwickelten Wirthschaftszuständen nothwendig stets die Credit- und Banksysteme sein. Mit den einfachen Einrichtungen einer früheren Zeit, z. B. mit Girobanken, kommen wir heutzutage nun einmal nicht mehr aus.

Der schlagendste Beweis dafür liegt doch in den während der Creditcrisis im Herbste 1857 in Hamburg gemachten Erfahrungen mit dem alten Banksysteme: ohne Notenemission und modernes Depositenbankwesen grösserer Missbrauch des

Credits und grössere Creditcrisis wie irgendwo, ohne dieselben
aber auch grössere Hilflosigkeit, wie irgendwo. Die Notenemission und das Depositengeschäft der grossen Centralbank
gewähren die Mittel, selbst in den Höhepuncten der Credit-
krisen einen gänzlichen Zusammenbruch des Credits zu verhindern. In der jetzigen Zeit, wo wir allenthalben mehr und
mehr aus der Geldwirthschaft in die Creditwirthschaft hinüber
gelangen, liegt die grosse Gefahr gerade in der Möglichkeit
eines solchen, wenn auch nur momentanen Zusammenbruchs
des Credits. Diesen zu vermeiden, darin besteht eine Hauptaufgabe eines guten Banksystems. Alle anderen „Gefahren,“
welche die Verwendung der Depositen und Noten der Centralbank zum Zwecke der Verhütung eines solchen totalen Credit-
zusammensturzes mit sich bringen mag, kommen neben jener
Gefahr, welche durch die Einführung der Peel'schen Acte
in die Geschäftsleitung einer Centralbank hervorgerufen wird,
gar nicht in Betracht. Da dieses Gesetz die Einlösbarkeit
der Noten nicht zweckmässig und wirksam sichert, weil es
der Ausfluss einer falschen Geld- und Credittheorie ist, und
da es gleichzeitig die geschilderten practischen Inconvenienzen
der grössten Art mit sich führt, so darf man sich wohl mit
Fug und Recht gegen dasselbe erklären.

38. Resumé unserer Prüfung der Currencytheorie.

Wir haben hiermit die Prüfung des Lehrsystems der
Currencyschule im Wesentlichen beendet. Unsere Prüfung ist
absichtlich so speciell wie möglich auf alle einzelnen Lehrsätze des Systems eingegangen, und suchte in allen die Consequenz falscher oder schiefer Prämissen und Voraussetzungen
nachzuweisen. Unvermeidlich freilich ist ein solcher Weg der
Deduction ziemlich lange und führt nur nach manchen Kreuz-
und Quergängen zum Ziele, weil es stets nothwendig ist, den
Gegner in alle Neben- und Abwege seines Raisonnements zu
folgen. Hierdurch wird auch die in Inachtbehaltung des
Gedankenzusammenhanges sehr erschwert, was wiederum
grössere Weitläufigkeit, weil die öftere Wiederholung mancher

wichtigen Entwicklungen des Gegners und mancher Wider-
legungen des letzteren nothwendig macht. Gewisse Gedanken-
reihen kehren bei den Currencytheoretikern alle Augenblicke
wieder, gewisse schiefe, oder nur halbrichtige Definitionen und als
Axiome geltende Sätze stehen damit in Verbindung. Auf diese
suchten wir auch auf Kosten mancher Weitläufigkeit und Breite
die einzelnen practischen Anforderungen der Anhänger der
Peel'schen Bankacte immer zurückzuführen. So ist z. B. gewisser
Massen der rothe Faden in dem Systeme des Lord Overstone jene Gedankenreihe von der Abhängigkeit des Geldwerths von der Geldmenge; von der Identität von Münze und
Noten und demgemäss vom Einflusse der Notenvermehrung
auf den Geldwerth; von der Macht der Banken, beliebig ihren
Notenumlauf auszudehnen und zusammenzuziehen, und von
dem daraus abgeleiteten Einflusse der Zettelemission auf eine
willkürliche Aenderung und Gestaltung des Geldwerths; von
dem steten Ursprung der Metallausfuhr aus dem zu niedrigen
Geldwerthe, d. h. mithin aus der zu grossen Geldmenge; von
der unbegrenzten Fortdauer der Metallausfuhr, im Falle diese
Geldmenge nicht beschränkt wird; von dem Einflusse der
Banken auf eine solche Metallausfuhr mittelst ihrer fortgesetzten Notenemission; von der Erschöpfung des Baarfonds
durch die fortdauernde Notenausgabe; endlich von der daraus
abgeleiteten Nothwendigkeit, die Notenemission gleichzeitig
und gleichmässig mit der Abnahme des Baarfonds, auf welchen
die Metallausfuhr einwirkt, einzuschränken. Es war eine
Reihe folgerichtiger Schlüsse aus unrichtigen Axiomen und
Prämissen, welche zu diesem letzten Principe der Peel'schen
Acte führten. In unserer Prüfung versuchten wir die Unhaltbarkeit dieser Ausgangspuncte nachzuweisen und die Nothwendigkeit, von letzteren aus zu den practischen Massregeln
des Gesetzes von 1844 zu gelangen, zu zeigen. Deshalb darf
unsere Prüfung wohl als Widerlegung der Currencytheorie
und hiermit als ein Beweis gegen die Peel'sche Bankacte
gelten. Wegen der Länge unserer Deduction und der manchfachen Abschweifungen, welche in derselben durch den Ge-
dankenprocess der Currencytheorie nothwendig wurden, wollen

wir im Folgenden noch ein Resumé des in unserer Prüfung der gegnerischen Theorie inne gehaltenen Ganges der Untersuchung geben, welches zur Uebersichtlichkeit beitragen wird. Zunächst wurde die Lehre vom sogenannten rein metallischen Geldwesen untersucht und der Nachweis geliefert, dass es kein rein metallisches, sondern nur mehr oder weniger gemischte Systeme gäbe. Selbst wenn man aber das rein metallische Geldwesen der Schule statuire, so mache die letztere sich davon doch einen falschen Begriff, indem sie irrthümlich das im Lande vorhandene Edelmetall und die Geldcirculation identificire, die Existenz sogenannter Geldhorte ignorire und demgemäss die wahren Ursachen und Wirkungen der Ein- und Ausfuhr von Metall verkenne und Aenderungen in der Geldcirculation und dem Geldwerthe ableite, wo bloss von Aenderungen in der Grösse jener Geldhorte die Rede sein könne. Die Folge dieser einseitigen Lehre vom rein metallischen Geldwesen zeigte sich auch in den Anforderungen, welche die Schule wegen der Regulirung des sogenannten gemischten Geldwesens aufstellte.

Sodann wurde die Lehre vom gemischten Geldwesen der Prüfung unterzogen. Es zeigte sich, dass die Formulirung dieser Lehre unhaltbar sei. Die Banknote war weder Währung, wie die Münze, noch Preismass, wie das Metallgeld, noch ausschliesslich Umlaufsmittel. Daher fiel auch die Definition von Geld als Münze und Noten in sich zusammen. Insbesondere erwies sich der behauptete principielle Unterschied zwischen Noten und anderen Geldsurrogaten als falsch, indem vielmehr die Noten mit den übrigen Geldsurrogaten die wesentlichen characteristischen Eigenschaften theilten und sich nur formell von denselben unterschieden. Namentlich konnte man nicht behaupten, dass die Noten allein das Geld aus seiner Function als Umlaufsmittel verdrängten, sondern alle Creditformen sind in dieser Beziehung wirksam. Die

Organisation des Credits, je weiter sie sich ausbildet,
um so mehr verwirklicht sie das Princip, welches in ihr thätig
ist: ein Maximum von Umsätzen mittelst eines Mi-
nimums von Münze zu ermöglichen. In allen diesen
Fällen, ob Banknoten, ob andere Creditumlaufsmittel benutzt
worden, wird das Geld als Umlaufsmittel möglichst
gespart, als Währung bleibt es stets bestehen. Das
Ideal der Creditorganisation liegt in der gänzlichen
Verdrängung des Geldes aus dem Umlaufe, was nicht
durch eine einzige Creditform, wie die Banknote, sondern
bloss durch die Combination und das Zusammenwirken
verschiedener Creditformen erzielt werden kann.

Darauf wandten wir uns zu der Lehre von der Macht
der Banken, beliebig ihren Notenumlauf auszudehnen
und einzuziehen. Die Bedeutung dieser Lehre lag in der
von der Currencyschule daraus gefolgerten Gefahr einer
Zuvielausgabe von Noten. Diese Zuvielausgabe sollte
durch eine Abweichung der Menge der im Umlauf
befindlichen Noten von der Menge des circulirenden
Geldes des rein metallischen Systemes entstehen und
die Schule folgerte daraus die Möglichkeit eines unrichtigen,
d. h. eines von dem Werthe des rein metallischen
Geldwesens vermeintlich abweichenden Geldwerths.
Wir konnten unserseits nun ableiten, dass der eigentliche
erste Zweck der Peel'schen Bankacte nicht die
Sicherung der Noteneinlösbarkeit, sondern die Sicherung eines gleichmässigen Schwankens von
Noten und Münze im gemischten Systeme mit dem
von Münze allein im rein metallischen Systeme sei,
eine Gleichmässigkeit der Bewegung, welche die Schule auf
Grund ihrer an sich wieder irrigen Lehre vom rein metallischen Geldwesen mittelst einer gleichmässigen Bewegung
von Baarfonds und Notencirculation erzielen wollte.
Erst insoferne aus jener vermeintlich unrichtigen Bewegung
der Geld- und Notenmenge eine Gefährdung der Noteneinlösbarkeit folgte, hatte es die Bankacte mithin mit der
Sicherung dieser letzteren zu thun. Aus dieser Einseitigkeit

folgte der Schluss gegen die allgemeine Anwendbarkeit
der Bankacte in allen anderen Fällen, wo die Metallausfuhr
gefährdet war, und aus der von uns erwiesenen Unrichtigkeit
der Prämissen folgte die Unhaltbarkeit des Planes der
Currencyschule überhaupt. Selbst in dem einen Falle, wo
die Gefährdung der Noteneinlösbarkeit aus Umständen resultirt,
welche den von der Schule als stets wirksam angenommenen
ähnlich sind, war die Wirksamkeit der Acte nur als
bedingt heilsam anzuerkennen.

Die Lehre von der Macht der Banken, ihren Notenumlauf
auszudehnen u. s. w. und dadurch einen massgebenden Einfluss auf die Preise auszuüben, wurde dann noch weiter
untersucht. Es fand sich, dass diese, selbst wieder in einer
milderen und einer schrofferen Form auftretende Lehre
vor den Thatsachen nicht bestehen könne. Im Gegensatze zu dieser Lehre wurde vielmehr von Tooke und
Fullarton und ihren Anhängern eine neue Lehre über
das Verhältniss der Zettelbanken zu den Vorgängen
auf dem Geld- und Waarenmarkte aufgestellt.
Hiernach stehe es nemlich erfahrungsmässig fest, dass
die Preisschwankungen den betreffenden Bewegungen
des Notenumlaufs vorausgehen und nicht nach-
folgen, dass daher die Aenderungen im Notenumlaufe
unmöglich Ursache der Preisschwankungen sein
könnten, im Gegentheil wären diese Veränderungen der
Notenmenge nicht nur Folge, sondern Wirkung der
Preisänderungen. Hieraus wurde dann gefolgert, dass
die Banken nicht jene ihnen zugeschriebene
Macht hätten, beliebig auf den Notenumlauf einzuwirken, und dass der letztere für die Gestaltung der
Preise nicht das massgebende Moment sei. Die
weitere Consequenz dieser neuen Auffassung war die Opposition gegen alle besonderen Pläne zur Notenregulirung und der practisch wichtige Satz, dass die Verpflichtung zur steten Einlösung der Noten ein
vollkommen genügendes Sicherungsmittel wider
Missregulirung der Notenemission sei.

Es kam nun darauf an, die Richtigkeit dieser Tooke'-
schen Lehren zu prüfen, woraus sich von selbst die Unrichtigkeit
der entgegengesetzten Doctrin der Currencyschule ergeben
musste. Die theoretischen und practischen Autoritäten in
der Materie schlossen sich Tooke ziemlich unbedingt an.
Die Thatsachen, namentlich die Tabellen des Notenumlaufs und die daraus zu ziehenden Schlüsse sprachen
ebenfalls für ihn. Zur Bildung eines richtigen Urtheils erwies
es sich zweckmässig, die Bedingungen der ersten Emission von Noten und des Verbleibens der Noten in
Circulation noch etwas näher zu betrachten. Die Inumlauf-
setzung von Noten konnte einmal ziemlich unabhängig von
der Ausdehnung der Bankcredite geschehen, wo alsdann von
vorneherein ein Einfluss auf die Preise nicht zu statuiren
war. Sodann kamen Noten regelmässig in Folge
einer Nachfrage nach Credit in den Verkehr. In
so ferne involvirte jede Ausdehnung der Notenemission
einen Bedarf darnach, aber allerdings erst einen Bedarf
an Credit, noch nicht ohne Weiteres einen Bedarf
vermehrter Umlaufsmittel. Es waren hier alsdann nach
Mill's Vorgang zwei Fälle zu unterscheiden, in welchen
die Tooke'sche Theorie nicht gleichmässig zutraf. In
dem ruhigen Zustande des Marktes erwies sich diese
Theorie allein vollkommen richtig, was besonders in der
völligen Gesetzmässigkeit der Bewegung des Notenumlaufs hervortritt. Gerade aus diesen Gesetzen des
Notenumlaufs folgte ein Schluss wider die Lehre von
der Macht der Banken, beliebig ihren Notenumlauf
zu gestalten. In dem speculativen Zustande des
Markts konnte die Tooke'sche Theorie nicht ganz im
gleichen Masse uneingeschränkt aufrecht erhalten
werden. Zwar war in Ländern von höherer Ausbildung des
Creditwesens, speciell von der besonderen Gestaltung desselben
in England, eine Ueberemission von Noten in den
ersten Stadien der Speculation kaum mehr zu fürchten,
dagegen blieb noch die Gefahr vorhanden, dass Zettelbanken später durch ihre Vorschüsse mit Noten den

Speculanten das zu lange Halten zu hoher Preise ermöglichen könnten. Trotz dieser nothwendigen Einschränkung der Tooke'schen Theorie in diesem einen Falle war die
letztere aber dennoch im Allgemeinen vollkommen
aufrecht zu erhalten und demgemäss musste man sich
auch für den practischen Schluss Tooke's erklären, wonach
es für Zettelbanken keiner weiteren Vorschrift
als der Verpflichtung zur steten Einlösung der
Noten bedürfe. Diese Verpflichtung genügte um so mehr,
weil die Peel'sche Acte selbst in dem Falle ungünstig wirkte,
wo die Verhältnisse den von ihr stets vorausgesetzten ähneln.

Wir mussten uns jetzt näher den Plan der Peel'schen
Acte und die Wirkungen dieses Planes ansehen, um
zu untersuchen, ob dieser Plan denn wirklich seinen Zweck
erfülle. Hier war im Sinne der Acte die Notenemission
zu beschränken, so lange die hohen Speculationspreise noch nicht gewichen waren. Insoweit die Acte
dies erreichte, war ihre Wirksamkeit gut. Allein das
Gesetz von 1844 erzwang eine Beschränkung der
Notenemission auch dann noch, wenn jene hohen Preise
gesunken, überhaupt die Ueberspeculation und der
übermässig angespannte Credit bereits zusammen-
gestürzt waren. In dieser Hinsicht wirkte die Acte
durchaus übel. Hier war nemlich eine weitere Ausdehnung der Notenemission nach bereits eingetretenem
Rückschlage der Speculation vollkommen gerechtfertigt. Mittelst dieser Noten sollte die im Creditsyteme
entstandene Lücke zeitweilig ausgefüllt und die
Wirkung der ebenfalls in Folge der Creditcrisis langsamer
gewordenen Umlaufsgeschwindigkeit des Geldes paralysirt werden.

Die Currencyschule verwarf die besprochene Ausdehnung der Notenemission auf Grund ihrer unrichtigen Geld-
und Credittheorie und leitete aus der Vermehrung der
Notenmenge eine grössere Gefahr für die Noteneinlösbarkeit her. Allein diese Gefahr war mehr
scheinbar, als wirklich vorhanden. Im Gegentheile konnte
die Acte, welche jene Vermehrung der Noten hindert, in dem

erörterten Falle eher die Einlösbarkeit noch prekärer
machen. Die Beweisführung für diese Sätze veranlasste eine
nähere Untersuchung der practischen Wirksamkeit der Bankacte, zu welchem Zwecke die betreffenden
Bestimmungen des Gesetzes kurz dargestellt wurden. Die
Acte theilte practisch vor Allem den Baarvorrath
der Bank in zwei Hälften, woraus sich viele weitere
Wirkungen der Peel'schen Massregel erklärten. Zunächst
äusserte die Acte einen nachtheiligen Einfluss auf die
Leistungsfähigkeit der Bank in Zeiten des Metallabflusses, indem danach stets alle Metallausfuhren nach
einer einzigen falschen Regel behandelt wurden und die
Trennung der Bank in zwei Departements die
Wirkung jeder Metallausfuhr verdoppelte. Hieraus
folgte ein ungünstiger Einfluss der Acte auf den Bank-
discont, dessen Schwankungen jetzt natürlich heftiger
und häufiger wie früher sein müssen. Die Angriffe der
Geschäftswelt erwiesen sich insoferne ganz gerechtfertigt. Sodann verursachte die Acte, ganz im Geiste der ·
Currencytheorie, eine nachtheilige Veränderung in der
Geschäftspolitik der Bank, indem das Bankdepartement
als vermeintlich ganz unabhängiges Geschäft nach
Peel's Aeusserungen bloss sein eigenes Interesse zu
verfolgen habe. Daraus ging in Zeiten speculativen
Aufschwungs der Geschäfte die Gefahr einer Begünstigung der Ueberspeculation Seitens der Bank
hervor. Diese Gefahr erwies sich in der That als vorhanden,
bis die Bank selbst jene Maxime aufgab. Die besprochene
Ausdehnung der Notenemission war endlich ungefährlich
nach eingetretenem Rückschlage der Speculation, weil die
Metallausfuhr nicht auf die Circulation, sondern auf
die Depositen wirkt und demgemäss in solchen Perioden
ein Theil des für die Noten parat gehaltenen Baarfonds für das Depositengeschäft benutzt werden darf.

Die hier angeregten Fragen standen sodann mit einigen
anderen in Verbindung, die hier ebenfalls einer Erörterung
unterstellt werden mussten. Wenn wir es als eine nach-

theilige Wirkung der Bankacte bezeichnet haben, dass die Bank in Creditcrisen von ihrer Machtfülle keinen entsprechenden Gebrauch mehr machen könne, so wird diese Ansicht von der Currencyschule vom Standpuncte der freien wirthschaftlichen Bewegung aus angegriffen. Allein dies erwies sich als Inconsequenz, sobald man einmal das System der grossen Monopolbanken gut heisst. Hier wird durch die Acte die Bank bloss an der Ausübung der Pflichten gehindert, derenthalben man solche Banken mit abnormen Vorrechten ausstattet, die Creditcrisis wird ohne Noth gesteigert, wo sie sonst gerade durch eine grosse Bank gelindert werden könnte. Ferner haben die Gegner, indem sie auf die Zulässigkeit einer Notenemission zur Milderung der Creditcrisen eingingen, behauptet, dass die Noten der Bank bloss durch die Acte einen Credit erhalten hätten, welcher sie zu der besprochenen Verwendung fähig mache. Diese Behauptung wurde durch die Thatsache widerlegt, dass die Noten der Bank schon lange vor 1844 in der angegebenen Weise mit dem besten Erfolge benutzt wurden, und dass auch sonst auf keinen Fall die unnöthige Steigerung der Crisis durch die Acte zu entschuldigen sein würde. Weiters hat man die Beschränkung der Mittel des Bankdepartements damit vertheidigt, dass dadurch die Bank selbst, wie namentlich auch das geschäftstreibende Publicum über den wahren Umfang der Bankmittel besser unterrichtet werde. Allein die ganz willkürliche Beschränkung dieser Mittel, welche die Acte veranlasste, vermochte hier unmöglich eine solche Belehrung zu bieten und die Irrationalität der Beschränkung verursachte im concreten Falle naturgemäss stets heftige Opposition der Practiker gegen das Gesetz.

Indem nach dem Vorausgeschickten die Bankacte die stete Solvenz des Bankdepartements gefährdet, wirkt dieselbe offenbar auch als ein die Noteneinlösbarkeit prekär machender Factor. Dies wird von den Gegnern indirect darin zugegeben, wenn sie die Controle

auch des Bankdepartements, resp. des Depositengeschäfts der Bank im Interesse der Aufrechthaltung
der Bankacte, d. h. ihnen zu Folge der Noteneinlösbarkeit jetzt, nach mehrfachem Wechsel der Ansichten über die Stellung des Bankdepartements, für wünschenswerth oder selbst für nothwendig erklären. Dieser
Vorschlag ist nur ein consequenter weiterer Schritt auf der
einmal betretenen Bahn der staatlichen Intervention in
diesen Dingen. Er würde nur dann gerechtfertigt sein,
wenn in der That die Aufrechthaltung der Noteneinlösbarkeit neben einer freien Bewegung des
Bankdepartements nicht möglich wäre, wofür die Currencyschule und ihre sonstigen Anhänger aber nirgends den
Beweis liefern, denn die in der That schwer mit einander
zu vereinigende stricte Aufrechthaltung der Peel'schen Acte
und Freiheit des genannten Departements ist kein solcher
Beweis, solange die Erhaltung der Noteneinlösbarkeit durchaus
nicht als abhängig von der Bankacte zugegeben werden kann.
Unter den Vorschlägen behufs Controle des Bankdepartements
ist derjenige der weitgehendste, aber folgerichtigste, welcher
der Bank von England einfach die Benutzung ihrer
Depositen untersagen und letztere zu eigentlichen
Depositen erklären will. Allein dieser Vorschlag heilt
nicht Mängel, deren Ursprung von der Schule ohnehin so
ganz falsch gedeutet wird, sondern er beseitigt alle Thätigkeit des Departements und lässt in Gemeinschaft mit
der Peel'schen Acte selbst kaum noch eine Thätigkeit
der Bank von England als Bank bestehen. Die Beweisführung für den Vorschlag lässt sich durchaus widerlegen,
wobei zu gleicher Zeit die Nützlichkeit der Verbindung
des Noten- und Depositengeschäfts besonders für
eine grosse privilegirte Centralbank im Einzelnen
nachgewiesen werden kann. Fasst man diese Argumente
zusammen, so folgt aus der Schwierigkeit, die freie Stellung
des Bankdepartements mit der Peel'schen Acte zu vereinen,
ein neuer Grund wider dieses Gesetz, welcher im Zusammenhange mit allen früheren von uns entwickelten die

Unhaltbarkeit dieser Massregel in das richtige Licht
zu setzen geeignet ist.

C. Die Vertheidigung der Peel'schen Acte durch Lord Overstone vor der Bankactecommission des Jahres 1857.

1. Die Prüfung der Bankacte vom theoretischen und vom practischen Standpuncte aus.

In dem vorhergehenden Hauptabschnitte dieser Schrift
haben wir die Prüfung der Currencytheorie nach derjenigen
Formulirung vorzunehmen gesucht, in welcher sie ursprünglich
aufgestellt wurde. Es hat sich dabei ergeben, dass im Laufe
der Zeit unter der Currencyschule selbst bereits ein öfterer
Wechsel der Ansichten über diesen und jenen Punct des
Geld- und Creditsystems stattgefunden hat. Wir haben nach
Möglichkeit die Theorie auch auf diesen Nebenwegen verfolgt
und konnten sie überall als gleich unhaltbar nachweisen. Es
waren stets dieselben falschen Prämissen, unbewiesenen Behauptungen, schiefen Definitionen, welche der Schule zum
Ausgangspuncte des Räsonnements dienten. Unser besonderes
Bestreben ging gerade darauf hinaus, die einzelnen theore-
tischen Lehrsätze und die wichtigen practischen Schlussfolgerungen als nothwendige Consequenzen der unrichtigen
Voraussetzungen nachzuweisen.

Dem Zwecke dieser Abhandlung entsprechend mussten
wir dabei die streng theoretische Seite der Currencyfrage in
den Vordergrund stellen. Wir haben daher auch stets mittelst
logischer Deductionen den Gegenbeweis wider das Geld- und
Creditsystem der Schule und wider die darauf basirten practischen Massregeln zu führen gesucht. Unter den letzteren,
den practischen Massregeln, welche wesentlich in der Pee l'-
schen Acte durchgeführt worden sind, mussten vornemlich
diejenigen näher besprochen werden, welche sich als unmittelbare Ausflüsse gewisser theoretischer Lehrsätze der Currencyschule erwiesen. Es kam uns dabei nicht einmal so sehr

darauf an, die Unzulänglichkeit und Schädlichkeit jener Massregeln für die Praxis an sich deutlich zu machen, als vor
Allem diese letzteren sammt ihren üblen Wirkungen als die
Consequenzen der von uns angegriffenen Geld- und Credittheorie der Peel'schen Bankacte hinzustellen. Es war mit
einem Worte zunächst und absichtlich der Standpunct des
reinen Theoretikers, deshalb aber auch der eigentlich wissenschaftliche, von welchem aus wir die Currencytheorie und
das Peel'sche Gesetz behandelten. Wer überhaupt auf dem
Boden der modernen Wissenschaft der Volkswirthschaftslehre
steht, wird den theoretischen Gegenbeweis für den nothwendigsten und für den am Besten widerlegenden halten.
    Jetzt wollen wir uns zum Schlusse der Critik der Cur-
rencytheorie und der Bankacte noch mehr vom Standpuncte
des Practikers aus mit unserem Objecte beschäftigen. Einige
neue Fragen, zu deren Behandlung im Vorhergehenden sich
weniger Gelegenheit bot, werden hierbei noch zu erörtern
sein. Auf einige früher bereits angeregte Fragen wird durch
das Folgende neues Licht geworfen werden. Wir wollen uns
dabei enge an die Vernehmung des Lord Overstone vor
der Bankcommission des Jahres 1857 halten und unsere
Critik an einzelne Sätze jener Vernehmung anknüpfen. Wie
wir bereits früher erwähnt haben, hat der Lord in diesem
seinem letzten Verhöre theilweise selbst stillschweigend manche
theoretische Einzelheiten seines früheren Systems aufgegeben,
die wichtige, einen Principienwechsel in sich schliessende neue
Definition des Wortes „Geldwerth" als Zinsfuss statt als
Tauschwerth von Geld gegen Waaren adoptirt und überhaupt
mehr wie früher sich auf den Standpunct des Practikers
gestellt und von diesem aus die Bankacte in Schutz genommen.
Auf diese Weise wird seine letzte Vernehmung besonders dazu
geeignet, uns als Ausgangspunct einer weiteren Critik der
Wirksamkeit des Peel'schen Gesetzes zu dienen. Im An-
schlusse daran wollen wir denn endlich noch den Bericht der
Bankcommission des Jahres 1858 über die Bankacte einer
kurzen Prüfung unterziehen.

2. Der Hauptzweck der Acte.

Hören wir zunächst, worin Lord Overstone auch noch im Jahre 1857 den Hauptzweck der Peel'schen Acte findet. Es wird diese Erklärung unsere frühere Beweisführung nur bestätigen, dass die Peel'sche Acte in erster Linie dazu bestimmt war, gewisse theoretische Anschauungen in der Praxis zur Geltung zu bringen. Deshalb musste die Irrigkeit dieser Versuche sich nothwendig aus derjenigen der ihnen zu Grunde liegenden Geld- und Credittheorie ergeben. Nebenbei spricht die Overstone'sche Aeusserung, wie sich gleich aus dem Folgenden deutlich zeigt, auch gegen Jene, welche in gewissen mechanischen Vorschriften der Acte deren Hauptgrundsätze finden wollen, was die festländischen Verehrer des Gesetzes beachten mögen.

Lord Overstone antwortet (Zeugenaussagen von 1857, Frage 3646) auf die folgende Frage, „ob es richtig sei, dass die drei Hauptprincipien der Acte von 1844 darin beständen, einmal in Betreff der Bank von England in der Beschränkung der Notenemission gegen Sicherheiten auf 14 Mill. Pfd. St. nebst der Erlaubniss weiterer Emission gegen Metall, und in der Trennung der Bank in zwei Departements, sodann mit Rücksicht auf die Landbanken in der Beschränkung ihrer Emission nach dem Durchschnitte ihrer Circulation zu einer gewissen Zeit und dem Verbote der Errichtung neuer Landzettelbanken." Die Antwort des Lords lautet also: „Meiner Ansicht nach ist das grosse Princip der Acte von 1844 folgendes —: zu bewirken, dass der Betrag des Papiergelds (paper money) im Lande in seinen Schwankungen gleichmässig sich so bewege, wie sich der Betrag des Metallgeldes bewegen würde. Alle anderen Bestimmungen der Acte sind nur dazu vorhanden, um dieses grosse Princip ausführen zu helfen. Die wichtigste Hilfsbestimmung dieser Art ist die Trennung der Departements. Der erste Zweck dieser Trennung bestand darin, jene vollständige Trennung zwischen der Papiergeldausgabe und dem Bankgeschäfte sowohl in den Rechnungen, wie in der

Wirklichkeit herbeizuführen, welche nothwendiger Weise logisch und grundsätzlich besteht. Der zweite Zweck der Trennung war, das Publicum vor den Täuschungen und Irrthümern zu bewahren, welche nothwendig durch die Verdeckung der Bankreserve und den Mangel der Kenntniss der Schwankungen im Betrage dieser Reserve entstehen. Der dritte Zweck der Trennung war, die Bank von England wie das Publicum zu zwingen, sich ein bestimmteres und richtigeres Urtheil über die wahren Grenzen der legitimen Ressourcen der Bank zu bilden. Auf diesen drei grossen Principien sollte eine vernünftige und honette Verwaltung und Leitung des Papiergeldwesens begründet werden, wobei die Trennung der Departements dazu dient, um die Papiergeldmenge in Uebereinstimmung mit den Schwankungen des Edelmetalls sich bewegen und sie dadurch begrenzt werden zu lassen. Das die Zwecke der Trennung der Departements, welche Zwecke meiner Ansicht nach vollkommen dadurch erreicht worden sind."

Man sieht, welches hiernach in der That der eigentliche Zweck der Acte war. Wie wir früher deducirten: nicht zunächst die Noteneinlösbarkeit unter allen Umständen zu sichern, war Lord Overstone's und Sir Robert Peel's Absicht, sondern eine gleichmässige Bewegung der Geldmenge im rein metallischen und im gemischten Geldsysteme zu bewirken, das erstrebten die Väter des Gesetzes von 1844; und nur insoferne, als durch die Abweichung in dieser Bewegung eine Gefährdung der Noteneinlösbarkeit lag, hatten sie die Sicherung der letzteren im Auge. Wir müssten unser ganzes Räsonnement wider diesen Zweck der Acte bloss recapituliren, um jene obige Auseinandersetzung Overstone's zu widerlegen und verweisen deshalb einfach auf das Gesagte. Der Schluss gegen die allgemeine Anwendbarkeit der Acte von 1844 liegt dann nahe genug. Im Einzelnen ist eben die Auffassung des „rein metallischen" und „gemischten" Geldwesens unhaltbar; die Identificirung von Papiergeld und Noten, welche Lord Overstone oben schon in dem gebrauchten Ausdrucke „Papiergeld" vornimmt, unrichtig; die Trennung der Bank in zwei Departements wegen „logischer

und grundsätzlicher Verschiedenheit" der Papiergeldausgabe
und des Bankgeschäfts, wie wir gleich noch näher betrachten
wollen, schon aus unseren früheren Deductionen als unhaltbar
erwiesen. Die bestimmte Abgegrenztheit der Bankreserve und
die guten Folgen davon für Publicum und Bank können
ebenfalls nicht zugegeben werden, wie wir in den letzten Partien des vorhergehenden Abschnittes näher begründet haben.

**8. Die Motivirung der Trennung der Notenausgabe von den übrigen Bank-
geschäften.**

Lord Overstone begründet die Trennung des Emissions-
und des Bankdepartements der Bank von England weiter mit
dem naturgemässen, principiellen Unterschiede des Emissions-
und des Bankgeschäfts und führt die Frage hierüber auf die
anderen nach den Grundsätzen zurück, nach welchen das
„Papiergeld" des Landes regulirt werden müsse. Er lässt sich
hierüber in folgenden einzelnen Sätzen vernehmen, an welche
wir gleich einige Worte der Critik anknüpfen wollen. (Frage
3647 . 3648).

„Erstens, die Versorgung mit der Courantmünze, d. h.
mit dem Gelde des Landes, sollte gänzlich vom Bankgeschäfte
getrennt werden, welches einfach im Handel mit Geld, im
Leihen zu einem niedrigen und Verleihen zu einem höheren
Satze, besteht."

Es ist vollkommen zuzugeben, dass die Ausgabe von
Münze, und ferner diejenige von eigentlichem Papiergelde,
welches uneinlösbar ist und mit Zwangscurs umläuft, ein von
den Bankgeschäften gänzlich verschiedenes Geschäft ist, welches
keinem Privatmann und keiner Actiengesellschaft überlassen
werden kann. Allein daraus folgt keineswegs, das die Emission
von Banknoten, welche allerdings vom Papiergelde und von
der Münze principiell verschieden sind, von den übrigen Bankgeschäften getrennt werden müsse. In unserer früheren Auseinandersetzung vom Wesen des Papiergeldes und der Note
sind wir auf diese Frage bereits eingegangen und verweisen
deshalb hier darauf. Die im obigen Satze gegebene Definition

.vom Bankgeschäfte ist ganz richtig, aber es lässt sich darunter die Zettelausgabe auch sehr wohl subsumiren: verzinslich oder unverzinslich Gelder annehmen, entweder gegen Depositenscheine, Checkbücher, Banknoten oder andere Obligationen, und die empfangenen Gelder wieder ausleihen, darin besteht allerdings das Bankgeschäft. Der Empfang von Geld gegen Banknoten ist ganz desselben Characters, wie der gegen sonstige Schuldverschreibungen, wofür wir auch bereits früher eingehend den Beweis geführt haben.

„Zweitens. Banknoten sollten als Zeichen oder Repräsentanten der Courantmünze, d. h. des Metallgeldes des Landes behandelt werden. Eine Fünf-Pfundnote ist in der That ein Zeichen oder ein Certificat, welches 5 Sovereigns repräsentirt; und ein Banquier und Privatmann sollte solche Zeichen oder Certificate ebensowenig ausgeben dürfen, wie er die Landesmünze ausgeben darf. Die Noten oder Certificate sollten gerade so wie das Geld, Kupfer, Silber oder Gold, gemünzt wird, nach festen gesetzlichen Vorschriften und von einer Autorität, wie der Münze, welche durch das Gesetz dazu bestellt und stricten in diesem Gesetze enthaltenen Regulationen unterworfen ist, ausgegeben werden."

Hier werden die Banknoten eben ganz wie eigentliches Papiergeld behandelt und Vorschriften wie für letzteres aufgestellt. Bei der Unthunlichkeit dieser Identificirung von Papiergeld und Noten brauchen wir uns nicht mehr aufzuhalten. Alles, was in der obigen Stelle von den Noten im Verhältniss zur Münze gesagt wird, lässt sich auch von den übrigen Geldsurrogaten behaupten. Wenn man auf die Noten die Regalität nach Analogie der Münze ausdehnen will, so müsste dies mit demselben Rechte auch in Betreff der übrigen „Certificate von Geld" geschehen. Overstone citirt als Bekräftigung für diesen zweiten Punct eine Stelle aus einer Rede des amerikanischen Finanzmannes Daniel Webster, dem zu Folge „Banknoten" die Münze des Landes gänzlich vertreiben könnten, wodurch die Münzhoheit des Staates factisch illusorisch würde. Wir haben gesehen, dass die Tendenz einer Vertreibung des Metallgeldes in der Banknote nicht mehr

wie in anderen Creditumlaufsmitteln oder Geldsurrogaten waltet.
Die häufig als Beleg angeführten amerikanischen Erfahrungen
mit Banknoten, namentlich die älteren Erfahrungen dieser Art
sind, wie man oft nachgewiesen hat, selten zuverlässig, die
Berichte gefälscht und getrübt durch die Parteilichkeit des
Politikers, die Angaben sehr übertrieben, und die amerikanischen Banknoten entsprachen meist auch von vorneherein
nicht den Ansprüchen, welche man in Europa an sie stellt:
sie waren niemals strict auf Verlangen einlösbar und wurden
durch die verschiedenartigsten Kunstgriffe und einen bei ihrer
Verbreitung und bei ihrer Erhaltung in der Circulation aus-
geübten wahrhaften Terrorismus von Anfang an viel mehr zum
eigentlichen Papiergelde.

„Drittens. Die Münzen werden in ihrem eigentlichen
Werthe vermöge ihres inneren Metallgehaltes und Werthes
erhalten. Die Papiernoten oder Certificate sollten in ihrem
eigentlichen Werthe dadurch erhalten werden, dass man
sie unter allen Umständen gleichmässig in der Bewegung
mit dem Betrag Münze oder Metallgeld schwanken macht,
welches sie vertreten."

Hier haben wir eben den oftmals angeführten Hauptsatz
der Currencytheorie. Die Analogie zwischen den Wegen, auf
welchen die Münze einer- und das „Papiergeld" anderseits
sich in seinem Werthe erhalten soll, ist nicht wohl fasslich.
In der Hervorhebung der Nothwendigkeit, die Papiergeldmenge
gleichmässig mit der durch sie vertretenen Metallgeldmenge
schwanken zu machen, äussert sich wieder die oftmals gerügte
Einseitigkeit in der ausschliesslichen Berücksichtigung der
Menge als des den Werth des Geldes bestimmenden Moments.

„Viertens. Das ausschliessliche Privileg, Geld zu münzen,
sei es aus Kupfer, Silber, Gold oder Papier, sollte einer
Anstalt übertragen werden, welche für diesen besonderen Zweck
errichtet und genauen gesetzlichen Vorschriften unterworfen
ist. Kein Antheil an einem solchen Privileg sollte in irgend
einer Form an Banken oder Private überlassen werden."

Die Nebeneinanderstellung der Münzung und der Papiergeldausgabe nebst dem daraus gezogenen Schlusse zu Gunsten

der Regalität dieser Zweige wirthschaftlicher Thätigkeit lässt sich wiederum nur dann rechtfertigen, wenn man unter „Papiergeld" nicht Banknoten, sondern Papiergeld im eigentlichen Sinne des Wortes versteht. Die Regalität der Notenemission würde die Regalität jedweder Schuldscheinemission involviren, was also eine unsinnige Folge wäre. „Fünftens. Aller Gewinn, welcher aus der Emission von Papiercertificaten, d. h. von Banknoten an Stelle der Münze von innerem Werth hervorgeht, sollte in den öffentlichen Schatz fliessen und keinen Theil des Gewinns von Banken oder anderen Anstalten bilden." Dies ist eine Nebenfrage, welche mit den uns hier allein interessirenden Principienfragen nichts zu thun hat. An und für sich kann der Gewinn aus der Banknotenausgabe nicht ausschliesslich für den Staat in Anspruch genommen werden, weil man keine Regalität des Zettelwesens anerkennen darf. Wo der Staat factisch das Notenmonopol usurpirt und es z. B. an eine Bank überträgt, da stellt sich die Frage etwas anders und wird der Staat hier einen Antheil an Gewinn verlangen dürfen. Wir haben hier aber von vorneherein nur das Princip festzuhalten, wonach die Notenemission eine Emission einer besonderen Gattung Schuldscheine und durchaus nicht mit der Papiergeldausgabe zu identificiren ist. Hier kann jener Anspruch des Staats jedenfalls nicht gerechtfertigt genannt werden. „Sechstens. Vollkommen freie Concurrenz sollte im Bankgeschäfte bestehen, dasselbe richtig aufgefasst und wirksam unterschieden von der Function des Münzens oder der Emission von Papierzeichen oder Münzrepräsentanten, d. h. von Banknoten, welche Emission in der That eine Münzung unter einer besonders leicht Missbräuchen ausgesetzten Form ist, weil die ungerechtfertigte Emission von Noten nicht durch jenen inneren Werth beschränkt wird, welcher die Ausgabe von Metallgeld wirksam regulirt." Die freie Concurrenz im Bankgeschäfte wird man von jedem Standpuncte aus vertheidigen müssen. Für die Ausschliessung derselben bei der Zettelausgabe mögen mitunter wirthschaftliche Gründe sprechen, — eine Frage, welche wir hier jetzt nicht näher untersuchen können —, wie namentlich politische Gründe häufig im concreten Falle, wenn nicht die Einführung eines Notenmonopols, so doch die Beibehaltung eines einmal bestehenden nothwendig machen oder rechtfertigen können, aber die Overstone'sche Begründung jener Ausschliessung ist nicht stichhaltig, weil der behauptete principielle Gegensatz der Notenausgabe und der übrigen Bankgeschäfte durchaus nicht bewiesen ist. Dies ist des Lords Argumentation für die Trennung der Zettelausgabe. Man sieht, dass hier stets nur die alten, theoretischen Irrthümer wiederkehren, welche wir im bisherigen Verlaufe dieser Schrift oftmals widerlegen konnten. Auf eine eigentliche Begründung der Identität von Banknoten und Papiergeld, worauf hier offenbar Alles angekommen wäre, lässt sich Lord Overstone durchaus nicht ein, sondern er nimmt dieselbe einfach als zugestanden an.

4. Die Durchführung der vorhergehenden Principien in der Banknote.

Im engsten Anschluss an das Vorherige fährt der Lord alsdann fort, die Wirksamkeit der Acte von 1844 zu untersuchen. Er spricht sich hier folgender Massen aus:

„Nachdem wir zu einem deutlichen und richtigen Verständniss des wahren Characters und der Function des Papiergeldes, d. h. der Banknoten gelangt sind, wonach sie nemlich Certificate oder Repräsentanten von Edelmetall sind, welche in ihrem richtigen Betrage durch positive Regulirung der hinausgegebenen Menge erhalten werden müssen, gerade so wie die Münze nothwendig durch die aus ihrem inneren Werthe sich ergebende Regulirung in ihrem richtigen Betrage erhalten wird, so ist der nächste wichtige Punct der Erörterung, zu untersuchen, bis zu welchem Umfange dieses Princip in den Vorschriften der Acte von 1844 anerkannt und ausgeführt ist."

„Durch dieses Gesetz ist allen Landbankemissionen eine positive Schranke gesetzt. Die Schwankungen im Betrage des Papiergeldes sind daher nothwendiger Weise ausschliesslich auf die in den Noten der Bank von England reducirt worden und der Betrag der Emissionen dieses Instituts muss demnach mit dem Metallvorrath schwanken. Hierdurch wird volle Sicherheit erlangt, dass der Betrag des Papiergeldes im Lande allzeit mit dem Betrage der sonst vorhandenen Metallcirculation übereinstimmt. Hierüber ist kein Zweifel möglich. Das Papiergeld entspricht unter der Acte von 1844 genau im Betrage und folglich im Werthe einer Metallcirculation. Diejenigen Schwankungen im Betrage, und diese allein, welche unter einer rein metallischen Circulation stattfinden würden, können und werden unter unserer gegenwärtigen aus Gold und Papier gemischten Circulation, wie sie durch die Acte von 1844 regulirt wird, stattfinden."

Die genaue Uebereinstimmung in der Bewegung der rein metallischen und der gemischten Circulation ist durch die Bankacte, auch wenn man die Sache vom Standpuncte der Currencyschule aus ansieht, nur insoferne erzielt worden, als man die im Bankdepartement befindlichen, „unbeschäftigten" Noten mit zu der sogenannten Circulation rechnet. Wie wir früher sahen, geschieht dies neuerdings von der Schule überhaupt und auch in der obigen Auseinandersetzung Overstone's. Allein wir haben diese neue Definition des Wortes „Circulation" schon früher als unhaltbar nachweisen können und jedenfalls hat die Currencyschule ehedem jenen Ausdruck selbst nur in dem gebräuchlichen Sinne genommen, wonach darunter die im Umlauf, ausserhalb der Bank von England befindlichen Noten verstanden werden. Wenigstens gründeten die Anhänger der Acte früher ihre Polemik gegen die Leitung der Bank stets auf die Nichtübereinstimmung der Bewegung der im Publicum circulirenden Notenmenge und des Baarstandes. Dass gegenwärtig von einer gleichmässigen Bewegung dieser beiden Factoren nicht die Rede sein könne, lehrt jeder Blick auf die Bankausweise. Und dass im Uebrigen die Uebereinstimmung der Bewegung der vom Notendepartement emittirten Noten und des Baarvorraths gleichgiltig ist, haben wir oftmals dargethan.

Lord Overstone fährt dann folgender Massen fort: „Es bleibt dann noch der practische Erfolg der Annahme der oben genannten Grundsätze zu betrachten übrig. Die wirksame Beschützung des Baarbestands war der erste Gegenstand und Zweck der Acte. Er ist vollständig erreicht worden. Der Baarvorrath war zwei schweren Drains unterworfen, im Jahre 1647 und wiederum 1857, aber in keinem von beiden Fällen ist er auf einen ungerechtfertigt niedrigen Betrag geschwunden, niemals, glaub' ich, unter 8 Millionen gesunken." (Die Vernehmung des Lord fand im Juli 1857, also vor der grossen Handelscrisis Statt.)

Hier wird ein etwas anderer Zweck als erster Zweck bezeichnet, wie im Vorherigen. Die Thatsache, dass der Baarbestand nicht auf eine so niedere Ziffer, wie früher mitunter, gesunken ist, führt Overstone, wie alle Currencytheoretiker hier als ein Beispiel und einen Beleg für die gute Wirkung der Acte an. Allein auch hier bleibt er den näheren Beweis schuldig und hat bloss den Umstand auf seiner Seite, dass allerdings nach dem Jahre 1844 der Baarfonds nicht so zusammengeschrumpft ist, wie in früheren Perioden, allein das post hoc kann deshalb nicht ohne Weiteres zum propter hoc gemacht werden. Der Baarbestand der Bank war deshalb aller Wahrscheinlichkeit nach auch unter den critischsten Umständen und bei den heftigsten Drains in dem Zeitraume seit 1844 grösser, wie früher, weil er überhaupt in dieser Periode stärker gewesen ist. Freilich behaupten die Anhänger der Acte, die Erhöhung der Durchschnittsziffer des Baarfonds sei wiederum bloss das Verdienst des Gesetzes von 1844. Allein auch dies ist eine ganz unbewiesene Behauptung, welche wegen überwiegender Gründe schwerlich richtig genannt werden kann. Vor den letzten englischen Bankcommissionen ist die Frage über die Ursachen des höheren Baarstands der Bank ebenfalls eifrig ventilirt worden. Gegen die Zurückführung des durchschnittlich höheren Baarstands auf die Wirksamkeit der Acte spricht die Thatsache, dass bereits vor deren Einführung der Baarfonds eine niemals vorher dagewesene Höhe erreicht hatte. Wir haben diesen Umstand früher

erwähnt und hervorgehoben, dass dadurch die Durchführung
der Acte so sehr erleichtert, fast allein ermöglicht wurde.
Die Ursache des damals bereits so stark angewachsenen
Baarfonds war der immer grössere Aufschwung der englischen
Volkswirthschaft, in Folge dessen London und die Bank von
England mehr und mehr Mittelpunct des Welthandels und
Hauptsammelplatz der Edelmetallvorräthe wurden. Sodann
wirkte schon damals auch die neue russisch-sibirische Goldproduction stark ein, wie man im Einzelnen nachweisen
kann. Seit 1848 aber trat die californisch-australische Goldproduction so grossartig dazwischen. Zeitweilig schwoll durch
das ankommende Metall der Baarfonds der Bank von England
wie der Bank von Frankreich, bei welcher doch die Grösse
des Metallbestandes nicht auf die Wirksamkeit einer Peel'-
schen Acte zurückgeführt werden kann, so mächtig an, wie
nie zuvor. Erst nach und nach vertheilten sich die Edelmetalle wieder unter die Handelswelt in Folge der aufblühenden
materiellen Thätigkeit. Einen grossen Einfluss darauf hatten
auch nichtcommercielle Verhältnisse, wie namentlich der orien-
talische Krieg. Wenn dann in Zeiten starker Metallausfuhr
wegen momentan passiver Handelsbilanz der Baarstand nicht
so stark reducirt wurde, so war das sehr begreiflich, weil
der Metallabzug aus einem von vorneherein bedeutend grösseren
Baarfonds wie früher Statt fand. Die Currencyschule freilich
musste auch hier wieder die Sache einseitig ansehen, weil
sie stets von der Möglichkeit eines unerschöpflichen Metall-
abzuges ausging, welcher die Folge einer nicht gehörigen
Reduction des Notenumlaufs sein solle. Alle solche Drains
haben aber in der Regel in England einen gewissen Betrag,
6—8 Mill. Pf. St., auch im schlimmsten Falle nicht über-
stiegen, weil sie aus bestimmten internationalen Handelsverhältnissen resultirten, welche letzteren ihrerseits wieder ein
gewisses festes Mass haben. Wenn daher jene Summe Metall
aus einem viel stärkeren Baarfonds abfloss, so musste freilich
ein grösserer Rest bleiben, als früher, wenn der Abzug auf
einen kleinen Baarbestand gewirkt hatte. Darin liegt durchaus kein Verdienst der Acte. Neuerdings hat sich der

Baarvorrath unter dem Einflusse verschiedener Umstände, — wegen der vorausgegangenen grösseren wirthschaftlichen Thätigkeit im Handelsgebiet der civilisirten Welt, wegen der späteren politischen Unruhen in Europa, dem starken Silberstrom nach Asien und aus anderen Gründen, die hier nicht weiter erörtert werden können, — nicht wieder auf die Höhe wie z. B. im Jahre 1852 geschwungen. Jede Metallausfuhr, welche aus einer vorübergehenden Störung der Handels- und Zahlungsbilanz resultirte, hat daher auch auf einen kleineren Baarstand gewirkt und demgemäss zu stärkeren Erschütterungen des Credits geführt, sobald namentlich die Peel'sche Acte die Benutzung des für die Noten gehaltenen Baarfonds hinderte. Hier hat dann allerdings das Gesetz dahin gewirkt, dass ein gewisser grösserer Baarvorrath erhalten blieb, aber eben meist nur dann, wenn derselbe besser zeitweilig hätte für die Zwecke des Bankdepartements zur Verfügung gestellt werden können. Wir haben hier den früher eingehend besprochenen Fall, wo das Gesetz in Creditcrisen unnöthig störend wirkt und die angemessene Thätigkeit der Bank von England lähmt. Diese bedenkliche Wirkung der Acte führte eben im Jahre 1847, wie bald nach Lord Overstone's Verhöre im Jahre 1857 zum Bruch der Acte, indem die Parathaltung eines momentan nicht gebrauchten Baarfonds sich in diesen Perioden als nicht zweckmässig erwies. Wir haben mithin auch seit der Einführung der Acte ganz dieselbe Lage der Dinge, wie vorher: ist der Metallvorrath gross, was er stets aus besonderen Ursachen, nicht in Folge der Acte, war und sein wird, so wird auch eine bedeutende Metallausfuhr ihn noch nicht auf einen so niedrigen Punct herabdrücken, weil ein jeder solcher Abzug seine naturgemässen Grenzen hat und niemals unerschöpflich ist. Dann bleibt die Peel'sche Acte auch ruhig bestehen, obgleich mitunter eine ihrer unnöthigen Wirkungen eine zu starke Beschränkung der Credite und Erhöhung des Disconts sein kann. Ist dagegen der Metallvorrath gering, so wird unter allen Umständen jeder grössere Metallabzug ihn sehr reduciren. Die Peel'sche Acte mag das etwas erschweren und verzögern; ganz verhüten kann sie es auch nicht, weil man

am Ende sie lieber suspendiren wird und darf und den Baarvorrath vorübergehend noch etwas weiter abrinnen lässt, als
dass man eine vollständiege Zerrüttung des Credits ruhig über
sich hereinbrechen sieht. Lord Overstone vertheidigt dann die Acte mit dem
Hinweis auf den beispiellosen materiellen Aufschwung des
Landes seit 1844, der also durch das Gesetz augenscheinlich
nicht gehemmt sei, — eine Argumentation, welche in diesem
Falle nicht eben viel beweist. Er gibt alsdann einen Rückblick
auf die Geld- und Bankgesetzgebung Englands seit der
Wiederaufnahme der Baarzahlungen im Jahre 1819. Hier
sei zu wiederholten Malen, in gleicher Weise wie bereits
früher, die Noteneinlüsbarkeit gefährdet worden, weil die
Bank ihren Baarbestand zu stark habe ablaufen lassen. Dass
die Bank damals öfters unklug handelte, kann man zugeben,
ohne deshalb einräumen zu müssen, dass sie auf keine
andere Weise der Belehrung fähig gewesen sei, als durch die
Zwangsjacke der Peel'schen Acte. Rein tendenziös ist es,
wenn Lord Overstone den Gegnern der Acte den Vorwurf
macht, dass sie eigentlich nur gegen das Gesetz von 1844
den Kampf fortsetzten, welcher früher um das Gesetz von
1819, das die Wiederaufnahme der Baarzahlung angeordnet,
geführt worden. Mit den Anhängern der Acte stimmen die
Gegner, Tooke und seine Gesinnungsgenossen vollkommen
darin überein, die stricte Convertibilität der Noten als ersten
unumstösslichen Grundsatz aufzustellen, und nur darin weichen
Tooke und Mill von Overstone und Peel ab, dass
letztere noch eine weitere besondere „Regulirung" des Notenumlaufs für unentbehrlich zur Sicherung der Noteneinlösbarkeit
halten, während die anderen dies für überflüssig und selbst
für schädlich, einmal in den übrigen Beziehungen, dann auch
wohl für die Convertibilität der Note ansehen. Der Bir-
minghamschule steht Tooke so ferne, wie Overstone.

5. Die Wirksamkeit der Bank in Perioden der Metallausfuhr.

Die Art, wie früher und wie gegenwärtig die Bank im Falle einer Metallausfuhr operire, wird von dem Lord also geschildert. (Fr. 3650, 57). „Vor dem Jahre 1844 wurde, wenn Metall ausgeführt wurde, die Stelle des letzteren durch die Hinausgabe von Noten eingenommen. Die Folge war, dass die Circulation, mit anderen Worten das Geld des Landes in unvermindertem Betrage erhalten wurde, wenn die Wechselcurse eine Abnahme verlangt hätten. Unter solchen Umständen floss das Gold beständig ab und würde weiter abgeflossen sein, bis der Baarvorrath erschöpft gewesen wäre, wenn nicht anderseits, sobald es bekannt geworden, dass das Gold in der Bank auf einen sehr niedrigen Betrag zusammengeschmolzen sei, Publicum und Bank alarmirt worden wären und hierdurch zu vorsorglichen Correctivmassregeln ihre Zuflucht genommen hätten. Unter der Acte von 1844, welche diesen wesentlichen Factor im Geldsystem des Landes, die Bankreserve, zum Vorschein hat kommen lassen, wissen wir Alle, dass, sobald das Metall abfliesst, entweder die Noten in der Casse der Bank oder diejenigen ausserhalb dieser Casse eine entsprechende Verminderung erleiden müssen, und hierdurch wird der corrigirende Einfluss auf die Thätigkeit der Bank und auf die Gefühle des Publicums gleich beim Beginne des Uebels wirksam.“ Im Einzelnen sei dann der Process der: „Die Acte von 1844 bewirkt, dass die Banknoten, das heisst das Geld des Landes abnehmen muss, wie die Metallausfuhr vor sich geht. Diese Verminderung des Geldes muss seinen Werth erhöhen. Diese Erhöhung des Werthes muss zweierlei bewirken, einmal ein zeitweiliges Steigen des Zinsfusses, welchem die Bank sich anpassen muss, sodann muss es die Bullionhändler des Landes veranlassen, an ihre Correspondenten in der Fremde zu schreiben, „„Geld im Verhältniss zu anderen Dingen ist hier werthvoller wie bisher geworden, deshalb remittirt uns in den Geschäften mit uns Geld statt anderer Dinge“„ und auf diesem Wege sind die Wechselcurse bald wieder hergestellt.“

In den letzten Sätzen, wie in vielen anderen Partien seines Verhörs nimmt Lord Overstone das Wort Geldwerth stets im Sinne von „Preis der Capitalnutzung“ oder Höhe des Zinses, und leitet entsprechende Veränderungen dieses Geldwerthes aus vorausgegangener Vermehrung oder Verminderung der Geldmenge ab. In dieser Allgemeinheit kann man einen solchen Einfluss der Geldmenge auf den Zinsfuss ebenfalls nicht zugeben, vielmehr involvirte der Satz dann eine Verwechslung von Geld und Capital. Später limitirt der Lord seine Aussprüche selbst und will nur die temporären Variationen des Zinsfusses auf Veränderungen in der Geldmenge zurückführen, allein auch hier bedarf die Lehre noch der Modification. Unter allen Umständen aber äussern Veränderungen in der Notenmenge nicht jenen massgebenden Einfluss auf den Zinsfuss, schon weil man die Noten nicht als „Geld“ betrachten kann.

Die Anklagen des Lord Overstone gegen die frühere Geschäftspolitik der Bank in Metallausfuhrperioden sind allerdings, wie wir schon wiederholt zugegeben, theilweise begründet. Allein wiederum wird uns dafür kein Beweis geliefert, dass durch die Peel'sche Acte allein eine bessere Gebarung der Bank erzielt werden konnte. Dieses Gesetz hat allerdings die Wirkung gehabt, die Bank zu baldiger Contraction ihrer Passiva zu zwingen und es hat letzteres auch durch die Trennung der Bank in zwei Departements und durch das Hervortretenlassen der Bankreserve gethan. Aber eben hierdurch ist es auch an der unnöthigen und übermässigen Störung Schuld, welche jetzt bei der kleinsten Metallausfuhr sich zeigt und welche bei stärkeren, aus besonderen Ursachen der momentan gestörten internationalen Zahlungsbilanz hervorgehenden Drains auf den Metallschatz der Bank ganz überaus bedenkliche und und wiederum doch unnöthige Dimensionen annimmt. Die Wirkung hievon ist deshalb, wie wir früher eingehend nachgewiesen haben, in dem späteren Stadium der Entwicklung einer Creditkrisis und einer sie begleitenden Metallausfuhr verhältnissmässig viel schlimmer, als sie etwa im Beginn des Processes günstig genannt werden kann. Selbst wenn es daher kein anderes, weniger mechanisch wirkendes Mittel gäbe, beim Anfange eines Drains auf die Bank die letztere zu einer richtigen Geschäftspolitik gegenüber diesem Ereignisse zu veranlassen, so müsste die Peel'sche Acte grosse Bedenken erregen, weil sie nothwendig später mehr schadet, als sie zuerst nützen kann. Da aber auch anfangs eine gesunde Politik auf Grund eines rationellen, die Erfahrung zur Richtschnur nehmenden Princips möglich ist und in Folge der fortschreitenden Bildung in diesen Dingen immer mehr möglich wird, so muss man sich vollends gegen den Mechanismus der Acte erklären, welcher dem Wesen eines Mechanismus gemäss stets, auf die Verhältnisse eines lebendigen Organismus, wie das moderne Creditsystem es ist, angewendet, mehr schadet, als nützt.

Indem Lord Overstone durch die mechanische Regulirung der Notenemission eine der Ab- und Zunahme dieser letzteren genau entsprechende Steigerung und Herabsetzung des Zinsfusses bewirken will, handelt er nur consequent, wenn er die öfteren Discontoschwankungen der Bank vertheidigt. Er wünscht eine allmäligere, langsamere, gleichförmigere Bewegung des Zinsfusses, deshalb auch eine minder störende hervorzurufen. Allein dies wird wiederum durch die Acte nicht erreicht, welche vielmehr in der späteren Periode der Metallausfuhr durch ihre Starrheit ein plötzlicheres und abrupteres Steigen des Zinses noch veranlasst. Eben so sprechen die Thatsachen auch seit dem Jahre 1844 gegen Overstone's Ansicht, dass sein Vorschlag zur Regulirung der Notenemission eine naturgemässe, mit der Absorption des Capitals fortschreitende Steigerung des Disconts zur Folge habe, wodurch Handelscrisen vermieden würden. Er äussert sich hierüber folgender Massen (Fr. 3655):

„Eine speculative Tendenz ruft eine Nachfrage nach Geld hervor, wobei letzteres bloss das besondere Werkzeug ist, Capital zu erlangen. Wenn dieses Geld im Verhältniss zur Nachfrage danach im Werthe steigen kann, erfolgt das Correctiv auf eine allmälige und natürliche Weise. Aber wenn diese Nachfrage nach Geld durch vermehrte Papiergeldemission gedeckt wird, d. h. stets entweder durch eine absolute Vermehrung der Menge des Geldes im Lande oder durch die Beibehaltung des vorhandenen Betrags, wenn der Abzug der edlen Metalle aus dem Lande eine Abnahme der Menge erheischt, — wenn dies geschieht, so wird die Wirkung der corrigirenden Einflüsse verschoben und im Verhältniss dieses Aufschubs wird das schliessliche Uebel an sich, wie die Schwierigkeit, ihm zu steuern, bedeutend vermehrt."

Die Wirkung grösserer Notenemissionen, welche der Lord hier im Auge hat, ist nur ganz bedingt zuzugeben. In jenem Falle aber, wo die Gegner der Acte vor Allem die Wirksamkeit des Gesetzes angreifen, ist sie durchaus gar nicht anzunehmen. Es handelt sich da um die Vermehrung der Noten, wenn das Creditsystem in's Wanken gerathen ist und die Metallausfuhr so ziemlich aufgehört hat, ohne dass anderseits der Rückfluss des Edelmetalls schon begonnen hätte. Von einer Vergrösserung des Uebels kann hier gar nicht die Rede sein. Im Gegentheil ist es die Acte, welche, im Falle sie streng aufrecht erhalten wird, das Uebel vergrössert. Indem sie die Panique steigert und die Nachfrage nach baar Geld in dem Masse intensiver macht, als sich die Furcht verbreitet, bald vom Bankdepartement keine Hilfe mehr erhalten zu können, verursacht sie auch ein plötzlicheres und noch höheres Steigen des Disconto's, als sonst vor der Trennung der Departements eingetreten sein würde.

Die angeführte Folge der Bankacte erklärt sich einfach daraus, dass man einen Mechanismus an Stelle des menschlichen Verstandes in Verhältnissen als Regulator angebracht hat, in welchen nothwendig eine öftere Veränderung in der Art der Regulirung stattfinden muss. Der Mechanismus erweist sich nur da von guter Wirksamkeit, wo ein für allemal eine unveränderliche Art der Regulirung Platz greifen soll. Dies ist aber der Natur der Sache nach im Organismus des Creditsystems nicht möglich. Die Peel'sche Acte passt stets höchstens nur für einen solchen Fall, in welchem die Metallausfuhr in der Wirklichkeit aus jenen Ursachen hervorgeht, welche die Currencyschule mit Unrecht als immer

wirksam annimmt. In allen anderen Fällen erweist sich die
mechanische Regel des Gesetzes als nachtheilig, weil sich
diese organischen Verhältnisse nicht nach der Schablone
leiten und behandeln lassen. Lord Overstone vertheidigt
mit aller Hartnäckigkeit die unveränderte Aufrechthaltung der
Bankacte und lobt namentlich, dass Gouverneure und Di-
rectorium der Bank von England jetzt keinerlei Macht oder
discretionäre Befugniss mehr hätten, auf den Notenumlauf des
Instituts einzuwirken, sondern dass sie dabei ganz an die
mechanische Vorschrift der Acte gebunden seien und nur die
Commis wären, welche das vom Gesetze angeordnete Geschäft
auszuführen hätten. Aber dass die Peel'sche Acte eben
gerade als ein solcher starrer Mechanismus übel wirken muss,
wird uns doch nirgends widerlegt. Wenn man darauf hinweist,
dass die frühere Geschichte der englischen, wie mancher
anderen Bank den Beweis liefere, wie gefährlich es sei, einer
Behörde gleich dem Bankdirectorium eine so einflussreiche
Befugniss wie die Leitung der Notenemission frei zu übertragen,
so ist hiergegen zu erwiedern, dass die grossen privilegirten
Centralbanken doch kaum je durch das leichtsinnige oder
falsche Gebaren ihrer Directoren insolvent wurden, sondern
dass stets ihr Verhältniss zum Staate die Klippe war, an
welcher sie scheiterten. Und wenn einmal durch eine unrichtige Leitung der Geschäfte der Baarfonds bedenklich
abnahm, so war es hinterher doch die freie discretionäre
Gewalt der Bankdirection wiederum, welche durch die Gewährung von Mitteln zur Linderung der Crisen so wohlthätig
wirkte. In jedem Falle erkauft die Peel'sche Acte die Regulirung der Notenemission nach dem Muster des „rein metallischen" Geldwesens für ganz überwiegende Nachtheile, welche
in den späteren Stadien der Entwicklung einer Creditcrisis
hervortreten. Zur Sicherung der Noteneinlösbarkeit ist die
Regulirung nach jenem Muster aber nicht nöthig und zur
Linderung von Creditcrisen ist dieselbe sogar positiv schädlich.
Mit Recht nennt es Mill einen Vorzug der modernen Creditwirthschaft, dass man dabei nicht an die starre Unbeweg-
lichkeit und Unbiegsamkeit jenes rein metallischen Geldwesens

gebunden sei, und meint, dass man unter dem jetzt in England herrschenden Creditsysteme ein weit besseres und zweckmässigeres Geldwesen habe, als das rein metallische sein würde.

6. Die Bankpolitik gegenüber Metallabflüssen.

Wir haben früher gesehen, dass die Currencyschule mit Lord Overstone einseitig und thatsächlich unrichtig jede Metallausfuhr auf die Ursache einer zu grossen Geldmenge und folgeweise eines zu niedrigen Geldwerths zurückführt. Diese Ursache war in der Wirklichkeit genau so, wie sie sich die Schule denkt, niemals vorhanden und bloss ein ähnlicher Fall war der, wo die Preise und Curse durch Ueberspeculation in die Höhe getrieben sind und die Metallausfuhr aus diesen Verhältnissen mit hervorgeht. Zur Bekämpfung der Drains auf die Bank war die Peel'sche Acte aufgestellt worden. Die mechanische Regulirung der Notenemission, welche dieses Gesetz vorschreibt, sollte hier unter allen Umständen einen genügenden Baarfonds zur Sicherung der Noteneinlösbarkeit in der Bank festhalten. In seinem neuesten Verhöre stellt Lord Overstone diesen Zweck der Acte allen anderen voran. Ein besonderer Grund, streng am Principe dieses Gesetzes festzuhalten, ist auch der, dass man zwischen den verschiedenen Ursachen des Metallabflusses, selbst wenn man sie statuire, nicht unterscheiden könne. In dieser Beziehung verdient aber gewiss folgender Ausspruch Mill's Beachtung. Er sagt in seinem schon öfters citirten Verhöre (Fr. 2106):

„Die Ursachen der Metallausfuhr sind notorisch. Jedermann weiss, ob eine schlechte Ernte gewesen, oder ob der Baumwollpreis in Amerika bedeutend gestiegen ist, und ob eine beträchtliche Capitalausfuhr Statt findet. Anderseits wissen alle Personen, welche den Handelsverhältnissen Aufmerksamkeit zollen, ob eine Anspannung des Credits da gewesen ist und ob grosse Speculationen in Waaren vor sich gehen. Die Bank hat daher, denke ich, völlig genügende Mittel, um zwischen den Ursachen eines Metallabzugs zu unterscheiden. Der einzige Fall, welcher einiger Schwierigkeit machen kann, ist der, wenn Ursachen beider Art wirksam sind, wo es schwer sein kann, genau zu unterscheiden, in wie weit jede einzeln von Einfluss ist. Allein auch in einem solchen Falle scheint mir eine Handlungsweise, welche auf das Urtheil gegründet ist, das sich erfahrene Männer von der Sache bilden können, weit besser zu sein, als die Entscheidung durch eine mechanische Vorschrift, welche allein anwendbar für die extremste Art des einen und schädlich für jeden andern Fall ist.«

Hiergegen macht Lord Overstone geltend, dass „das practische Verdienst der Acte sei, die Befolgung des richtigen Weges zu erzwingen und unvermeidlich zu machen. Die Basis der Gesetzgebung von 1844 sei die allgemeine Erfahrung in England und allen anderen Ländern, wonach man discretionäre Macht in Betreff der Papiergeldregulirung Niemand sicher anvertrauen könne.« Selbst im Jahre 1847 wäre nach Lord Overstone die Einlösbarkeit der Noten ohne die Bankacte noch wegen der Missverwaltung der Bank gefährdet gewesen. Er äussert sich hierüber folgender Massen (Fr. 3996):

„Im Frühjahre 1847 erfolgte ein starker Metallabfluss aus dem Emissionsdepartement der Bank von England. Dessenungeachtet erhielt die Bank ihre Vorschüsse in derselben Höhe. Dies geschah mittelst einer beständigen Verminderung der Bankreserve und dieser Process würde fortgedauert haben bis zur gänzlichen Erschöpfung des Baarfonds oder der letztere würde wenigstens der Erschöpfung so nahe gekommen sein, dass eine allgemeine Panique entstanden wäre, wenn wir nicht im Jahre 1847 in Folge der Trennung der Departements glücklicher Weise eine neue Ziffer in dem Bankstatus gehabt hätten, welche den Stand der Bankreserve apart darstellte, und wenn das Publicum, die rasche Erschöpfung dieser Reserve sehend, nicht alarmirt geworden wäre. Ich selbst, dies beobachtend, remonstrirte persönlich bei verschiedenen Bankdirectoren, weil sie ihren Disconto nicht erhöheten, und sandte in die Zeitungen Briefe, worin ich jene Remonstrationen wiederholte. Und zuletzt wurde der Discont erhöht, aber bloss weil das Publicum erschreckt wurde, als es den erschöpften Zustand der Reserve sah. Der ganze damalige Verlauf zeigte deutlich, dass, wenn keine positiven Vorschriften der Acte hinter den Bankdirectoren gestanden hätten, letzteren die moralische Festigkeit gefehlt haben würde, den Anforderungen und Bedürfnissen der Kunden zu widerstehen, welche Anforderungen doch das sichere Regulirungsprincip des Banquiers sein sollen, wie man sagt. Die Directoren hätten jene Festigkeit, dem Druck zu widerstehen, nicht besessen und wir wären wirklich zur Einstellung der Baarzahlungen gekommen. Wie die Dinge jetzt lagen, kamen wir sehr nahe daran her und wäre damals die Ziffer der Bankreserve nicht gewesen, so würde uns nichts vor der Einstellung der Baarzahlungen bewahrt haben."

Und weiter äussert sich Lord Overstone (Fr. 3999): „Der Unterschied ist, dass der Druck unter der Acte von 1844 auf die Bankreserve fällt und auf die Verminderung der Bankreserve statt auf die des Metallbestandes hinwirkt, und dass die Regulirung durch die Zwangsgewalt des Gesetzes klar und bestimmt definirt ist, während vor der Acte von 1844 die Regulirung bloss von einem panischen Schrecken des Publicums abhing, wobei diese Regulirung unregelmässig in Betreff der Zeit war, worin sie wirksam wurde, es ungewiss blieb, in welchem Umfange sie wirken würde, und die Folgen sehr gefährlich waren." (Fr. 4003): „Im September 1846 stand der Baarvorrath auf 16, die Bankreserve auf 10 Mill., im April 1847 war jener gesunken auf 9 und die Reserve auf 2,7 Mill. Pf. St. Nun behaupte ich angesichts dieser Ziffern, dass die Verminderung des Baarvorraths, wenn sie dem Publicum allein vor Augen gestanden hätte, keine Befürchtungen erregt, noch die Bank zu Vorsichtsmassregeln veranlasst hätte, eine Behauptung, welche alle frühere Erfahrung für sich hat. Was trieb dagegen jetzt die Bank und das Publicum zu Vorsichtsmassregeln? Es war die Belehrung, welche durch jene neue Ziffer im Bankstatus verursacht und durch die Acte hervorgerufen wurde, es war die Reserve, welche zeigte, dass sie eine Verminderung von 10 auf 2,7 Mill. erfahren habe. Angesichts dieser Thatsache ward das Publicum beunruhigt, das Vertrauen erschüttert, schwand der

Credit dahin, verminderte sich die Wirksamkeit des vorhandenen circulirenden Mediums, hatte die Bank den moralischen Muth und freilich in später Stunde wurden strenge
Schutzmassregeln ergriffen und der Baarbestand der Bank
vor weiterer Verminderung behütet. Das Alles ist nachweisbar auf die Vorschriften der Acte von 1844 zurückzuführen
und ohne diese Vorschriften würden wir, wenn man anders
dem glauben kann, was früher stets erfolgt ist, bis zur Erschöpfung des Baarfonds gelangt sein."

Die vorherige Zeugenaussage des Lord Overstone ist
ein guter Beleg dafür, dass man die concreten Fragen der
Praxis stets vom theoretischen Standpuncte aus am Besten
entscheiden wird. Des Lords ganzes Raisonnement fällt zusammen mit seinen falschen theoretischen Anschauungen. In
dem besprochenen Falle des Jahres 1847 war dem Metallabfluss allerdings auch der Zeit nach eine starke Ueberspeculation vorausgegangen, bekanntlich ganz besonders in
Eisenbahnunternehmungen. Extravaganzen in einzelnen Branchen
des Waarenhandels sind stets und auch damals in dem allgemeinen Speculationsfieber mit vorgefallen. Aber aus diesen
Ursachen, wo man immer nur noch ganz bedingt von einem
zu niedrigen Geldwerthe reden kann, wie es die Currencyschule stets thut, ging damals die Metallausfuhr nicht hervor,
jedenfalls waren dieselben nur von ganz untergeordneter Bedeutung bei der Erscheinung. Die eigentliche Ursache lag in
der schlechten Ernte des Jahres 1846, wodurch plötzlich
enorme und bei der allgemeinen europäischen Missernte auch
sehr kostspielige Getreidebezüge nothwendig wurden. Aus
diesem Grunde nahm der Baarfonds der Bank, d. h. das Edelmetallreservoir Englands, dessen Functionen wir mehrfach näher
bezeichnet haben, im Laufe des Winters und Frühjahrs 1847
ab. Ganz naturgemäss hat aber jeder solcher, an sich ganz
unvermeidliche Metallabfluss seine Grenzen in dem Umfange
und der Grösse der zu leistenden Extrazahlungen. Gewiss
wird es hier darauf ankommen, durch Discontoerhöhungen
und sonstige Restrictionen im Bankgeschäfte auf die Wechselcurse einzuwirken und die Herausnahme des Metalls aus der

Bank zu erschweren. Denn die letztere muss sich stets versehen, kein zu ungünstiges Verhältniss zwischen ihren sofort
oder kurzfälligen Verbindlichkeiten und ihren flüssigen Mitteln
entstehen zu lassen. Ein Metallabfluss von der Grösse desjenigen von 1847, wo der Baarfonds von 16 auf 9 Mill. sank,
wird daher unter allen Umständen von Disconterhöhungen begleitet sein müssen. Die Bankverwaltung hat in jenem Winter
nicht sonderlich klug gehandelt, und im Allgemeinen den
Disconto zu spät und zu wenig erhöhet. Allein was war
hieran hauptsächlich Schuld? Ohne Zweifel nichts Anderes,
als die frühere Lehre Sir Robert Peel's, dass das Bankdepartement ganz allein auf seine eigenen Interessen sehen
und nur diese berücksichtigen solle. Als ein einzelnes Bankgeschäft, welches sich nicht um die Interessen des Publicums
weiter zu kümmern habe, konnte das Bankdepartement seine
Lage auch bei einer noch geringeren Reserve für gesichert
ansehen, sobald es sich nur nicht zu geniren hatte, rücksichtslos
Restrictionen vorzunehmen, welche die Lage seiner Verhältnisse nothwendig machen sollte.

Insoferne also zuzugeben ist, dass die englische Bank
damals eine unrichtige Geschäftspolitik verfolgt hat, lässt sich
die Schuld daran wesentlich auf die Bankacte zurückführen.
Allein die übrigen Behauptungen Lord Overstone's sind
deshalb dennoch nicht begründet. Dahin gehört die Befürchtung, dass ohne eine Aenderung der Geschäftsführung die
Suspension der Baarzahlungen nothwendig geworden sein
würde. Lord Overstone kann eine solche Aeusserung nur
vom Standpuncte seiner Geld- und Credittheorie aus machen.
Er sieht ja in der Metallausfuhr während des Winters 1846/47
nur eine Wirkung eines zu niedrigen Geldwerths und einer zu
grossen Geldmenge und nimmt hiernach wiederum eine unaufhörliche Dauer des Metallabflusses an, wenn nicht die
Notencirculation beschränkt werde. Allein die damalige Ausfuhr von Edelmetall resultirte wesentlich aus dem starken
Getreideimport und sowie derselbe bezahlt war und neue Be-
stellungen aufhörten, endete naturgemäss auch der Abfluss.

Gerade zur Deutung der Erscheinungen jenes Jahres passt
die Currencytheorie weniger als irgendwo.

Während wir es unserer Ueberzeugung nach mit Recht
als eine schlimme Folge der Bankacte bezeichneten, dass
dadurch eine unnöthige Beängstigung des geschäftstreibenden
Publicums veranlasst und die Bank rascher und öfter wie
sonst zu Restrictionsmassregeln gezwungen werde, erkennt
Lord Overstone gerade hierin eine vortreffliche Wirkung
des Gesetzes. Er rühmt, dass die prägnante Ziffer der Bankreserve Publicum und Bankdirection besorglich gemacht habe.
Allein der Grund hierfür ist doch wieder nur der so eben als
unrichtig bezeichnete, dass ohne diese Beunruhigung und die
durch sie herbeigeführte Ergreifung strenger Restrictionsmassregeln der Metallabfluss permanent fortgedauert haben würde.
Früher haben wir die Ausdehnung der Vorschüsse der Bank
für den Fall empfohlen, dass die Metallausfuhr bereits aufgehört und das Creditsystem in's Wanken gerathen sei. Die
Hinderung solcher Vorschüsse verursacht eine ganz unnöthige
Steigerung einer Creditcrisis, und dies geschieht wiederum nur
wegen Lord Overstone's unrichtiger Theorie. In dem angeführten Falle des Jahres 1847 zeigt sich die unzweckmässige
Wirkung der Bankacte, meinen wir, gerade besonders deutlich
in den Ziffern, welche dem Lord zu Gunsten seiner Ansicht
zu sprechen scheinen. Wenn die Bank von England durch
die Acte gezwungen wird, bei einem Baarfonds von 9—10
Mill. die nemlichen Restrictionen vorzunehmen, wie bei einem
solchen von weniger als 3 Mill., so ist das jedenfalls eine
ganz übertriebene Vorsicht, die eben deshalb auch auf die
Geschäftswelt nicht den Eindruck, den Overstone sich ver-
spricht, machen, sondern nur Erbitterung hervorrufen wird.
Dies führt uns zu dem Puncte, in welchem des Lords Raisonnement im ersten Augenblick am Richtigsten erscheint. Es
ist eine bekannte Sache, dass es der Bankdirection in critischen Momenten leicht an dem nöthigen moralischen Muthe
fehlt, um rücksichtslos, die Lage der Bank allein in's Auge
fassend, die zur Sicherung der letzten unentbehrlichen Massregeln durchzuführen und dem Sturme der Creditsuchenden,

den Anfeindungen und Anklagen derselben zu widerstehen. Das Gesetz von 1844 könnte nur der Bankdirection in solchem Falle als Halt dienen, indem man bloss auf den streng zu beobachtenden Buchstaben des Gesetzes zu verweisen brauchte, um alle Klagen zu beseitigen. Allein hier kommt eben wieder die Willkürlichkeit der Vorschriften der Bankacte in Betracht. Jedermann erkennt den Mangel eines festen Princips in der Aufstellung der Ziffer der ungedeckten Notenausgabe sofort. Die Bankdirection selbst ist sich dessen bewusst. Die Leute wissen, dass man jene Ziffer ohne Gefahr mehr oder weniger verändern kann. Daher kommt es auch, dass weder 1847 noch 1857 die Direction den moralischen Muth wirklich gewann, um der stricten Aufrechthaltung der Acte zu Liebe jede weitere Creditgewährung abzuschlagen. Aus diesen Thatsachen scheint uns am Klarsten hervorzugehen, dass die zunächst Betheiligten selbst in der Acte nicht das einzige Sicherungsmittel der Noteneinlösbarkeit sehen, welche letztere gewiss keiner hätte auf's Spiel zu setzen gewagt.

Die vollendete Einseitigkeit des Lord Overstone zeigt sich noch besonders deutlich in folgenden Aeusserungen über die Ursachen des Drains im Winter 1846/47. Er wird gefragt, ob er glaube, dass ohne die Wirkung der Bankacte auch nach dem April 1847 der Rest des Baarfonds, nemlich 9 Mill. Pf. St. abgeflossen sein würde, nachdem bereits 7 Mill. ausgeführt worden, worauf er mit Ja antwortet (Fr. 4062), und auf die weitere Frage, ob er meine, dass um jene Zeit eine so bedeutende Zahlungsbilanz gegen das Land gewesen sei, erwiederte er ebenfalls: „Ja, und weit mehr als 9 Mill. Das Geld des Landes war damals im Verhältniss zum Gelde anderer Länder im Werthe vermindert und wenn keine Schritte ergriffen worden wären, um diese Werthverminderung zu corrigiren, würde das Geld bis in's Unbestimmte abgeflossen sein." Solche Behauptungen sind Consequenzen der falschen Theorie, entbehren aber jeden Werths gegenüber den für sich selbst redenden Thatsachen. Lord Overstone steht hier ganz auf dem einseitigen Standpuncte Ricardo's zu Anfang des Jahrhunderts, welcher damals in seiner Polemik mit

M a l t h u s und anderen über die Frage der Papiergeldentwerthung
ebenfalls consequent genug war, zu behaupten, dass, wenn
England Metall ausführe zur Zeit eines starken Getreideimports,
dies nur geschehe, weil der Geldwerth in den betreffenden
anderen Ländern höher, wie in England sei. Lord O v e r -
s t o n e sagt auch selbst, dass die grösste Korneinfuhr möglich
sei ohne bedeutenden Bullionexport, wenn nur die Papiergeldemission rechtzeitig und gleichmässig mit den Fluctuationen des Bullion beschränkt werde (Fr. 4,044—4,046), weil
die Verminderung des „Geldes" sofort eine entsprechende
Werthcrhöhung (d. h. hier stets Zinsfusserhöhung) desselben
herbeiführe u. s. w. Auch diese Ansicht ist unrichtig, weil sie auf
der falschen Voraussetzung beruht, dass Geld stets ausgeführt
wird wegen zu niedrigen Geldwerths, während dafür besondere
Ursachen, nemlich die zeitweise Störung der internationalen
Zahlungsbilanz, in der Regel massgebend sind. Auch sonst
ist gegen das vorgeschlagene Heilmittel geltend zu machen,
dass es eine unnöthig starke Beengung des Geldmarkts verursachen will, während mittelst des Zettelbanksystems die
geschilderten Perioden der Metallausfuhr gerade leichter zu
überwinden wären. In dem speciellen Falle im Frühjahr 1847
steht es thatsächlich fest, dass ohne neue Restrictionen, d. h.
also ohne die Anwendung solcher weiteren Mittel, die nach
Lord O v e r s t o n e allein das Aufhören des Metallabflusses
hätten bewirken können, der letztere aufgehört hat und sogar
bald eine nicht unbedeutende Zunahme des Baarfonds wieder
stattfand.

Es wird hierdurch auch indirect eine unserer früheren
Behauptungen bestätigt. Wir sagten, dass in der Regel jede
Metallausfuhr aus momentan passiver Zahlungsbilanz resultire,
wovon wiederum eine der mehrfach erwähnten b e s o n d e r e n
Ursachen, nicht aber der „zu niedrige Geldwerth im Allge-
meinen" Schuld sei. Daraus folgte denn auch die bestimmte
Begrenzung eines Metallabflusses. Wenn nun der Baarfonds
von vornherein niedriger ist, muss unter allen Umständen
schliesslich ein kleinerer Rest übrig bleiben. Früher war der
Baarvorrath kaum je über 10 Mill., 1846 dagegen 16 Mill.,

bei einer Ausfuhr von 7 Mill. schwand er also früher natürlich viel stärker zusammen. Der Vorwurf der Currencyschule über dieses Ablaufenlassen des Baarfonds ist mithin auch nicht begründet, wie anderseits das Zurückbleiben eines hohen Baarfonds in den Jahren 1847 und 1857 nur ein Verdienst der Acte wäre, wenn die letztere den vorausgegangenen höheren Stand verursacht hätte. Das ist aber nachweisbar nicht der Fall gewesen. Aus diesem Grunde kann auch nur der kleinste Theil der Beweisführungen mit Daten aus der Geschichte der früheren Metallausfuhrperioden für zutreffend gelten, obgleich so manches Richtige und Interessante dabei vorgebracht wird und so offenbare Fehler die Bank zu wiederholten Malen gemacht hat. Nach Allem vermögen wir uns mit dem Schlusse Lord Overstone's nicht zu befreunden, den er stets wiederholt und am Ende seines Verhöres noch besonders hervorhebt (Fr. 4,223), dass nemlich „der grosse Hauptzweck der Acte die Beschützung der Bullionreserve gegen jeden solchen Drain gewesen sei, welcher jene unter einen sichern und entsprechenden Betrag herabzudrücken drohe, und dass ferner dies Resultat mit Mitteln erzielt worden, welche mit der Entwicklung der öffentlichen Wohlfahrt nicht nur nicht unvereinbar waren, sondern dazu sehr wesentlich beigetragen haben."

D. Die Wirksamkeit verschiedenartiger Creditsysteme in Speculationsperioden und Handelscrisen, insbesondere im Jahre 1857.

1. Die Peel'sche Acte als Notenregulirungsplan.

In allen volkswirthschaftlichen Fragen kann man stets die Neigung der Menschen beobachten, auf eine einzige ihnen zufällig bekannte und verständliche Ursache grosse Wirkungen zurückzuführen. Diese Neigung hat sich besonders in den Urtheilen über die Ursachen von Speculationsperioden und Handelscrisen und ganz allgemein von Vorgängen im Geld- und Creditwesen eines Landes gezeigt. Lange Zeit galt es in England wie anderswo unter Theoretikern und Practikern als Dogma, dass solche Extravaganzen in der Creditauspannung

und dass die Rückschläge davon, nemlich die Handelscrisen
stets durch die Ueberemissionen von Zettelbanken veranlasst
würden. Hieraus erklärt sich denn auch die von den Regierungen eingeschlagene Credit- und Bankpolitik. Um jeden
Preis sollte vor Allem das Zettelbankwesen „regulirt" oder
„geordnet" werden. Einer dieser Versuche der staatlichen
Regelung der Notenemission ist die Peel'sche Bankacte. Es
war ja der Hauptzweck, den Sir Robert Peel und seine
Freunde bei der Einführung dieses Gesetzes im Auge hatten,
dadurch für die Zukunft die Entstehung und Beförderung von
Ueberspeculation zu verhüten. Dass dieser Zweck nicht erreicht wurde, hat die Erfahrung gelehrt. Wir wollen jetzt
noch einmal an einigen concreten Beispielen untersuchen, in
wie weit die Verhältnisse der Zettelbanken an sich es mit sich
bringen, einer weiteren Regulirung unterworfen zu werden.
Hierdurch wird auf die Wirksamkeit des Peel'schen Gesetzes
abermals Licht geworfen. Unser Standpunct im Folgenden
ist derjenige, welchen wir im Verlaufe dieser Schrift immer
eingenommen haben, wonach es nemlich eine thatsächlich unrichtige Einseitigkeit ist, eine bestimmte einzelne Form
des Credits als alleinige Ursache bedenklicher Ereignisse auf
dem Geldmarkte anzuklagen, während der Credit unter jeder
Form des Missbrauchs fähig bleibt und man hier nicht mittelst
staatlicher Eingriffe eine Besserung erzielt, sondern durchaus
nur durch fortschreitende Bildung in wirthschaftlichen Dingen
zu helfen vermag. Es bedarf wohl keines Beweises, dass das
Urtheil über den Werth oder Unwerth der Peel'schen Acte
wesentlich mit von der Richtigkeit des eben ausgesprochenen
Satzes bedingt wird. Denn wenn in der That der Missbrauch
des Credits unter anderen Formen gerade so leicht möglich
ist, wie unter der der Banknote, so lassen sich die einseitig nur
auf die Notenregulirung Bedacht nehmenden Pläne, wie die
Peel'sche Acte, nicht rechtfertigen. Sodann liefert die folgende
Darstellung von Neuem den Beweis für unseren früheren Satz,
dass in Creditcrisen in der Regel bloss eine grosse Centralbank ihren Credit unversehrt erhalten kann und dass die
Bank von England durch das Gesetz von 1844 zweckwidrig

an der Ausübung der Pflichten gehindert wird, welche eine solche Bank in den Höhepuncten der Crisen zu erfüllen hat. Wir halten uns im Folgenden an die Vorgänge im Jahre 1857. Die grosse Verbreitung des damaligen Speculationsfiebers und der damaligen Creditcrisis setzt uns in den Stand, in den Vereinigten Staaten, in Grossbritannien und in Hamburg den Einfluss eines wesentlich verschiedenen Credit- und Banksystems zu untersuchen und die Wirksamkeit dieser Systeme zu erproben. Es würde zur Vervollständigung der Darstellung freilich die Geschichte der ganzen vorausgehenden Speculationsperiode einzureihen sein, indessen würde dabei zu viel unserem eigentlichen Thema Fremdes mit herbeigezogen werden müssen. Deshalb setzen wir die Geschichte der damaligen Speculationszeit im Allgemeinen als bekannt voraus und besprechen nur die Zeit der eigentlichen Crisis eingehender. Die folgende Skizze dieser Crisis beruht durchaus auf authentischem Materiale. Sie wurde fast ganz so, wie sie hier gegeben ist, bereits im Anfange des Jahres 1858 niedergeschrieben und jetzt nur in einigen Details berichtigt und ergänzt durch das seitdem bekannt gewordene Materiale, wie in Betreff Englands durch den Bericht der Bankcommission des Jahres 1858 über die Crisis von 1857 und die Wirksamkeit der Peel'schen Acte während derselben. Die neueren Erfahrungen und die gewonnenen Aufschlüsse über die Ursachen der Crisis von 1857 haben, so weit wir uns darüber ein Urtheil zu bilden vermochten, die einzelnen Aussprüche des Folgenden über Bank- und Creditsysteme nur bestätigt. [1])

2. Verschiedenartige Credit- und Banksysteme im Allgemeinen.

Eine viel verbreitete Ansicht hat in den Banken die primäre Ursache des overtrading und der Crisis wie früher

---

[1]) Die Skizze der Crisis entnehme ich einer Serie von acht Artikeln über „Die Handelscrisis von 1857 und ihre Veranlassungen," die im Februar bis Mai 1858 im ehemaligen „Preussischen Wochenblatt" von mir publicirt wurden.

so auch im Jahre 1857 sehen wollen. Dies ist der Hauptsache nach der Standpunct des letzten nordamerikanischen
Präsidenten Buchanan in seiner Botschaft vom 8.
December 1857 über die Handelscrisis an den Congress in Washington
gewesen. Neben vielen richtigen Bemerkungen im Einzelnen
wärmt nemlich dieses Actenstück doch wesentlich wieder die
alte Theorie des Papiergeldunweseus auf und stempelt die
Banken von Neuem zum Sündenbock für den amerikanischen
Schwindel, indem es zu dem Schlusse kommt, „dass, wenn
man bei früheren Crisen die Schuld einer Mannigfaltigkeit zusammenwirkender Ursachen habe beimessen können, dies doch
jetzt (1857) durchaus nicht der Fall sei, indem das gegenwärtige Missgeschick ganz allein aus dem extravaganten
und verderblichen Papiergeld- und Bankcreditsysteme hervorgegangen wäre, wodurch die Leute zu wilden Speculationen
und Börsenspiel angereizt wurden.“ Natürlich fanden solche
Aeusserungen, gesprochen an solchem Orte, bei den vielen
Gegnern eines freieren Bankwesens freudigen Wiederhall, obwohl hier wenigstens der politische Parteistandpunct Buchanan's den Banken gegenüber nicht ausser Acht bleiben sollte.
Ohne Zweifel sind die letzteren auch durchaus nicht von aller
Schuld frei zu sprechen. Aber in demselben Momente, wo
sich der amerikanische Präsident also an den Congress wandte,
wüthete die Crisis als Wirkung der Ueberspeculation in einem
Handelsplatzo ohne oder fast ohne eigentliches Bankwesen,
in Hamburg, wo sie Anfang December den Höhepunct erreichte. Hier war doch das Muster der Currencyschule, das
„rein metallische“ Geldwesen so ziemlich unversehrt erhalten
worden, — wenigstens Banknoten gab es daselbst nicht. Und
wie in Hamburg wüthete die Crisis in Grossbritannien, trotzdem es ein von dem nordamerikanischen durchaus verschiedenes
Bank-, besonders Zettelbanksystem hat. Inmitten der Speculation wird freilich wohl jede Bank leicht Gefahr laufen,
der Ueberspeculation Vorschub zu leisten, es handelt sich
dann nur um das Mehr oder Minder der Verschuldung.
Niemals wird man aber hier durch mechanische Regeln, wie
die der Peel'schen Acte, Abhilfe schaffen, weil solchartige

Vorschriften stets, wenigstens nach anderen Seiten, wieder unvorhergesehene Nachtheile mit sich bringen.

Die Periode von 1857 liefert den wichtigen Beweis, dass man wohl allseitig auf das Moment der Verschiedenartigkeit der Bank- und Creditorganisation zu viel Gewicht gelegt hat, wenn man dem einen Systeme so viel mehr Schuld an der Begünstigung der Ueberspeculation zuschrieb, wie dem anderen. Ein Creditmissbrauch wird durch ein geordnetes Bankwesen nicht verhütet, jedenfalls aber viel unschädlicher gemacht. Es möchte schwierig sein, einem der beiden Hauptbanksysteme, dem mehr oder weniger, insbesondere in Betreff der Notenausgabe aber auch in den anderen Geschäftszweigen, centralisirten europäischen oder dem decentralisirten amerikanischen mit Bestimmtheit eine grössere Schuld aufzubürden.

Dem schonungslosen Verdict gegen die nordamerikanischen Banken kann man sich bei unparteiischer Prüfung nicht anschliessen. Es war in der frühern Zeit nicht einmal ganz gerechtfertigt, es ist es jetzt noch weit weniger. Zu politischen Zwecken, zur künstlichen Bildung und Belebung einer Speculation, wie in Frankreich, kann jedenfalls nur eine grosse Centralbank gemissbraucht werden. Das begriffen die amerikanischen Staatsmänner wohl, welche kühn den Sturz der Vereinigten-Staaten-Bank herbeiführten. Auch lässt sich angesichts bekannter Thatsachen nicht läugnen, dass in der Speculationsperiode von 1857 unzeitige Massregeln der einzelnen grossen Banken wegen des weitreichenden Einflusses derselben wiederum schädlich gewirkt haben. Nirgends hat aber auch damals jene übermässige Notenemission in der Weise und mit den Wirkungen stattgefunden, wie man sich dieselbe immer vorzustellen beliebt, auch nicht in den Vereinigten Staaten. Vielmehr erwies sich gerade das Depositengeschäft ' für Publicum und Banken als gefährlicher, obwohl man es bisher neben der Zettelausgabe kaum beachtet hat. Die Entwicklung, welche es in neuerer Zeit genommen, nemlich durch Gewährung hoher Zinsen auf stetsfällige Depositen viel Capital zur dauernden Anlage an sich heranzuziehen, wurde mitunter

schädlich. Es sind dadurch der Speculation, der es an eigenem
Capitale zu mangeln begann, aus anderen Kreisen immer neue
Fonds zugeführt worden. Selbst in Schottland, dessen Bankwesen bisher an Solidität, trefflicher Verwaltung, practischem
Nutzen unerreicht zu sein schien, sind bedenkliche Uebelstände zum Vorschein gekommen, die freilich weniger gegen
das ganze schottische System sprechen, als beweisen, dass
unter jeder Creditorganisation, wie in allen menschlichen Einrichtungen, Unvollkommenheiten einmal nicht für immer zu
beseitigen sind.

Selbst die Gegner der Monopolbanken müssen aber ein-
gestehen, dass diese Anstalten allein den Ruhm beanspruchen
können, von der Schuld einer früheren Unterstützung der
Ueberspeculation durch wirksame Hilfeleistung in der Noth
einen guten Theil wieder abgetragen zu haben. Hierzu setzte
sie einmal der Besitz eines grösseren Baarfonds, sodann der
unerschütterte Credit ihrer Noten in den Stand, wodurch sie
in beiden Fällen die Mittel bekamen, in den Höhepuncten
der Crisen liberal zu discontiren und den sonst solventen
Kaufmann, der aus Mangel baarer Zahlungsmittel der allgemeinen Creditlosigkeit zu unterliegen drohte, zu retten.
Der Baarfonds der amerikanischen Banken genügte nicht einmal,
dass die letzteren den Verpflichtungen gegen die Deponenten,
welche ihr Geld zurückforderten, nachkommen konnten, wie
viel weniger selbst thätige Beihilfe dem bedrängten Handels-
stande zu leisten. Die Noten der Banken mancher Staaten
und Städte der Union, namentlich der südlichen und westlichen,
unterlagen nach eingetretener Suspension der Baarzahlungen
einem mehr oder weniger hohen Disagio, welches in einzelnen
Fällen bald bis auf 10 Procent stieg. Dagegen blieben die
Noten der Banken der meisten Neu-England- und eines
Theiles der mittleren Staaten trotz der Zahlungseinstellung,
die freilich nur sehr kurz dauerte, im Allgemeinen im guten
Credite, das Agio von Münze betrug nicht 1 Procent und
die Noten der besseren Newyorker Citybanks hatten gar kein
Disagio, sondern wurden sogar ohne Bedenken von den De-
ponenten al Pari in Zahlung angenommen. Letzteres ist ein

Beweis, dass ein gutes Vielbanksystem selbst in Crisen ähnliche Früchte tragen kann, wie freilich in noch höherem Masse und häufiger das Centralbanksystem, und wenn der gute Credit der Newyorker Stadtbanknoten auch mit auf die staatlichen Massregeln, zum Schutze der Notengläubiger zu setzen sein mag, so zeigt die angeführte Thatsache doch jedenfalls, dass es nicht der Peel'schen Acte bedarf, um den Credit von Noten unter allen Umständen, damals in Newyork selbst nach der Baarzahlungssuspension, zu erhalten.

Gewiss war aber da, wo man ein ordentliches Bankwesen und besonders die Zettelausgabe bisher mit der grössten Aengstlichkeit von sich ferne gehalten, wie in Hamburg, die Hilflosigkeit am Aergsten, wie daselbst der Creditmissbrauch schwerlich am Geringsten, gewiss in der Form des Wechsels am Gefährlichsten und am Wenigsten zu controliren war. Es ist ein bedauerliches Factum, dass die enragirten Freihändler, welche, so lange sie mit günstigem Winde segelten, von Staatsintervention in ihren Angelegenheiten durchaus nichts wissen wollten, völlig den Kopf verloren und nur in der Staatshilfe Rettung sahen.

3. Die Crisis von 1857 in den Vereinigten Staaten von Nord-Amerika und die Wirksamkeit des Bankwesens dabei.

Der Verlauf der Creditcrisis des Jahres 1857 in den Vereinigten Staaten von Nord-Amerika war im Wesentlichen der folgende. [1])

---

[1]) Zur Orientirung will ich hier die folgende kurze Darstellung der Ursachen der Crisis in Nord-Amerika einreihen, welche ich ebenfalls meiner oben genannten Serie von Artikeln über die Handelscrisis von 1857 entnehme.

„In den Vereinigten Staaten war die Ursache der Crisis, wie in Europa eine colossale Ueberspeculation im Effecten- und Waarenhandel und ein arger Missbrauch des Credits. Die Hauptschuld daran trägt unseres Erachtens der wilde to go ahead-Geist des Yankee, dem diesmal die Sache durch das leichtsinnige und übermässige Creditiren Europa's, namentlich Englands und Deutschlands, besonders leicht gemacht wurde.

Bereits Anfang August kamen einige Fallimente vor, welche
die Stimmung ernster zu trüben begannen. Das Misstrauen in
Newyork verbreitete sich noch weiter, als am 17. August neue

Durch diese Zuschüsse fremden Capitals genährt, dehnte sich
die Speculation von Jahr zu Jahr weiter aus, und unternahm
eine Menge grossartiger Werke, deren Vollendung wesentlich
von der ferneren Beisteuer europäischen Geldes abhing. So
wurden Fabrikwesen, Bergbau, Communicationsmittel rasch
und bald fast über Bedürfniss, jedenfalls über die Kräfte selbst
dieses thätigen Landes in Angriff genommen. Besonders wurde
der Eisenbahnbau in einem europäische Verhältnisse weit übersteigenden Umfange betrieben. Das fertige Bahnnetz umfasste
Ende 1850 1910 deutsche Meilen, Ende 1856 dagegen 5322,
weist also in 6 Jahren eine Zunahme von 3412 Meilen nach.
Waren die Herstellungskosten auch relativ geringer, wie in
Europa, die jährliche Ausgabe muss doch an 130 Mill. Thlr.
betragen haben. Um das nothwendige Capital zusammen zu
bringen, creirte man immer neue Serien von Prioritätsobligationen
mit 7, 8, selbst 10 Procent Zinsen gegen Verpfändung der Bahn
oder einzelner Theile derselben, um englisches und deutsches
Capital leider nur mit zu gutem Erfolge anzulocken. Nur zu
oft fielen dann die Betriebserträgnisse der Bahnen selbst zur
Bezahlung dieser Zinsen zu gering aus. Die Aufnahme schwe-
bender Schulden brachte die Gesellschaften in ein System finan-
cieller Zerrüttung, aus dem nur der Bankerott sie zu retten
vermochte. Dieser musste alsbald eintreten, wenn sie nicht
mehr wie bisher neue Schulden aufnehmen konnten, um damit
die alten zu bezahlen, so wie also eine Stockung und Verweigerung des Credits erfolgte.“ Diese Finanzlage der Eisenbahnen war ein sehr wichtiger Factor in der Crisis von 1857 und
ihrerseits an dem Sturze mancher Banken Schuld.

„Der Oberintendant des Bankwesens im Staate Newyork
gibt in seinem Jahresberichte für 1857 der „„Acte v. 6. April
1850, deren Zweck es ist, den Corporationen zu untersagen,
bei gerichtlichen Klagen das Wucherverbot anzuwenden““ einen
Hauptantheil der Schuld an der Ueberspeculation und den Credit-
überschreitungen, indem er sie ihren practischen Wirkungen
nach eine „„Acte zur Ermächtigung der Eisenbahn- und anderer
Corporationen, Wucherzinsen zu zahlen““ nennt, und hinzufügt:
„„die Acte hatte einfach den Zweck, Seitens der Corporationen
gesetzliche Betrügereien gegen diejenigen zu verhindern, die

Betrügereien und Missverwaltungen westlicher Eisenbahnen bekannt wurden. Eine stetige und zunehmende Knappheit auf dem Geldmarkte war die Sommermonate hindurch bemerkbar.

ihnen Geld leihen. Waghalsige Speculanten haben sie benutzt, überaus gewagte Unternehmungen in Gang zu bringen, und das Capital wirklich werthvoller Anlagen ist unter den von dieser Acte erlaubten Opfern, welche gebracht wurden, um das zu ihrer Vollendung nöthige Geld zu erlangen, völlig werthlos geworden. Es haben selbst Actieninhaber sich verleiten lassen, in dieser Gattung von Corporationsschuldpapieren Geld zu dem hohen Zinsfusse anzulegen, den sie nach dem Anerbieten der von ihnen selbst gewählten Directoren vorschlugen."

„Hierneben gingen wilde Speculationen anderer Art, wie die in sogenannten western lands and townlots, wozu der wahrhaft fabelhafte Aufschwung der durch die massenhafte Einwanderung sich rasch bevölkernden westlichen Staaten und Städte der Union die Veranlassung gab. Uns ist dergleichen beinahe unbegreiflich, aber man denke am Orte wie Chikago, das 1830 noch ein blosser Handelsposten, 1840 erst 4,000, 1850 30,000, 1853 60,000, 1856 120,000 Einwohner zählte und der erste Getreidehandelsplatz der Welt geworden ist."

„Ferner fand die ungeheuere Ausdehnung des Handels Statt, aus welchem trotzdem wie in Europa immer mehr Capital herausgezogen und im Effectenhandel verwendet, festgelegt wurde, während die Kaufleute ihre vergrösserten Geschäfte nur mit angespannterem Credite betrieben. Ein grosser Theil dieses Handels hing ebenfalls ganz vom europäischen Credite ab, namentlich geschahen die Verkäufe von Fabrikaten, selbst in Auctionen, immer nur gegen mehrmonatlichen Zahlungsaufschub. Eine gute Folge der Crisis war die Verkürzung dieser Creditfristen, die es in Newyork und Boston wenigstens in einigen Branchen durchzusetzen gelang. Der ungeheure Luxus, worin es jede Bevölkerungsclasse der anderen gleich thun wollte, — ein Streben, das freilich auf's Engste mit den gesammten socialen und politischen Verhältnissen der grossen Gleichheitsrepublik zusammenhing, — drückte dabei sehr auf die Sparfähigkeit des Volks."

„Zur Bezahlung der europäischen Schulden reichten die Stapelproducte des Landes, Baumwolle, Getreide und Tabak nicht mehr aus, sondern fast die ganze californische Goldproduction musste allmälig dazu dienen. Während man aber „„in der

Das Verlangen nach Discontirungen und damit der Disconto in der Newyorker Wallstreet — entsprechend der Londoner Lombardstreet — stieg fortwährend. Da gab am 24. August die unerwartete Zahlungseinstellung der bisher wohl accreditirten Ohio Life and Trust-Company in Cincinnati und ihrer wichtigen Newyorker Filiale das Signal zur Panique. Dies Institut war eine Depositen- und Discontobank mit 2 Mill. Doll. Capital. Vorschüsse an Eisenbahnen auf ungenügende Sicherheit hatten sie zu Grunde gerichtet, ihre Passiva wurden auf 5 Mill. Doll. angegeben. Sie hatte noch kürzlich eine halbjährige Dividende von 5 Procent ausbezahlt und um die Zeit ihrer Suspension standen ihre Actien 102.

Die Panique dehnt sich sofort und mit wachsender Schnelligkeit und Intensivität über die ganze Union aus. Die Fallimente häufen sich, jedes stürzende Haus reisst wieder eine ganze Reihe anderer mit sich. Natürlich concentrirt sich das Uebel in Newyork, dem vornehmsten Wechselplatze des Landes. Die Geldklemme wächst, Ende August ist 24 Procent schon der niedrigste Discout. Die Newyorker Stadtbanken müssen ihre Darlehen einziehen, weil man ihnen die Depositen kündigt, sich ihr Baarfonds vermindert, und erschweren hierdurch die Lage noch mehr. Neuen Schrecken verbreitet am

---

Ankunft dieses Goldes einen augenscheinlichen Beweis ver- · mehrten Wohlstandes sah, wurde sein Abfluss kaum beachtet,"" wie es in dem Berichte des Oberintendanten des Bankwesens in Newyork heisst."

„Alle diese Zustände wurden immer unhaltbarer, als die alte Welt seit 1854 in Folge der aufgedeckten infamen Betrügereien bei der Verwaltung von Bahnen und wegen der in Europa erwachenden eigenen Speculation in ihren Crediten an die neue Welt schwieriger wurde und bald die Rückwanderung europäischen Capitals oder die Heimsendung amerikanischer Werthpapiere begann. Nachdem bereits das ganze Jahr 1856 und die erste Hälfte des folgenden hindurch sich Vorboten der Crisis gezeigt hatten und einzelne warnende Stimmen in der Newyorker Presse ertönt waren, sollte ein an sich unbedeutendes Ereigniss im August 1857 das Signal zum Zusammensturze geben."

1. September die durch den Unterschleif eines ihrer Beamten veranlasste Suspension der Mechanic's Banking Association in Newyork. Im Laufe des Septembers wird der Zustand immer schlimmer. Es characterisirt die Lage, um nicht zu sagen das Land, dass bei dem Untergange des grossen Panamadampfers Central-Amerika neben dem Verluste der sicher erwarteten 1½ Mill. Doll. californischen Goldes die Hunderte von Menschenleben kaum beachtet werden. Der Credit verschwindet fast ganz, 60—100 Procent ist laufender Disconto, ja Geschäfte zu 1—3 Procent pr. Tag, also 1000 Procent pr. Jahr kamen in einigen Orten vor. Wer die Verluste aus Wechseln noch verschmerzen kann, den bringen die rapide sinkenden Waarenpreise und Effectencurse gewiss zu Fall. Auch solvente Firmen unterliegen dem augenblicklichen Mangel an disponiblen Mitteln zur Erfüllung ihrer Verbindlichkeiten und suspendiren. Die Portefeuille's der Disconteurs und Banken entwerthen, da die Wechsel unbezahlt bleiben, während ihnen die Depositen wegen des Bedürfnisses an Zahlungsmitteln gerade jetzt entzogen werden. So unterliegen neben vielen einzelnen Banken an kleineren Orten die sämmtlichen in Philadelphia und Baltimore mit bloss einer einzigen Ausnahme den „Run's." Auch zwei oder drei der incorporirten Banken Newyorks stellen ihre Zahlungen ein und gehen in die Hände der Gläubiger über.

Dennoch hoffen die Newyorker Stadtbanken in einem am 29. September publicirten Erlasse noch immer zu widerstehen. Aus diesem Grunde arbeiten sie an der Verminderung ihrer Discontirungen energisch fort. Bis Mitte September waren nur drei Proteste für unbezahlt gebliebene Noten, immer nur für ganz unbedeutende Beträge, vorgekommen. Das Misstrauen wächst indessen beständig. Am 9. und 12. October suspendirt je eine Bank in Folge eines Run's, auch die ganz sicheren Sparbanken werden überlaufen. Den Todesstoss aber erleidet der Rest noch bestehenden Vertrauens am 10. October, wo die Wechsel und Noten dreier grosser Bahnen, Newyork-Erie, Illinois-Central und Michigan-Central, welche enorme schwebende Schulden contrahirt hatten, unter Protest kamen.

Die Newyorker Kaufmannschaft war in voller Verzweiflung
über die Unmöglichkeit, Wechsel in Discont zu begeben. Die
Banken weigerten fortwährend Vorschüsse, die ganze Leiden-
schaft wandte sich jetzt gegen diese Anstalten. Um diesem
Zustande ein Ende zu machen, verabredeten die Kaufleute
unter sich eine grosse gemeinsame Kündigung der Bank-
depositen, es wurde ein Run gegen die Stadtbanken förmlich
organisirt, um sie zur Suspension zu zwingen, in der Hoffnung,
dass sie dann williger discontiren würden. Vor einer zeitweiligen Unterbrechung ihrer Baarzahlungen scheuten die Banken
sich besonders deshalb, weil sie dadurch in einen völlig illegalen
Zustand versetzt wurden, da nach Art. VIII, Sect. 5 der State
constitution von Newyork vom November 1846 selbst der
Legislatur die Macht abgesprochen ist, irgend ein direct oder
indirect eine solche Suspension sanctionirendes Gesetz zu
erlassen. Die Banken fürchteten, ihre Ausstände nicht ein-
klagen zu können und liquidiren zu müssen. Allein die Umstände
erwiesen sich mächtiger, als der Gesetzesparagraph.

Das verabredete Bankrennen der Deponenten fand am
13. October statt. Am Abend dieses Tages hatten 18 Banken,
die aber trotzdem nur ein Viertel ihres Baarfonds ausbezahlt
haben sollen, ihre Thüren geschlossen. Von den übrigen 33
associated City Banks verabredeten 32 die Suspension für den
Morgen des 14. Octobers, „angesichts der in diesem Gemeinwesen herrschenden Erregung und der Thatsache der wirklichen
Suspension einer Anzahl Banken dieser Stadt." Im Uebrigen
sollten die Geschäfte wie bisher fortgehen und die energischsten
Anstrengungen zur Wiederaufnahme der Baarzahlungen gemacht
werden. Nur die kleine Chemical-Bank blieb baarzahlend. Gegen
die Anklagen ihrer Gläubiger wurden die Banken durch die
Interpretation, welche die Gerichtshöfe den betreffenden Gesetzen gaben, geschützt. Danach sollte eine Bank nur im
Falle nachweisbaren Betrugs oder wirklicher Insolvenz liquidiren müssen. Dem Beispiele der Stadtbanken folgten die
übrigen Banken des Staates Newyork, sodann die Bostoner
und die übrigen neuenglischen. Bald gab es in der ganzen

Union ausser in Neuorleans nur noch vereinzelte baarzahlende
Banken.

Uebrigens war mit dem 14. October der Höhepunct der
Crisis erreicht. Das Vertrauen, jenes wunderbare Agens
aller materiellen Thätigkeit, erwachte langsam aber kräftig
sofort nach der Suspension wieder, die Klemme nahm ab, der
Disconto sank, selbst ohne dass die Stadtbanken sich zu der
gewünschten Ausdehnung ihrer Credite bequemten. Rasch
nahmen Depositen und Baarfonds zu. Der Disconto der Bank-
noten gegen Baar überschritt in Newyork nicht $\frac{1}{4}-\frac{1}{2}$ Procent.
Factisch wurden die Noten fast immer eingelöst, ja die Banken
gaben gern Gold gegen ihre Noten, denn die Suspension hatte
im Grunde nur die Wegziehung der Depositen in Gold hindern
sollen. Selbst während des Run's hatten viele Deponenten sich
bereitwillig die Auszahlung ihrer Guthaben in Noten statt in
Gold gefallen lassen, wie bereits erwähnt, kein übler Beweis
für das in die Noten gesetzte Vertrauen. Schon Mitte December,
wo ihr Baarfonds auf 26 Mill. Doll., mehr als doppelt soviel
wie sonst, gestiegen war, nahmen die Newyorker Stadtbanken
die Baarzahlungen allgemein und förmlich wieder auf. Auch
hierin folgten ihnen wieder die meisten Banken der Union bald,
mit Ausnahme der pennsylvanischen, die gesetzlich vom April
1858 an wieder baarzahlen mussten.

Für unseren Gegenstand, die Geld- und Credittheorie
der Peel'schen Acte, bietet die vorausgehende Schilderung
Manches, was zur Beurtheilung des Werths dieses Gesetzes
benutzt werden kann. Wir kommen darauf sogleich zurück,
nachdem wir noch einen Blick auf das amerikanische Bankwesen und seine damalige Wirksamkeit geworfen.

In der ganzen Union belief sich nach den im Einzelnen
allerdings öfters etwas abweichenden Daten die Zahl der
Banken im Jänner 1850 und 1857 auf resp. 824 und 1.415,
ihr Capital auf 217 und 371 Mill. Doll., ihr Notenumlauf,
nach Abzug der im eigenen Besitze der Banken befindlichen
Noten, auf 115 und 187, ihre Depositen auf 110 und 230,
ihre Vorschüsse aller Art auf 364 und 684, dagegen ihr Baarfonds nur auf 45 und 58 Mill. Doll. Die Zunahme der Noten

erscheint für ein Land wie die Union und eine Verkehrs-
entwicklung, wie die dortige namentlich seit 1850 es war,
durchaus nicht übermässig. Viel bedeutender war die Vermehrung der Depositen. Die Zunahme der Vorschüsse geschah
zur Hälfte durch Vermehrung des Capitals, dessen Verhältniss
zu den Verbindlichkeiten, 1857 89 Cents auf 1 Dollars, nicht
ungünstig war. Die schwache Seite des amerikanischen Bankwesens tritt
dagegen in dem ausserordentlich niedrigen Baarfonds gegenüber
den fast sämmtlich auf Verlangen sofort zurückziehbaren
Depositen und Noten hervor. Es kommen davon 7 Doll. 20 C.
auf 1 Doll. baar, ein sehr ungünstiges Verhältniss, zumal die
rasche Realisirbarkeit mancher Activa, Vorschüsse u. s. w.
Manches zu wünschen übrig lässt.

Noch schlimmer stellen sich die Verhältnisse im Staate
Newyork in Betreff des Baarfonds. Die Notenemission ist
hier im Vergleiche zum Depositengeschäft von untergeordneter
Bedeutung, am 6. Juni 1857 32,⁴ Mill. Doll. Noten und nach
Abzug der von den Banken selbst besessenen nur 29,³, neben
104,³⁵ Mill. D. Depositen. Die gesammten Verbindlichkeiten,
lauter unmittelbare und dringende Rückforderungen, betrugen
nach Abzug der Checks und Cassenposten 127,⁷ Mill. D., der
Baarfonds aber nur 14,³⁷ oder auf 1 D. des letzteren kamen
8 D. 89 C. der ersteren. Dies war ein ungünstigeres Verhältniss, als selbst unmittelbar vor der Crisis von 1837, wo
dasselbe bei 34,² Mill. Noten und nur 19,³ Mill. Depositen
neben 6,⁵⁶ Mill. D. Baarvorrath 1:6,⁷ betrug — Zahlen, die
nebenbei auch den grossen Umschwung im Bankwesen in der
genannten zwanzigjährigen Periode zeigen.

Dieses Deckungsverhältniss der Bankschulden genügt nicht.
Das haben aber, wie der Oberintendant des Newyorker Bankwesens mit Recht bemerkt, erst die neuesten Erfahrungen
des Jahres 1857 bewiesen. Er sagt: „Die Lage der Banken
im Juni 1857 konnte selbst die Befürchtungen der scharf-
sichtigsten und zaghaftesten Banquiers des Staates nicht erregen. Der Wechselcurs auf das Ausland hielt sich vielmehr
zu Gunsten Newyorks. Dies hatte dem Banquier stets zur

Richtschnur bei seinen Operationen gedient. Er dachte nicht im Entferntesten daran, dass der Sturm in unmittelbarster Nähe losbrechen würde, wo der Grund und Boden vom Reichthum des Ackerbau's strotzte. Die Lage der Banken war aber, wie wir jetzt bemerken, schon am 6. Juni höchst gefahrvoll. Die Erfahrung hat dem Banquier von Newyork gezeigt, dass auch die inländische Nachfrage nach Metallgeld eine Suspension der Baarzahlungen herbeiführen kann." Deshalb trifft die Banken selbst kein so harter Vorwurf. Die Ausdehnung ihrer Discontirung war in der letzten Zeit nicht sehr bedeutend. Auch die der Stadtbanken allein, wenn auch unzeitig der Speculation zu Hilfe kommend, von 102,⁵ auf 122,¹ Mill. in der Zeit vom 1. Nov. 1856 bis 8. Aug. 1857, findet in Europa bei grossen Centralbanken ihr Analogon.

Gefährlich war die Lage der Banken damals hauptsächlich durch die grossen Depositensummen, welche in Newyork wie in England in Folge der neueren Praxis, hohe Zinsen auch für stets fällige Depositen zu zahlen, bei den Banken eingelegt wurden. In Newyork war eine weitere riscante Praxis, dass die Stadtbanken auf die Bilanzen der Landbanken Zinsen vergüteten, wodurch ein noch verwickelteres Schuldensystem entstand. Nach Abzug ihrer Guthaben schuldeten die Stadtbanken den Banken im Innern des Staates 7,¹⁶ Mill. Doll. am 26. September 1857. Natürlich müssen solche Gelder, wenn man keinen Verlust erleiden will, wieder ausgeliehen werden. Gerade aber die verzinslichen Depositen pflegen den Banken im ungünstigsten Momente wieder entzogen zu werden, sobald sich nemlich anderswo eine bessere Anlage bietet, z. B. beim Eintritte einer starken Baisse der Effecten in und kurz vor den Crisen. Hier wirkt also neben dem Misstrauen und dem eventuellen gewöhnlichen Bedarf noch ein anderer Factor auf die Herausnahme der Deposten ein. Wenn alle Welt der Discontirung am Meisten bedarf, müssen die Banken wegen der Depositenkündigung die Darlehen beschränken. Der Geschäftsbetrieb zwischen den Newyorker Stadt- und Landbanken lässt sich hier nicht in der Kürze darstellen, weil er zu eigenthümlich und verwickelt ist. Die seit Monaten währende Verminderung der Depositen im Innern des Landes, eine Folge der Wanderung von Menschen und Capital nach dem so lockende Aussichten bietenden Westen, erschwerte jedenfalls auch indirect die Lage der Stadtbanken. So hatten diese wegen des Geschäfts mit hoch verzinslichen Depositen beim Beginn der Crisis eine sehr geringe Baarreserve, und mussten, als ihnen seit Anfang August viele Depositen entzogen wurden, ihrerseits energisch an der Einziehung ihrer Ausstände arbeiten. Der Erfolg war auch eine Verminderung der Darlehen vom 8. August bis 10. October um 20,² Mill. Doll., wodurch die Rückzahlung der Depositen bis zum Betrage von 17,¹, oder von 67,⁴ auf 49,⁷ und die Abnahme des Notenumlaufs von 9 auf 7,⁵ Mill. Doll. ohne ein erhebliches Schwinden des 11,⁵ Mill. D. betragenden Baarfonds möglich wurde.

Allein dieses Verfahren, welches in dem zu kleinen Baarvorrath bedingt war, veranlasste gerade mittelbar den Sturz der Banken, da es das schon erwähnte verzweiflungsvolle Bankrennen der Deponenten hervorrief, welchem die Banken am 15. October erlagen. „Diese Zahlungseinstellung, sagt der Oberintendant, steht einzig, ohne ihres Gleichen da, den Banquiers konnte ihre bisherige Erfahrung dabei nichts nutzen. Ein solcher Zustand der Dinge, wie der gegenwärtige, hat vorher auch nicht einmal in annähernder Weise stattgefunden." Er zieht daraus die Lehre, „dass die grösste Gefahr für die Banken wie für das Publicum in grossen Beträgen an Depositen, nur zum geringeren Theil in den hinausgegebenen Circulationsmitteln liegt."

Die gesetzlichen Bestimmungen des Staates Newyork über die Banknoten haben sich in der Crisis von 1857, wie man gestehen muss, bewährt. Bekanntlich muss danach für die Noten ein gleicher Betrag sicherer Staatspapiere beim Oberintendanten des Bankwesens deponirt werden, welch' letzterer Beamter diese Hinterlagen, sobald eine Bank ihre Noten nicht einzulösen vermag, veräussern darf, um damit die Noten einzuziehen; so geschah es mit denen einer fallirten Bank während der Crisis von 1857, wo die Noten inmitten des Trubels

binnen 10 Tagen al pari eingelöst wurden. Herr King, Gouverneur des Staates Newyork, konnte daher auch in seiner
Botschaft vom 5. Jänner 1858 an die Legislatur dieses
Staates sagen: „Die Suspension der Baarzahlungen sei
in keiner Weise durch die Noteninhaber veranlasst worden,
da die Zettel durch die Gesetzgebung des Staates so wirksam
gesichert seien, dass über ihren wirklichen Werth, wenn nicht
über ihre unmittelbare Einlösbarkeit Niemand in Zweifel gewesen
sei.“ Er schlug daher damals auch keine Veränderung der
Gesetze vor, und der Oberintendant wünschte letztere nur
auf die sogenannten incorporirten Banken ausgedehnt zu sehen,
welche zur Deponirung von Staatspapieren nicht verpflichtet
sind, da sie schon vor 1838, dem Jahre des Gesetzerlasses,
bestanden. Bei den Banknoten kommt neben der Sicherheit
eben das Moment sehr in Betracht, dass sie in Darlehen
hinausgegeben auf dem Wege der Rückzahlung der Darlehen
wieder bei der Bank eingehen und auf diese Weise nicht so
leicht Unbequemlichkeiten machen. Die Bedeutung der bankmässigen Deckung der Notencapitalien tritt hier auch in Crisen
wieder klar hervor.

Dagegen bedarf es für die Newyorker Banken durchaus
grösserer Baarfonds, denn der Oberintendant hat ganz
Recht, wenn er die Frage, „wie kam es, dass die Banken
ihre Baarzahlungen einstellen mussten?“, einfach mit den
Worten beantwortet: „sie hatten nicht gemünztes Geld genug,
das Verlangen danach zu befriedigen, obgleich sie sonst völlig
solvent waren.“ Darin liegt überhaupt der schwächste Punct
eines völlig decentralisirten Bankwesens, wie des nordamerica-
nischen. Dennoch abstrahirte auch Buchanan mit Recht von
der Einführung eines mit den politischen Verhältnissen der
Union im völligen Widerspruch stehenden Centralbanksystems.
Er hoffte vielmehr von den Regierungen der Einzelstaaten,
dass sie gesetzlich die Grösse der kleinsten Notenappoints
erhöhen möchten, zuerst auf 20, dann anf 50 Doll., und dass
sie sodann auf die Bereithaltung von mindestens 1 Doll. baar
auf 3 Doll. Noten und Depositen hinwirkten. Auch King
schlug in seiner Botschaft vor, die Banken zu verpflichten,

25 Procent Münze für ihre Cassenverbindlichkeiten, abgesehen
von den Noten, zu halten. Der Oberintendant verlangte nur
20 Procent baar für die Depositen, d. h. so viel, wie sie in
den Jahren August 1853—55 von selbst gehalten hätten. Ohne
Zweifel hat die gesetzliche Fixirung eines solchen Verhältnisses
ihre Bedenken, sie kann z. B. auch auf Privatbankhäuser
nicht gut ausgedehnt werden und begünstigt deshalb diese.

Fest steht aber allerdings, dass nur durch die Bereithaltung eines grösseren Baarfonds das decentralisirte Bankwesen dem centralisirten diesen Hauptvorzug abzugewinnen
vermag, inmitten des Misscredits und der Panique's festzustehen
und Credit und somit wirksame Hilfe gewähren zu können.
Das Newyorker Bankwesen würde dann neben der trefflichen
Praxis einer wöchentlichen Statuspublication und im Besitze
des Clearing-Houses, das sich namentlich 1657 gut bewährte,
wenig mehr zu wünschen übrig lassen.

Um des nothwendigen Zusammenhangs Willen musste im
Vorhergehenden auch Manches berührt werden, das mit unserem
eigentlichen Gegenstande nicht unmittelbar in Verbindung steht.
Es würde aber nicht möglich gewesen sein, die hier in Betracht
kommenden Puncte darzustellen, wenn man nicht eine zu-
sammenhängende Skizze gegeben welche letztere ausserdem für
viele Fragen des Bank- und Creditwesens im Allgemeinen von
Interesse ist und daher insoferne nicht als dem Gegenstande
dieser Schrift fremdartig angesehen werden kann.

4. Die Bankpolitik in Crisen nach den Newyorker Erfahrungen im Jahre 1857.

Die Ereignisse in Nordamerika, besonders in Newyork im
Jahre 1857, welche wir schilderten, scheinen uns für manche
unserer früheren Sätze die bekräftigenden Belege zu bieten.
Darunter namentlich für die von uns gutgeheissene Bankpolitik
in Crisen und gegenüber von Metallausfuhren und für die
Nothwendigkeit einer leichten Realisirbarkeit der die Deckung
der Noten und Depositen bildenden Activa.

Nach dem stricten Princip der Peel'schen Bankacte
hatten die Newyorker Banken ganz richtig gehandelt, als sie

keine weitere Ausdehnung ihrer Vorschüsse, sondern um jeden
Preis eine Einschränkung derselben vornahmen, so lange der
Baarvorrath nicht grösser geworden. Allein wie zu wiederholten Malen in London, so hat sich auch in Newyork damals
gezeigt, dass diese Politik der Banken nicht unbedingt richtig
sei. So lange der Baarfonds in Folge der ungünstigen Wechselcurse in Anspruch genommen wird, um Geld für die Ausfuhr
herzugeben, werden allerdings die Vorschüsse, resp. die Notenemission beschränkt werden müssen. Sobald dagegen der Abfluss
des Metalls in's Ausland nicht mehr zu fürchten ist, kann
unter gewissen Umständen die Lage der Banken selbst durch
Vergrösserung der Vorschüsse, mithin auch Ausdehnung der
Notenemission wirksamer gesichert werden, als durch die
hartnäckige Verweigerung weiteren Credits. Dies zeigt uns
der Newyorker Fall deutlich, welcher hierdurch die Richtigkeit
der früheren Polemik gegen die Wirksamkeit der Bankacte in
Crisen bestätigt. Die absolute Verweigerung von Darlehen
auch an solvente Firmen, zu welcher sich die Banken frei-
willig entschlossen, hatte damals in Newyork dieselben Folgen,
wie die zwangsweise Verweigerung von Credit, welche die Bank
von England unter der Peel'schen Acte eintreten lassen muss.
In beiden Fällen wurde einmal die Heftigkeit der Crisis
verstärkt, weil die Zahl der Fallimente durch die Creditverweigerung noch wuchs und wurde das Gefühl der Angst
noch gesteigert, weil Jedermann unter dem moralisch depri-
mirenden Eindruck stand, dass gar kein Credit mehr zu
bekommen sei. In beiden Fällen waren diese Wirkungen der
fortgesetzten Beschränkung der Vorschüsse oder Zusammenziehung der Passiva unnöthig, weil die Noteneinlösbarkeit
und die Solvenz des Depositengeschäfts nicht auf dem Spiele
standen, und unzweckmässig, weil die Crisis nun erst recht
eine für die Banken gefährliche Heftigkeit annahm. In den
Momenten einer Creditcrisis, wo der Rückschlag der Speculation schon erfolgt ist, die Curse und Preise von ihrer schwindelhaften Höhe herab gesunken sind und die Ursache des Metallabflusses, wenn anders dieselbe in diesen Speculationspreisen
mitgesucht werden muss, weggefallen ist, wird es darauf

ankommen, die entstandene Lücke im Creditsysteme durch starke Vorschüsse der Banken auszufüllen, um hierdurch eine Linderung der Crisis zu bewirken. Hierdurch wird in Bälde der übermässige Andrang um Creditgewährung von selbst aufhören, weil er wesentlich aus Misstrauen und Furcht einer baldigen vollständigen Creditverweigerung entstanden. Die Massregeln der Bank von England im December 1825 sind ein Beispiel einer richtigen Bankpolitik gegenüber dem völlig erloschenen Vertrauen in der Handelswelt. Die Vornahme solcher Massregeln wird aber jetzt durch die Acte von 1844 verhindert. In Newyork wie in London war die Wirkung der rücksichtslosen Beschränkung der Credite die gleiche, und zwar die entgegengesetzte von der, welche man sich davon versprochen hatte: die Lage der Banken wurde nicht nur nicht mehr gesichert, sondern sie wurde noch schwieriger. In England trat schliesslich die Nothwendigkeit ein, die hindernde Bankacte zu suspendiren, in Newyork wurden die Banken sogar zur Einstellung der Baarzahlungen gezwungen. Es ergiebt sich daraus von Neuem, dass die Currencytheorie die Verhältnisse einseitig auffasst und danach Massregeln trifft, welche nothwendig im concreten Falle undurchführbar oder sogar schädlich sind.

Die factische Lage der 50—60 Newyorker Banken rechtfertigte aber wenigstens noch die eingeschlagene Bankpolitik, während die Lage der Bank von England dafür in der Regel gar keinen besonderen Grund bietet. Jene Banken, so solide die Verwaltung mancher, vielleicht der Mehrzahl unter ihnen sein mag, haben doch nicht leicht einen so festen Credit, wie eine Centralbank gleich der englischen, schon weil sie der Natur der Sache nach viel kleinere Etablissements sind. Die Thatsache des Fallissements der einen wird sofort Misstrauen gegen die anderen mit hervorrufen, wie sich 1857 besonders zeigte. Den Newyorker Banken wurden daher auch in den ersten Wochen der Crisis viele Depositen aus Misstrauen gekündigt und so war bei dem kleinen Baarfonds eine gewisse Verminderung der Vorschüsse ein Gebot der Nothwendigkeit. Zugleich genoss die Note keiner einzelnen dieser Banken

einen so festen Credit, dass eine bedeutende Vermehrung
der Noten zur Stillung des Creditbedürfnisses hätte stattfinden
können, auch wenn nicht die Vorschrift der Hinterlegung von
Staatspapieren für die ausgegebenen Noten damals eine ähnliche Grenze, wie die Peel'sche Acte, der Ausdehnung der
Emission gezogen hätte. Wie bereits erwähnt, ist es schon
verdienstvoll genug, dass die Newyorker Stadtbanken selbst
nach eingetretener Suspension ihre Noten fast ganz auf Pari
zu halten wussten und theilweise damit die Depositen zurückzahlen konnten. Die Gesammtsumme der Newyorker Stadtbanknoten beläuft sich auf den bescheidenen Betrag von nur
8—9 Mill. Doll. Kurz, da die genannten Banken einmal nicht
genug baare Casse hielten, mussten sie wohl oder übel unerbittlich die Verminderung ihrer Ausstände anstreben, selbst
wenn sie klarer die Folgen dieser Politik für sie selbst hätten
voraussehen können.

Ganz anders die Bank von England. Diese Anstalt wird
durch das Peel'sche Gesetz gezwungen, eine Politik, welche
die einzelnen Newyorker Banken in Folge von dem Systeme
immanenten Mängeln nothgedrungen einschlagen müssen, ebenfalls aufzunehmen, während das System der grossen Centralbanken gerade darin vor dem Systeme der kleinen Banken
seinen Vorzug hat, dass es in Creditcrisen nicht die Banken
gewissermassen zum Stillstand ihrer Thätigkeit zwingt. Der
Bank von England werden in dem geschilderten Stadium der
Crisis, wo die Panique culminirt, gerade Depositen in Masse
zugeführt, welche anderen Banken entzogen wurden. Der
Credit ihrer Noten steht so fest, dass sie dieselben zur Auszahlung so gut wie Münze benutzen und erforderlichen Falles
eine bedeutende zeitweilige Vermehrung derselben vornehmen
kann. Die Bank von England ist endlich das grosse Edelmetallreservoir, welches fast immer genug flüssige Mittel
enthält, um auf Grund deren eine temporäre starke Ausdehnung der Passiva vornehmen zu dürfen. Alle diese Verhältnisse setzen dieses Institut in den Stand hilfreich in
Creditcrisen einzutreten, wo kleine Banken um ihrer eigenen
Sicherheit Willen allen Beistand verweigern müssen. Allein die

Peel'sche Acte zwingt auch dieser Bank, aus dem einzigen Grunde, eine falsche Geld- und Credittheorie in der Praxis zur Durchführung zu bringen, die Impotenz der kleinen Banken des decentralisirten Systems auf.

Wir können jetzt nicht länger dabei verweilen, zwischen der damaligen Lage der Newyorker Banken und der dem Peel'schen Gesetze zu verdankenden Lage der englischen Bank Analogieen zu ziehen. Unsere obige Skizze der 1857er Crisis wird dazu von selbst auffordern. Es treten bei aufmerksamer Beobachtung genug Puncte daraus hervor, welche die Unrichtigkeit der Currencytheorie abermals klar werden lassen. In Newyork wie in London erwies es sich als unrichtig, jede Metallausfuhr nach derselben Regel zu behandeln und wenn oben gesagt wurde, dass die Newyorker Banquiers 1857 zum ersten Male die Bedeutung eines Abflusses von Metall in's Inland kennen lernten und dass dieser Abzug durch Erweiterung der Credite eher, wie durch hartnäckige Verweigerung gestillt werde, so ist es gerade so der Fehler der Peel'schen Bankacte, diese Wahrheit zu verkennen und den sogenannten internal drain upon the bank zu ignoriren, resp. ihn zu behandeln wie einen Metallabfluss in's Ausland.

Bezeichnend bleibt im Newyorker wie im Londoner Falle dabei auch noch der moralische Einfluss der Wegräumung jener der weiteren Creditgewährung gesteckten Schranke. Selbst ohne wirksame Hilfe genügte in Newyork im Jahre 1857 die Thatsache der Suspension der Banken und der Glaube an die daraus jetzt vermeintlich hervorgehende Möglichkeit, wieder Credit zu erlangen, um sehr bald das Vertrauen wieder herzustellen und die Crisis wesentlich zu lindern. Gerade so wirkte die Suspension der Peel'schen Acte in England 1847 und 1857. Daraus ergiebt sich, wie wünschenswerth in gewissen Stadien der Creditcrisis der Mangel einer solchen Schranke sei. Diese letztere liegt, fast kann man sagen, in der Natur des Newyorker Banksystems, sie ist dagegen ganz willkürlich der Bank von England durch die Peel'sche Acte aufgepfropft worden, dem Wesen der Centralbank zuwider. Daraus folgt der Schluss gegen jenes Gesetz von selbst.

Wir hoben oben auch noch hervor, dass aus den nordamerikanischen Verhältnissen sich abermals die Nothwendigkeit ergebe, die Noten und Depositen stets in leicht realisirbaren Werthen anzulegen. Die Zahlungssuspension wurde bei den meisten Banken unvermeidlich, weil sie ihre Capitalien nicht nur in zu geringem Masse flüssig erhalten, sondern weil sie auch den grössten Theil derselben recht eigentlich festgelegt hatten, insbesondere in den Vorschüssen an insolvente Eisenbahngesellschaften. Je kleiner der Baarfonds ist, um so realisirbarer müssten die Forderungstitel sein, in welchen die Bank ihre Capitalien placirt hat. Die früher erörterten Verhältnisse der regelmässigen Rückströmung der Noten zur Bank kommen hier in sehr practischer Weise in Betracht. Wenn eine Bank nur auf diesem Wege eine Partie Noten bequem einziehen kann, so wird ihre Lage selbst bei einem kleinen Baarfonds nicht so leicht gefährdet sein.

5. Die Crisis von 1857 und die damaligen Creditverhältnisse in Hamburg.

Wie die Newyorker, so bieten uns auch die Hamburger Vorgänge während der Creditcrisis des Jahres 1857 manche interessante Einzelheiten, welche auf die Currencytheorie Licht werfen. In Hamburg existirte annähernd der sogenannte „rein metallische" Zustand des Geldwesens, den die Overstone'sche Schule bei richtiger Consequenz doch eigentlich als den besten anerkennen müsste. Die dortigen Erfahrungen sind daher geeignet, die Vortheile und Nachtheile dieses Zustandes hervortreten zu lassen.

In Hamburg herrschte vor der Crisis und herrscht theilweise selbst noch jetzt eine Vorliebe für gewisse als „solid" geltende Gebräuche und Einrichtungen, welche diesem Platze zum Theile eigenthümlich sind, wie die oft gepriesene „feste Silbervaluta", die alte Girobank, und eine Abneigung gegen Platzwechsel, gegen Banknoten und das ganze neuere Bankwesen überhaupt war daselbst ebenfalls bis vor Kurzem noch ziemlich allgemein verbreitet. Die letzte Crisis scheint uns indessen den Beweis geliefert zu haben, dass die jetzige

Hamburger Credit- und Bankorganisation vielfach veraltet ist
und einer zeitgemässen Umgestaltung bedarf, um für die veränderten Handelsverhältnisse unserer Tage zu passen. Die
Fernehaltung alles Zettelwesens hat in Hamburg nicht
verhindert, dass man in einen weitgehenden Missbrauch des
Wechselcredits verfiel, der Versuchung unterliegend, welche
das schon theilweise im Wesen des Hamburger Waarengeschäfts
bedingte grossartige Wechselgeschäft darbot. Die Vermehrung
der Circulationsmittel, durch Banknoten nicht möglich, von
welchen doch aller Erfahrung nach nur eine sehr beschränkte
Menge im Umlauf erhalten werden kann „wurde zum Verderben
des Handels durch einen immer mehr anschwellenden Wechsel-
austausch ersetzt." So fand in Hamburg eine colossale Ueberspeculation ganz ohne das verschrieene „imaginäre Umlaufsmittel", die Banknoten, statt, die nach der consequenten Lehre
der Currencyschule dazu eigentlich immer nothwendig sein
müssten. Eine genauere Kenntniss jener Wechselfabrication
aber hatte Niemand, da das alte Hamburger Wesen die
moderne Publicität in dergleichen Dingen scheute und nicht
einmal die Summe der beim Stempelamt gestempelten Wechsel
bekannt wurde, so wenig wie die Grösse des Metallvorraths
der Bank. Die Kenntniss von der Vermehrung der Banknoten
hätte wenigstens immer aus den Status der Banken gewonnen
werden können. Die beiden im Sommer 1856 gegründeten
Institute, von denen das eine sich vergeblich um die Concession der Zettelausgabe beworben hatte, vermochten in der
kurzen Zeit ihres Bestehens noch keinen genügenden Wirkungs-
kreis zu gewinnen, als dass ihre Berichte völlige Belehrung
über die Grösse der Geldgesuche gegeben hätten.

Was geschah aber sofort nach Ausbruch der Crisis? Wie
bewährten sich die alten Institutionen, die dem Wesen des
„rein metallischen" Geldwesens gut entsprachen, auf die
Hamburg sich so viel zu Gute gethan, und deren Bestehen
es fast gehindert zu haben scheint, nur an die Möglichkeit
einer excessiven Speculation zu denken? Der Handelsstand
des ersten Continentalhandelsplatzes, einer Handelsmetropole,
die zugleich der zweite oder dritte Welthandelsplatz ist, war

vollkommen rath- und hilflos. Ohne kräftige Bankinstitute,
ohne jene verschrieene Credit- und Bankorganisation fast aller
anderen Handelsstädte der Welt, über deren Fernehaltung
bisher so grosse Freude und Genugthuung bestanden hatte,
vermochte man sich denn jetzt auch nicht anders zu helfen,
als dass man die Intervention des Staats veranlasste und von
diesem jener Beistand gewährt werden musste, den anderer
Orten die Bankinstitute in jedenfalls viel naturgemässerer
und ungefährlicherer Weise leisteten.

Mag man im Uebrigen darüber denken, wie man will,
einen höchst gefährlichen Präcedenzfall wird dieses Einstehen
der Staatscasse für die Verluste und Sünden der Einzelnen
immer bilden. Möglich, dass diese Dazwischenkunft des Staats
im Interesse einer Bevölkerungsclasse nicht nöthig, nicht
wünschenswerth, selbst schädlich gewesen sei, wie Viele
behaupten. Diese Frage ist ziemlich müssig, weil sie doch
nie befriedigend beantwortet werden kann. Die Dazwischenkunft des Staats ist jedenfalls eine Thatsache. Sie wurde in
diesem Umfange doch nur in Hamburg für nothwendig gehalten,
und selbst der besonnene Senat vermochte im Drange der
Ereignisse sich ihrer Gewährung nicht zu entziehen, und sie
wurde eben allein nothwendig, weil es in Hamburg an Banken
und namentlich auch an Zettelbanken gänzlich gebrach, die
jetzt in den Höhepuncten der Crisen, wie die Banken von
England, Preussen, Frankreich und mehr oder weniger die
meisten anderen kleineren und grösseren, selbst einen Theil
der nordamerikanischen nicht ausgenommen, den Credit dem
Kaufmannsstande gewähren konnten, welcher diesem im Augenblicke durch die übermässige Angst der Privaten entzogen
wurde und ohne den einmal der ganze moderne Handel schwer
bestehen kann.

Gerade diese Dienste einer Bank, die Belehnung von
Waaren und Werthpapieren, das Discontiren von Wechseln,
musste nun der Staat selbst übernehmen, und eine der ersten
Massregeln bestand in dem Bruche der geheiligten Bank-
verfassung, in der Verletzung der „festen Silbervaluta" —
wenigstens war es eine Verletzung nach den bisher aufgestellten

Ansichten — mittelst eines Zwangsdarlehens aus dem unantastbaren Baarfonds der alten Girobank, und somit in der Durchführung gerade desjenigen Grundsatzes, wodurch sich das moderne Bankwesen von dem der früheren Zeit unterscheidet, nemlich in der Umbildung des müssig liegenden Saldo's der Girobank zum theilweise zu benutzenden Darlehen der heutigen Depositenbank. Auch zwischen der Banknotenemission, die zwar unterblieb, und der Verwendung eines Theiles der Girocapitalien besteht, wie wir früher entwickelt haben und unter Anderem auch in einem ganz „practischen" Actenstücke, dem Jahresberichte der Hamburger Commerzdeputation für 1857 hervorgehoben wurde, kein principieller Unterschied. Wie wir schon einmal bemerkten, ist aber die eigentliche Girobank, welche etwa Depositenscheine für das bei ihr stets liegende Geld emittirte, doch das Vorbild der Peel'schen Acte. Bei folgerechter Weiterführung des Princips dieses Gesetzes muss man zu der Forderung einer solchen eigentlichen Depositenbank gelangen, wo die Depositen nicht Darlehen, sondern juridische Depositen, und die Banknoten nicht Versprechen auf Auszahlung von Geld, sondern Scheine über bei der Bank liegendes Geld sind. Das Muster des gemischten Geldsystems der Currencytheorie ist ein solches rein metallisches Geldwesen, als welches man das mit einer blossen Girobank fungirende bezeichnen kann. Hamburg im Jahre 1857 zeigt, wie dieses gepriesene System der Schule „arbeitet", es gibt keine handgreiflichere Widerlegung des Princips der Acte von 1844, wie die damaligen Hamburger Erfahrungen mit demjenigen Geldsystem, welches jenes Princip am Genauesten zum Ausdruck gebracht hat.

Wir wollen noch einige Momente aus den 1857er Vorgängen in Hamburg hier anführen, weil sie besonders geeignet sind, einzelne Puncte der Currencytheorie als unrichtig erscheinen zu lassen. Manches Andere aus der damaligen Zeit muss freilich übergangen werden, obwohl auch dadurch rein theoretische Fragen des Geld- und Creditwesens mehrfach vortrefflich beleuchtet werden.

Das grossartige Hamburger Wechselgeschäft ist theilweise
ganz naturgemäss mit dem Waarenhandel dieses Platzes
gegeben und seine Eigenthümlichkeiten stehen mit der Art
und den Richtungen des dortigen Handels in enger Verbindung.
Es würde zu viel Zeit fordern, diese in mehr als einer Beziehung interessante Frage näher zu untersuchen, auf welche
Weise aus Hamburg's Waarengeschäft sein Wechselgeschäft
hervorwächst und warum bei anderen, ebenfalls bedeutenden
Handelsplätzen ein solch umfangreiches Wechselgeschäft nicht
vorhanden ist, mit anderen Worten, zu untersuchen, warum
Hamburg ein so wichtiger Wechselplatz geworden — was
unserer Ansicht nach sich aus der Natur seiner Handels-
verbindungen erklärt, welche letzteren wieder von Momenten
der rein geographischen Lage abhängen — aber ein paar
Puncte, welche zur Erklärung des Folgenden dienen, mögen
hier hervorgehoben werden. Hamburg's Ein- und Ausfuhr
von und nach einzelnen Ländern gleicht sich nur in einzelnen
Fällen aus, es hat daher auch schon aus seinem Waarenhandel an das eine Land mehr zu zahlen, als von dort zu
empfangen, während es von einem anderen mehr zu fordern
hat, als es dahin schuldet. Im Grossen und Ganzen hat es
mit seinen Mehrforderungen in Deutschland, Nordosteuropa
und überseeischen Ländern seine Mehrschulden an England
und das sonstige Europa zu bezahlen. Mithin sind seine
Gläubiger vornemlich die reichen und handelsmächtigen Briten,
seine Schuldner zum grossen Theile die armen, creditbedürftigen, weiter entfernten, offenbar in jeder Hinsicht viel weniger
Sicherheit und Garantie bietenden Bewohner der nordosteuropäischen und vieler transatlantischen Staaten, bekanntlich
besonders Süd- und Westamerika's. Der Hamburger Platz
bildet hierdurch den Kreuzungspunct von Forderungs- und
Schuldverhältnissen sehr verschiedener Art und Güte. Er
muss diese fremden Wechsel von oft zweifelhafter Qualität
zur Bezahlung seiner Schulden verwenden, sie weiter begeben,
und haftet nun durch sein verbürgendes Giro oder als Trassant,
wenn der Acceptant den Wechsel beim Verfall einzulösen
versäumt. Er kann nur theilweise den Engländer mit eng-

lischen Wechseln bezahlen u. s. w., sondern muss nothwendig
auch fremde Wechsel dazu remittiren. Sobald seine überseeischen und nordosteuropäischen Schuldner, wie im Herbste
1857, ihren Verpflichtungen nicht nachkommen, so hat Hamburg
nicht nur diesen Verlust zu tragen, sondern wird gleichzeitig
von dem doppelten betroffen, sofort aus dem weiter begebenen
Wechsel einstehen und ihn bezahlen zu müssen.

Ein solches Wechselgeschäft, wie das Hamburger, bietet
aber zu einer missbräuchlichen Ausdehnung besonders reiche
Gelegenheit. Dieser Verlockung hat damals ein Theil des
dortigen Handelsstandes nicht zu widerstehen vermocht. Darin
besteht seine grösste Schuld. Einmal wurde zwischen Nordosteuropa, Hamburg und London eine Wechselreiterei im
grossartigsten Massstabe organisirt. Die Kaufleute an der
Themse wie an der Elbe wetteiferten, jenen creditbedürftigen
Ländern ungedeckten Credit zu gewähren, um den Provisions-
gewinn davon zu beziehen. Hier lag dem Wechsel kein
vorhergegangenes Handelsgeschäft mehr zu Grunde, sondern
er wurde zur förmlichen Capitalschaffung benutzt. Vor Verfall
wurden dem Londoner oder Hamburger Acceptanten neue
Wechsel remittirt, um mit deren durch Discontirung flüssig
zu machenden Ertrage die alten Wechsel abzuzahlen. Dies
ging nur so lange, als das neue Papier zu placiren war. Im
Laufe der Zeit wurde dies immer schwieriger, beim Ausbruch
der Crisis und sowie der Trassant keine Deckung mehr zu
schaffen vermochte, mussten die Acceptanten die Tratten aus
eigenen Mitteln einlösen. Aber sie hatten sich verleiten lassen,
nach und nach einen so enormen Betrag von Wechsel-
verpflichtungen auf ihr meist ohnehin schon sehr kleines Capital
zu häufen, dass ihre Fonds sofort erschöpft waren und sie
ebenfalls suspendiren mussten. Der Umstand, dass Hamburg mit
der „rein metallischen" Währung gerade so stark extravagirte,
wie England mit dem nach jenem Systeme regulirten gemischten
Geldwesen, und wie Nordamerika mit seinem decentralisirten
Bank- und Banknotenwesen, spricht wohl dafür, dass in der
That manche Lehren und Schlüsse der Currencytheorie durchaus
unhaltbar sind. Wenn wir wenigstens genau dieselben Wir-

kungen sehen, wo diejenigen Verhältnisse, welche man als
Ursachen dieser Wirkungen betrachten will, so ganz verschiedenartig sind, so kann man gewiss nicht einer einzigen solchen
Ursache die Schuld beimessen, allein an einem Ort die überall
wahrgenommenen Wirkungen hervorgebracht zu haben. In
dem Raisonnement der Currencyschule geschieht dies aber stets.
Auch zur Ausführung jener enormen Waarenspeculationen
wurde in Ermangelung des dazu nothwendigen Capitals die
Wechselcreirung benutzt. Zum Theile kleideten sich dabei
die Platzwechsel in das Gewand scheinbar von auswärts
gezogener. Die Scheu vor Platzwechseln war den herrschenden
Hamburger Ideen charakteristisch und galt früher besonders
Bremen gegenüber nicht selten als Beweis grösserer Solidität.
Allerdings sind Platzwechsel dem Missbrauch der Wechselreiterei leicht ausgesetzt, aber, wie mit Recht hervorgehoben
worden ist, der Umsatz darin ist doch noch immer einigermassen zu contrcliren. Statt dessen bildete sich jenes vorhin
erwähnte immer grössere, immer leichtsinnigere Blancocreditiren
an die unbekanntesten Auswärtigen aus und kam es dahin,
dass Wechsel von Hamburgern auf Hamburger gezogen einer
fremden Verkleidung bedurften. Wir erwähnen alle diese Puncte
besonders, weil sie uns die besten Belege für unsere ganze
frühere Argumentation zu sein scheinen. In der Scheu vor
Platzwechseln, der Angst vor Banknoten, dem Widerwillen
gegen das moderne Depositenbankwesen wird immer einseitig
nur an die Möglichkeit eines Missbrauches einer einzelnen
Creditform gedacht und nur diese Form berücksichtigt, während
das Gefährliche der Missbrauch des Credits an sich, in
jeder Form ist. Die Folge davon zeigt sich auch in der
Regel alsbald darin, dass man, um den Missbrauch des Credits
in der einen Form zu verhüten, alle anderen Benutzungsarten
des Credits vernachlässigt und dann in den letzteren ein
stärkerer Missbrauch erfolgt, als er vielleicht je in der
berücksichtigten Creditform zu fürchten gewesen wäre.

Mit Hilfe der künstlichen Wechselcreirung bildete sich
auch in Hamburg das System aus, die Waarenlager voll zu
stapeln und sie aus dem Markte zu halten, um dadurch die

hohen Preise zu behaupten, sie wohl selbst noch mehr in die
Höhe zu schrauben. Wir haben früher gesehen, dass die
Currencyschule theilweise im Rechte ist, wenn sie gerade in
einem solchen Stadium der Speculation den Zettelbanken
einen gewissen Einfluss zuschreibt, das Halten hoher Speculationspreise zu ermöglichen. Hamburg's Erfahrung belehrt uns auch
hier wieder, dass, der von uns aufgestellten Ansicht gemäss,
selbst in jenem genannten Speculationsstadium die Hilfe der
Zettelbanken nicht unumgänglich sei, um dasselbe Resultat
zu erzielen. Bekanntlich war der Crisis von 1857 ein
andauerndes und bedeutendes Steigen der Preise vieler Haupt-
artikel vorangegangen, welches in den Verhältnissen anfangs
ganz begründet war. Aber nach und nach war in der Relation
von Angebot und Nachfrage eine Aenderung vor sich gegangen,
der die engagirten Speculanten Rechnung zu tragen so lange
wie möglich vermieden. Daher die immer öftere Prolongation
von Wechseln, die Emission neuer Wechsel, um nur nicht zu
billigeren Preisen verkaufen zu müssen. Letztere sanken daher
nicht allmälig, wie wenigstens theilweise im Jahre vorher die
der Agriculturproducte; um so tiefer fielen sie plötzlich und
verursachten dadurch nur um so empfindlichere Verluste. Die
Erscheinungen waren gerade dieselben, wie zu wiederholten
Malen in anderen Ländern, wo man sie dann stets ausschliesslich den Zettelbanken zur Last gelegt hat.

Eine Theorie vom Gelde und Geldwerthe, welche in dieser
Schroffheit- wenigstens, worin sie überall besonders unter
Practikern grosse Verbreitung geniesst, ganz falsch ist, nemlich
die von uns oben so oft bekämpfte „Quantitätstheorie" hat
damals in Hamburg und anderen Handelsplätzen nachweisbar
einen gewissen schädlichen Einfluss auf den Verlauf der
Waarenspeculation geäussert. Damals war es die Idee von
der vermeintlich der Vermehrung des Geldes durch das seit
1848 neu hinzugekommene Gold genau entsprechenden Werth-
verringerung des Geldes, welche das beständige Steigen der
Waarenpreise als ganz natürlich erscheinen liess. Es wird
hierbei gerade so wie bei der Frage der Papiergeldentwerthung
immer wieder vergessen, dass allerdings zwar der Factor der

Geldmenge einer derjenigen ist, welche auf den Werth des
Geldes einwirken und dass die Tendenz einer Vermehrung
der Geldmenge daher unter übrigens gleichen Umständen eine Verringerung des Geldwerths ist, dass man
aber anderseits diese obwaltende Tendenz nicht sofort mit
demjenigen, was wirklich eintritt, identificiren darf. Wenn der
Factor der Geldvermehrung in der einen Richtung zu wirken
strebt, so können andere Factoren in einer anderen Richtung
wirken und in der concreten Wirklichkeit pflegt dies meistens
der Fall zu sein; die Steigerung des Bedarfs an Umlaufsmittel
vermag namentlich die mögliche Wirkung der Geldvermehrung
von vorneherein zu paralysiren. Diese Beziehungen werden
aber in der Regel ignorirt, wenn man aus der Thatsache
einer gewissen Vermehrung der Geldmenge sofort auf eine
entsprechende Verminderung des Geldwerths schliesst, oder
aus der numerischen Ab- und Zunahme des Papiergeldumlaufs
sofort ohne Berücksichtigung der übrigen einwirkenden Factoren
ein proportionales Sinken und Steigen des Silberagio's oder
gar der Waarenpreise oder umgekehrt aus den Bewegungen
des Silberagio's als Wirkung die entsprechenden Bewegungen
der Papiergeldmenge als Ursache berechnen will.

Das unverkennbare Symptom für den auf dem Hamburger
Markte bestandenen Druck und für die Intensivität der Nachfrage nach baarem Capitale bestand in dem hohen und
steigenden Disconto, welcher schon seit Ende 1855 ganz gegen
seine sonstige Gewohnheit an der Hamburger höher wie an allen
übrigen europäischen Börsen war. Dies mag sich freilich theilweise, aber doch nur für einen Zeitraum der vorangegangenen
Periode, aus dem Mangel grosser Centralbanken erklären,
z. B. im Sommer 1856, wo die Berliner und die Pariser Bank
durch ihre unzeitigen starken Vorschüsse den Discont an
diesen Plätzen herabdrückten. Die wichtigste Ursache für die
anomale Höhe des Hamburger Discont lag, wie man nach
der Crisis mit Gewissheit behaupten darf, in der immer
stärkeren Anspannung des Wechselcredits und der immer
grösseren Anzahl der Discontirung suchenden Wechsel, deren
Betrag leider ein Geheimniss war, weshalb er beim Ausbruch

der Crisis ganz ausserordentlich übertrieben, selbst auf die
Summe von 1200 Mill. M. B. angegeben wurde. Er war nach
später kundgewordenen Angaben des Stempelbureau zwar
immer noch gross genug, aber doch nur etwa 340 Mill. M. B.
Ende November. Auch hier hinderten wieder unrichtige
Theorien, dem wahren Grunde des drückend hohen Discont's
nachzuspüren. Man glaubte ihn u. A. einfach aus den ungeheuern
Silberverschiffungen nach Asien erklären zu können, welche
gerade Hamburg als „reinen Silberwährungsplatz" doppelt
empfindlich berühren müssten. Ohne Zweifel trug der Abfluss
des Silbers nach Asien damals zur Verminderung des disponiblen
Capitals auf dem ganzen europäischen Geldmarkte bei und
hatte insoferne einen Einfluss auf die Steigerung des Discont's.
Aber ein specieller Einfluss blos auf die Silberwährungsländer
lässt sich nicht nachweisen. In Hamburg hat man das Phänomen
damals einseitig und falsch gedeutet, und in den Raisonnements
zu Gunsten der Einführung der Goldwährung, soweit letzterer
aus dem Grunde, durch sie den hohen Discont beseitigen zu
können, das Wort geredet wurde, einmal Geld und Capital,
sodann auch Ursache und Wirkung verwechselt. [1]

---

[1] Die erschwerende Wirkung der Silberausfuhr war gewisser
Massen eine negative und auf dem ganzen Geldmarkte Europa's
zu spüren: es wurde die Wirkung des grossen californisch-
australischen Goldimports auf eine Verbesserung in der Lage
der Geldmärkte dadurch zum Theile paralysirt. Das neue Gold
war so viel disponibles Capital, welches nach Europa zur Bezahlung der von hier aus versendeten Waaren kam. Hier
würde es die Baarfonds der Banken zeitweilig gefüllt haben,
bis es eine passende Verwendung gefunden. Der Zinsfuss oder
Discont wäre temporär herabgedrückt worden. Jetzt ging es
sofort als Umlaufsmittel in die französische Circulation über und
machte einen gleichen Betrag Silber zur Versendung nach Asien
verfügbar. Einen Einfluss auf die Erhöhung des Disconts hat
der Silberabfluss also allerdings gehabt, wie man unmittelbar
nach der Crisis in's andere Extrem verfallend mannigfach aber
mit Unrecht ganz läugnete. Aber der Einfluss war weder so
gross, noch so gestaltet, wie man ihn vor der Crisis gerne
hinstellte.

In gewisser Weise bestätigen die Verhältnisse des Hamburger Disconts, besonders dessen früheres und stärkeres Steigen einen oben besprochenen Satz der Currencytheorie. Lord Overstone wollte ein solches, der allmäligen Capitalabsorption entsprechendes Steigen des Disconts in seinem gemischten Geldwesen durch die Acte herbeiführen und es unter keinen Umständen durch weitere Notenemission einer Bank paralysiren lassen. Er versprach sich dann einen heilsamen, corrigirenden Einfluss auf die Speculation. Man muss auch zugeben, dass ein solcher in der Tendenz jeder Discontosteigerung liegt. Allein es ist wiederum der alte Fehler, daraus im concreten Falle auch sofort auf eine dieser Tendenz genau entsprechende Wirkung zu schliesen. Eine excessive Speculation kann sich auch, wie die Erfahrung lehrt, trotz eines höheren Disconts erhalten und noch ausdehnen, weil die Aussicht auf den grossen Gewinn mit dem zu erlangenden Capitale die Leute nicht immer abhalten wird, die Nutzung dieses Capitals theuerer zu bezahlen. Dies ist natürlich durchaus kein Grund, deshalb die Discontoerhöhung zu unterlassen und die weitere Ausdehnung von Vorschüssen zur Begünstigung der Speculation dennoch vorzunehmen, aber es zeigt, dass Lord Overstone und dass man oft überhaupt den Einfluss der Höhe des Disconts auf die Speculation überschätzt hat. Auch können wir wiederum aus den Hamburger Vorgängen lernen, dass die Dinge sich im rein metallischen Geldwesen, wo es keine Zettelbanken gibt, nicht viel anders gestalten, wie da, wo Notenemission existirt. So wenig in jenem Zustande des Geldwesens die Ueberspeculation ausbleibt, so wenig konnte man von vorneherein darauf rechnen, durch die Regulirung der Notenausgabe nach dem Muster des rein metallischen Geldwesens die Wiederkehr von Schwindelperioden zu verhüten. Es folgen in dieser Beziehung aus den Zuständen unter dem rein metallischen Systeme Hamburg's im Jahre 1857 wieder manche Schlüsse gegen Voraussetzungen und daraus abgeleitete Lehrsätze der Currencydoctrin, auf welche wir uns aber jetzt nicht weiter mehr einlassen können.

Auch die Verhältnisse während der Crisis in Hamburg selbst, die wir oben schon im Allgemeinen characterisirten, geben uns bei etwas speciellerer Betrachtung noch einige Aufschlüsse in Angelegenheiten der Currencytheorie, so dass wir sie hier noch berühren wollen.

Die innige Verbindung Hamburg's mit England erregte von Anfang an die Befürchtung, ersteren Platz in die Crisis bald mit hinein gezogen zu sehen. In der ersten Zeit der englischen Crisis, im October und Anfang November 1857 strömten die Wechsel in Masse protestirt nach Hamburg zurück. Sie konnten zwar damals noch eingelöst werden, so dass sich der Platz noch leidlich zu halten schien, aber die disponiblen Fonds der Kaufmannschaft wurden sehr geschwächt und waren neuen Schlägen um so weniger gewachsen. Diese erfolgten nun sofort da, wo Hamburg arg gesündigt hatte, die Wechselreiterei und das Blancocreditgeschäft fiel auseinander und die übertriebene Waarenspeculation erwies sich als verlustbringend.

Bis Mitte November waren in England grossentheils Firmen im americanischen und überseeischen Handel sowie einige Bankgeschäfte fallirt. Nach der Suspension der Peel'schen Acte am 12. November, wo die Bank von England den soliden und Vertrauen verdienenden Firmen eine so zeitgemässe und grossartige Hilfe zu Theil werden liess, hörten die Fallimente in diesen Handelszweigen auf. Dagegen erfolgten jetzt Schlag auf Schlag die Bankerotte von Londoner Häusern im nordischen Handel. Diese letzteren hatten nicht genug Garantie geboten, um den Beistand der englischen Bank zu erlangen; sie waren eben grossentheils in die Kette der Wechselreiterei verschlungen, welche sich von Nordost-Europa über Hamburg nach England zog. Es ergibt sich hieraus auch, dass die Bank keineswegs nach Suspension jener Acte die eigentlich insolventen Häuser über Wasser hielt, wie die Freunde der Peel'schen Massregel behaupten. An 30 der grössten Häuser im nordischen und Continentalhandel stürzten in London von Mitte November bis Mitte December. Ihre umfänglichen Schuldverbindlichkeiten, meistens aus Wechseln, mögen an 6 Mill. Pfd. St. betragen haben.

Diese Bankerotte reagirten sowohl direct auf Hamburg,
wie namentlich auf die scandinavischen Staaten, wo Alles
zusammenbrach und die Verluste Hamburg so mit verdoppel-
ter Schwere trafen. Schwierigkeiten entstanden, Suspensionen
erfolgten nun auch hier. Am 29. November war der Bankerott
einer Firma, in deren Händen sich das nordische Wechselgeschäft concentrirt hatte, definitiv geworden, trotz der, wie
es heisst, selbst von Seiten der schwedischen Regierung
geleisteten Hilfe. Mehr und mehr trat der damals viel genannte
Artikel 29 der allgemeinen deutschen Wechselordnung in
Wirksamkeit, wonach von jedem Vordermann bei noth-
leidenden Wechseln auch noch vor Verfall Sicherheitsstellung
verlangt werden kann, nebenbei bemerkt ein Eckstein des
ganzen Wechselrechts.

Dazu kommen jetzt die Rückschläge in der Waarenspeculation, die Schiffsladungen von Colonialwaaren, wofür zu
den höchsten Preisen des Sommers Wechsel acceptirt und
jetzt zu bezahlen waren, wurden ganz unverkäuflich oder
waren nur mit enormen Preisabschlage zu verwerthen. Bloss
in der Hoffnung auf den glücklichen Ausgang der Speculation
waren jene Summen acceptirt worden. Jetzt sollte das Capital
des Hauses die Zubusse decken, verschwand aber gegen die
Grösse der Accepte und wurde oft durch den Preisrückgang
um einige Percente schon absorbirt. So erfolgte auch hier die
Zahlungseinstellung. Iedes neue Falliment steigerte das
Misstrauen. Niemand wollte bald mehr Wechsel discontiren.
Jedermann hielt Bankgeld auf seinem Conto fest, um sich auf
alle Eventualitäten zu rüsten, und wem war das zu ver-
danken? Die alte ehrwürdige Hansestadt war der Schauplatz
wilder Verzweiflung. Alles fürchtete bankerott zu werden und
in der ersten Decemberwoche glaubte Hamburg, sein Ende als
Handelsplatz sei gekommen.

Die Ursache, derentwegen wir den Newyorker und den
Hamburger Verhältnissen im Jahre 1857 eine nähere Betrachtung widmen, ist die, dass die Nothwendigkeit der modernen
Bankorganisation dadurch am Besten in das richtige Licht
gesetzt wird. Gegen diese Organisation gerichtet ist aber die

Peel'sche Acte sowohl, wie die neueren Vorschläge, das
Depositengeschäft einer Bank, wie der von England, ganz zu
beseitigen. Wir meinen, dass das oben entworfene Bild der
Newyorker Crisis bereits geeignet war, unsere Ansicht in
dieser Materie zu bekräftigen, und in höherem Masse ist das
vielleicht noch der Fall in Betreff der Hamburger Crisis. Es
hat also seinen guten Grund, wenn wir in einer Besprechung
der Geld- und Credittheorie der Peel'schen Acte bei diesen
nur scheinbar fremden Fragen verweilen.

Mehr noch, wie der Missbrauch mit den Blancoaccepten
und wie die Ueberspeculation im Waarenhandel wurde Hamburg unmittelbar nach der Crisis die vollkommene Rath- und
Hilflosigkeit in den Tagen der Noth zum Vorwurfe gemacht.
Die Kopflosigkeit der Börse, die gänzliche Unselbstständigkeit,
welche der freihandelsstolze Hamburger bewies, das Anklammern
an die Staatshilfe als letzten Nothanker, fanden ihre beredten
Schilderer und Ankläger. In der That war diese Hilflosigkeit
eines Hamburger ehrbaren Kaufmanns auch fast das Aergste,
das gegen die grosse Elbmetropole als Vorwurf geltend zu
machen ist. Unserer Meinung nach liegt der Grund dafür
aber wesentlich mit in dem Mangel eines ordentlichen Banksystems. Hieraus erklärt sich wenigstens vor Allem die Höhe
der Noth im einzelnen Momente. Dass die Ueberschreitung
der Mittel Seitens der überspeculirenden Kaufmannschaft nicht
eine solche enorme war, wie man anfangs wohl dachte und
dass daher die Crisis bis zu einem gewissen Grade hätte
gemildert werden können, wenn es im rechten Augenblicke
nicht ganz an der zeitgemässen Unterstützung für an sich
solvente Häuser gefehlt hätte, — das haben die späteren
Ergebnisse der Abwicklung der im Administrationsverfahren
befindlich gewesenen Massen der suspendirten Häuser bewiesen.
Die anfangs so lauten Anklagen wider die „Hamburger Schwindler"
mussten später deshalb doch wesentlich modificirt werden.
Auch trug man bei unbefangenerer Betrachtung der natürlichen
Schwierigkeiten des Hamburger Geschäfts Rechnung, Schwierigkeiten, welche sich auf die oben berührten Verhältnisse des
Waarenhandels Hamburg's und in letzter Linie auf die

geographische Lage des Platzes zurückführen lassen. Allein aufrecht zu erhalten scheinen uns die Vorwürfe wegen der Rathlosigkeit in den November- und Decembertagen, nicht, dass man an sich diese Rathlosigkeit nicht entschuldigen könnte, aber sie ging klar und deutlich aus dem Mangel jeder ordentlichen Credit- und Bankorganisation hervor, und dass es Hamburg früher und selbst noch jetzt nach der Crisis an jedem planmässigen Versuche fehlen liess und lässt, eine solche Organisation zu gewinnen, das scheint uns das Bedenklichste zu sein.

Wir müssen in der folgenden Darstellung unvermeidlich Manches des Zusammenhangs wegen mit berühren, das nicht unmittelbar für unsere Zwecke von Bedeutung, wollen uns dabei aber möglichst kurz fassen. Nur das einzelne speciell Hiehergehörige zu erwähnen, ist nicht wohl ausführbar.

Aus der freien Thätigkeit der Hamburger Börse und ihres Vorstands, der Commerzdeputation, gingen allerdings nur sehr geringfügige Massregeln zur gemeinsamen Begegnung der drohenden Gefahr hervor. Man hat dieser Deputation den Vorwurf gemacht, dass sie nicht gleich anfangs, spätestens am 20. oder 21. November, wo die ersten grösseren Schwierigkeiten einzelner Häuser bekannt wurden, eine Versammlung der Kaufmannschaft zur Ergreifung gemeinsamer Abhilfemassregeln anberaumt habe. Die Commerzdeputation bemerkt hiergegen mit Recht in ihrem damaligen Jahresberichte, dass wohl nichts mehr dazu hätte dienen können, die Aufregung und Verwirrung noch zu steigern und ihr späterhin gewiss diese Berufung als Hauptveranlassung des Uebels würde vorgeworfen worden sein. Denn sicherlich ist im solchen Momente eine Versammlung von persönlich so nahe Betheiligten zur Berathschlagung und Vereinbarung von Abhilfe am Wenigsten geeignet, so sehr jeder Einzelne die Nothwendigkeit davon dringend fühlen mag. Man wird hier wiederum sagen müssen, dass die erspriesslichste und wirksamste Hilfe in solchen Fällen stets von einer mit den Verhältnissen genau bekannten Bank geleistet werden wird. Im Momente der Noth

neue Organe auf einmal zu schaffen, welche das Werk der
Abhilfeleistung gut besorgten, hält freilich schwer.

Ganz unthätig war die Commerzdeputation nicht, aber
sie tappte dabei im Blinden umher, und bewies nur, dass die
Crisis Hamburg halb im Zustande der Unbekanntschaft, halb
der Selbsttäuschung über sich überraschte. So gab sie den
Plan bald wieder auf, eine kleine Discontocasse zu gründen,
welche bei früheren Gelegenheiten, z. B. 1848, gute Dienste
geleistet hatte. Denn sie erkannte, dass die Schwierigkeit
nicht wie damals in der Unterbringung der Wechsel der kleineren und mittleren Häuser bestanden hätte. Wirklich in's
Leben trat dagegen, zwar nicht von ihr ausgehend, aber
sofort von ihr unterstützt, ein sogenannter Discontogarantie-
verein. Allerdings hätte dieser, wenn er von früher her
bestanden, längere Erfahrungen gehabt und nicht naturgemäss
die Spuren seines eiligen Zustandekommens in wildbewegter
Zeit an sich getragen hätte, mit einem Worte, wenn seine
Thätigkeit statt von einem ganz neuen Institute, von einer
etablirten grösseren Bank ausgegangen wäre, erspriessliche
Dienste zu leisten vermocht. So konnte jener Verein eine
bedeutendere Wirksamkeit nicht gewinnen, wozu auch schon
seine Mittel zu klein waren, doch hat er immerhin Etwas
genützt und seine späteren Rechnungsergebnisse beweisen,
dass die Verhältnisse der Falliten besser waren, als man
anfangs dachte.

Einen besseren Erfolg hatte die von der Commerzdeputation ausgehende Aufforderung, dass Jeder, soweit es
ihm seine baaren Mittel gestatteten, vor Verfall seine Wechsel
unter den von ihm selbst gestellten Bedingungen einlösen möge.
Von Anfang December an kamen viele Kaufleute demnach
und erleichterten dadurch die Bedrängniss Einzelner oft
erwünscht genug. Das Wesen der Massregel war ein Discontiren der eigenen Wechsel, das wieder den Mangel von Dis-
contbanken ersetzen sollte.

Hiermit waren aber auch die allein von der Kaufmannschaft und ihrem Vorstande ausgehenden Massregeln zu Ende.
Von nun an ist es der Staat, der zu Gunsten der wankenden

Börse intervenirt, theils direct mit seinem Capital, theils
mit seinem Credite. Wessen es damals in Hamburg bedurft
hätte, das wäre der rasche Entwurf grosser, organischer
Pläne und deren unverzügliche Ausführung gewesen. Aber
allerdings „die Hamburger Börse und ihre Führer waren der
Aufgabe der Zeit nicht gewachsen." Wir wollen beiden daraus
nicht den argen Vorwurf machen, den viele deswegen gegen
sie erhoben haben. Solche Einrichtungen zur Abhilfe, wie sie
damals fehlten, sind nicht mit einem Male aus dem Boden
zu stampfen, am Wenigsten sind Zeiten, wie die damaligen
Hamburg's geeignet, sie rasch zu gründen. Nirgends vermochte man anzuknüpfen an ein grosses bestehendes Bankinstitut, das war die Ursache des Scheiterns aller Pläne der
oben angegebenen Art.

Worin lag damals in Hamburg und liegt überhaupt stets
überall in den Höhepuncten der Crisen der eigentliche Kern
des Uebels? Offenbar in dem jetzt ebenso masslos übertriebenen Misstrauen der Besitzer baaren Geldes, welches an die Stelle des bisherigen zu weit gehenden Vertrauens,
wodurch der Creditmissbrauch möglich ward, getreten ist.
Sobald dies klar erkannt ist, ist es möglich, dagegen Abhilfe
zu finden. Von einem übertriebenen Misstrauen kann natürlich
nicht denen gegenüber die Rede sein, welche verdienter
Masen der Crisis zum Opfer fallen, sondern nur denen
gegenüber, welche an sich noch solvent, im Besitze von
geeigneten Vermögensobjecten sind, um allen ihren Verbindlichkeiten nachzukommen, welche aber im Momente nicht die
genügenden disponiblen Gelder haben, um ihre fälligen Wechsel-
schulden zu bezahlen. Diesen Personen gilt es, nicht nur in
ihrem eigenen, sondern im Interesse des Allgemeinen, vor
den Folgen der Crise, welche auch sie hinzuraffen drohen, zu
retten. Es sollen also die Schuldigen von den Unschuldigen,
die Insolventen von den Solventen geschieden werden. Dass
diess nicht für jede individuelle Firma möglich ist, Irrthümer
unterlaufen können, versteht sich von selbst und ist kein Ein-
wand: im Grossen und Ganzen soll es geschehen. Diese
Unterscheidung vorzunehmen ist aber ohne Zweifel eine sehr

schwierige Aufgabe, welche der einzelne Geldbesitzer nicht
lösen kann. Es kommt u. A. dabei vor Allem auch auf die
Vertheilung der Gefahr an, die ein Einzelner nicht allein auf
seine Schultern nehmen darf. Auch in Hamburg ist jene
eben bezeichnete Aufgabe, nach Allem zu urtheilen, nicht durchaus richtig gelöst worden, wohl mehr wegen der inneliegenden
Schwierigkeit und Heiklichkeit der neuen Sache, als dass man
wirklich „die unrettbar unter allen Umständen Insolventen"
hätte vor dem Untergange bewahren wollen, wie man von
mancher Seite den damaligen Hamburger Massregeln und
wie man z. B. auch in England denjenigen vorgeworfen hat,
welche der Suspension der Peel'schen Acte im Interesse der
weiteren Creditgewährungsfähigkeit der Bank das Wort geredet.

Es fehlte in Hamburg namentlich die für eine solche Aufgabe geübte Hand und erprobte Erfahrung. Beides besitzt nur,
und über die sonst nothwendige Kenntniss der Verhältnisse,
der Personen wie ihrer Geschäftsführung, ihrer Vermögens-
lage, verfügt nur ein grosses Bankinstitut, und dieses allein
kann auch über die nothwendigen Mittel disponiren, den absolut nöthigen Beistand dem solventen Kaufmann zu leisten,
damit derselbe nicht ebenfalls der allgemeinen Creditlosigkeit
zum Opfer falle, dadurch die Reihe der Fallimente endlos
machend, noch gezwungen werde, den Verkauf seiner Waaren
und anderer Activen zu Schleuderpreisen zu forciren, um sich
nur, koste es was es wolle, baares Geld zu verschaffen.

Es liegen auch hier Gefahren auf dem Wege, welche
einigermassen denen ähnlich sind, die man mit Recht als die
üblen Folgen der Staatsintervention bezeichnet. Die Frage
steht mit einer früher berührten im Zusammenhang, wo wir
ebenfalls über die Schwächung des Princips der Selbstverantwortlichkeit bereits gesprochen haben. Dass man die Staatsintervention in einem Falle wie dem Hamburger im Princip
nicht vertheidigen wird, versteht sich wohl von selbst. Die
vielen Gegner derselben, welche sich in Betreff Hamburgs
haben hören lassen, gehen aber in ihrem Eifer zu weit und
schütten das Kind mit dem Bade aus.

Gewiss kommt es vor Allem darauf an, den Grundsatz der Selbstverantwortlichkeit, die solide Basis des ganzen modernen Handels, rein und unverletzt zu erhalten. Er muss dem einzelnen Geschäftsmanne als die stete Richtschnur seines wirthschaftlichen Thun's und Lassen's vor Augen stehen. Nur dadurch kann man hoffen, Uebelstände, wie die des Herbstes 1857, wenigstens eine Zeit lang fern zu halten und sie zu mildern. Leider wird dieser Grundsatz immer von Neuem nach Verlauf einiger Jahre wieder vergessen, aber Handelscrisen sind jedenfalls eine gute Lection, ihn abermals einzuschärfen.

Es kommt aber auch darauf an, nichts zu thun, wodurch dies Princip geschwächt werden könne. Gewiss gibt es nichts, was dasselbe so recht an der Wurzel anzugreifen vermöchte, als wenn der Einzelne das Bewusstsein, die sichere Hoffnung haben kann, es werde ihm im Nothfalle eine höhere Hand unverdienter Weise Beistand leisten und ihn den gerechten Folgen seiner schwindelhaften oder unbesonnenen, im eigentlichen Sinne unwirthschaftlichen Geschäftsführung, dem Bankerotte entreissen. Mit Recht wirft man diese Wirkung gegen die Staatsintervention überhaupt ein.

Von diesem Standpuncte aus hat man aber auch oft gegen die Theorie polemisirt, wonach Banken, besonders grosse Monopolbanken, als Retter in der Noth erscheinen sollen. Schon in der blossen Existenz solcher Banken hat man daher wohl eine Schwächung des Princips der Selbstverantwortlichkeit und somit etwas Schädliches gesehen. Unserer Ansicht nach ist in einer solchen Auffassung viel Richtiges enthalten. Die Consequenz davon ginge aber, wie wir schon früher gelegentlich bemerkten, gegen das ganze System der grossen Centralbanken. Wenn man sich aber einmal auf den Boden dieses letzteren Systems stellt, so scheint es uns schwer zu sein, die angeführte Ansicht zu adoptiren. Noch jetzt nach der Hamburger Crisis soll diese Befürchtung, jenen Grundsatz der Selbstverantwortlichkeit und damit die Moralität des Handelsstandes zu schwächen, in den tonangebenden Kreisen der Hansestadt eines der

Hauptmotive sein, der Gründung einer solchen Bank, zumal Zettelbank, entgegenzutreten. Das ist wie gesagt wenigstens ein logisch consequenter Standpunct. Trotzdem scheint es uns, man müsse gerade nach den Erfahrungen der letzten Periode, vor Allem in Hamburg, zugeben, dass man hier vielfach die Gefahren des Systems der grossen Centralbanken über-, und den Nutzen desselben sehr unterschätzt hat. Wir selbst standen früher auch mehr auf der Gegenseite, glauben aber unsere Ansicht etwas modificiren zu müssen.

Wenn Lord Overstone dagegen so oft die Gefährdung des Princips der Selbstverantwortlichkeit wider die Aufhebung der Peel'schen Acte geltend gemacht hat und z. B. die Times im November 1857 sich aus diesem Gesichtspuncte ebenfalls gegen die Suspension aussprachen, so liegt einer solchen Anschauung, wie wir früher hervorhoben, nur ein Mangel an Consequenz zu Grunde, weil Overstone immer von der Nothwendigkeit der grossen Monopolbank ausgeht. Die stricte Anwendung des Grundsatzes des Laissez faire et laissez passer setzt voraus, dass man nicht von vorneherein ihn verletzt hat, wie dies durch die Errichtung von Monopolbanken geschieht.

Hamburg's Ankläger brachen über die dort getroffenen Massregeln den Stab, weil sie „die Symptome der Crisis hätten curiren,“ den „unverdienten Wechselcredit gleich wieder herstellen, die übertriebenen Waarenpreise noch in der Höhe halten wollen.“ Letzteres hat auch nicht einmal die Staatshilfe in Hamburg gewollt, noch viel weniger hat sie es gethan. Die Gegner vergessen die Thatsache, dass, wie vorher der Wechselcredit, die Waarenpreise zu sehr emporgeschraubt waren, sie jetzt in natürlicher Reaction zwar tief fallen müssen, aber zu tief zu fallen drohen. Man kann sagen, das sei nur eine gerechte Ausgleichung, wie z. B. die Times im Jahre 1857 räsonnirten, denen zu Folge den Geldbesitzern und den Consumenten durch die Aufhebung der Peel'schen Acte ein Unrecht geschehen sei, weil diese Leute nun nicht den hohen Zinsfuss erzielt hätten oder zu solch' niedrigen Preisen hätten kaufen können, wie sie blos eine gerechte Entschädigung für lange Zeit zu hohe Preise und zu niedrigen Geldwerth, d. h. Zinsfuss gewesen wären. Hier könnte aber jedenfalls nur von einer gerechten Ausgleichung die Rede sein, wenn d i e s e l b e n Personen, welche bisher beschädigt wurden, jetzt den Vortheil ernteten, was nun und nimmer der Fall ist. Wie die Dinge liegen, gilt es, die übermässige Erhöhung des Zinsfusses zu hindern, zu sorgen, dass nicht auch Solvente. denen es nur momentan an baarem Gelde, nicht aber an werthhabenden Sachen fehlt, falliren, ohne Zweck und Nutzen für irgend Jemand, und dass die Waarenlager nicht zu Schleuderpreisen geleert werden, welche Niemandem als einigen Baissespeculanten, auch nicht dem consumirenden Publicum, am allerwenigsten den Gläubigern der losschlagenden Firma nützen und auch rasch wieder höheren Preisen Platz machen.

Fast alle die Uebelstände, welche in Hamburg zu Tage gekommen sein mögen, sind nicht die Folge eines unwirthschaftlichen Eingriffs in den natürlichen Verlauf, sondern die Folge davon, dass die Hilfe von einer ungeübten Hand und vor Allem, dass sie vom Staate ausging. Dadurch mag es gekommen sein, dass man sich nicht durchweg in allen Fällen entschliessen konnte, die völlig Insolventen, die tief verschuldeten Schwindler ihrem gerechten Schicksale zu überlassen. Dass man übrigens im Allgemeinen nur Würdigen die Wohlthat der Ausnahmsgesetze und der übrigen Ausnahmsmassregeln zu Theil werden liess, hat man hinterher, besonders aus den Ergebnissen der Abwicklung der Massen, sehen können, von denen ein sehr grosser Theil sehr bald die Gläubiger zu voll befriedigen konnte. Man muss zugestehen, dass viele Angriffe in der Presse, die unmittelbar während und nach der Crisis laut wurden, dass z. B. auch viele Anklagen deutscher Handelskammern, z. B. der Elberfelder, deren Jahresbericht sogar zu Beschwerden Seitens der Hamburger Behörden im diplomatischen Wege in Berlin Anlass gab, sehr übertrieben waren. Hamburg's Fehler war unserer Meinung nach, dass es vorher mit Gewalt die Entwicklung von Anstalten gehindert hat, welche hier wie überall jetzt die besten Dienste hätten leisten können, und deren Amt nun doch vom Staate übernommen werden musste, — wie man wenigstens behauptet· Dass das diesmalige Einstehen des letzteren ein Unicum bleiben werde, möchte denn doch zu bezweifeln sein. Wenn man ferner an dem bisherigen Credit- und Banksysteme festhält, wird die Noth des Augenblicks auch wieder bei nicht ausbleibenden Crisen kein Gebot kennen.

Die Aufgabe einer Bank besteht eben darin, die Lücke mit ihrem Credite auszufüllen, welche durch das gänzliche Zurückziehen des Privatcredits entstanden ist. Dass eine solche Anstalt zugleich Zettelbank sei, um, wenn ihr nicht sonst genug Gelder zuströmen, mit einer zeitweise stärkeren Notenemission dem solventen Kaufmann die nothwendige Hilfe zu gewähren, ist jedenfalls wünschenswerth. Eine Bank kann dies wagen, wenn es öffentlich nur der geschwundene Privatcredit ist, welcher den ungewöhnlichen Andrang der Geldgesuche veranlasst, und wenn die günstigen Wechselcurse, der hohe Discont, den sie sich mit Recht bezahlen lässt, die Wegführung des Metall's in's Ausland hindern, ja ihr wahrscheinlich rasch baares Geld von da zuführen. Die Bedenken, welche gerade gegen eine Zettelbank in Hamburg sprechen sollen, hat man wohl übertrieben, wenngleich die Verhältnisse für sie anders und schwieriger waren, wie in England und anderen grossen Staaten. Der Nutzen liegt aber immer darin, dass man auf Grund eines kleineren Baarfonds eine grössere Notenemission vornehmen darf, indem selbst in Crisen der Notencredit nicht so leicht wankt, und dass man auf diese Weise Mittel zur Creditgewährung auch aus anderen Kreisen der Bevölkerung gewinnt. In Hamburg würde das nicht anders sein. Im Principe ist eine weitere Notenemission in Crisen ganz dasselbe, wie die Eröffnung eines Credits gegen Hinterlegung von Staatspapieren in einer Girobank. Auch übersieht man, dass die factische Ausdehnung der Notenemission, um Hilfe leisten zu können, gar nicht immer nothwendig ist. Es kommt oft nur auf die Möglichkeit an, es thun zu dürfen, um eine Wiederherstellung des Vertrauens zu bewirken. Sowie eine grosse Bank zweckmässiger Weise neben der Zettelausgabe

das Depositengeschäft betreibt, ist der naturgemässe Weg,
die Hilfe zu leisten, auch der, dass von der Bank ganz
dieselben Gelder zum Discontiren und Pfandanleihen benutzt
werden, welche durch das Misstrauen der Privaten diesem
Geschäfte entzogen worden sind. Diese Gelder, sowie das
baare Capital, welches durch die sich rasch ausbreitende
Geschäftseinschränkung disponibel wird, wurden an wohl
accreditirte Banken gerade in solchen Zeiten als Depositum
eingezahlt. Hierin lag das Geheimniss, weshalb die Bank von
England im November 1857 so grossartig helfen konnte, ohne
von der Erlaubniss weiterer ungedeckter Notenemission erheblichen Gebrauch machen zu müssen. Vom 19. September bis
25. November stiegen ihre Privatdepositen von 9 auf 15 Mill.
Pf. St. Freilich kommen dieser Bank ganz ungewöhnliche
Umstände zu Gute, wie die Verbindung mit der grandiosen
britischen Finanzwirthschaft, die Einlagen der Staatsdeposicen
und sie geniesst ein altbewährtes, unerschütterliches Vertrauen.
Eine solcke Bank, welche genau in den Verhältnissen der
einzelnen Firmen durch die Geschäftsbeziehungen zu ihnen
orientirt ist, wird auch am Besten das Problem lösen, die
Unterstützung nur Würdigen zu gewähren und sich dadurch
vor Schaden zu hüten. Die Geschichte der englischen Bank
spricht dafür. Auch hat eine solche Bank wenigstens die
Mittel in Händen, um sich einiger Massen über die Reellität
des Wechselverkehrs zu informiren, und sie kann noch am
Leichtesten das System der Wechselreiterei durchschauen.
Dies sind die Grundsätze, auf welchen die gerechtfertigte
mit den Freihandelsprincipien nicht collidirende Intervention
einer Bank beruht.

Ein solches Institut fehlte Hamburg und der Staat musste
eintreten, ein jedenfalls viel gefährlicherer Weg der Abhilfe
wurde beschritten. Die einzelnen Phasen in dieser Entwicklung
bezeichnen ebenso viele Versuche, die Thätigkeit einer Bank
zu ersetzen. Am 29. November wurde eine Staatslombard-
bank errichtet, welche Waaren und solide Werthpapiere bis
zu zwei Drittel ihres Werths für den Betrag von 10, höchstens
15 Mill. M. B. beleihen durfte. Sie gab dafür Kammer-

mandate, d. h. Solawechsel auf die Staatscasse aus, die
längstens bis 31. Juli verfielen, — eine Art verzinslichen
Staatspapiergeldes ohne Zwangscurs. Am 6. December wurde
eine Staatsdiscontocasse, mit 15 Mill. M. B. dotirt, errichtet.
Fünf Millionen davon wurden der alten Girobank entnommen
gegen Depot von Werthpapieren. In der Girobank wuchsen
die Einlagen während der Crisis rascher. Es war das der
eben erst erwähnte Process, der einer gewöhnlichen Bank
ebenfalls zu Statten gekommen wäre, und die damalige Verwendung eines Theiles des müssigen Saldo beruhte auf demselben Principe, wie die gleichzeitige Verfahrungsweise der
Bank von England. Die übrigen zehn Millionen für die Discontocasse lieh bekanntlich die österreichische Nationalbank
her. Von der Classenunterstützung schritt endlich der Staat
am 12. December sogar zur Unterstützung der Individuen,
gewiss die bedenklichste Massregel von allen. Die österreichischen zehn Millionen wurden einer Vertrauenscommission
zur Verfügung gestellt, um einige der grössten Häuser vor
der drohenden Zahlungseinstellung zu retten. Eine Reihe
sonstiger zum Theil mit allem Ungestüm von leidenschaftlich
bewegten Massen befürworteter Massregeln, welche eine offenbare
Rechtsverletzung enthielten, wie die Emission grosser Summen
uneinlösbaren Papiergeldes mit Zwangscurs, der Erlass eines
allgemeinen Moratoriums, die Aufhebung des Artikels 29 der
Wechselordnung, unterblieben zum Glück. Dass man daran
nur dachte, gibt uns einen Begriff von der herrschenden
Rathlosigkeit und scheint uns ein Beleg für die Nothwendigkeit
eines ordentlichen Banksystem's zu sein. Der Vervollständigung
wegen sei dann endlich noch die Einführung eines Admini-
strationsverfahrens für die zahlungsunfähigen Häuser an Stelle
der bestehenden Concursgesetzgebung erwähnt, womit die
Ausnahmsmassregeln zur Zeit der Crisis alle genannt sind.

Die Wirkung all' der Massnahmen zur Abhilfe lässt sich
auch in Hamburg weniger auf die materielle Bedeutung derselben zurückführen, als auf den moralischen Einfluss, den sie
hatten. Das Vertrauen erstand wieder, sobald nur der Glaube
an die Möglichkeit, Unterstützung mit Credit zu erhalten,

sich wieder befestigte. Insoferne wirkte in Hamburg das
Zugeständniss der Staatshilfe als Thatsache gerade so, wie
in Newyork die zeitweilige Baarzahlungssuspension der Banken,
und wie in London die Beseitigung der Peel'schen Acte.
Man kann auch daraus wieder einen Schluss zu Gunsten
unserer früheren Ansichten über diese Dinge ziehen.

6. Die Crisis von 1857 in England und die Thätigkeit der Bank von England während derselben.

Gehen wir endlich zum Schlusse noch auf die Creditcrisis
in Grossbritannien selbst ein. Hier war vor Allem die
Handels- und Fabriksthätigkeit in den letzten Jahren vor
1857 ebenfalls in hohem Masse überspannt worden, wie in
der Crisis recht zum Vorschein kommen sollte. Daneben
hatte der britische Handel sich verhältnissmässig immer mehr
nach aussereuropäischen Ländern gewandt, je mehr ein Theil
des Festlandes selbst ein concurrenzfähiges Fabrikswesen
auszubilden wusste. Die europäische Ausfuhr des vereinigten
Königreiches betrug statt fast 50 Procent, wie noch zu Beginn
der vierziger Jahre, nur noch 33 Procent der inzwischen mehr
als verdoppelten Gesammtausfuhr. Der grössere Theil des
britischen Ausfuhrhandels ist mithin jetzt auf ein risconteres
Absatzfeld angewiesen, und hat deshalb von Schlägen, die
ihn von hier aus um so leichter treffen können, viel mehr zu
leiden, wie früher.

Zu diesem an sich schon überspannten Zustande des
Handels kam als weiterer schlimmer Factor ein besonders
durch Wechselreiterei arg gemissbrauchter Credit und ferner
ein seit längerer Zeit bereits spürbarer Mangel an Baar-
capitalien. In dieser Lage der Dinge traf England die
Nachricht von der indischen Rebellion, wodurch neue Ansprüche an den Geldmarkt in Aussicht gestellt wurden, und
ebenso die ersten, Anfang September anlangenden Botschaften
über die nordamericanische Crisis. Die unmittelbare empfindliche
Wirkung der letzteren war für Europa das Ausbleiben der
Goldsendungen, von welchen bisher allwöchentlich fast eine

Million Dollars mit den Newyorker und Bostoner Dampfern überbracht worden war. Der hohe Discont und die stark sinkenden Wechselcurse in Newyork hinderten die Ausfuhr des californischen Goldes, ja sie führten sogar bald zur Uebersendung von Metall von Europa nach America. So wirkten jetzt auf die Verminderung der Baarfonds der Banken gleichzeitig der Geldexport nach Newyork und indirect der gerade in jenen Monaten enorme Silberexport nach Asien hin. Unter solchen Umständen erfolgten die ersten Discontoerhöhungen der Bank von England am 8. October von 5½ auf 6, am 12. auf 7, am 19. auf 8, am 5. November auf 9 Procent; der Bank von Frankreich am 13. October von 5½ auf 6½, am 20. auf 7½; der von Preussen am 3. October von 6 auf 6½, am 7. November auf 7½ Percent.

Nun brachte aber jede Post immer neue Massen protestirter Wechsel aus America zurück und die davon betroffenen Firmen oder solche, deren erhoffte Rimessen ausblieben, wurden zur Zahlungseinstellung gezwungen. So brachen Mitte October die ersten grösseren Fallimente in den vorzüglich mit Nordamerica engagirten Plätzen, in Liverpool, Glasgow, London aus. Gleich hier sollte sich ein schreckenerregendes System der Wechselreiterei, namentlich in Glasgow, im Yorkshirer Wollfabrikdistrict enthüllen. Eine Reihe der „respectabelsten Häuser,“ Kaufleute und grosse Fabrikanten, erwiesen sich als leichtsinnige Schwindler, deren Geschäfte zum Theil seit Jahren mit Verlust betrieben und nur mit Hilfe einer förmlich organisirten Wechselreiterei oder eines Systems von Accommodationswechseln aufrecht erhalten worden waren, bei welchem die Acceptanten und Giranten in der regelmässigen Provision eine förmliche Besoldung bezogen. So hatten die Häuser M'Donald und Comp., Wallmik und Comp. und Monteith und Comp. in Glasgow Dutzende bezahlter Acceptanten, deren Adressen in ihren Wohnorten bei der gerichtlichen Untersuchung zum Theil nicht einmal aufzufinden waren. Eine solche Wirthschaft brach zusammen, sobald der gewohnte Credit nicht länger gegeben wurde. Denn diese Art Geschäftsleute hatte immer nur neue Wechsel discontiren lassen müssen, um die alten abbezahlen zu können.

Eine Reihe von Banken hatte sich anfangs meist unwissentlich, später halbgezwungen, um die ihnen stark verschuldeten Firmen nicht stürzen zu lassen, in dies Gefälligkeitswechselsystem verwickeln lassen. Einige Banken waren dadurch genöthigt worden, mitunter mehr als ihr ganzes eigenes Capital an zwei oder drei, selbst wohl an ein einzelnes Haus oder ein industrielles Etablissement herzuleihen, wo dann die Anlage eigentlich zu einem ganz unrealisirbaren Posten geworden war. Denn im einen Falle musste der Credit immer wieder erneuert, in der Regel sogar noch ausgedehnt werden, d. h. die Bank hatte immer von Neuem das Accommodationspapier zu discontiren, selbst wenn sie dessen Character längst erkannt hatte, denn ohne diese Vorschüsse würde das Haus sofort gestürzt sein und die Bank vielleicht selbst mit in den Ruin gezogen, jedenfalls sie arg beschädigt haben. Im anderen Falle war das Darlehen wohl mitunter ganz zu fixen Capitalanlagen des Entlehners verwendet und die Bank konnte gar nicht daran denken, den Posten zu kündigen und rasch einzuziehen, selbst wenn er wenigstens hypothecarisch gesichert war. Es ist 1857 vorgekommen, dass Banken Activa im Betrage von Millionen Pfund Sterling ganz in Forderungen an schlechte Eisenwerke stecken hatten. Immer war es die Verletzung des ersten, unumstösslichen Grundsatzes des modernen Bankwesens, welche die Banken zu Fall brachte: die Activa waren nicht leicht realisirbar erhalten.

Derartige Umstände bewirkten den Bankerott dreier grosser Actienbanken und die temporäre Zahlungseinstellung zweier anderer. Zu den ersten gehörte die Liverpool-Borough-Bank in Liverpool, welche am 28. October erlag. Sie war eine reine Depositenbank, der von ihren 1½ Mill. Pf. St. Depositen in letzter Zeit ½ Mill. entzogen worden; es hat sich aber ergeben, dass sie schon vor der Crisis fallit war und im Juni 1857 eigentlich ihr ganzes Capital von 950,000 Pf. St. und ihren Reservefonds von 101,000 Pf. St. schon

verloren hatte, obgleich sie damals noch eine Semestraldividende
von 5% zahlte. Die Versuche, von der Bank von England
weiteren Credit zu erhalten, um die Crisis zu überstehen,
scheiterten, weil die Bank keine genügende Sicherheit mehr
geben konnte. Ferner fallirte die Western Bank of Scotland
in Glasgow, seit langer Zeit der erste Fall der Insolvenz
einer schottischen Bank, am 9. Nov. Sie vor Allen hatte
sich in das Accommodationspapier der drei vorhin genannten
Firmen verstricken lassen, welch' letztere ihr zusammen
1.200,000 Pf. St. schuldeten; ferner litt sie zumeist unter der
americanischen Crisis, weil sie, den Grundsätzen jeder ordentlichen Bank zuwider, gegen kleine Provision auf sich von
Newyork aus hatte massenhaft ziehen lassen. Schliesslich
unterlag sie besonders den Schlägen von Fallimenten der
Glasgower Häuser im americanischen Handel und noch zuletzt
traf sie der Sturz einer der grössten dieser Firmen, Deni-
stoun und Comp., welche am 7. November mit über 2 Mill.
Pf. St. ihre Zahlungen einstellte, später aber zu voll Alles
berichtigte. Auch die Versuche, die Western Bank zu halten,
mussten sofort bei näherer Untersuchung ihrer Lage aufgegeben
werden. Bei der schliesslichen Abwicklung ergab sich ein
Verlust-von über 2 Mill. Pf. St., so dass die Actionäre bei
der unbeschränkten Haftbarkeit noch Nachschüsse leisten
mussten. Die Western Bank hatte über 100 Zweigbanken in
allen Landestheilen und 6 Mill. Pf. St. Depositen, daneben
eine autorisirte Notenemission von ⅓ Mill. Pf. St. Sie, wie
die zwei Tage nach ihr zeitweilig suspendirende City of
Glasgow Bank, welche bald wieder baar zahlen konnte, hätten
Münze genug gehabt, um ihre Noten einzulösen, aber es fehlte
an flüssigen Zahlungsmitteln zur Herausgabe der Depositen.
Diese beiden schottischen Banken waren schliesslich einem
Run erlegen, da die Activa wegen des Unbezahltbleibens der
Wechsel werthlos wurden, oder nicht rasch zu realisiren
waren. Fast noch grösser wie bei der Western Bank erwies
sich die Misswirthschaft bei der Northumberland and Durham
Districtbank in Newcastle, welche ihr Capital und einen grossen
Theil ihrer Depositen in einer Forderung an ein Eisenwerk

festgelegt hatte. Sie wurde am 26. November zur Zahlungssuspension genöthigt, nachdem sich die nachgesuchte Hilfe
der Bank von England als unmöglich bei dem vorgefundenen
Status des Etablissements erwiesen hatte, — ein Fall, wo
die Bank von England also auch nach der Suspension der
Peel'schen Acte nicht die „unter allen Umständen unrettbar
Insolventen" gerettet hat, wie die Anhänger des Gesetzes
von 1844 stets so gerne behaupten. Endlich ist noch die
Wolverhampton and Staffordshire Bank, ebenfalls keine Zettelbank, zu nennen, die vorübergehend ihre Zahlungen am 17. Nov.
einstellen musste. Der Rückschlag der americanischen Crisis
auf die Eisendistricte war daran Schuld.

Die rasch sich mehrenden Fallimente, die Zahlungseinstellung der genannten Banken, die Gerüchte über die
Schwierigkeiten, in welchen andere Häuser und Banken sich
befinden sollten, hatten unterdessen Anfang November die
Lage des Geldmarkts immer schlimmer gemacht. Um die Goldausfuhr zu hemmen, war der Minimaldiscont der Bank am
9. November auf 10 Procent erhöht worden; noch niemals
früher hatte er diese Ziffer erreicht. In Newyork und Boston
kamen im Monat November 4 Mill. Doll. baares Geld aus
Europa an, darunter fast 3 Mill. Doll. von Liverpool allein.
Die Bank von Frankreich folgte am 11. November der englischen in der Disconterhöhung auf resp. 8, 9 und 10 Procent
für 1 bis 3 Monat Verfallzeit.

Gleichzeitig stellte sich jetzt bei der Bank von England
auch eine starke inländische Nachfrage ein, besonders um
einige der überlaufenen englischen Provincial-, schottischen
und irischen Banken zu unterstützen. Letzteres geschah auch
in der ersten Hälfte November bis zu einem gewissen Umfange.
Die drohenden Fallimente in Glasgow verursachten ein
allgemeines Misstrauen auch gegen andere Banken und in
Irland zeigte sich dieselbe Erscheinung, ohne dass daselbst
aber eine Bank wirklich gefallen wäre. Von London aus
wurden nach Schottland über 1 Million, nach Irland einige
hundert tausend Pfund Sterling geschickt. Das Bekanntwerden
dieser Thatsache, verbunden mit einigen anderen Erleich-

terungen, besonders der sehr coulanten Auszahlung von Geld
Seitens der überlaufenen Banken, genügte, das Vertrauen
einiger Massen wieder herzustellen. Bekanntlich gibt es in
Schottland und Irland keine Noten unter 1 Pf. St., in England nicht unter 5 Pf. St. Dennoch wurden im ersten Schrecken
viele dieser Noten, worin die kleinen Leute z. B. in Glasgow
bei den Sparbanken ihre Einlagen zurückgezahlt erhalten
hatten, bei den Banken zur Einlösung präsentirt. Man kann
daraus entnehmen, was bei Noten in noch kleineren Appoints
geschehen würde. Die Ansicht, wornach ein solches Ueber-
rennen Seitens kleiner Leute nicht bedenklich werden könnte,
weil die Noten im Verkehre „nicht zu entbehren" wären,
bedarf jedenfalls der Einschränkung.

Die Bank von England hat durch die eben erwähnten
Unterstützungen gewiss Dankenswerthes geleistet, und wohl-
bemerkt, immer noch innerhalb der Grenzen der Peel'schen
Acte. Allein nun war auch ihr Baarfonds und relativ noch
stärker ihre Reserve bedeutend gesunken, so dass die letztere
eine bedenklich niedrige Ziffer erreichte. Nachdem schon
manche Ursachen der Aengstlichkeit beseitigt, vermehrte
seinerseits das Bekanntsein des Umstandes, dass die Bankreserve ganz abzulaufen drohe, von Neuem das Gefühl der
Bangigkeit und Alles wandte sich mit Discontirungsgesuchen
an die Bank, in der Furcht, von ihr bald gar keinen Beistand
mehr erhalten zu können. Bisher hatte die Bank das Möglichste gethan, um durch Gewährung von Vorschüssen in allen
den Fällen, wo sich ihre Beamten von der inneren Solvenz
eines gefährdeten Hauses überzeugen konnten, zu retten, wer
zu retten war und dadurch der Crisis Einhalt zu gebieten.
Seit August waren ihre Privatsicherheiten von weniger als 18
auf über 26 Mill. Pf. St. am 11. Nov. gestiegen. Namentlich
die Discontirung von Wechseln hatte sich stark ausgedehnt;
aber trotzdem die Bank sich die Mittel dazu theilweise durch
Realisirung von Fonds, theilweise durch die starke Vermehrung
der Einlagen der Privatdeponenten, — eine bereits früher
von uns erwähnte Erscheinung, deren Bedeutung am Besten
aus der Thatsache erhellt, dass allein die Guthaben der

Londoner Banquiers, die sonst bloss an 3 Mill. betrugen, am
12. November auf 5½ Mill. Pf. St. gewachsen waren, — zu
verschaffen vermochte, musste sie doch auch den grössten
Theil ihrer verfügbaren Reserve zur Gewährung jener Vorschüsse benützen. Am 11. November war ihre Reserve (Noten
und Handcasse) auf 1.462,000 Pf. St. gesunken. Die Leute,
welche Vorschüsse von der Bank begehrten, hatten meist gar
nicht die Absicht, die erhaltenen Noten unmittelbar zu
benutzen, geschweige damit Gold zur Ausfuhr aus der Bank
zu ziehen, wie denn die Ausfuhr damals fast ganz aufgehört
hatte. Aber sie wollten nur für alle Fälle gedeckt sein. Die
Gefahr, dass das Bankdepartement bald nichts mehr werde
darleihen können, erhöhete deshalb, so lange dasselbe noch
Vorschüsse machen konnte, die Intensivität der Nachfrage
darnach. Die erhaltenen Noten wurden dann wohl sofort als
Depositum bei einer Bank, und von dieser mittelbar wieder
bei der Bank von England, oder gleich direct bei letzterer
eingelegt, woraus sich eben die gleichzeitige Zunahme der
Depositen und Ausdehnung der Vorschüsse dieses Etablissements erklärt. Oder die Noten wurden auch wohl einstweilen
von den Darlehensempfängern selbst bei sich aufbewahrt, so
dass die „Circulation" der Noten grösser erschien, ohne dass
man daraus auch selbst nach der Currencytheorie auf einen
entsprechenden Einfluss der grösseren Geldmenge auf den
Geldwerth und auf die Fortdauer des Metallabflusses schliessen
dürfte, weil die Noten bloss müssig lagen. Die Leute scheuten
sich nicht, den Zinsenverlust zu tragen, wenn sie nur für alle
Fälle parate Mittel hatten, entweder als Depositum in der
Bank oder bei sich zu Hause in Form von Noten.

Kann man auf der einen Seite eine Verstärkung des
Andrangs um Discontirung bei der Bank aus der Wirksamkeit
der Peel'schen Acte ableiten und insoferne der letzteren
damaligen Einfluss als schädlich bezeichnen, so muss man auf
der anderen auch eine besondere Einrichtung des Londoner
Geldgeschäfts sehr gefährlich nennen, weil dadurch in critischen
Momenten stets der ganze Druck gewaltsam auf die Bank
von England hingelenkt wird. Es ist dies die eigenthümliche

Stellung, welche die Billbroker oder Wechselhändler (Wechsel-
makler) in London einnehmen und die mindestens gesagt
sehr riscante Weise, nach welcher diese ihr Geschäft betreiben,
oder wenigstens betrieben haben; denn neuerdings sind einige
Aenderungen dabei eingetreten, seitdem die Bank von England
den Billbrokers principiell eine besondere Art Credit nicht
mehr gewährt.

Der Bericht der Unterhauscommission von 1858 bemerkt
über die Billbroker u. A. Folgendes: „Die Masse der Depositen
des Vereinigten Königreiches findet ihren Weg zur Beschäftigung im Handel und gravitirt namentlich nach London,
dem Mittelpuncte der commerciellen Thätigkeit, hin, wo sie
zunächst zur Discontirung von Wechseln oder in anderen
Vorschüssen der Londoner Banken an ihre Kunden verwendet
wird. Derjenige grosse Theil indessen, für welchen die Banken
selbst keine unmittelbare Verwendung wissen, geht in die
Hände der Billbroker über, welche dafür dem Banquier Handels-
wechsel, die bereits von ihnen für Personen in London oder
in der Provinz discontirt wurden, als Sicherheit für die vom
Banquier vorgeschossene Summe geben. Der Billbroker ist
dem Banquier für die Zahlung dieses Geldes sofort, wenn es
verlangt wird (at call), verpflichtet. Die Grösse dieser Umsätze ist so gross, dass Herr Neave, der gegenwärtige Bank-
gouverneur angab, „„wir kennen einen Broker mit 5 und vermuthen, dass ein anderer zwischen 8 und 10 Mill. Depositen
hat, einer besitzt 4, ein anderer 3½, ein dritter 8 Mill.""
Die Billbroker sollen nun ihre enormen Umsätze ohne jede
baare Reserve bewerkstelligt haben, indem sie sich blos auf
das Ablaufen ihrer fälligen Wechsel und schlimmsten Falls
auf die Möglichkeit verliessen, Vorschüsse von der Bank von
England auf die Sicherheit ihrer discontirten Wechsel zu
erhalten. Im Geschäfte mit den Brokern hat die Bank übrigens
schon vor der Crisis im Winter 1856/57, wo ebenfalls ein
starker Druck auf dem Geldmarkte herrschte, die Vorschüsse
an diese Broker auf 30 Tage beschränkt, so dass diese Leute
Wechsel von nicht über 30 Tage Verfallzeit einbringen
mussten, wobei der Zweck war, solch' eine Verfügung über

beständig wieder zurückkehrende Ressourcen der Bankreserve zu haben, dass dadurch die Lage der Bank in dieser Hinsicht gesichert würde." Das unvermeidliche Resultat dieses ganzen Systems und der Geschäftsführung der Depositenbanken (der grossen Londoner Joint-Stock-Banken) war nun, „dass die Banken in einer Zeit der Geldklemme und des Allarms ihre Discontirung fast ausschliesslich auf ihre eigenen Kunden beschränken und beginnen, ihre Reserven in ihrer eigenen Hand wie in der Bank von England zu verstärken." Hierdurch hören also die Zuflüsse von Geldmitteln an die Billbroker zeitweilig auf, umgekehrt werden letztere jetzt viel Geld zurückzahlen müssen, das ihnen theils aus Misstrauen, theils aus reelem Bedarf von den Banken', ihren Gläubigern, gekündigt wird. Sie müssen also auch ihrerseits ihre Discontirung beschränken, um so mehr, als ihnen viele Wechsel, auf deren Eingang sie zur Erfüllung ihrer Verpflichtungen rechnen mussten, nun unbezahlt bleiben und weil sie leichtsinniger Weise gewohnt waren, fast ganz ohne Baarfonds ihre grossen Geschäfte zu betreiben. In Folge dessen „waren die Billbroker genöthigt, die Bank von England um ihren Beistand anzugehen, und zwar in solchem Umfange, dass das bedeutendste Haus zur Bank mit der Frage kam, ob es Discontirung zu einem unbegrenzten Betrag haben könne und in der That an einem einzigen Tage, am 12. November, nicht weniger als 700,000 Pf. St. empfing."

Unter solchen Umständen hörte die Discontirung in London ausserhalb der Bank von England fast ganz auf, und Alles hing von dieser letzteren ab. Den Höhepunct erreichte die Geldklemme und das Misstrauen in London am 11. November, den die Times „den ängstlichsten Tag in der City seit der Höhe der Panique von 1847" nannten. Es wurde an demselben die Zahlungseinstellung der City of Glasgow Bank bekannt und eines jener grossen Londoner Disconthäuser, Sanderson, Sandeman und Comp., suspendirte mit nicht weniger als 5,³ Mill. Pf. St. Passivis, letztere Ziffer allerdings mit Inbegriff aller Giroverbindlichkeiten auf Wechseln. Dasselbe Haus hatte schon 1847 mit 2,⁷ Mill. Pf. St. fallirt und damals 180,000

Pf. St. eigenes Capital besessen, jetzt vermuthlich nicht den
vierten Theil davon. Auch noch ein zweiter Billbroker brach
zusammen, mit 3—4 Mill. Pf. St. Passivis und bloss 45,000
Pf. St. Capital. Die oben genannten drei Banken in Liverpool, Glasgow und Newcastle nebst diesen beiden Billbrokers
in London trugen nach der Aeusserung des Commissions-
berichts mehr als alles Andere zur Steigerung des Misscredits
bei. Der Fall dieser fünf Etablissements lässt sich nach
diesem Berichte auch auf nichts Anderes als die eigene in-
härente Ungesundheit zurückführen, welche das natürliche,
unvermeidliche Resultat ihrer eigenen Missverwaltung war.
Hier begegnet man eben überall dem im bisherigen Verlaufe
mehrmals characterisirten ausgedehnten System der Gefällig-
keitswechsel und der offenen ungedeckten Credite. Dasselbe
dehnte sich in England hauptsächlich mit Hilfe der Provincial-
Joint-Stock-Banken aus, welche alsdann wieder die Wechsel von
den Billbrokers am Londoner Markte rückdiscontiren liessen,
wobei diese Wechsel nur auf den Credit der Bank allein,
ohne Rücksicht auf die Qualität an sich, genommen wurden.
Der Billbroker überliess sich dabei eben dem Glauben, dass
er, wenn die Bank suspendirte und die Wechsel bei Verfall
unbezahlt blieben, von der Bank von England unmittelbare
Hilfe erhielte, die ihn vor den Folgen seiner Verfahrungsweise rettete. Ohne Zweifel war hier sehr vieles faul. Aber
die neuesten Erfahrungen beweisen denn doch, wie irrig es
sei, stets solche Uebelstände auf eine bestimmte Creditform
zurückzuführen. Früher geschah dies ganz allgemein in der
Anklage gegen die Zettelbanken, die vermeintlich allein „solchen
Schwindel" ermöglichten. Die Pläne der Currencyschule nahmen
diese Auffassung zum Ausgangspuncte, daher denn die später
als so unhaltbar sich erweisende Hoffnung, Creditcrisen und
Ueberspeculation durch „Regulirung" des Zettelwesens in Zukunft verhüten zn können. Die Verhältnisse von 1857 lehrten,
dass die reinen Depositenbanken am Meisten wegen der Begünstigung jener Schwindeleien anzuklagen waren. Aber die
wiederum verschiedenen Verhältnisse in Nordamerica, Nordosteuropa und Hamburg mit seinem rein metallischen Geld-

wesen zeigen uns auch, dass in der That, wie der erwähnte
Commissionsbericht sagt, „kein System des Geldweseus ein
Gemeinwesen vor den Folgen seiner eigenen Unklugheit in
Handelsangelegenheiten bewahren kann." Um die Zeit, als jener grosse Billbroker fallirte, hatte
thatsächlich die Goldausfuhr bereits ganz aufgehört. Im
Gegentheil begann damals schon das Gold von Newyork
wieder zurückzukehren. Die Verminderung des Baarfonds der
Bank von England geschah nur noch in Folge des Andrangs
zu den schottischen und irischen Banken. Noten konnten
hierhin nicht gesendet werden, weil sie daselbst nicht gesetzliches Zahlungsmittel sind. Durch den Abfluss in's Ausland
ist der Baarvorrath der Bank nicht viel unter $8\frac{1}{2}$—9 Mill.
Pf. St. heruntergedrückt worden. Die weitere Verminderung
bis auf das damals erreichte Minimum von $6\frac{1}{2}$ Mill. Pf. St.
ist ausschliesslich dem inländischen Drain zuzuschreiben. Das
hierhin gehende Gold musste aller bisherigen Erfahrung nach
noch rascher wie das in die Fremde geschickte zurückkehren.
Es waren mithin alle die Umstände vorhanden, welche eine
eventuelle weitere Notenemission der Bank wünschenswerth
und ungefährlich erscheinen lassen konnten. Dass dabei
die Rettung der verschuldet Insolventen nicht beabsichtigt
wurde und bei den feststehenden Geschäftsgrundsätzen der
Bank auch nicht zu befürchten war, haben wir zu wiederholten
Malen bestätigt gefunden.

Das war nun gerade die Lage der Dinge, wo man die
Wirksamkeit der Peel'schen Acte angreifen muss, weil das
Gesetz unnöthig die Geldklemme steigerte, indem es die Befürchtung erweckte, dass bald alle Creditgewährung aufhören
würde. Die Gefährdung der Convertibilität der Note stand
ganz ausser Frage. Nach der strictesten Auslegung der
Currencytheorie selbst konnte davon keine Rede seiu, denn
die Abnahme des Baarfonds zeigte damals nicht den Abfluss
des Metalls in's Ausland an und schon nahm der Baarfonds
überhaupt kaum mehr ab, sondern nur die Reserve des Bankdepartements verminderte sich in bedenklicher Weise, weil
die Bank fortfuhr, daraus Vorschüsse zu gewähren. Am

10. November noch 2,⁴², betrug sie am 11. nur noch 1,⁴⁶ und am 12. nur noch 0,⁵⁹ Mill. Pf. St. gegenüber 18¼ Mill. Pf. St. Depositen, wovon fast 13 Mill. von Privaten. Die Deckung war am 12. November also nur noch 3 Procent.

Unter diesen Umständen hätte die Bank durchaus längst ihre Vorschüsse beschränken müssen, wenn sie innerhalb der Acte bleiben wollte. Der Umstand, dass sie es trotzdem nicht that, scheint uns ein nicht unwichtiges Argument gegen das Gesetz von 1844 zu sein. Zwar sagen die Bankgouverneure, welche für die unveränderte Aufrechthaltung der Acte sich im Jahre 1858 aussprachen, dass sie ohne die am 12. November ertheilte Erlaubniss des Ministeriums nicht gewagt haben würden, dem Publicum solchen umfassenden Beistand zu gewähren. Allein hätten sie dann wohl ihre Reserve auf einen so geringfügigen Betrag schon vorher ablaufen lassen? Das riskirten sie aber doch nur, weil sie die stricte Aufrechthaltung der Acte im Interesse der Noteneinlösbarkeit offenbar nicht für absolut nothwendig hielten. Konnten sie es verantworten, die baare Casse des Bankdepartements bis auf 1½, ja bis auf weniger als ⅗ Mill. Pf. St. gegenüber den vielen Millionen fast ganz auf Verlangen sofort zurückzuzahlender Depositen sich vermindern zu lassen? Die Lage des Bankdepartements war damals in der That sehr riskant. Würde sich die Bank geweigert haben, weiter zu discontiren, so würde dadurch gewiss die Klemme, das Misstrauen noch verschlimmert worden sein. Sehr leicht wäre es dann wie im Monat vorher in Newyork gegangen: um die Bank zu zwingen, die Acte zu brechen und sie in die Lage zu versetzen, wenigstens eventuell mehr Vorschüsse geben zu können, hätte vielleicht auch eine massenhafte Kündigung von Depositen Statt gefunden. Diese zu befriedigen, hatte die Bank aber gar keine Mittel mehr. Ausserdem lag bei dem grossen Verlangen nach Geld die Befürchtung nahe, es könnte bei noch höher steigendem Discont eine stärkere Rückförderung der Depositen, welch' letztere bisher wegen des erschütterten Vertrauens gegen andere Banken ihr gerade zu ihrem Glücke in Masse zugeführt worden waren, erfolgen, weil das Privatcapital in der Aussicht auf den höheren Gewinn das grössere Risiko vielleicht nicht länger gescheut hätte. Nur die starke Zunahme der Privatdepositen hatte die Bank bisher vor einer Verletzung der Peel'schen Acte geschützt. Fasst man das Alles zusammen, so scheint es uns ganz unbestreitbar, dass die Bankdirection von vorneherein den Bruch der Acte als möglichen Fall im Auge gehabt hat. Daraus folgt dann aber, dass die Personen, welche sonst in dem Gesetze von 1844 das alleinige Sicherungsmittel der Noteneinlösbarkeit sehen wollen, damals offenbar der Acte selbst in Mitte der Crisis diese Bedeutung nicht zuschrieben, denn sonst würden sie nicht das Gesetz auf's Spiel gesetzt haben. Die Bankgouverneure sagten freilich aus, dass sie selbst auf Grund der ministeriellen Gutheissung nicht gewagt haben würden, weitere Vorschüsse zu gewähren, wenn der Baarvorrath bedeutend kleiner gewesen wäre. Hierin liegt aber das Eingeständniss, dass es in den Höhepuncten der Creditcrisen, sobald die Metallausfuhr in die Fremde aufgehört hat, erlaubt ist, ohne Gefährdung der Noteneinlösbarkeit einen Theil des zur Sicherung der letzteren parat gehaltenen Baarfonds für andere Zwecke mit zu verwenden. Wir haben für die Richtigkeit dieses Satzes oben schon plaidirt: die Bankgouverneure bestätigen ihn nur. Er spricht jedenfalls gegen die Trennung der Bank in zwei Departements. Allerdings führen die Bankgouverneure die Höhe des damaligen Baarfonds ebenfalls auf das Gesetz von 1844 zurück. Allein wir haben wiederholt gesehen, dass der Beweis dafür nicht zu führen ist. Damit fällt aber bei richtiger Consequenz des Raisonnements Alles zusammen, was zur Vertheidigung der Peel'schen Acte gesagt worden. Aus diesem Grunde scheint uns auch die Ansicht der Bankgouverneure und des Berichts der Unterhauscommission von 1858, welch' letztere sich im Allgemeinen ganz den Bankgouverneuren anschloss, durchaus nicht unzweifelhaft, wonach nemlich die Politik, zu welcher die Bank durch die Acte von 1844 gezwungen wird, die Bank in eine solche Lage versetze, dass sie zur Zeit des schwersten Gelddruckes der Handelswelt umfassenderen Beistand leisten

könne,· als sonst ohne die Acte der Fall sein würde. Das
gerade Gegentheil davon scheint uns aus einer unbefangenen
Prüfung der in Betracht kommenden Thatsachen hervorzugehen.
Jedenfalls fühlte die Bankverwaltung und der Schatzkanzler mitten in der Bedrängniss der Londoner City schliesslich
doch blos den eine weitere Creditgewährung schädlich hem-
menden Einfluss der Acte, ganz wie wir dies soeben entwickelt
haben. Die Folge davon war, dass endlich wiederum wie im
Jahre 1847 die Peel'sche Bankacte einseitig auf die Verantwortung des Ministeriums hin suspendirt wurde. Am
12. November erhielt die Bankdirection in einem Schreiben
Lord Palmerston's und Sir Cornwall Lewis' die Ermächtigung, die Vorschüsse unter Beibehaltung des zehnprocentigen
Disconts eventuell auch über die durch die Acte von 1844
der Notenemission gezogene Grenze auszudehnen, wofür das
· Ministerium dann beim Parlamente eine Indemnitätsbill ein-
holen wollte. Dieser Schritt war gewiss trotz aller Gegen-
demonstrationen der Times, welche hier die ganze englische
Presse gegen sich hatten, sowohl im Interesse des Publicums
wie der Bank unabweisbar geboten. Wenn Etwas zu bedauern
war, so war es das, dass er erst jetzt geschah und inzwischen
die Geldklemme durch die Gefahr, die Bankreserve ganz
ablaufen zu sehen, unnöthig gesteigert wurde.

Auch wenn nicht wie 1847 die blosse Ankündigung der
Suspension zur gänzlichen Herstellung des Vertrauens hin-
reichte, sondern die Acte wirklich überschritten werden
musste, so kann man doch trotz der vielen noch folgenden
Fallimente, besonders im scandinavischen und Continentalhandel, und der Suspension zweier weiterer bedeutender
Provincialbanken sagen, dass mit dem 12. November die
Crisis den Culminationspunct hinter sich hatte. Auch der
erwähnte Commissionsbericht gesteht den calmirenden Einfluss
der Suspension der Acte zu. Die Nachfrage nach Discontirung und Vorschüssen hielt noch einige Tage, bis zum
21. November, an, wo die betreffenden Darlehen an den
Handelsstand 21,⁶ Mill. Pf. St. betrugen, d. h. mehr als die
Gesammtsumme der öffentlichen und Privatdepositen, fast das

Dreifache des Betrags jener Vorschüsse im Juli und mehr als
das Doppelte des Standes derselben am 27. October, wo die
erste Bank fallirte. Die Hälfte dieser Darlehen waren an
Billbroker gemacht, zum Theil auf nicht ganz bankfähige
Sicherheit, aber im Interesse der Aufrechterhaltung des
Handelscredits in einer Periode äusserster Geldklemme, wie
der Commissionsbericht sagt. Die englische Bank wusste
hierdurch jetzt die Glanzseite einer mächtigen Centralbank im
vollsten Lichte zu zeigen. Dabei war die wirkliche Ueberschreitung der Bankacte nur geringfügig. Im Maximum
waren am 20. November 928,000 Pf. St. Noten über die
statutenmässige Summe von 14,475,000 Pf. St. ohne die
gesetzliche Metallbedeckung, im Durchschnitt der 18 Tage,
nach deren Ablauf die in der Acte gezogene Grenze bereits
strict wieder eingehalten wurde, sogar nur 489,000 Pf. St.
Der Baarfonds nahm alsbald wieder zu, trotz der erweiterten
Notenemission, der Theorie Lord Overstone's gänzlich
zuwider. Nach wenigen Wochen war wie in Newyork, wie
in Hamburg der Discont auf 3 Procent gesunken. Aber die
Nothwendigkeit, im Widerspruch mit den Grundsätzen [der
Peel'schen Acte Credit zu gewähren, war in London so
wenig wie in den beiden anderen Haupthandels- und Wechsel-
plätzen der Erde zu umgehen gewesen. Gewiss eine Thatsache, welche für die Frage der theoretischen Richtigkeit und
des practischen Werthes des Gesetzes von 1844 nicht ohne
Bedeutung ist.

7. Resumé.

Wir beendigen hiermit diesen Abschnitt, in welchem wir
den Einfluss und die Wirksamkeit eines wesentlich verschiedenen Credit- und Banksystems prüfen wollten. Es hat
sich dabei im Einzelnen bestätigt, was schon im Allgemeinen
aus dem gleichzeitigen Auftreten der Creditcrisis zu schliessen
war : dass nemlich die Ursache dieser Crisis in Nordamerika
wie in England und in Hamburg nebst Nordosteuropa hauptsächlich in der Ueberspeculation und dem Missbrauche des
Credits lag, dass man aber keineswegs ein einzelnes Bank-

und Creditsystem vorzugsweise der Unterstützung dieser Misswirthschaft beschuldigen kann. Der Creditmissbrauch war in Nordamerica mit seinem decentralisirten Zettelbankwesen nicht grösser, wie in Grossbritannien mit seinem so künstlich regulirten „gemischten Geldwesen," innerhalb dessen schwindelhafte Speculationen und Creditcrisen nach der Meinung der Urheber des Peel'schen Gesetzes eigentlich gar nicht mehr möglich sein sollten; der Creditmissbrauch war aber auch in England nicht grösser, wie in Hamburg, wo das gepriesene Muster der Bankacte von 1844, das banknotenlose „rein metallische" Geldwesen in völliger Ursprünglichkeit erhalten worden war. Man ziehe aus diesen Thatsachen die Consequenzen, und der wichtigste Theil der theoretischen Voraussetzungen und Lehrsätze der Peel'schen Acte erweist sich durch die Praxis widerlegt. Die Erfahrung hat aber auch gezeigt, dass in den Höhepuncten der Crisen in den verschiedenen Ländern stets ein Zeitpunct eintrat, in welchem im allgemeinen Interesse eine Unterstützung der an sich solventen Häuser wünschenswerth; dass hier das System des rein metallischen Geldwesens und der Girobank völlig unzureichend erfunden wurde; dass das Vielbanksystem ebenfalls keine wirksame Hilfe leisten konnte; dass allein die Centralbanken hier fest genug standen, um in die Lücke im Credite eintreten zu können. Die Peel'sche Acte hinderte, als practische Consequenz einer unrichtigen und einseitigen Geld- und Credittheorie nicht nur die Bank von England an der Ausübung dieser Function, sondern sie steigerte noch obendrein den Druck und wirkte hierdurch schädlich. Erst die Beseitigung der Acte war nothwendig, um der Bank den unumgänglichen freien Spielraum zu verschaffen. Die practische Wirksamkeit des Gesetzes hat mithin ebenfalls die Erfahrung nicht für sich.

Schluss.

Hiermit sind wir denn auch zum Schlusse unserer Arbeit gelangt. Die Aufgabe der letzteren bestand wesentlich in der Beantwortung jener ersten Frage beim Wechsel des Zettelbanksystems, welche wir gleich im Eingange dieser Schrift aufgeworfen haben. Es handelte sich um die Entscheidung der Controverse über die absoluten und relativen Vorzüge des Systems der bankmässigen Deckung der Noten oder der Grundsätze der Peel'schen Acte mittelst theoretischer Analyse und Hinweises auf practische Erprobung. Grösstentheils wurde hierbei die Methode strenger logischer Deduction befolgt, gelegentlich durch Analysirung gegebener concreter Zustände der Beweis geführt, zum Schlusse eingehend die Wirksamkeit der Acte in der Praxis der Prüfung unterzogen. Das Resultat unserer Untersuchung fiel durchweg zu Ungunsten der Principien der Peel'schen Acte aus. Die Geld- und Credittheorie dieses Gesetzes ist vielfach unrichtig, die darauf fussenden practischen Bestimmungen sind unzweckmässig, wenn nicht schädlich. Das System der bankmässigen Deckung verdient den Vorzug.

Es ist zum Schlusse noch hervorzuheben, dass die Peel'sche Acte selbst bei der Bank von England so manche nachtheilige Folgen zeigte, obgleich bei dieser Anstalt im Uebrigen der Grundsatz der bankmässigen Deckung insoferne factisch fast ganz eingehalten wird, als die Summe der durch den unrealisirbaren Posten der Staatsschuld u. s. w. gedeckten Noten sogar noch etwas kleiner ist, wie das Bankcapital. Es ist daher in vieler Hinsicht fast so, als ob die englische Bank bloss ihr Capital festgelegt hätte und die Deckungen der Noten durchweg den Grundsätzen der bankmässigen Deckung entsprächen. Daraus ergibt sich sofort, wie viel schädlicher, ja, wie zum Theile ganz verschiedenartig die Peel'sche Acte wirken müsste, wenn man die Ziffer der durch

Metall nicht gedeckten Emission bedeutend über die Ziffer des Bankcapitals setzen will. Wir lassen aber auch hier alle weiteren Nutzanwendungen dieses Satzes bei Seite, wie wir es im Verlaufe dieser Schrift überhaupt thaten. Unsere alleinige Aufgabe war hier die Darlegung und Prüfung der Geld- und Credittheorie der Peel'schen Acte innerhalb der englischen Verhältnisse. Die Schlüsse auf die Anwendbarkeit der Grundsätze dieses Gesetzes in den Verhältnissen anderer Länder ergeben sich daraus von selbst.

Druckfehler:

Seite 9 Zeile 3 von unten lies e n t g e g e n g e h a l t e n e r statt entgegengehaltenen.

„ 43 „ 5 „ „ „ e i n e r statt eine.

„ 60 „ 7 „ „ „ d a n a c h statt demnach.

„ 77 „ 8 „ oben „ d e m statt dann.

„ 91 „ 16 „ unten „ G e l d e i n f u h r statt Goldeinfuhr.

„ 117 „ 1 „ „ „ a u f g e g e b e n statt aufgehoben.

„ 167 „ 13 „ „ „ A u f g a b e statt Angabe.

„ 202 „ 10 „ „ „ e r w e c k t statt erwirkt.

„ 204 „ 3 „ „ „ z u d e r v i e l e r u n d d e r g r ö s s t e n a n d e r e n
B a n k g e s c h ä f t e statt zu den vielen und den
grössten anderen Bankgeschäften.

„ 235 „ 2 „ oben „ n u n statt nur.

—⁓⁓⁓—